山形

〈収録内容〉

■ 平成30年度は、弊社ホームページで公開しております。
本ページの下方に掲載しておりますQRコードよりアクセスし、データをダウンロードしてご利用ください。

※国語の大問二は、問題に使用された作品の著作権者が二次使用の許可を出していないため、問題を掲載しておりません。

解答用紙・音声データ配信ページへスマホでアクセス! ⇒

※データのダウンロードは 2024 年 3 月末日まで。
※データへのアクセスには、右記のパスワードの入力が必要となります。 ⇒ 839267
※リスニング問題については最終ページをご覧ください。

本書の特長

POINT 1	解答は全問を掲載、解説は全問に対応！
POINT 2	英語の長文は全訳を掲載！
POINT 3	リスニング音声の台本、英文の和訳を完全掲載！
POINT 4	出題傾向が一目でわかる「年度別出題分類表」は、約 10 年分を掲載！

実戦力がつく入試過去問題集

- ▶ 問題 ……………… 実際の入試問題を見やすく再編集。
- ▶ 解答用紙 …… 実戦対応仕様で収録。
- ▶ 解答解説 …… 重要事項が太字で示された、詳しくわかりやすい解説。
  ※採点に便利な配点も掲載。

合格への対策、実力錬成のための内容が充実

- ▶ 各科目の出題傾向の分析、最新年度の出題状況の確認で、入試対策を強化！
- ▶ その他、志願状況、公立高校難易度一覧など、学習意欲を高める要素が満載！

解答用紙 ダウンロード	解答用紙はプリントアウトしてご利用いただけます。弊社ＨＰの商品詳細ページよりダウンロードしてください。トビラのＱＲコードからアクセス可。
リスニング音声 ダウンロード	英語のリスニング問題については、弊社オリジナル作成により音声を再現。弊社ＨＰの商品詳細ページで全収録年度分を配信対応しております。トビラのＱＲコードからアクセス可。
famima PRINT	原本とほぼ同じサイズの解答用紙は、全国のファミリーマートに設置しているマルチコピー機のファミマプリントで購入いただけます。※一部の店舗で取り扱いがない場合がございます。詳細はファミマプリント（http://fp.famima.com/）をご確認ください。
UD FONT	見やすく読みまちがえにくいユニバーサルデザインフォントを採用しています。

2023年度/山形県公立高校一般入学者選抜志願状況（全日制）

＜県　立＞

学校名・学科		入学定員	推薦選抜等内定者数	一般選抜志願者数	一般選抜志願倍率
山形東	普通	160	0	64	0.40
	探究	80	0	218	2.73
山形南	普通	200	0	209	1.05
	理数	40	0	79	1.98
山形西	普通	200	0	234	1.17
山形北	普通	160	0	165	1.03
	音楽	40	18	0	0.00
山形工業	機械技術	40	11	26	0.90
	電気電子	40	12	38	1.36
	情報技術	40	12	39	1.39
	建築	40	12	18	0.64
	土木・化学	40	12	24	0.86
山形中央	普通	160	0	192	1.20
	体育	80	66	33	2.36
上山明新館	普通	160	0	133	0.83
	食料生産	40	11	20	0.69
	情報経営	40	7	28	0.85
天童	総合	120	36	96	1.14
山辺	食物	40	9	31	1.00
	福祉	40	3	14	0.38
	看護	40	12	33	1.18
寒河江	一般	160	0	73	0.46
	探究	40	0	107	2.68
寒河江工業	メカニカルエンジニア	40	9	18	0.58
	ロボットエンジニア	40	12	10	0.36
	ITエンジニア	40	12	28	1.00
谷地	普通	80	0	36	0.45
左沢	総合	80	8	27	0.38
村山産業	農業経営	40	10	13	0.43
	みどり活用	40	7	12	0.36
	機械	40	6	8	0.24
	電子情報	40	7	21	0.64
	流通ビジネス	40	12	12	0.43
東桜学館	普通	200	96	140	1.35
北村山	総合	120	6	23	0.20
新庄北	一般	160	0	66	0.41
	探究	40	0	42	1.05
（最上校）	普通	40	3	17	0.46
新庄南	普通	80	0	49	0.61
	総合ビジネス	40	10	5	0.17
（金山校）	普通	40	6	2	0.06
新庄神室産業	食料生産	40	10	13	0.43
	農産活用	40	7	13	0.39
	機械電気	40	12	18	0.64
	環境デザイン	40	7	9	0.27
（真室川校）	普通	40	2	5	0.13
米沢興譲館	普通	120	0	77	0.64
	探究	80	0	141	1.76
米沢東	普通	160	0	95	0.59

学校名・学科		入学定員	推薦選抜等内定者数	一般選抜志願者数	一般選抜志願倍率
米沢工業	機械	80	15	30	0.46
	生産デザイン				
	電気情報	40	6	18	0.53
	建築	80	17	34	0.54
	環境工学				
米沢商業	商業	80	16	64	1.00
置賜農業	生物生産	40	3	16	0.43
	園芸福祉	40	2	7	0.18
	食料環境	40	1	15	0.38
南陽	普通	160	0	98	0.61
高畠	総合	80	5	33	0.44
長井	一般	160	0	98	0.61
	探究	40	0	71	1.78
長井工業	機械	40	1	11	0.28
	電子	40	0	20	0.50
	福祉環境	40	5	15	0.43
荒砥	総合	40	2	38	1.00
小国	普通	40	25	2	0.13
鶴岡南	普通	160	0	188	0.94
	理数	40	0		
鶴岡北	普通	120	0	122	1.02
鶴岡工業	機械	40	12	32	1.14
	電気電子	40	12	10	0.36
	情報通信	40	12	54	1.93
	建築	40	12	23	0.82
	環境化学	40	6	17	0.50
鶴岡中央	普通	120	0	115	0.96
	総合	120	17	97	0.94
加茂水産	水産	40	8	10	0.31
庄内農業	食料生産	40	9	17	0.55
	食品科学	40	10	11	0.37
庄内総合	総合	80	9	43	0.61
酒田東	普通	120	0	60	0.50
	探究	80	0	102	1.28
酒田西	普通	160	0	129	0.81
酒田光陵	普通	80	0	69	0.86
	機械制御	40	12	33	1.18
	電気電子	40	12	19	0.68
	環境技術	40	12	12	0.43
	ビジネス流通	40	12	26	0.93
	ビジネス会計	40	12	11	0.39
	情報	40	8	38	1.19
遊佐	総合	40	14	11	0.42

＜市　立＞

学校名・学科		入学定員	推薦選抜等内定者数	一般選抜志願者数	一般選抜志願倍率
山形市立商業	総合ビジネス	160	48	159	1.42
	情報	40	4	44	1.22
	経済	80	10	73	1.04

数学 出題傾向の分析と合格への対策

出題傾向とその内容

〈最新年度の出題状況〉

本年度の出題数は，大問が4題，小問数にして20問とほぼ例年どおりであった。出題内容は広く，各単元からまんべんなく出題されている。基礎力を問う問題と，ある程度の思考力を必要とする応用問題が組み合わされた問題構成となっている。

本年度の出題内容は，大問1が基礎力を問う問題で，数・式の計算，平方根，二次方程式，式の値，資料の散らばり・代表値，投影図などの小問群，大問2は図形と関数・グラフ，確率，方程式の応用，作図から応用力を要求される小問群，大問3はグラフの作成をふくむ移動する図形を題材とした関数とグラフの問題，大問4は線分の長さ，回転体の体積の計量と合同の証明であった。

範囲は中学数学全般から出題されており，すべて標準レベルの問題である。図形や関数・グラフの問題は毎年出題されている。

〈出題傾向〉

問題の出題数は，ここ数年，大問4題，小問22問前後が定着している。

問題の内容は，大問1が基本的な数学能力を問う小問群であり，数・式の計算，平方根から計算問題が4問，因数分解，方程式の計算，関数とグラフ，三平方の定理，作図，確率等から基本問題4～5問が出題されている。教科書を中心とした学校の教材をしっかり学習すれば十分解ける問題である。大問2は大問1よりも応用力を要求される小問群である。主に，方程式の応用，図形の計量，標本調査，図形と関数・グラフ，規則性等から出題されている。大問3，4は融合問題であり，グラフの作成，図形の計量，図形の証明，動点，図形と関数・グラフから出題されている。

来年度の予想と対策

来年度も，出題の量・質ともに大きな変化はないものと思われる。出題範囲が広いため，中学数学全般にわたる学習が必要である。

難易度は高くないため，まずは，教科書を中心に各単元の基本事項をしっかりおさえ，一つひとつを確実に理解し，あいまいな点は残さないようにして，特に苦手な分野は早めに克服しておこう。

基礎を固めたら，入試問題などで，標準レベルの問題の演習を重ねよう。とくに，図形の定理・公式・性質は利用できるまで練習し，証明の順序を身につけておこう。また，関数の考え方を理解し，グラフの作成もできるようにしておきたい。例年，方程式の計算や利用の問題で解法の過程や考え方まで書かせる記述式問題が出題されている。普段から考え方の順序がわかるように，記述して解く練習を積み重ねることが大切である。

⇨学習のポイント

- 授業や学校の教材を中心に全分野の基礎力をまんべんなく身につけよう。
- 過去問や問題集を使って図形と関数・グラフの融合問題や図形の計量問題への対策を立てよう。

年度別出題内容の分析表　数学

出題内容			26年	27年	28年	29年	30年	2019年	2020年	2021年	2022年	2023年
数と式		数の性質										
		数・式の計算	○	○	○	○	○	○	○	○	○	○
		因数分解	○		○							○
		平方根	○	○	○	○	○	○	○	○	○	○
方程式・不等式		一次方程式	○	○	○	○	○	○	○	○	○	○
		二次方程式	○	○	○	○	○	○	○	○	○	○
		不等式		○		○	○					○
		方程式の応用	○	○	○	○	○	○	○	○	○	○
関数		一次関数	○	○	○	○	○	○	○	○	○	○
		関数 $y = ax^2$	○	○	○	○	○	○	○	○	○	○
		比例関数	○	○	○	○	○	○	○	○	○	○
		関数とグラフ	○	○	○	○	○	○	○	○	○	○
		グラフの作成	○	○	○	○	○	○	○	○	○	○
図形	平面図形	角度	○					○		○		
		合同・相似	○	○	○	○	○	○	○	○	○	○
		三平方の定理			○	○	○	○	○	○	○	○
		円の性質	○	○		○	○	○	○	○	○	○
	空間図形	合同・相似										
		三平方の定理										
		切断										
	計量	長さ	○		○	○	○	○	○	○	○	○
		面積	○	○	○	○	○	○	○	○		○
		体積	○	○	○		○	○		○	○	○
		証明	○	○	○	○	○	○	○	○	○	○
		作図	○	○	○	○	○	○	○	○	○	○
		動点		○		○	○				○	
データの活用		場合の数					○					
		確率	○	○	○	○	○	○	○	○	○	○
		資料の散らばり・代表値(箱ひげ図を含む)	○	○		○	○	○	○	○	○	○
		標本調査			○							
融合問題		図形と関数・グラフ	○		○		○	○	○	○		○
		図形と確率										
		関数・グラフと確率										
		その他										
その他												

英語 出題傾向の分析と合格への対策

出題傾向とその内容

〈最新年度の出題状況〉

本年度はリスニングが1題，会話文問題が2題，長文読解問題が1題，条件英作文問題が1題の計5題という構成であった。

リスニングでは，英語の質問に対する適切な答えを選ぶ問題，英文を聞いてメモを完成する問題，聞き取った英文を書き取る問題が出題された。26点という配点からすると，標準的な配点と考えられる。会話文問題は，対話文の空所に適語を補充する問題，文の挿入，語句整序，表の完成，日本語で答える問題，内容真偽という内容だった。長文問題ではさまざまな形式の小問が出題されたが，条件作文や英問英答を含む記述問題(日本語・英語)への対応も必要である。大問5で出題された条件英作文は「4文以上」との指定があり，まとまった英語を書くことが求められた。

〈出題傾向〉

全体として，記述式の問題が多い傾向にある。

リスニングは4つの小問から構成され，バラエティに富んでいる。

大問2の会話問題では基本的な語い・文法知識・読解を問うものである。

会話文問題では例年，表などの資料を用いた問題がある点が特徴的である。会話文・長文ともに解釈や文脈を問う問題が多い。また近年，文章全体の理解が求められる問題が出題されることが多い。使われる英文は標準レベルである。

来年度の予想と対策

教科書レベルの基本知識を確実に身につけておくことが大切である。

リスニング・テストはあらかじめ問題用紙に目を通し，選択肢から設問を想定しておくと良い。

読解問題への対策としては，やはり英語の文章に慣れることが大切である。まとまった英語の文章を読んでその内容をつかむ訓練をするのがよい。また，会話文は毎年出題されているので，会話表現に慣れておくことも必要である。

本県では直接文法力が問われる出題は多くはないが，文中で取りあげられている文法項目は多岐にわたっており，文法力は読解問題を解く際に，土台となることは言うまでもない。英作文の対策にもなるため，確実に文法力を身につけておこう。

⇨学習のポイント

・教科書の単語・会話表現・文法などを広くマスターすること。
・英文を作る練習，長文を読む練習を繰り返し行うこと。

年度別出題内容の分析表　英語

		出題内容	26年	27年	28年	29年	30年	2019年	2020年	2021年	2022年	2023年
設問形式	リスニング	絵・図・表・グラフなどを用いた問題	○	○	○	○	○	○	○	○	○	○
		適文の挿入										
		英語の質問に答える問題	○	○	○	○	○	○	○	○	○	○
		英語によるメモ・要約文の完成			○	○	○	○	○	○	○	○
		日本語で答える問題	○	○	○	○	○	○	○	○	○	○
		書き取り	○	○	○	○	○	○	○	○	○	○
	語い	単語の発音										
		文の区切り・強勢										
		語句の問題	○	○						○	○	○
	読解	語句補充・選択（読解）	○	○	○	○	○	○	○	○		
		文の挿入・文の並べ換え	○	○	○	○	○	○	○	○	○	○
		語句の解釈・指示語	○	○	○	○	○			○	○	○
		英問英答（選択・記述）	○	○	○	○	○	○	○	○	○	○
		日本語で答える問題	○	○	○	○	○	○	○	○	○	○
		内容真偽	○	○	○	○	○	○	○	○	○	○
		絵・図・表・グラフなどを用いた問題	○	○	○	○	○	○	○	○	○	○
		広告・メール・メモ・手紙・要約文などを用いた問題			○					○	○	○
	文法	語句補充・選択（文法）	○					○	○			
		語形変化										
		語句の並べ換え	○	○	○	○	○	○	○	○	○	○
		言い換え・書き換え										
		英文和訳										
		和文英訳										
		自由・条件英作文	○	○	○	○	○	○		○	○	○
文法事項		現在・過去・未来と進行形	○		○	○	○	○	○	○	○	○
		助動詞	○		○	○	○	○	○	○	○	○
		名詞・冠詞・代名詞										
		形容詞・副詞	○				○		○			
		不定詞	○	○	○	○	○	○	○	○	○	○
		動名詞	○		○	○	○	○		○		○
		文の構造（目的語と補語）	○		○	○			○			○
		比較	○	○	○	○	○	○	○	○	○	○
		受け身	○	○		○	○	○	○	○	○	○
		現在完了			○	○	○	○	○	○	○	○
		付加疑問文										
		間接疑問文	○		○	○	○	○		○	○	○
		前置詞	○	○		○	○			○	○	○
		接続詞	○		○	○	○	○	○	○	○	○
		分詞の形容詞的用法				○	○	○	○	○	○	
		関係代名詞	○	○	○	○	○	○	○	○	○	○
		感嘆文										
		仮定法										○

理科　出題傾向の分析と合格への対策

出題傾向とその内容

〈最新年度の出題状況〉

出題数は例年と同じで大問が8題であった。[1]は葉緑体のはたらきと光合成に必要な条件の仮説を対照実験で検証，[2]は生殖細胞のでき方と遺伝子，メンデルの実験における遺伝子の組み合わせと形質，[3]は堆積岩・示準化石と示相化石・水と土砂が混じり合ったものが砂と泥は分かれて堆積する理由の文章記述，[4]は自然界での雲のでき方，夏と秋の気象現象を気団と前線で考察，[5]は酸性やアルカリ性を示すもとになるイオンは何であるか調べる実験で，論理的・科学的思考力が試された。[6]は酸化銀の熱分解で，化学反応式・酸化銀と発生した酸素の質量比が一定であることを見出しての計算問題では，探究の過程を歩む力が試された。[7]は水中のおもりにはたらく浮力とその反作用の考察などで，総合的理解と科学的思考力が試され，[8]は凸レンズによる像のグラフの考察と作図であった。

〈出題傾向〉

各大問での出題内容は，一つのテーマについて，いくつかの実験や観察から調べていきデータ(資料)を分析して判断し，考察して結論を得て総合的に活用して解く問題である。実験・観察の方法について問う問題やデータから考察する問題が圧倒的に多く，資料を読み解き考察する問題も出題された。出題レベルは教科書の範囲であり，標準的なものが中心であるが，基礎的・基本的内容を活用して解く応用問題が各領域ごとに出題され，記述問題が60％近いのが特徴であり，科学的思考力や判断力，表現力などが試される。作図，グラフ化，回路図，天気図記号，モデル図，図解，イオン式，化学反応式，計算式や実験方法・考察・理由等の説明文など，出題形式や解答方法は多岐にわたる。

5年は，教科書の発展応用問題があり，文章記述が5問，作図が1問あり表現力が試された。

[物理的領域]　5年は水中のおもりにはたらく浮力と反作用，凸レンズによる像のグラフの考察と作図，4年は3力のつり合い，電磁誘導と重力がはたらく磁石の落下，電力量，3年は台車をおもりで引く運動，水面での光の屈折・凸レンズ，2年は電流と電圧と抵抗，水中のおもりの浮力であった。

[化学的領域]　5年は酸性とアルカリ性を示すイオン，酸化銀の熱分解と質量比，4年は蒸留操作・密度の違いと成分・沸点，塩酸と石灰石の反応のグラフ化と質量比，3年は酸化銅の還元とグラフから質量比，塩酸の電気分解・気体の性質，2年は密度・再結晶，中和，吸熱・発熱反応であった。

[生物的領域]　5年は光合成の対照実験，生殖細胞のでき方，メンデルの実験，4年は根毛の働き・成長・体細胞分裂の観察，ヒトの刺激と反応，3年は花粉管と精細胞，水生生物と水質調査，メダカの尾びれの観察，小腸，2年は植物の分類，土の中の微生物，動物の分類，心臓であった。

[地学的領域]　5年は堆積岩・化石・地層のでき方，雲のでき方，夏と秋の気象，4年は地震発生のしくみ・震源距離・到達時刻，金星の見え方，季節と満月の南中高度，3年は露点の測定，川原の岩石から考察，花こう岩，隆起，2年は春と冬の気象，金星の見え方，黄道上の太陽であった。

来年度の予想と対策

実験・観察操作，解答を導く過程や実験・観察の考察の記述・グラフ化・作図などの思考力・判断力・表現力を試す問題が予想される。複数単元の総合問題や，教科書の発展応用問題も予想される。

教科書を丁寧に復習しよう。日頃の授業では，実験・観察，資料の活用など探究の道すじは，図や表，グラフ化など分かり易く表現し，考察は結果に基づいて自分で文章を書く習慣を身につけよう。

⇨学習のポイント

- 過去問題を多く解き，「何を問われるのか，どんな答え方をすればよいのか」を把握しておこう。
- 教科書の図，表，応用発展，資料が全てテスト範囲。環境，科学技術などの新傾向問題に注意!!

年度別出題内容の分析表　理科

※★印は大問の中心となった単元

分野	学年	出題内容	26年	27年	28年	29年	30年	2019年	2020年	2021年	2022年	2023年
第一分野	第1学年	身のまわりの物質とその性質		★	○	○				○	○	
		気体の発生とその性質		○		○	★	○	○	○	○	
		水溶液	★					○	★			○
		状態変化			★						★	
		力のはたらき(2力のつり合いを含む)			○	○	○		○	○		○
		光と音		○		★		★		★		★
	第2学年	物質の成り立ち		○		★	○		○			○
		化学変化，酸化と還元，発熱・吸熱反応	★		○		★	○	★	○	○	○
		化学変化と物質の質量	○	○	★	○	○	★		★	★	★
		電流(電力，熱量，静電気，放電，放射線を含む)	★	★	○		★		★		○	
		電流と磁界		○	★		○				★	
	第3学年	水溶液とイオン，原子の成り立ちとイオン		★				○		★		
		酸・アルカリとイオン，中和と塩				★			○			★
		化学変化と電池，金属イオン						★				
		力のつり合いと合成・分解(水圧，浮力を含む)	★				○	○	★		★	★
		力と物体の運動(慣性の法則を含む)		○	○		★			★	○	○
		力学的エネルギー，仕事とエネルギー		○	★	★		★				
		エネルギーとその変換，エネルギー資源	○	★			○	○				
第二分野	第1学年	生物の観察と分類のしかた	○				○					
		植物の特徴と分類	○			○	★	○	○	○		
		動物の特徴と分類	○	★					★			
		身近な地形や地層，岩石の観察				○				○		○
		火山活動と火成岩	○		★					○		
		地震と地球内部のはたらき								○	★	
		地層の重なりと過去の様子	★		○	★		★		★		★
	第2学年	生物と細胞(顕微鏡観察のしかたを含む)		○								
		植物の体のつくりとはたらき	★	○	○	★	○	★	★	○	○	★
		動物の体のつくりとはたらき		○	★	★	○	○	○	○	★	
		気象要素の観測，大気圧と圧力			○		○		○			
		天気の変化		★		★	★			★		★
		日本の気象				○			★			○
	第3学年	生物の成長と生殖		★	★		○	★		★	★	○
		遺伝の規則性と遺伝子					○	○				★
		生物の種類の多様性と進化		○				○				
		天体の動きと地球の自転・公転	★	★	○		★		★		○	
		太陽系と恒星，月や金星の運動と見え方		○	★			★	○		★	
		自然界のつり合い	○			○	★		○	○		
自然の環境調査と環境保全，自然災害			★				○			★		
科学技術の発展，様々な物質とその利用				○			○		○		○	
探究の過程を重視した出題			○	○	○	○	○	○	○	○	○	○

社会 出題傾向の分析と合格への対策

出題傾向とその内容

〈最新年度の出題状況〉

本年度の出題は，大問6題，小問40題であった。解答形式は，記号選択が16問，語句記入が17問，短文記述が7問出題されている。大問は，日本地理1題，世界地理1題，歴史2題，公民2題となっており，各分野からバランスよく出題されている。

地理的分野では，調べ学習を柱に略地図・表・地形図などの資料が多く用いられている。日本の諸地域や世界の国々を比較する内容も見られる。

歴史的分野では，調べ学習を柱に，写真・略年表・史料等が出題され，歴史の流れや基本的事項を正確に把握しているかどうかが問われている。出題範囲も各時代にわたっており，広い範囲が扱われている。

公民的分野では，調べ学習を柱に，模式図・グラフ等が用いられ，政治の仕組みや経済一般などが幅広く出題されている。思考力や応用力を問う出題もあり，ベースになる正確な知識の定着を問う内容になっている。

〈出題傾向〉

出題内容は基礎的なものがほとんどであるが，知識だけではなく，思考力・判断力・表現力なども必要とする問題も出題されている。難問は少ないので，基礎を固め，問題練習を重ねれば，高得点も可能である。

地理的分野では，世界地理と日本地理に関して同じように幅広く問う内容となっている。地図・資料の読みとりを通して，基本的知識の定着度合いを測ろうとしている。

歴史的分野では，テーマ別通史という形で出題することにより，各時代の特徴を正確に把握し，歴史の大きな流れを理解しているかを確認している。

公民的分野では，政治の仕組みや経済を軸にして，今日の日本社会に対する理解の程度を問う内容となっている。財政や社会保障・裁判についての出題もある。

来年度の予想と対策

来年度も本年度同様の出題が予想される。出題数にも大きな変動はなく，内容も基本的なものが中心であろうと思われるが，幅広い正確な知識が要求されているので，注意が必要である。さらに，例年，短文記述式解答が求められているので，重要事項は漢字で書けるようにしておくのはもちろん，その事項について，簡潔に説明できるように十分練習をする必要があるだろう。

三分野とも，まず教科書を確実にマスターして，過去問題集にくり返し取り組むことが重要である。

地理的分野では，地図や統計資料などを正しく読み取れるようにしておくことが必要である。必ず地図帳や資料集を参照しながら，日本と世界の主要国・諸地域の特色を整理する必要がある。

歴史的分野では，年表などで時代の流れを把握しておくと同時に，教科書だけではなく資料集に掲載されている写真や絵や図や史料を見て，資料と時代を結び付けながら理解を深める必要がある。

公民的分野では，幅広く基礎的用語を理解することはもちろん，グラフや表などを読み取る練習をすることが大切である。また，政治・経済・国際問題などの情報をテレビや新聞から収集して，それについて考える習慣をつけることが必要である。

⇨学習のポイント

- 地理では，各種の地図や地形図や統計資料から，諸地域の特色を読みとる問題に慣れておこう！
- 歴史では，教科書で基本的事項を整理し，大きく歴史をつかむ略年表の問題に慣れておこう！
- 公民では，憲法・政治の仕組み・経済一般の基礎を整理し，国際社会・地方自治にも目を配ろう！

年度別出題内容の分析表　社会

		出題内容	26年	27年	28年	29年	30年	2019年	2020年	2021年	2022年	2023年
地理的分野	日本	地形図の見方	○			○			○			○
		日本の国土・地形・気候	○	○	○	○	○	○	○	○	○	○
		人口・都市	○	○	○		○			○	○	
		農林水産業	○	○	○	○	○	○	○	○	○	○
		工業	○	○	○	○		○	○	○	○	
		交通・通信	○			○			○	○		
		資源・エネルギー										○
		貿易										
	世界	人々のくらし・宗教								○		
		地形・気候	○	○	○	○	○	○	○	○	○	○
		人口・都市	○	○	○	○	○		○		○	○
		産業	○	○	○	○	○	○	○	○	○	○
		交通・貿易	○			○	○	○	○	○		○
		資源・エネルギー	○						○	○		
	地理総合											
歴史的分野	日本史―時代別	旧石器時代から弥生時代					○	○				○
		古墳時代から平安時代	○	○	○	○	○	○	○	○	○	○
		鎌倉・室町時代	○	○	○	○	○	○	○	○	○	○
		安土桃山・江戸時代	○	○	○	○	○	○	○	○	○	○
		明治時代から現代	○	○	○	○	○	○	○	○	○	○
	日本史―テーマ別	政治・法律	○	○	○	○	○	○	○	○	○	○
		経済・社会・技術	○	○	○	○	○	○	○	○	○	○
		文化・宗教・教育	○		○	○	○	○		○		○
		外交	○	○	○	○		○	○	○	○	○
	世界史	政治・社会・経済史	○	○			○		○	○	○	○
		文化史						○				
		世界史総合										
	歴史総合											
公民的分野	憲法・基本的人権				○	○	○		○	○		○
	国の政治の仕組み・裁判		○	○	○	○	○	○	○	○	○	○
	民主主義											
	地方自治		○	○	○	○	○			○	○	
	国民生活・社会保障				○	○	○		○	○		○
	経済一般											○
	財政・消費生活		○	○	○			○	○	○	○	○
	公害・環境問題							○	○		○	
	国際社会との関わり			○	○	○	○		○		○	
時事問題												
その他									○			

―山形県公立高校―

国語

出題傾向の分析と合格への対策

出題傾向とその内容

〈最新年度の出題状況〉

大問5題の構成で，小問数は21問であった。

大問1は，小説文読解。漢字の読みや熟語の構成を問う問題のほかに，傍線部の意図することや，人物の心情，表現の工夫とその効果についての問題が出題された。大問2は，論説文読解。内容吟味，文脈把握の問題のほかに，漢字の読み，品詞を問うものがあった。大問3は，古文読解。内容を吟味する問題のほか，仮名遣いや空欄を補充する問題があった。大問4は，1問目は漢字の書き取りで，2問目は発表に関する問題であった。大問5の課題作文では，参考資料を読み取り，「学んだことをどのように生かすか」というテーマで自分の考えを書くという内容であった。

〈出題傾向〉

読解能力だけではなく，総合的な国語能力が必要とされていると言える。

文学的文章は小説が扱われることが多い。登場人物の心情の読み取りが中心で，朗読の仕方や表現に関する問いもある。

説明的文章は，内容理解が中心。指示語や内容吟味，段落構成など，文章全体を正しく読み取る力が求められる。

古文は，内容理解が中心で，仮名遣い，本文中の語句の意味や，指示語の内容なども問われる。

後半の選択問題と作文は，さまざまな題材が扱われる。選択問題では，短文作成，手紙の書き方，書写，俳句，文法問題などがここ数年で出題されていて，あらゆる分野の知識を備えている必要がある。作文は，短歌の読み取り，資料の読み取り，読書体験などを書かせている。

知識問題は，漢字の書き取りが独立した1問になっているほか，漢字の読み取り，文法，熟語などが読解問題中で問われている。

記述式の回答は，本文中からの書き抜きだけでなく，自分で言葉をまとめるものも目立つ。60字程度のものもある。作文は，240字以内。

来年度の予想と対策

出題傾向に大きな変更はないと思われる。

文学的文章は，登場人物の心情と情景の読み取りを中心に，表現に関する問題などにも触れておきたい。説明的文章では段落ごとの要点に注意し，要旨をおさえることが重要だ。古文は，歴史的仮名遣いや古語などの基本的な知識をおさえること。漢文の出題も充分予想される。返り点の約束など基本的な知識を身につけておこう。また，漢字や文法なども，教科書を使ってよく学習しておこう。俳句や短歌の基本事項，書写の知識，手紙の書き方などもおろそかにできない。

出題は全般的に基本的な問題だが，出題の範囲が多岐にわたるので，どの分野にも対応できるようにしておこう。また，全体的に記述式の解答が多く，課題作文の字数も多いので，時間の配分が大切である。ふだんから限られた時間の中で文章をまとめる練習をしておこう。

⇨学習のポイント

- 読解，知識，表現など，あらゆる分野の対策をしておこう。
- 登場人物の心情や，文章の要旨などを自分の言葉でまとめる練習をしよう。

年度別出題内容の分析表　国語

		出題内容	26年	27年	28年	29年	30年	2019年	2020年	2021年	2022年	2023年
内容の分類	読解	主題・表題			○	○	○					
		大意・要旨	○	○	○	○	○	○	○	○	○	○
		情景・心情	○		○	○	○	○	○	○	○	○
		内容吟味	○	○	○	○	○	○	○	○	○	○
		文脈把握	○	○	○	○	○	○	○	○	○	○
		段落・文章構成		○							○	○
		指示語の問題		○								
		接続語の問題										
		脱文・脱語補充	○			○	○	○	○	○	○	○
	漢字・語句	漢字の読み書き	○	○	○	○	○	○	○	○	○	○
		筆順・画数・部首										
		語句の意味		○	○	○	○	○	○	○	○	
		同義語・対義語	○						○			○
		熟語										
		ことわざ・慣用句			○							
		仮名遣い	○	○	○	○	○	○	○	○	○	○
	表現	短文作成										
		作文(自由・課題)	○	○	○	○	○	○	○	○	○	○
		その他			○							
	文法	文と文節										
		品詞・用法	○	○	○	○	○	○		○	○	○
		敬語・その他										
	古文の口語訳											
	表現技法・形式		○	○		○	○	○	○	○	○	○
	文学史											
	書写			○								
問題文の種類	散文	論説文・説明文	○	○	○	○	○	○	○	○	○	○
		記録文・報告文	○									
		小説・物語・伝記	○		○	○	○	○	○	○	○	○
		随筆・紀行・日記		○								
	韻文	詩										
		和歌(短歌)										
		俳句・川柳										
	古文		○	○	○	○	○	○	○	○	○	○
	漢文・漢詩					○	○					
	会話・議論・発表					○				○	○	○
	聞き取り											

山形県公立高校難易度一覧

目安となる偏差値	公立高校名
75 ～ 73	
72 ～ 70	山形東(探究)
69 ～ 67	山形東 山形南(理数) 山形西
66 ～ 64	山形南，米沢興譲館(探究) 米沢興譲館 酒田東(探究)
63 ～ 61	長井(探究) 鶴岡南(普・理数) 寒河江(探究)，酒田東，長井(一般)
60 ～ 58	寒河江(一般)，新庄北(探究)，山形中央 新庄北(一般)，山形北 山形市立商業(経済)
57 ～ 55	東桜学館，山形市立商業(総合ビジネス) 山形市立商業(情報)，米沢東
54 ～ 51	酒田西，鶴岡北，山辺(看護) 山形工業(情報技術) 鶴岡工業(機械／電気電子／情報通信／建築／環境化学) 酒田光陵(情報)，鶴岡中央，米沢商業(商業)
50 ～ 47	上山明新館(普／情報経営) 新庄南，天童(総合)，山形工業(機械技術／電気電子／建築／土木・化学)，山辺(食物／福祉) 酒田光陵(機械制御／電気電子／環境技術／ビジネス流通／ビジネス会計)，鶴岡中央(総合)，谷地，山形中央(スポーツ)，米沢工業(機械・生産デザイン／電気情報／建築・環境工学) 新庄南(総合ビジネス)，南陽，山形北(音楽)
46 ～ 43	上山明新館(食料生産)，北村山(総合)，寒河江工業(メカニカルエンジニア／ロボットエンジニア／ITエンジニア)，酒田光陵，庄内総合(総合)，新庄神室産業(機械電気／環境デザイン) 高畠(総合)，長井工業(機械／電子／福祉環境)，村山産業(機械／電子情報／流通ビジネス) 新庄神室産業(食料生産／農産活用)
42 ～ 38	置賜農業(生物生産／園芸福祉／食料環境) 左沢(総合)，荒砥(総合)，新庄神室産業[真室川校]，村山産業(農産経営／みどり活用) 加茂水産(水産) 庄内農業(食品生産／食品科学)，新庄北[最上校]，新庄南[金山校]，遊佐 小国
37 ～	

＊(　)内は学科・コースを示します。特に示していないものは普通科(普通・一般コース)，または全学科(全コース)を表します。

＊データが不足している高校，または学科・コースなどにつきましては掲載していない場合があります。

＊公立高校の入学者は，「学力検査の得点」のほかに，「調査書点」や「面接点」などが大きく加味されて選抜されます。上記の内容は想定した目安ですので，ご注意ください。

＊公立高校入学者の選抜方法や制度は変更される場合があります。また，統廃合による閉校や学校名の変更，学科の変更などが行われる場合もあります。教育委員会などの関係機関が発表する最新の情報を確認してください。

不安という人なつっこい怪物。

曽我部恵一｜ミュージシャン

曽我部恵一
'90年代初頭よりサニーデイ・サービスのヴォーカリスト／ギタリストとして活動を始める。2004年，自主レーベルROSE RECORDSを設立し，インディペンデント／DIYを基軸とした活動を開始する。以後，サニーデイ・サービス／ソロと並行し，プロデュース・楽曲提供・映画音楽・CM音楽・執筆・俳優など，形態にとらわれない表現を続ける。

受験を前に不安を抱えている人も多いのではないでしょうか。今回はミュージシャンであり，3人の子どもたちを育てるシングルファーザーでもある曽我部恵一さんにご自身のお子さんに対して思うことをまじえながら，“不安”について思うことを聞いた。

── 子どもの人生を途中まで一緒に生きてやろうっていうのが，何だかおこがましいような気がしてしまう。

子どもが志望校に受かったらそれは喜ばしいことだし，落ちたら落ちたで仕方がない。基本的に僕は子どもにこの学校に行ってほしいとか調べたことがない。長女が高校や大学を受験した時は，彼女自身が行きたい学校を選んで，自分で申し込んで，受かったからそこに通った。子どもに「こういう生き方が幸せなんだよ」っていうのを教えようとは全く思わないし，勝手につかむっていうか，勝手に探すだろうなと思っているかな。

僕は子どもより自分の方が大事。子どもに興味が無いんじゃないかと言われたら，本当に無いのかもしれない。子どもと仲良いし，好きだけど，やっぱり自分の幸せの方が大事。自分の方が大事っていうのは，あなたの人生の面倒は見られないですよって意味でね。あなたの人生はあなたにしか生きられない。自分の人生って，設計して実際動かせるのは自分しかいないから，自分のことを責任持ってやるのがみんなにとっての幸せなんだと思う。

うちの子にはこの学校に入ってもらわないと困るんですって言っても，だいたい親は途中で死ぬから子どもの将来って最後まで見られないでしょう。顔を合わせている時，あのご飯がうまかったとか，風呂入るねとか，こんなテレビやってたよ，とかっていう表面的な会話はしても，子どもの性格とか一緒にいない時の子どもの表情とか本当はちゃんとは知らないんじゃないかな。子どもの人生を途中まで一緒に生きてやろうっていうのが，何だかおこがましいような気がしてしまう。

── 不安も自分の能力の一部だって思う。

一生懸命何かをやってる人，僕らみたいな芸能をやっている人もそうだけど，みんな常に不安を抱えて生きていると思う。僕も自分のコンサートの前はすごく不安だし，それが解消されることはない。もっと自分に自信を持てるように練習して不安を軽減させようとするけど，無くなるということは絶対にない。アマチュアの時はなんとなくライブをやって，なんとなく人前で歌っていたから，不安はなかったけど，今はすごく不安。それは，お金をもらっているからというプロフェッショナルな気持ちや，お客さんを満足させないとというエンターテイナーとしての意地なのだろうけど，本質的な部分は“このステージに立つほど自分の能力があるのだろうか”っていう不安だから，そこは受験をする中学生と同じかもしれない。これは不安を抱えながらぶつかるしかない。それで，ぶつかってみた結果，ライブがイマイチだった時は，僕は今でも人生終わったなって気持ちになる。だから，不安を抱えている人に対して不安を解消するための言葉を僕はかけることができない。受験生の中には高校受験に失敗したら人生終わると思ってる人もいるだろうし，僕は一つのステージを失敗したら人生終わると思ってる。物理的に終わらなくても，その人の中では終わる。それに対して「人生終わらないよ」っていうのは勝手すぎる意見。僕たちの中では一回の失敗でそれは終わっちゃうんだ。でも，失敗しても相変わらずまた明日はあるし，明後日もある。生きていかなきゃいけない。失敗を繰り返していくことで，人生は続くってことがわかってくる。子どもたちの中には，そこで人生を本当に終わらそうっていう人が出てくるかもしれないけど，それは大間違い。同じような失敗は生きてるうちに何度もあって，大人になっている人は失敗を忘れたり，見ないようにしたりするのをただ単に繰り返して生きてるだけなんだと思う。失敗したからこそできるものがあるから，僕は失敗するっていうことは良いことだと思う。挫折が多い方が絶対良い。若い頃に挫折とか苦い経験っていうのはもう財産だから。

例えば，「雨が降ってきたから，カフェに入った。そしたら偶然友達と会って嬉しかった」。これって，雨が降る，晴れるとか，天気みたいなもうどうしようもないことに身を委ねて，自然に乗っかっていったら，結局はいい出来事があったということ。僕は，無理せずにそういう風に生きていきたいなと思う。失敗しても，それが何かにつながっていくから，失敗したことをねじ曲げて成功に持っていく必要はないんじゃないかな。

不安を感じてそれに打ち勝つ自信がないのなら，逃げたらいい。無理して努力することが一番すごいとも思わない。人間，普通に生きると70年とか80年とか生きるわけで，逃げてもどこかで絶対勝負しなきゃいけない瞬間っていうのがあるから，その時にちゃんと勝負すればいいんじゃないかな。受験がどうなるか，受かるだろうか，落ちるだろうか，その不安を抱えている人は，少なからず，勝負に立ち向かっていってるから不安を抱えているわけで。それは素晴らしいこと。不安っていうのは自分の中の形のない何かで自分の中の一つの要素だから，不安も自分の能力の一部だって思う。不安を抱えたまま勝負に挑むのもいいし，努力して不安を軽減させて挑むのもいい。または，不安が大きいから勝負をやめてもいいし，あくまでも全部自分の中のものだから。そう思えば，わけのわからない不安に押しつぶされるってことはないんじゃないかな。

ダウンロードコンテンツのご利用方法

※弊社 HP 内の各書籍ページより，解答用紙などのデータダウンロードが可能です。

※巻頭「収録内容」ページの下部 QR コードを読み取ると，書籍ページにアクセスが出来ます。（ **Step 4** からスタート）

Step 1　東京学参 HP（https://www.gakusan.co.jp/）にアクセス

Step 2　下へスクロール『フリーワード検索』に書籍名を入力

Step 3　検索結果から購入された書籍の表紙画像をクリックし，書籍ページにアクセス

Step 4　書籍ページ内の表紙画像下にある『ダウンロードページ』を

クリックし，ダウンロードページにアクセス

Step 5　巻頭「収録内容」ページの下部に記載されている

パスワードを入力し，『送信』をクリック

解答用紙・+αデータ配信ページへスマホでアクセス！ ⇒

※データのダウンロードは 2024 年 3 月末日まで。

※データへのアクセスには，右記のパスワードの入力が必要となります。 ⇒ ●●●●●●

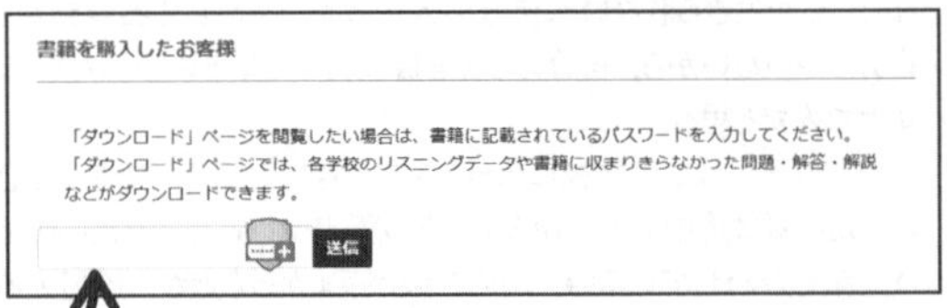

Step 6　使用したいコンテンツをクリック

※ PC ではマウス操作で保存が可能です。

山形県公立高等学校

2023年度

★★★★★★★★★★★★★★★★★★★★★★★★

入　試　問　題

2023年度

●くわしい解説……41ページ

＜数学＞

時間　50分　　満点　100点

1　次の問いに答えなさい。

1　次の式を計算しなさい。

⑴　$1-(2-5)$

⑵　$\frac{3}{5}\times\left(\frac{1}{2}-\frac{2}{3}\right)$

⑶　$-12ab\times(-3a)^2\div 6a^2b$

⑷　$(\sqrt{7}-2)(\sqrt{7}+3)-\sqrt{28}$

2　2次方程式 $(x-7)(x+2)=-9x-13$ を解きなさい。解き方も書くこと。

3　$x=23$，$y=18$のとき，$x^2-2xy+y^2$ の値を求めなさい。

4　下の図は，山形市，酒田市，新庄市，米沢市における，2022年4月1日から4月30日までの日ごとの最高気温のデータを，それぞれ箱ひげ図に表したものである。あとの①～③のそれぞれについて，これらの箱ひげ図から読み取れることとして正しいものを○，正しくないものを×としたとき，○と×の組み合わせとして適切なものを，次のページの**ア**～**ク**から1つ選び，記号で答えなさい。

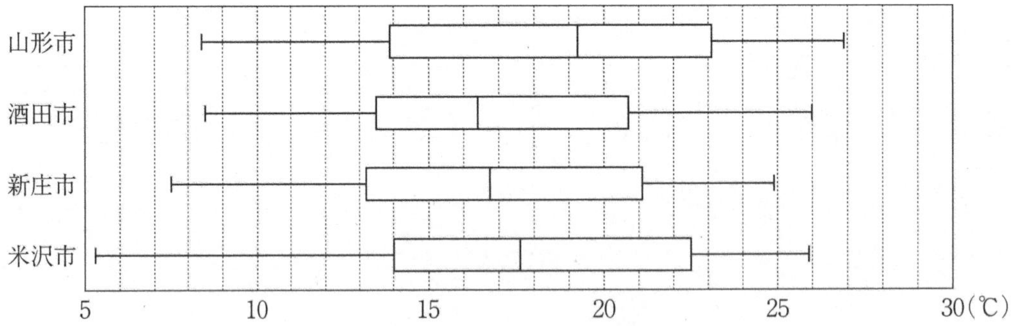

（気象庁ホームページから作成）

①　中央値は，山形市のほうが，酒田市より大きい。

②　四分位範囲がもっとも大きいのは，米沢市である。

③　最高気温が21℃以上の日数がもっとも少ないのは，新庄市である。

	ア	イ	ウ	エ	オ	カ	キ	ク
①	○	○	○	○	×	×	×	×
②	○	○	×	×	○	○	×	×
③	○	×	○	×	○	×	○	×

5　右の図は，投影図の一部である。この図から考えられる立体の見取図として**適切でないもの**を，次の**ア**～**エ**から１つ選び，記号で答えなさい。

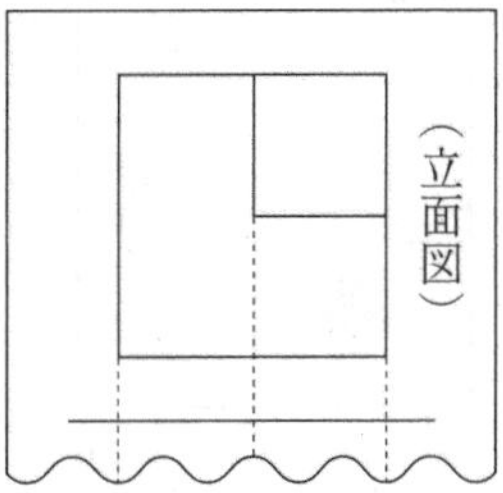

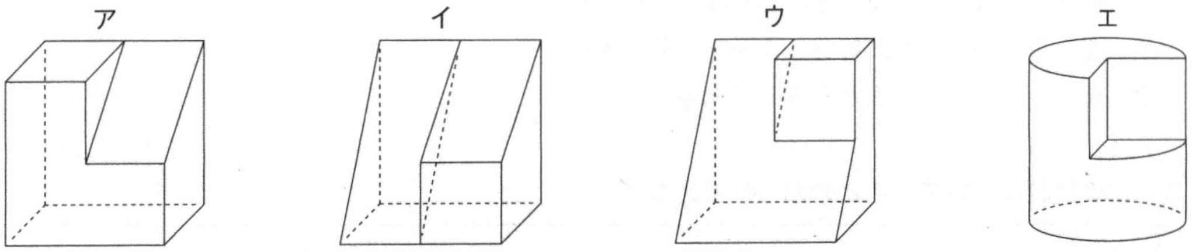

2　次の問いに答えなさい。

1　右の図において，①は関数 $y=\dfrac{a}{x}$ のグラフ，②は関数 $y=bx$ のグラフである。

①のグラフ上に x 座標が３である点Aをとり，四角形ABCDが正方形となるように，３点B，C，Dをとると，２点B，Cの座標は，それぞれ（7，2），（7，6）となった。このとき，次の問いに答えなさい。

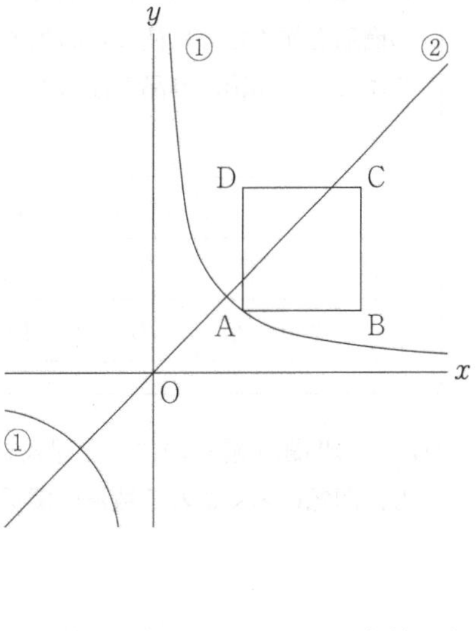

(1)　a の値を求めなさい。

(2)　関数 $y=bx$ のグラフが四角形ABCDの辺上の点を通るとき，b のとる値の範囲を，不等号を使って表しなさい。

2　純さんと友子さんは，白玉３個と赤玉３個を使い，あることがらの起こりやすさを，条件を変えて調べてみることにした。

純さんは，図１のように，Aの箱に白玉２個と赤玉１個，Bの箱に白玉１個と赤玉２個を入れ，A，Bの箱から，それぞれ玉を１個ずつ取り出す。友子さんは，図２のように，Cの箱に白玉１

個と赤玉１個，Ｄの箱に白玉２個と赤玉２個を入れ，Ｃ，Ｄの箱から，それぞれ玉を１個ずつ取り出す。

このとき，２個とも白玉が出ることの起こりやすさについて述べた文として適切なものを，あとの**ア**～**ウ**から１つ選び，記号で答えなさい。また，選んだ理由を，確率を使って説明しなさい。

ただし，それぞれの箱において，どの玉が取り出されることも同様に確からしいものとする。

図１

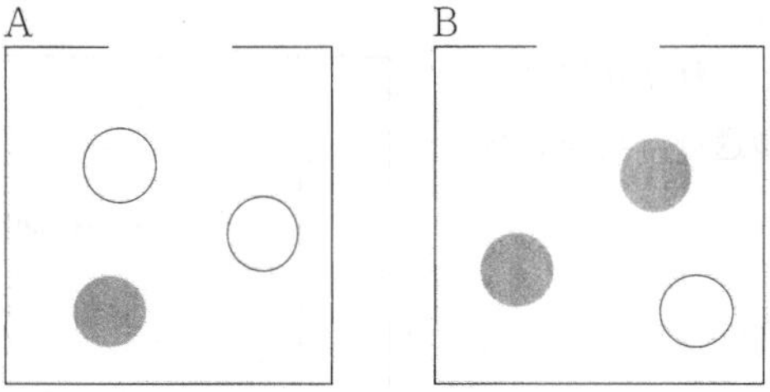

図２

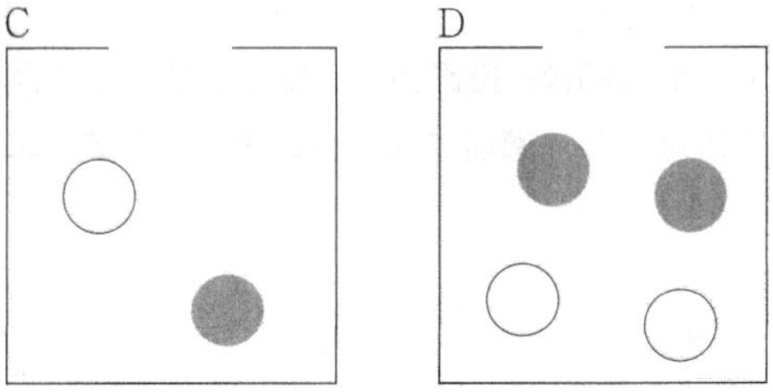

ア　純さんのほうが，友子さんより起こりやすい。

イ　友子さんのほうが，純さんより起こりやすい。

ウ　起こりやすさは２人とも同じである。

3　次の問題について，あとの問いに答えなさい。

〔問題〕

ある洋菓子店では，お菓子を箱に入れた商品Ａ，Ｂ，Ｃを，それぞれ作っています。下の表は，それぞれの商品に入っているお菓子の種類と個数を示したものです。この洋菓子店では，商品Ａ，Ｂ，Ｃを合わせて40箱作り，そのうち，商品Ｃは10箱作りました。また，40箱の商品を作るために使ったお菓子の個数は，ドーナツのほうが，クッキーより50個少なくなりました。40箱の商品を作るために使ったドーナツは何個ですか。

表

	商品Ａ	商品Ｂ	商品Ｃ
ドーナツ（個）	8	0	12
クッキー（個）	0	12	15

(1)　この問題を解くのに，方程式を利用することが考えられる。どの数量を文字で表すかを示し，問題にふくまれる数量の関係から，１次方程式または連立方程式のいずれかをつくりなさい。

(2)　40箱の商品を作るために使ったドーナツの個数を求めなさい。

4　あとの図において，四角形ABCDは，AB＝ADである。下の【条件】の①，②をともにみたす点Pを，定規とコンパスを使って作図しなさい。

ただし，作図に使った線は残しておくこと。

【条件】

① 点Pは，∠BCDを二等分する直線上にあり，直線BCの上側の点である。
② ∠BPDの大きさは，∠BADの大きさの半分であり，90°より小さい。

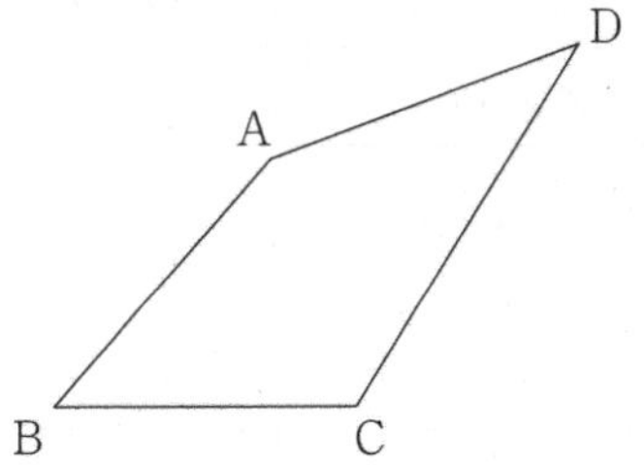

3　図1において，四角形ABCDと四角形PQRSは合同であり，AD∥BC，AD＝5㎝，BC＝9㎝，∠ABC＝∠DCB＝45°である。四角形ABCDの辺BCと四角形PQRSの辺QRは直線 ℓ 上にあって，頂点Bと頂点Rは直線 ℓ 上の同じ位置にある。いま，四角形PQRSを直線 ℓ にそって矢印の方向に移動する。

図2のように，四角形PQRSを x ㎝移動したとき，四角形ABCDと四角形PQRSが重なっている部分の面積を y ㎠とする。このとき，それぞれの問いに答えなさい。

図1

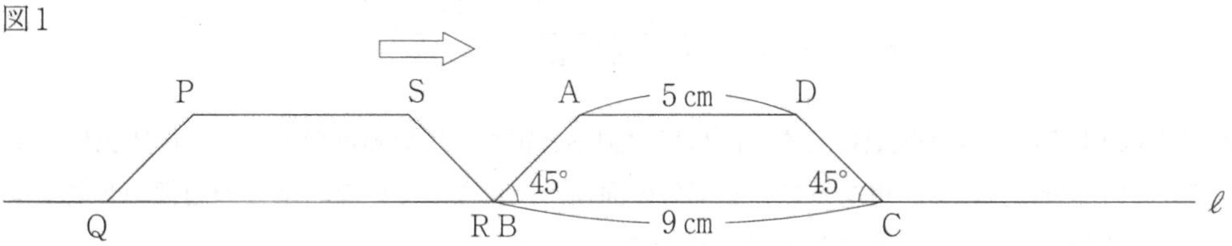

図2

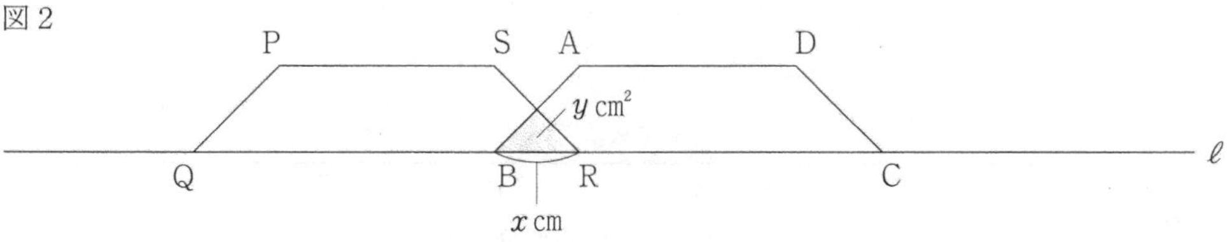

1　頂点Pが頂点Dと同じ位置にくるまで移動したときの x と y の関係を表にかきだしたところ，表1のようになった。あとの問いに答えなさい。

(1)　$x=2$ のときの y の値を求めなさい。

表1

x	0	…	4	…	14
y	0	…	4	…	4

(2) 表 2 は，頂点 P が頂点 D と同じ位置にくるまで移動したときの x と y の関係を式に表したものである。 ア ～ ウ にあてはまる数または式を，それぞれ書きなさい。

また，このときの x と y の関係を表すグラフを，図 3 にかきなさい。

表 2

xの変域	式
$0 \leqq x \leqq 4$	$y =$ ア
$4 \leqq x \leqq$ イ	$y = 2x - 4$
イ $\leqq x \leqq 14$	$y =$ ウ

図 3

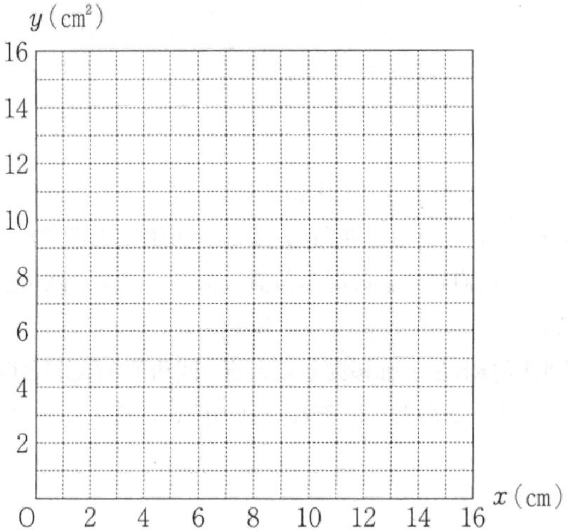

2　図 4 のように，四角形ABCDを，四角形PQRSと重なっている部分と，四角形PQRSと重なっていない部分に分ける。重なっている部分の面積が，重なっていない部分の面積の 2 倍となるときの x の値のうち，最も小さい値を求めなさい。

図 4

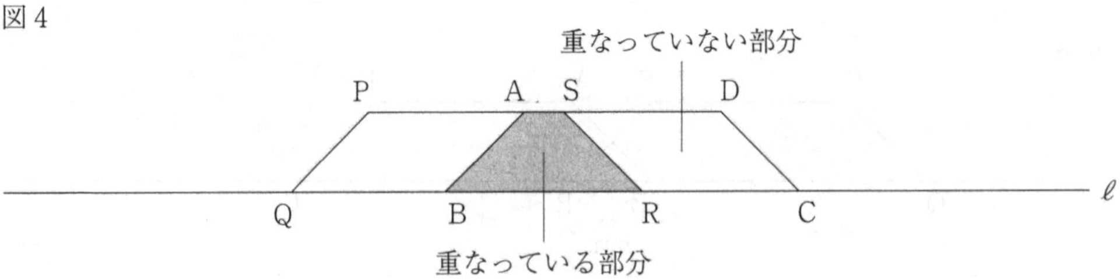

4　次のページの図のように，∠ACB＝90°の△ABCがあり，辺BCの長さは辺ACの長さよりも長いものとする。点Dを，辺BC上に，AC＝CDとなるようにとる。また，点Eを，辺AB上に，AC∥EDとなるようにとる。点Aから線分CEにひいた垂線と線分CEとの交点をFとし，直線AFと直線BCとの交点をGとする。このとき，あとの問いに答えなさい。

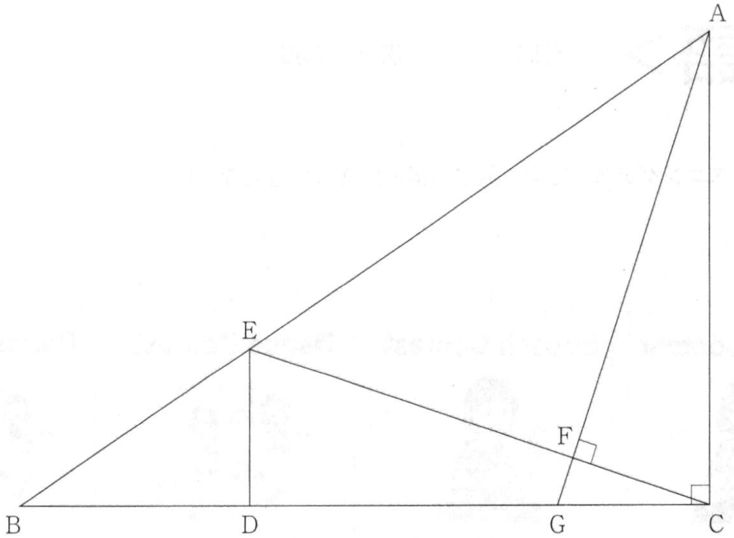

1　△AGC≡△CEDであることを証明しなさい。

2　AC＝10㎝，BC＝15㎝であるとき，次の問いに答えなさい。

(1)　EDの長さを求めなさい。

(2)　△AFCを，直線ACを軸として１回転させてできる立体の体積を求めなさい。なお，円周率はπとする。

＜英語＞

時間　50分　　満点　100点

1　これはリスニングテストです。放送の指示に従って答えなさい。

1

No. 1

No. 2

Yuta さんと Nina さんが見ているカレンダーの一部

8月

日	月	火	水	木	金	土
1	2	3	4	5 ア	6 イ	7 ウ
8 エ	9	10	11	12	13	14

2

＜早《さ》紀《き》さんのメモ＞

次の休日の予定について

ジョンさんと動物園に行く

・待ち合わせ場所：（　ア　）の近くの書店

→そこから（　イ　）まで歩く

・待ち合わせ時刻：９時（　ウ　）分

3

No.1　ア　To the temple.

イ　To the museum.

ウ　To the university.

エ　To the stadium.

No.2　ア　Because he heard that the tourists were his father's friends.

イ　Because he didn't use a map to help the tourists.

ウ　Because the tourists said that his English helped them.

エ　Because the tourists decided to meet him again in their life.

4　答えは，解答用紙に書きなさい。

（メモ用）

（　　）のところの英語を聞き取り，書きなさい。

Betty: The park in this photo is beautiful.

Taku: I think so, too.

It is (　　　　　　　　　　　　) Japan.

2　次の問いに答えなさい。

1　次の対話文の（　　）の中に最も適する英語を，それぞれ１語ずつ書きなさい。

(1)　*Lucy:* You are a good baseball player.　How (　　) have you been playing it?

Akira: Since I was six.　It's my favorite sport.

(2)　*Bill:* How was the (　　) in Kyoto yesterday?

Keiko: It was sunny at first, but it started to rain when I left Kyoto.

(3)　*Sakura:* According to our research, forty-eight percent of our class comes to school by bike.

Kevin: Does about (　　) of the class ride a bike to get here?　That's a lot.

2　次の対話文の（　）の中に最も適するものを，あとのア～エからそれぞれ一つずつ選び，記号で答えなさい。

(1)　*Kate:* Have you read this book yet?

Shinji: No, I haven't.　How about you?

Kate: I read it yesterday.　It was very exciting because...

Shinji: Please stop!　(　　)

ア　I also read the book yesterday.

イ　I have already read it.

ウ　I will read the book again soon.

エ　I am going to read it tomorrow.

(2)　*Peter:* I brought too many sandwiches for my lunch.

Hitomi: Wow!　Did you think you could eat all of them?

Peter: Yes. I thought I could when I bought them, but now I can't. Can you eat some for me?

Hitomi: OK. (　　　)

ア I am surprised that you love making so many sandwiches.
イ I will have one, but you should also ask others to help you.
ウ I don't think you can eat more, but you still say you can.
エ I should buy some for you because you ate all of them.

3 次の対話文の下線部について，あとのア～カの語句を並べかえて正しい英文を完成させ，（X），（Y），（Z）にあてはまる語句を，それぞれ記号で答えなさい。

(1) *Cathy:* What did you do last weekend?
Jun: (　　)(X)(　　)(Y)(　　)(Z) her homework.
ア stayed at　イ and helped　ウ home　エ finish
オ my sister　カ I

(2) *Eri:* I want to (　　)(X)(　　)(Y)(　　)(Z) for Jim.
Bob: I'm going to choose this blue one. I think he will like it.
ア buy　イ shirt　ウ you　エ which　オ will　カ know

3 中学生の健 (Ken) さんは，ALTのミラ (Mila) さんの話を聞いて，ヨーロッパにおける日本語学習者 (Japanese-language learner) について調べ，表 (table) とグラフ (graph) にまとめました。次は，表とグラフを見ている，健さんとミラさんの対話です。表とグラフおよび対話について，あとの問いに答えなさい。

表 国別の日本語学習者数（人）

国　名	2015年	2018年	2015年からの増減
X	20,875	24,150	3,275
イギリス	20,093	20,040	−53
Y	13,256	15,465	2,209
Z	5,122	8,495	3,373
イタリア	7,031	7,831	800

グラフ 日本語学習の理由

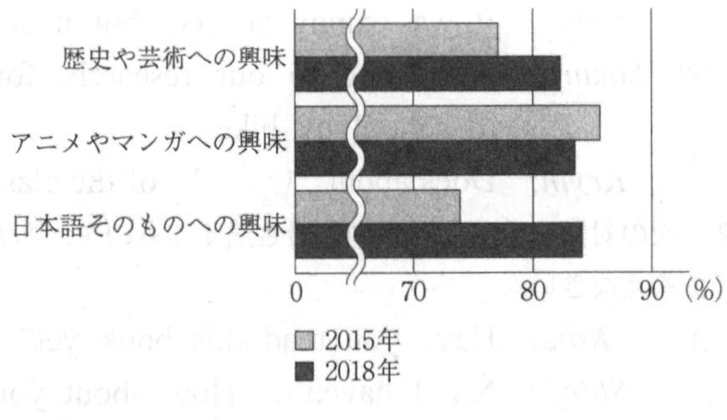

国際交流基金「海外の日本語教育の現状」から作成

Ken: I knew you started learning Japanese when you were in your country, *the U.K., and last week you told us that there were many Japanese-language learners in Europe. I wanted to learn more about them, so I made this table and this graph.

Mila: The table is interesting. I didn't know the U.K. had so many Japanese-language learners. More people learned Japanese in my country than in

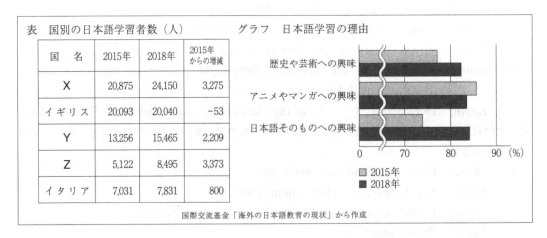

*Germany in 2018.

Ken: In France, you can see a big change from 2015 to 2018. More than three thousand learners *were added.

Mila: The number increased a lot in Spain, too. I also found that Spain had the smallest number of the five countries in 2015. Now, does this graph show why people in Europe learned Japanese?

Ken: Yes. I know anime is popular there, but I'm surprised that over eighty percent of the learners were interested in the Japanese language in 2018.

Mila: I started learning Japanese because I was a big fan of anime, but soon I became interested in the language, too. I still read the Japanese-language textbook I used in the U.K.

Ken: Really? ① I'd like to look at it!

Mila: OK. I'll bring it tomorrow.

（注） the U.K.　イギリス　Germany　ドイツ　(were) added　加えられた

1　表中のX～Zには，ドイツ，フランス，スペインのいずれかの国名が入ります。対話の内容に即して，X～Zのそれぞれにあてはまる国名を，日本語で書きなさい。

2　下線部①について，健さんが見たいものは何ですか。対話の内容に即して日本語で書きなさい。

3　表とグラフおよび対話の内容に合うものを，次のア～オから二つ選び，記号で答えなさい。

ア　Ken found that Mila learned Japanese in the U.K. after making the table and the graph.

イ　Mila looks at the table and says that the U.K. didn't have many Japanese-language learners.

ウ　The table shows that more people learned Japanese in the U.K. in 2015 than in 2018.

エ　Over eighty percent of the learners in Europe were interested in history and art in 2015.

オ　Mila says that she became an anime fan before she got interested in the Japanese language.

4　中学生の加奈（Kana）さんは，芽衣（Mei）さんと武史（Takeshi）さんとともに，自分たちの町の民話（folk tale）についての紙芝居（*kamishibai*）を作る企画（project）に取り組みました。次の英文は，加奈さんたちの企画に関連する出来事について描いたものです。これを読んで，あとの問いに答えなさい。

Mr. Sato, Kana's teacher, told his students that the goal of the group activity was to create a project to make their town more popular. "You have two months before the presentation in the class," said Mr. Sato. "Some *people from the town hall will also join us on that day." Kana worried because she didn't know much about the town. She *moved to the town last year. "How can I have ideas for a project?" she thought.

The members of Kana's group were Mei and Takeshi. Mei said, "Kana, are you ready?" Kana said, ①"Maybe... , but I... ." "Don't worry. Let's go to the school library. We'll get some hints for our project," Mei said. (A) Kana felt a little happy and said, "Sure!" Mei asked, "Is it OK, Takeshi?" Takeshi agreed in a weak voice. Kana thought he was just a little *shy.

In the school library, Kana and Mei talked and collected books, and Takeshi used his computer. After spending a lot of time there, they found their town had many interesting folk tales. Kana was surprised and said, "I think this town can become more popular if many people enjoy these stories." Then Mr. Sato came and told them that there was a folk tale club in their town. (B) "The club members have been studying folk tales for many years. If you visit them, they will give you more stories," he said.

Three days later, Kana's group visited the club. (C) When Kana was writing them down, one club member said, "We're happy that young people like you are interested in our folk tales. I think more people will become interested *thanks to you." His words made Kana so happy.

When they walked back to school, they talked about ways to share a folk tale with more people. "How about... *kamishibai*?" Takeshi said in a quiet voice. Kana smiled and said, "That's nice! Even children can enjoy its story." (D) Mei said, "I want to write the story in English, too. We can introduce it to people overseas." They had many ideas and got excited.

When they were planning their *kamishibai*, Mei said, "By the way, can you draw pictures?" Kana didn't think she could draw pictures, and she said Mei could. Mei laughed and said, "I wish I could. Did you forget my pictures in art class?" Then Takeshi suddenly said, "Maybe I can help. I'll show you some *sketches. I can draw cute pictures for children, too."

Two months later, they finally finished their project and showed it in the class. Their classmates and the people from the town hall really enjoyed it. Kana remembered the two months with her members, and felt happy.

One day in the next month, Mr. Sato said to Kana's group, "Today the people from the town hall visited me and said that your *kamishibai* was great. They also said that they wanted you to *perform it at the town's event. What do you think?" The three students looked at each other, and Kana said with a smile, ②"We are ready to do that!"

（注） people from the town hall　町役場の人々　　moved ← move　引っ越す　　shy　内気な
thanks to ～　～のおかげで　　sketch(es)　スケッチ　　perform　上演する

1　下線部①と言ったときの，加奈さんの気持ちに最も近いものを，次のページの**ア**～**エ**から一つ選び，記号で答えなさい。

ア I think I can have a lot of ideas for this activity and we can finish our project easily.

イ I don't think I can help you because I have to move to another town next month.

ウ I have lived in this town for three years, but I need to know more about the town.

エ I don't know much about this town, so I'm not sure I can have ideas for our project.

2 次の英文を，本文の流れに合うように入れるとすれば，どこに入れるのが最も適切ですか。（A）～（D）から一つ選び，記号で答えなさい。

Members of the club were kind and gave the group many good stories.

3 下線部②について，加奈さんが，自分たちは準備ができていると言ったのは，何をすることですか。本文に即して日本語で書きなさい。

4 本文に即して，次の問いに英語で答えなさい。

(1) Where did Kana and her members go first to get information for their project?

(2) Did Mei say she could draw pictures when her group was planning the *kamishibai*?

5 次の英文ア～オは，それぞれ本文の内容の一部です。ア～オを，本文の流れに合うように並べかえ，記号で答えなさい。

ア People from the town hall joined the class and saw the presentation by Kana's group.

イ Takeshi talked about a way to share a story and Kana said that she liked it.

ウ Mr. Sato told his students what the goal of the group activity was.

エ Takeshi said that he could draw some pictures for the project.

オ Mr. Sato gave Kana's group some information about a club in their town.

6 加奈さんたちは，自分たちの企画の一部として，紙芝居の英語版を完成させました。次は，加奈さんがALTのノア (Noah) さんに紙芝居の英語版を見せたときに交わされた対話の一部です。対話の [I]，[II] に入る適切な英語を，文脈に合うように，それぞれ4語以上で書きなさい。

Noah: Amazing! [I] this folk tale in English?

Kana: Because we thought people in foreign countries could enjoy it, too. That was not easy for us, but we helped each other to do it.

Noah: I see! You also worked hard together to find this story, right?

Kana: Yes, but a folk tale club helped us, too. One member of the club said that we could [II] in the town's folk tales. After visiting the club, we talked about what to do for that.

5 あなたの学校の英語の授業で，次の「コンピュータの画面」のように，ALTのライアン（Ryan）さんから一人一人のコンピュータに質問が示され，その質問について，それぞれが自分の考えを書き，クラスで共有することになりました。「コンピュータの画面」の □ に入るあなたの考えを，まとまりのある内容になるように，**4文以上の英文**で書きなさい。

コンピュータの画面

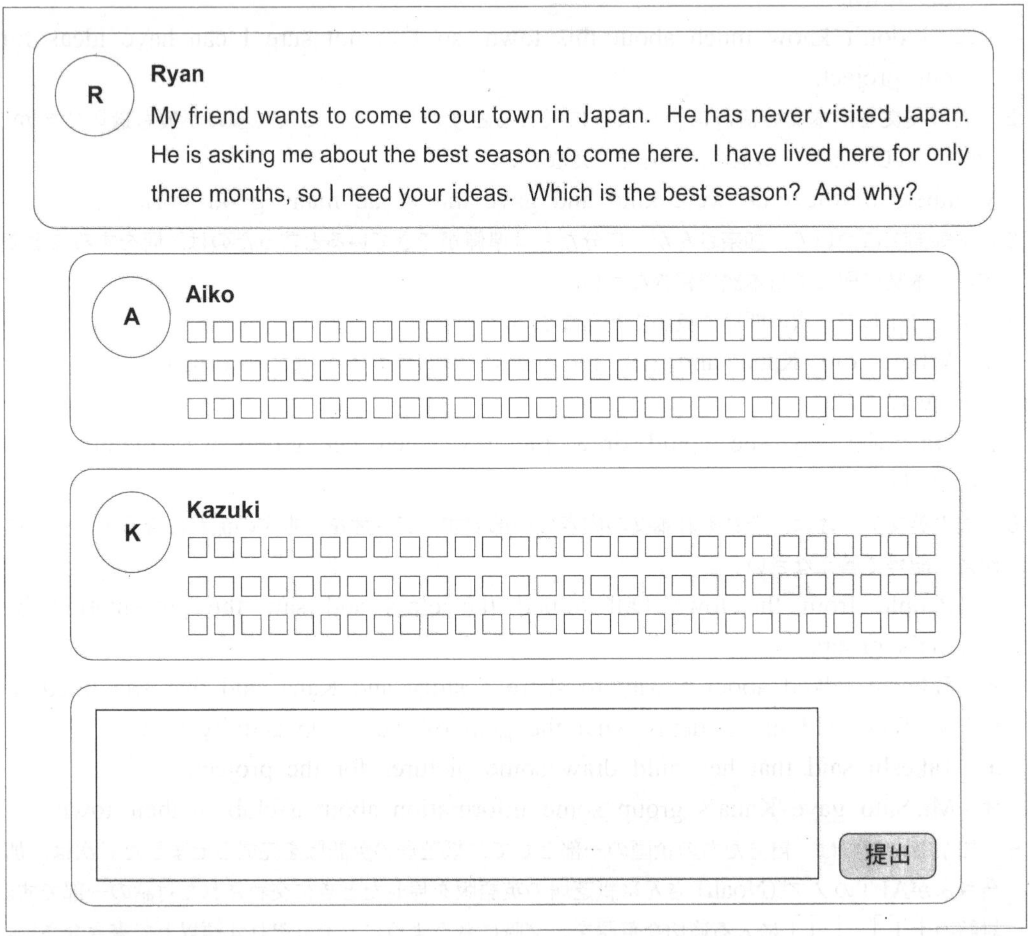
R
Ryan
My friend wants to come to our town in Japan. He has never visited Japan. He is asking me about the best season to come here. I have lived here for only three months, so I need your ideas. Which is the best season? And why?
A
Aiko
K
Kazuki
提出

（注）画面の中の□□□には，クラスの生徒が書いた考えが表示されている。

＜理科＞

時間　50分　　満点　100点

1　一郎さんは，植物が行う光合成について興味をもち，オオカナダモとアジサイを使って観察や実験を行った。あとの問いに答えなさい。

1　一郎さんは，光合成が葉の細胞のどの部分で行われるかを調べるため，光を十分に当てたオオカナダモの先端近くの葉をいくつか切り取り，次の①，②の手順で実験1を行い，わかったことをまとめた。あとの問いに答えなさい。

【実験1】

①　切り取った葉をスライドガラスにのせ，水を1滴落として，カバーガラスをかけ顕微鏡で観察した。

②　①とは別の切り取った葉を熱湯にひたし，あたためたエタノールに入れて脱色した。5分後，水でよくゆすぎスライドガラスにのせ，ヨウ素液を1滴落として，カバーガラスをかけ顕微鏡で観察した。

【わかったこと】

図1は①，図2は②において，顕微鏡で観察したオオカナダモの葉のスケッチである。オオカナダモの葉は同じような形のたくさんの細胞が集まってつくられていることがわかった。

図1

図2

①では細胞内に緑色の粒の葉緑体がたくさん観察され，②では葉緑体が青紫色の粒として観察された。このことから，葉緑体で［ a ］がつくられており，光合成は葉緑体で行われていることがわかった。

(1)　下線部について，形やはたらきが同じ細胞が集まって組織をつくり，さらにいくつかの種類の組織が集まって葉がつくられる。葉のように特定のはたらきをもつ，組織の集まりを何というか，書きなさい。

(2)　［ a ］にあてはまる語を書きなさい。

2　一郎さんは，植物が光合成を行うときに必要なものを調べるため，次の①～③の手順で実験2を行った。あとの問いに答えなさい。

【実験2】

①　試験管A，Bを用意し，試験管Aにだけアジサイの葉を入れた。

②　試験管A，Bにストローで息をふきこみ，図3のように，ゴム栓をした。

③　試験管A，Bに30分間光を当てたあと，それぞれの試験管に少量の石灰水を入れ，ゴム栓をしてよく振り，石灰水の変化を観察した。

【結果】　試験管Aの石灰水は変化せず，試験管Bの石灰水は白くにごった。

図3

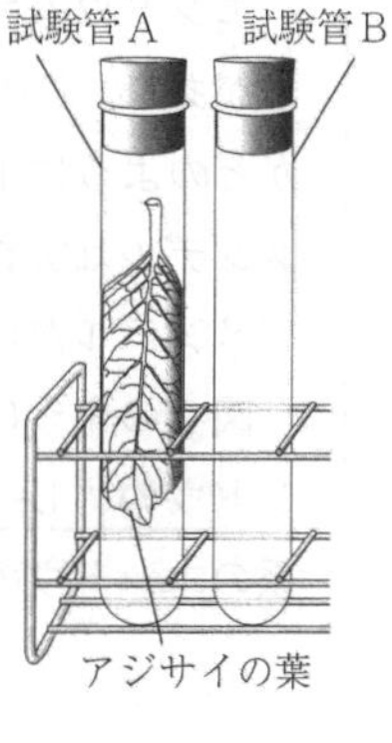

(1) 実験２において，石灰水の変化を観察したのはなぜか，「アジサイの葉が」のあとに続けて書きなさい。

(2) 実験２のあと，一郎さんは，実験２だけでは植物が光合成を行うときに必要なものを調べきれていないことに気づいた。そこで，試験管Ｃを用意し，光が必要であることを確かめるために追加の実験を行った。次は，一郎さんが行った追加の実験の手順をまとめたものである。［b］～［d］にあてはまる言葉の組み合わせとして最も適切なものを，あとの**ア**～**ク**から一つ選び，記号で答えなさい。

> 試験管Ａと比較するために，試験管Ｃには，アジサイの葉を［b］，息を［c］，ゴム栓をして，光を［d］。30分後，少量の石灰水を入れ，ゴム栓をしてよく振り，白くにごるかを確認する。

ア　b　入れ　c　ふきこみ　d　当てる
イ　b　入れ　c　ふきこみ　d　当てない
ウ　b　入れ　c　ふきこまず　d　当てる
エ　b　入れ　c　ふきこまず　d　当てない
オ　b　入れず　c　ふきこみ　d　当てる
カ　b　入れず　c　ふきこみ　d　当てない
キ　b　入れず　c　ふきこまず　d　当てる
ク　b　入れず　c　ふきこまず　d　当てない

2　美香さんは，生物のふえ方に興味をもち，生殖や遺伝について調べた。次は，美香さんがまとめたものの一部である。あとの問いに答えなさい。

【有性生殖と無性生殖について】

エンドウは，おしべとめしべでつくられる生殖細胞が受精することで新しい個体ができる。このような生殖を有性生殖という。一方，同じ植物でもジャガイモは有性生殖も行うが，図１のように①体の一部から新しい個体をつくる無性生殖も行う。有性生殖と無性生殖では，親から子への②遺伝子の受けつがれ方が異なる。

図１

【遺伝について】

エンドウの種子の形には，丸い種子としわのある種子があり，この形質は子や孫へと遺伝する。親の形質がどのように子や孫に遺伝していくかを調べるため，メンデルは実験を行い，遺伝の規則性を発見した。

〈メンデルが行った実験〉

図２のように，③丸い種子をまいて育てた純系のエンドウのめしべに，しわのある種子をまいて育てた純系のエンドウの花粉を受粉させると，親の代から生じ

図２
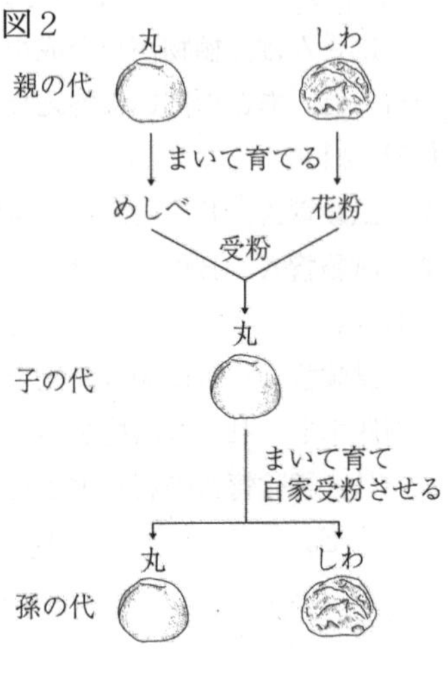

た④子の代の種子はすべて丸い種子になった。

次に，子の代の丸い種子をまいて育て自家受粉させると，⑤子の代から生じた孫の代の種子は，丸い種子が5474個，しわのある種子が1850個になった。

1　下線部①について，次の問いに答えなさい。

(1)　ジャガイモのように，植物が体の一部から新しい個体をつくる無性生殖を何というか，書きなさい。

(2)　無性生殖では，子の形質は，親の形質と比較してどのようになるか，親から子への遺伝子の受けつがれ方に着目して，書きなさい。

2　下線部②について，染色体に含まれる遺伝子の本体を何というか，書きなさい。

3　エンドウの種子の形を丸くする遺伝子をA，しわにする遺伝子をａとすると，図２の親の代の丸い種子をつくる純系はAA，しわのある種子をつくる純系はaaの遺伝子の組み合わせで表すことができる。種子の形を決める遺伝子の子や孫への伝わり方について，次の問いに答えなさい。

(1)　下線部③について，めしべの胚珠の中の卵細胞に存在する，種子の形を決める遺伝子として最も適切なものを，次の**ア**～**オ**から一つ選び，記号で答えなさい。

ア　A　　**イ**　a　　**ウ**　AA　　**エ**　Aa　　**オ**　aa

(2)　次は，下線部④，⑤の丸い種子について述べたものである。［X］，［Y］にあてはまるものの組み合わせとして最も適切なものを，あとの**ア**～**カ**から一つ選び，記号で答えなさい。

子の代の丸い種子の遺伝子の組み合わせは［X］のみだと考えられる。孫の代の丸い種子の遺伝子の組み合わせはAAとAaであり，その数の割合はAA：Aa＝［Y］であると考えられる。

ア　X　AA　Y　1：1　　**イ**　X　AA　Y　1：2　　**ウ**　X　AA　Y　3：1
エ　X　Aa　Y　1：1　　**オ**　X　Aa　Y　1：2　　**カ**　X　Aa　Y　3：1

3　哲也さんは，地層について興味をもち，家の近くの地層を観察した。次は，哲也さんがまとめたものの一部である。あとの問いに答えなさい。

【地層の観察】

図１

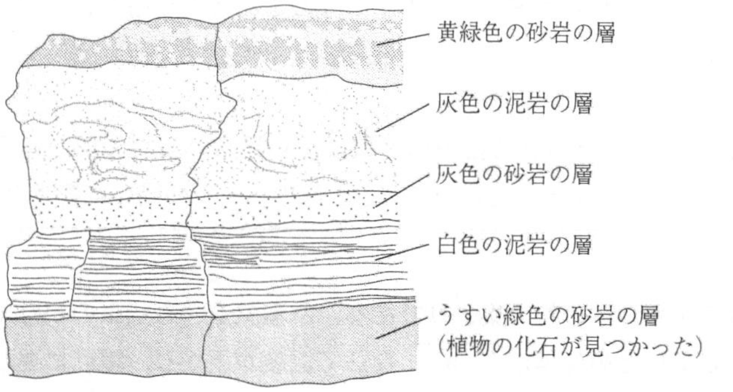

図２

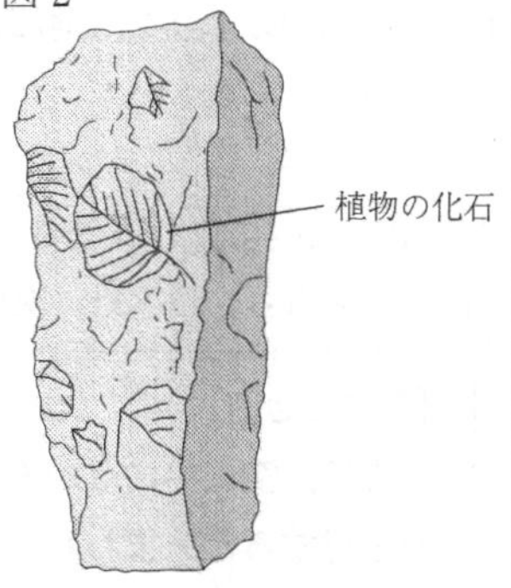

図1は観察した地層のスケッチである。堆積した岩石の種類について，ルーペなどを使って調べると，砂岩と泥岩が交互に堆積していた。図2は，うすい緑色の砂岩の層から見つかった，植物の化石を含む岩石のスケッチである。

【調べたこと】

○ 砂岩と泥岩が交互に重なった地層について

砂岩や泥岩の地層が堆積した①地質年代は，堆積物の種類や付近で発見された火山灰により，新生代の中でも300～500万年前と推定される。当時地層が堆積した場所は湖の底であったと考えられ，そこに静かに砂や泥が堆積していた。しかし，湖に入る河口付近に堆積し続けた地層は不安定になると地すべりを起こし，水と土砂が混じり合ったものがより深い場所に流された。その後，砂と泥は分かれて堆積したが，これは [X] からである。これらの現象が同じ場所で何度も繰り返し発生したことで，砂岩と泥岩が交互に重なった地層となった。

○ 見つかった植物の化石について

専門家に聞いたところ，②ブナの葉の化石であることがわかった。ブナの葉の化石が見つかった地層が堆積した当時，この場所は，温帯の涼しい環境であったことがわかる。

1 砂岩や泥岩は，堆積物が固まってできた堆積岩である。堆積岩を，次の**ア**～**オ**からすべて選び，記号で答えなさい。

ア れき岩　**イ** 安山岩　**ウ** チャート　**エ** 花こう岩　**オ** 凝灰岩

2 下線部①に関連して，次は新生代に繁栄した生物の化石について，哲也さんがまとめたものである。[a]，[b] にあてはまるものの組み合わせとして適切なものを，あとの**ア**～**カ**から一つ選び，記号で答えなさい。

ある時期にだけ栄えて [a] 範囲にすんでいた生物の化石からは，地質年代を知ることができる。新生代に堆積した地層にしか見られない化石として，[b] の化石がある。

ア a せまい　b アンモナイト　**イ** a 広い　b アンモナイト
ウ a せまい　b サンヨウチュウ　**エ** a 広い　b サンヨウチュウ
オ a せまい　b ナウマンゾウ　**カ** a 広い　b ナウマンゾウ

3 [X] にあてはまる言葉を，砂と泥の沈み方の違いに着目して，書きなさい。

4 下線部②のような，地層が堆積した当時の環境を知る手がかりとなる化石を何というか，書きなさい。

4 山形県内に住む恵子さんは，夏によく見られる雲の形と秋によく見られる雲の形が違うことに興味をもち，調べた。次は，恵子さんがまとめたものである。次のページの問いに答えなさい。

【雲のでき方】

雲は，空気中にうかぶ水滴や小さな氷の粒の集まりである。水蒸気を含む空気のかたまりが上昇すると，まわりの気圧が低いため体積が [a] なって温度が下がり，露点に達して水滴や氷の粒が生じ，雲ができる。

【夏によく見られる雲】

夏によく見られる図1のような雲を積乱雲という。積乱雲は①地表付近から空の高いところにまで達するほどの厚みがある。

夏は太平洋高気圧が発達し，日本列島は②小笠原気団の影響を受け，南東からの季節風がふきこむ。晴れていると強い日差しによって大気が局地的に熱せられ，急激な上昇気流が生じ，積乱雲のような厚みのある雲ができる。

図1

【秋によく見られる雲】

秋によく見られる図2のような雲を巻積雲という。巻積雲は小さな雲が規則的にならび，魚のうろこのように見えるためうろこ雲ともよばれる。

図2

夏の終わりごろには太平洋高気圧がおとろえて，梅雨の時期に似た気圧配置になり，③停滞前線ができるようになる。その後は移動性高気圧と低気圧が日本付近を交互に通過し，④低気圧からのびる温暖前線付近ではゆるやかな上昇気流が生じるため，空の高いところに巻積雲のような厚みの少ない雲ができる。

1　[a] にあてはまる言葉を書きなさい。

2　下線部①について，次は，恵子さんが，雲ができるなどの気象現象や大気の大きな動きが起こる範囲について調べたことをまとめたものである。[b]，[c] にあてはまる数値の組み合わせとして最も適切なものを，あとの**ア**～**エ**から一つ選び，記号で答えなさい。

> 気象現象や大気の大きな動きが起こるのは地表から上空 [b] km程度までであり，地球の半径約 [c] kmと比べるときわめてうすい。

ア　b　10　c　6400　　**イ**　b　10　c　64000

ウ　b　100　c　6400　　**エ**　b　100　c　64000

3　下線部②について，小笠原気団の性質を，気温と湿度に着目して，書きなさい。

4　下線部③について，夏の終わりから9月ごろにできるようになる停滞前線を何というか，書きなさい。

5　下線部④に関連して，図3は，天気図の一部を表している。X－Yの線での，地表から垂直方向における前線面の断面を表す模式図として最も適切なものを，次の**ア**～**エ**から一つ選び，記号で答えなさい。

図3

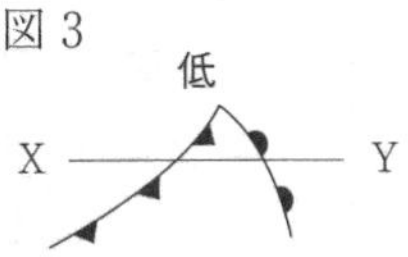

ア

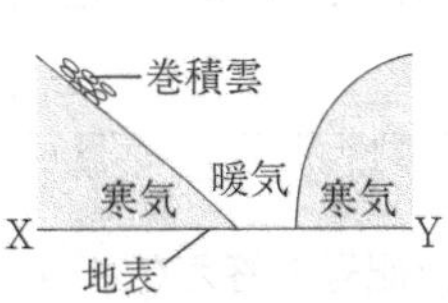

イ

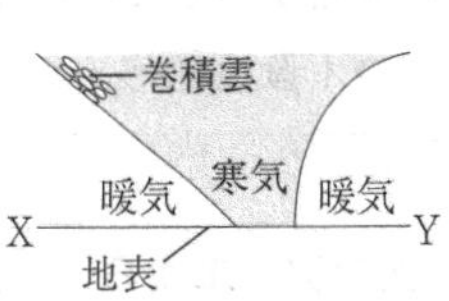

ウ

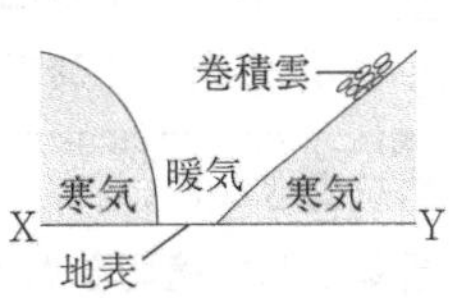

エ

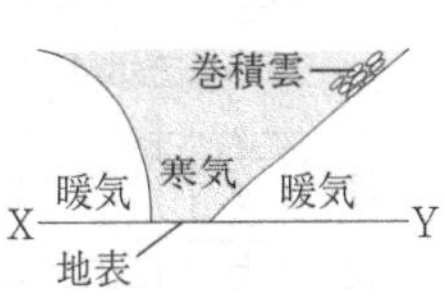

5 里奈さんと慎也さんは，酸性やアルカリ性を示す水溶液に興味をもち，次の①，②の手順で実験を行った。あとの問いに答えなさい。

【実験】

① 塩化ナトリウム水溶液でしめらせたろ紙をスライドガラスにのせ，それらの両端を金属のクリップでとめ，電源装置につないだ。

② 図のように，赤色リトマス紙，青色リトマス紙，うすい塩酸をしみこませたたこ糸を，塩化ナトリウム水溶液でしめらせたろ紙の上にのせ，約10Ｖの電圧を加えて，リトマス紙の色の変化を観察した。

図

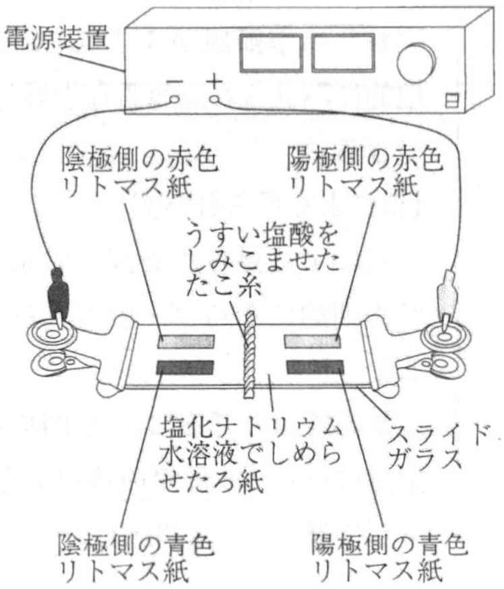

【結果】

電圧を加えると，陰極側の青色リトマス紙が，たこ糸側からしだいに赤色に変化した。ほかのリトマス紙には，色の変化はなかった。

1 塩化ナトリウム水溶液は，物質の分類上，次のア～エのどれにあたるか。適切なものを一つ選び，記号で答えなさい。

ア 単体　イ 純粋な物質　ウ 混合物　エ 化合物

2 下線部について，純粋な水ではなく塩化ナトリウム水溶液でろ紙をしめらせた理由を，書きなさい。

3 次は，実験後の里奈さんと慎也さんの対話である。あとの問いに答えなさい。

里奈：電圧を加えると，陰極側の青色リトマス紙の色がたこ糸側からしだいに変化したね。

慎也：そうだね。リトマス紙の色は，塩化ナトリウム水溶液でしめらせたろ紙にのせても変化しなかったから，うすい塩酸に含まれる陽イオンの［ a ］イオンが，青色リトマス紙の色を変化させたことがわかるね。

里奈：酸性を示すイオンは［ a ］イオンだと確認できたね。では，アルカリ性を示すイオンが水酸化物イオンであることも，授業で習ったアルカリ性の水溶液を使って確認できるかな。

慎也：うすい塩酸のかわりにうすい水酸化ナトリウム水溶液を使って実験してみたらどうかな。うすい水酸化ナトリウム水溶液にはナトリウムイオンと水酸化物イオンが含まれているよね。塩化ナトリウム水溶液と共通のイオンであるナトリウムイオンはリトマス紙の色を変化させないから，水酸化物イオンに着目して確認できると思うよ。

里奈：なるほど。確かにそうだね。

慎也：この実験で［ b ］リトマス紙の色がたこ糸側からしだいに変化すれば，アルカリ性を示すイオンが，水酸化物イオンであるといえるね。

(1) ［ a ］にあてはまる語を書きなさい。

(2) ［ b ］にあてはまる言葉として適切なものを，次のア～エから一つ選び，記号で答えなさい。

ア 陰極側の赤色　イ 陽極側の赤色　ウ 陰極側の青色　エ 陽極側の青色

4 うすい塩酸は，水に濃い塩酸を加えてつくられる。水に質量パーセント濃度が35％の濃い塩酸

10 g を加えて，質量パーセント濃度が２％のうすい塩酸をつくりたい。必要な水は何 g か，求めなさい。

6　酸化銀を加熱すると銀と酸素ができる化学変化について調べるために，次の①，②の手順で実験を行った。表は，実験結果である。あとの問いに答えなさい。

【実験】　①　酸化銀1.00 g を試験管に入れ，酸素が発生しなくなるまで十分に加熱した。加熱した試験管が冷めたあと，試験管内に残った固体の質量をはかった。

②　酸化銀を2.00 g，3.00 g にして，①と同様のことをそれぞれ行った。

表

試験管に入れた酸化銀の質量（g）	1.00	2.00	3.00
試験管内に残った固体の質量（g）	0.93	1.86	2.79

1　酸化銀を加熱したときの色の変化として最も適切なものを，次の**ア**～**カ**から一つ選び，記号で答えなさい。

ア　赤色から黒色　　**イ**　黒色から白色　　**ウ**　白色から黒色

エ　赤色から白色　　**オ**　黒色から赤色　　**カ**　白色から赤色

2　酸化銀の熱分解の化学反応式を，次の**ア**～**エ**から一つ選び，記号で答えなさい。

ア　$2Ag_2O \rightarrow 2Ag_2 + 2O$　　**イ**　$2Ag_2O \rightarrow 4Ag + 2O$

ウ　$2Ag_2O \rightarrow 2Ag_2 + O_2$　　**エ**　$2Ag_2O \rightarrow 4Ag + O_2$

3　酸化銀を4.00 g にして，①と同様のことを行った。発生した酸素の質量は何 g か，求めなさい。

4　酸化銀を5.00 g にして，加熱した。加熱した試験管が冷めたあと，試験管内に残った固体の質量をはかったところ，4.72 g であり，加熱が不十分であったことがわかった。試験管内に残った固体のうち銀の質量は何 g か，求めなさい。

7　物体にはたらく力について調べるために，次の実験１，２を行った。表は，実験結果のうち，ばねののびを示したものである。あとの問いに答えなさい。ただし，ばねののびは，ばねを引く力の大きさに比例するものとし，糸はのび縮みせず，質量と体積は無視できるものとする。また，質量100 g の物体にはたらく重力の大きさを１Nとする。

【実験１】　図１のように，ばねに糸と質量50 g のおもりをつるし，おもりを静止させ，ばねののびを調べた。

【実験２】　実験１と同じばね，糸，おもりを用いて，図２のような装置を組み，おもりが容器の底につかないようにおもりを水中に完全に沈めて静止させ，ばねののびと電子てんびんが示す値を調べた。

図１　　図２

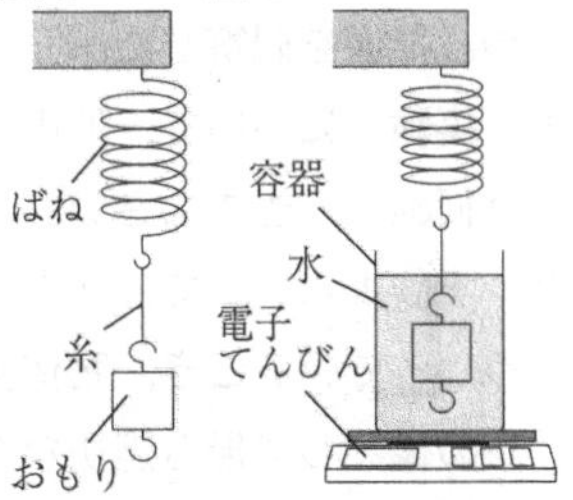

表

	ばねののび（cm）
実験１	17.5
実験２	15.4

1　下線部について，物体に力がはたらいていないときや，力がはたらいていてもそれらがつり合って合力が０のときは，静止している物体は静止し続け，運動している物体は等速直線運動を続ける。このことを何の法則というか。書きなさい。

2　実験２において，水中のおもりにはたらく重力の大きさは何Nか，求めなさい。

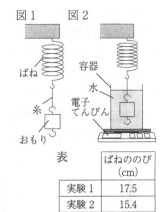

3 実験2において，おもりを水中に完全に沈めたときに，水中のおもりにはたらく浮力の大きさは何Nか。最も適切なものを，次の**ア**～**オ**から一つ選び，記号で答えなさい。

ア 0.04N **イ** 0.06N **ウ** 0.08N **エ** 0.10N **オ** 0.12N

4 実験2において，おもりを水中に入れる前と水中に完全に沈めたあとの電子てんびんが示す値を比べたとき，値の関係を述べた文として適切なものを，次の**ア**～**ウ**から一つ選び，記号で答えなさい。

ア 水中に沈めたあとのほうが，大きい。 **イ** 水中に沈めたあとのほうが，小さい。

ウ 等しい。

8 光の進み方と凸レンズのはたらきを調べるために，図1のような装置を組み，次の実験1，2を行った。なお，物体は，透明なシートに**L**の文字を書いたものである。あとの問いに答えなさい。

【実験1】

① 光学台に白熱電球と物体を固定し，物体から20cm離れた位置に凸レンズを置いたあと，光源である白熱電球を点灯した。

② スクリーンの位置を調整して，物体の像がスクリーンにはっきりとうつったとき，凸レンズとスクリーンとの距離をはかり，記録した。

③ ①の凸レンズの位置を，物体から5cmずつ遠ざけ，②と同様のことをそれぞれ行った。

グラフは実験1の結果を表している。

図1

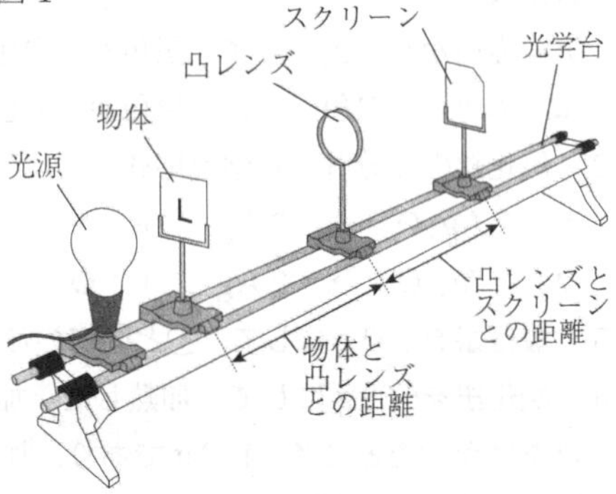

グラフ

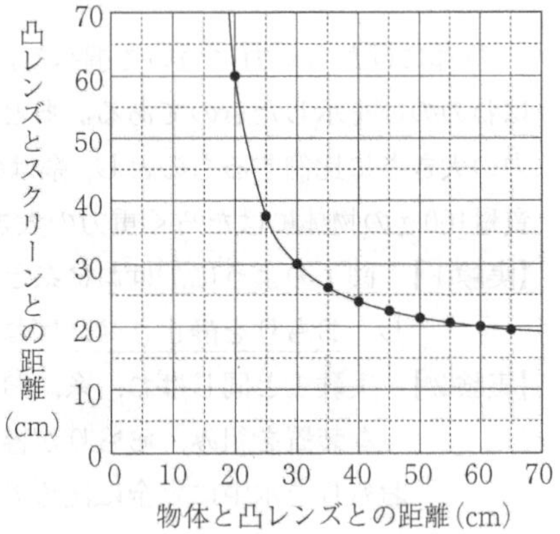

【実験2】

実験1と同じ装置を用いて光源を点灯し，スクリーンに物体の像をはっきりとうつしたあと，凸レンズの上側半分を黒いシートでおおって，光を通さないようにした。このとき，スクリーンにうつった像を観察した。

1 実験1について，使用した凸レンズの焦点距離は何cmか，書きなさい。

2 実験1について，スクリーンに像がはっきりとうつっているとき，物体側から観察したスクリーンの像として最も適切なものを，次の**ア**～**エ**から一つ選び，記号で答えなさい。

ア イ

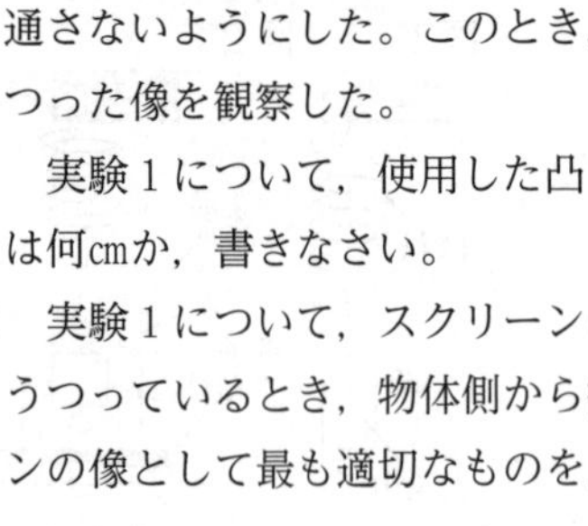

ウ エ

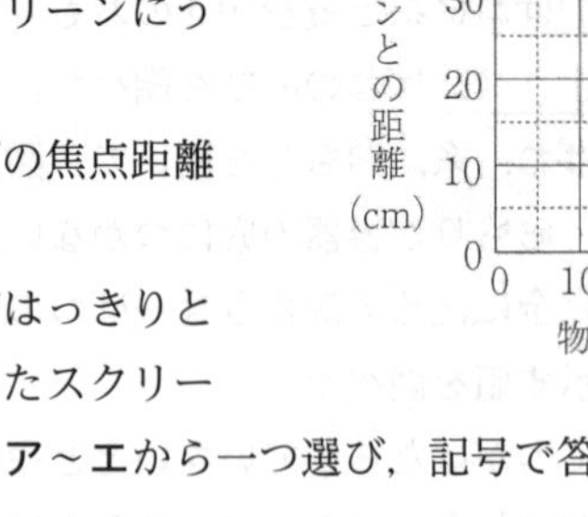

3　実験１について，図２は，スクリーンに物体の像がはっきりとうつっているときの模式図であり，物体上の点Ｐから出た光の道すじのうち，２本をＸ，Ｙで表している。光の道すじＸ，Ｙの，スクリーンまでの道すじを，それぞれ図２にかきなさい。ただし，光の進む方向は，凸レンズの中心線で変わるものとし，図２中の点Ｆは凸レンズの焦点である。

図２

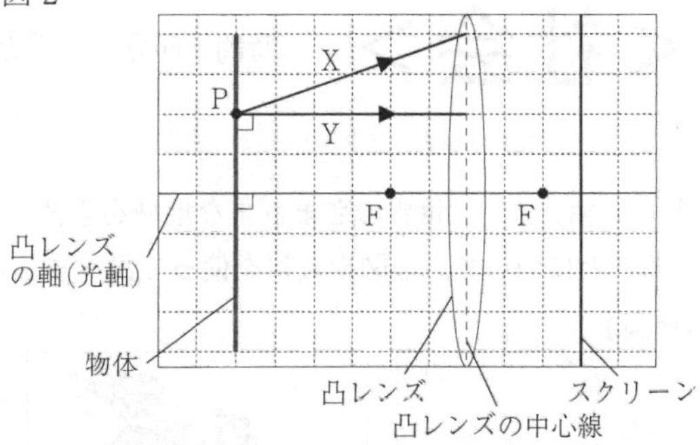

4　実験２について，凸レンズの上側半分を黒いシートでおおったときにスクリーンにうつった像は，黒いシートでおおう前にうつった像と比べてどのように変化したか，簡潔に書きなさい。

＜社会＞　時間　50分　　満点　100点

1　正樹さんは，世界のさまざまな地域を学習する授業で，略地図中のＡ国～Ｄ国や日本に関連することについて，地図や資料を使って調べました。あとの問いに答えなさい。

【略地図】

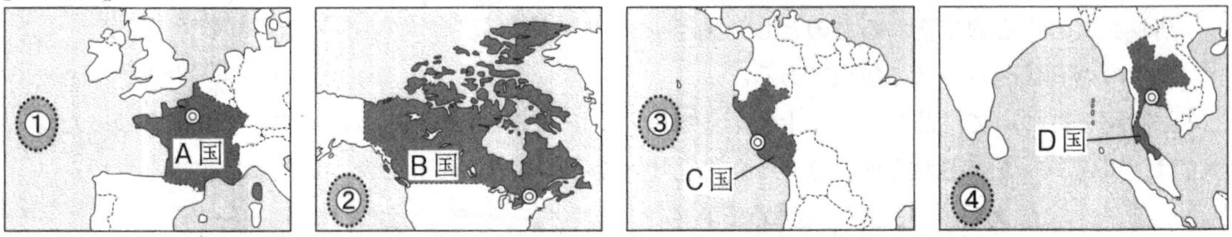

注１：略地図中の◎は，首都の位置を示している。　注２：各地図の縮尺は同じではない。

1　略地図において　で示された①～④は，それぞれ三大洋の一部です。同じ海洋を示す組み合わせを，次の**ア**～**カ**から一つ選び，記号で答えなさい。また，その海洋名も書きなさい。

ア　①と②　　**イ**　①と③　　**ウ**　①と④　　**エ**　②と③　　**オ**　②と④　　**カ**　③と④

2　資料Ⅰは，略地図中のＡ国～Ｄ国の人口などについてまとめたものです。**ア**～**エ**は，Ａ国～Ｄ国のいずれかです。資料Ⅰを見て，次の問いに答えなさい。

(1)　Ａ国にあたるものを，**ア**～**エ**から一つ選び，記号で答えなさい。

(2)　Ａ国～Ｄ国の人口密度を比較したとき，人口密度が最も高い国はどれか，国の記号Ａ～Ｄで答えなさい。また，その国名も書きなさい。

【資料Ⅰ】　(2019年)

	人口 (千人)	国土面積 (千 km²)	１人あたりの国民総所得 (ドル)	日本への輸出額 (億円)
ア	32,510	1,285	6,635	2,683
イ	65,130	552	41,155	13,127
ウ	69,626	513	7,407	27,651
エ	37,411	9,985	45,935	12,864

(『世界国勢図会　2021／22年版』などから作成)

3　資料Ⅱは，正樹さんがＡ国の気候について学習したときにまとめたものです。資料Ⅱの［X］，［Y］，［Z］にあてはまる言葉の組み合わせとして適切なものを，あとの**ア**～**ク**から一つ選び，記号で答えなさい。

ア　X　低緯度　　Y　温暖
　Z　高緯度から低緯度

イ　X　低緯度　　Y　寒冷
　Z　高緯度から低緯度

ウ　X　低緯度　　Y　温暖
　Z　低緯度から高緯度

エ　X　低緯度　　Y　寒冷
　Z　低緯度から高緯度

オ　X　高緯度　　Y　温暖
　Z　高緯度から低緯度

【資料Ⅱ】

○　疑問に思ったこと
　Ａ国の首都は山形市に比べ［X］に位置しているのに，冬の気候が［Y］である。どうしてだろうか。

○　調べてわかったこと
　Ａ国の気候は，［Z］方向へ流れる海流と，その上空をふく風の影響を受けている。

カ　X　高緯度　Y　寒冷　Z　高緯度から低緯度
キ　X　高緯度　Y　温暖　Z　低緯度から高緯度
ク　X　高緯度　Y　寒冷　Z　低緯度から高緯度

4　資料Ⅲは，正樹さんがB国と日本のおもな輸入相手国について調べ，まとめたものです。資料Ⅲの [a]，[b] にあてはまる国を，次の**ア**～**オ**からそれぞれ一つずつ選び，記号で答えなさい。

ア　アメリカ　**イ**　イギリス
ウ　ブラジル　**エ**　韓国
オ　中国

【資料Ⅲ】B国と日本における輸入相手国上位3か国
(2019年)

B国		日本	
国名	%	国名	%
[a]	50.8	[b]	23.5
[b]	12.5	[a]	11.3
メキシコ	6.1	オーストラリア	6.3

(『世界国勢図会　2021／22年版』から作成)

5　次は，正樹さんが，略地図中の**C**国で，先住民の言語以外も公用語とされている，歴史的な背景についてまとめたものです。適切なまとめになるように，[c] にあてはまる言葉を書きなさい。

大航海時代に南北アメリカ大陸に進出した国である [c] として，**C**国は支配された。

6　正樹さんは，略地図中の**D**国が米の輸出国であることを知り，**D**国の稲作や，世界の米の輸出などについて調べました。次の問いに答えなさい。

⑴　**D**国の稲作などで行われる，同じ土地で，同じ作物を年に2回栽培することを何というか，書きなさい。

⑵　資料Ⅳは，米の輸出国における，米の生産量と輸出量についてまとめたものの一部です。次は，正樹さんが，資料Ⅳからわかったことや考えたことをまとめたものです。適切なまとめになるように，[d] には **高い** か **低い** のいずれかの言葉を書き，[e] にはあてはまる言葉を，**消費**，**割合** という二つの語を用いて書きなさい。

【資料Ⅳ】　(2019年)

	生産量(万t)	輸出量(万t)
D国	2,836	685
中国	20,961	272
インド	17,765	973

(『世界国勢図会　2021／22年版』から作成)

D国は，中国やインドと比較すると，生産された米が輸出に向けられる割合が [d] 国であることがわかる。このことから，**D**国は，中国やインドよりも，生産された米が国内で [e] 国であると考えられる。

2　里菜さんは，山形県で第6回「山の日」全国大会が行われたことに興味を持ち，日本の地形や，これまでに「山の日」全国大会が行われた，山形県を含む六つの県について調べました。資料は，そのときまとめたものです。あとの問いに答えなさい。

【里菜さんのまとめ】

○　日本列島は，標高の高い山々や火山がつらなっており，陸地の約 [①] が山地や丘陵地である。
○　日本列島の中央部にあたる地域にある [②] を境にして，日本の山地や山脈は，並ぶ方向が異なっている。
○ 日本列島の中央部には，3000m級の山々がつらなる。特に，飛騨山脈，木曽山脈，赤石山脈の三つの山脈は，［③］とよばれ，「日本の屋根」ともたとえられる。

1 里菜さんのまとめについて，次の問いに答えなさい。

(1) ［①］，［②］にあてはまる言葉の組み合わせとして最も適切なものを，次の**ア**～**エ**から一つ選び，記号で答えなさい。

ア ① 4分の3 ② フォッサマグナ **イ** ① 2分の1 ② フォッサマグナ
ウ ① 4分の3 ② カルデラ **エ** ① 2分の1 ② カルデラ

(2) ［③］にあてはまる言葉を書きなさい。

2 略地図は，これまでに「山の日」全国大会が行われた六つの県をまとめたものです。次の問いに答えなさい。

(1) 資料は，略地図中の山形県とA県～D県の米の産出額などについてまとめたものです。**ア**～**オ**は，山形県かA県～D県のいずれかです。A県にあたるものを，**ア**～**オ**から一つ選び，記号で答えなさい。また，その県名も書きなさい。

【略地図】

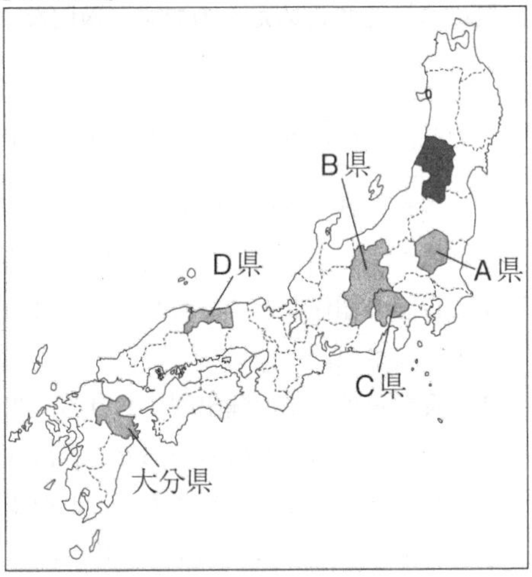

【資料】 (2019年)

	米の産出額（億円）	野菜の産出額（億円）	果実の産出額（億円）	畜産の産出額（億円）
ア	473	818	743	279
イ	898	460	719	371
ウ	61	110	595	78
エ	151	213	69	286
オ	671	784	76	1,156

(『データでみる県勢 2022年版』から作成)

(2) 里菜さんは，略地図中の大分県に日本最大級の地熱発電所があることを知り，地熱発電について調べ，メモにまとめました。メモの［X］にあてはまる言葉として適切なものを，次の**ア**～**エ**から一つ選び，記号で答えなさい。

【メモ】

○ 地熱発電所では，地下にある高温の熱水や蒸気を利用して発電している。
○ 地熱は，［X］などと同様に，再生可能エネルギーの一つである。

ア 鉄鉱石 **イ** レアメタル **ウ** バイオマス **エ** メタンハイドレート

3 地形図Ⅰ，地形図Ⅱは，里菜さんが大分県と山形県の山について調べるため，準備したものです。地形図Ⅰは大分県のある場所，地形図Ⅱは山形県のある場所を示しています。あとの問いに答えなさい。 (地形図Ⅰ，Ⅱは次のページにあります。)

(1) 地形図Ⅰ中のa地点と地形図Ⅱ中のb地点の標高差はおよそ何mか，最も適切なものを，次の**ア**～**オ**から一つ選び，記号で答えなさい。

ア 100m **イ** 150m **ウ** 200m **エ** 250m **オ** 300m

(2) 次は，里菜さんが，地形図Ⅰと地形図Ⅱを比較して読み取ったことをまとめたものの一部です。次のページの［Y］にあてはまる言葉を，等高線の間隔と，斜面の様子に着目して書きなさい。

【地形図Ⅰ】

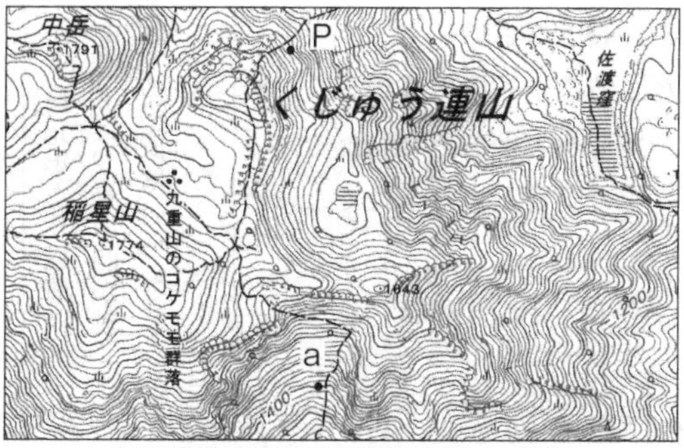

（国土地理院「1：25,000地形図　久住」から作成）

【地形図Ⅱ】

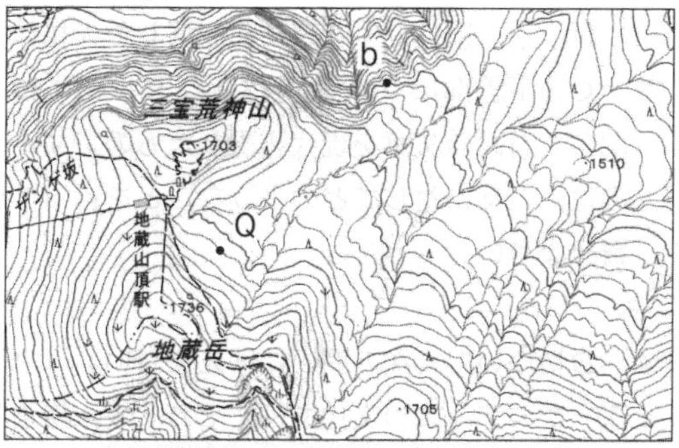

（国土地理院「1：25,000地形図　蔵王山」から作成）

地形図Ⅰ中のP地点と地形図Ⅱ中のQ地点を比べると，P地点のほうが，［　Y　］ことがわかる。

3　良子さんは，さまざまな時期のわが国の政治の展開や社会の様子について調べ，表にまとめました。あとの問いに答えなさい。

【表】	時　期	ま　と　め
A	3世紀	中国の［　X　］の歴史書に，邪馬台国の卑弥呼が，倭の30ほどの小さな国々を従えていたと記されている。
B	8世紀	奈良に平城京がつくられた。8世紀後半，貴族や僧の間で勢力争いが激しくなり，政治が混乱した。
C	15世紀	自治の広まりを背景に，土一揆がおこった。土一揆に加わった人々が，土倉や酒屋などをおそった。
D	17世紀	徳川家康が江戸に幕府を開いた。17世紀後半，江戸，大阪，京都の三つの都市が大きく発展した。

1　Aについて，次の問いに答えなさい。

(1)　下線部について，西暦で表すと何年から何年までか，書きなさい。

(2)　［X］にあてはまる，卑弥呼が使いを送った国を，次のア～エから一つ選び，記号で答えなさい。

ア　漢　　イ　隋　　ウ　魏　　エ　秦

2　Bについて，あとの問いに答えなさい。

(1)　8世紀のできごととして適切なものを，次のア～カから**二つ**選び，記号で答えなさい。

ア　中大兄皇子が政治の改革を始めた。

イ　朝鮮半島に百済と新羅が成立した。

ウ　朝廷が墾田永年私財法を定めた。

エ　栄西や道元が中国から禅宗の教えを伝えた。

オ　関東で平将門が反乱をおこした。

カ　国の成り立ちなどをまとめた『古事記』が完成した。

(2)　下線部に関連して，新しい都で政治を立て直そうとして，平城京から長岡京，次いで平安京に都を移した天皇はだれか，書きなさい。

3　Cの下線部について，資料は，15世紀におこった，ある土一揆の成果を記した石碑の文章を現代語訳したものです。土倉や酒屋などがおそわれたのは，人々に対してどのようなことを行っていたからか，資料をふまえて書きなさい。

【資料】

正長元年より以前に関しては、神戸《かんべ》四か郷には負債はいっさいない。

4　Dについて，次の問いに答えなさい。

(1)　次のア～エの文化財は，それぞれ，鎌倉文化，室町文化，元禄文化，化政文化のいずれかの文化の時期につくられたものです。ア～エのうち，17世紀につくられた文化財を一つ選び，記号で答えなさい。

ア

イ

ウ

エ

(2)　下線部に関連して，江戸幕府は参勤交代の制度をつくりました。この制度は大名にどのようなことを義務づけた制度か，**往復**という言葉を用いて書きなさい。

4　次の略年表や資料は，友希さんが，近現代のわが国の社会や経済の変化に関連するできごとについて調べ，まとめたものです。あとの問いに答えなさい。

1　略年表中の①について，このころ，政府は「富国強兵」の政策のもと，交通を整備したり，官営工場を建てたりするなど，近代的な産業を育てる政策を進めていました。その政策を，**漢字4字**で書きなさい。

2　略年表中のAの時期に，わが国でおこったできごとを，次のア～エから一つ選び，記号で答えなさい。

ア　農地改革が始まる

イ　王政復古の大号令が出される

ウ　米騒動がおこる

エ　第一回帝国議会が開かれる

【略年表】

年		できごと
1872		新橋と横浜の間に初めて鉄道が開通する …①
1882	A	X がアメリカ留学から帰国する
1901		八幡製鉄所が操業を開始する
1922		全国水平社が結成される ……………②
1946		日本国憲法が公布される ……………③
	B	
1989		元号が平成に改まる
1997		地球温暖化防止京都会議が開催される ……④

3　略年表中の X には，岩倉使節団に同行した５人の女子留学生の一人であり，のちに女子英学塾を設立した，資料Ⅰの人物名が入ります。この人物はだれか，次の**ア**～**エ**から一つ選び，記号で答えなさい。

ア　樋口一葉　　**イ**　津田梅子　　**ウ**　与謝野晶子　　**エ**　平塚らいてう

【資料Ⅰ】

4　略年表中の②について，このころ，民主主義が強く唱えられ，普通選挙運動の活発化など民主主義にもとづく社会運動がさかんになりました。資料Ⅱは，近現代における選挙権の変化についてまとめたものの一部です。適切なまとめになるように， Y にあてはまる言葉を書きなさい。

【資料Ⅱ】

選挙法成立年	選挙法実施年	有権者の資格
1889	1890	直接国税15円以上を納める Y
1925	1928	Y
1945	1946	20歳以上の男女

5　略年表中の③の翌年には，日本国憲法の制定にともない，民主主義教育の理念を示し，９年間の義務教育や男女共学などを定めた新しい法律が制定されました。この法律名を書きなさい。

6　次の**ア**～**エ**は，略年表中の**B**の時期のできごとです。**ア**～**エ**を，おこった年の古い順に並べかえ，記号で答えなさい。

ア　石油危機がおこる　　**イ**　サンフランシスコ平和条約が結ばれる

ウ　日本が国際連合に加盟する　　**エ**　東海道新幹線が開通する

7　略年表中の④に関連して，京都議定書では，先進国に温室効果ガスの排出削減が義務づけられましたが，2015年に採択された新たな枠組みでは，先進国，発展途上国を問わず，各国が温室効果ガスの排出削減の目標値を決定しました。この枠組みを何というか，書きなさい。

5　修さんは，民法改正により成年年齢が引き下げられたことを知り，法律ができるまでの流れや成年年齢の引き下げに関連することを調べました。ポスターやメモは，そのときまとめたものの一部です。あとの問いに答えなさい。

【ポスター】

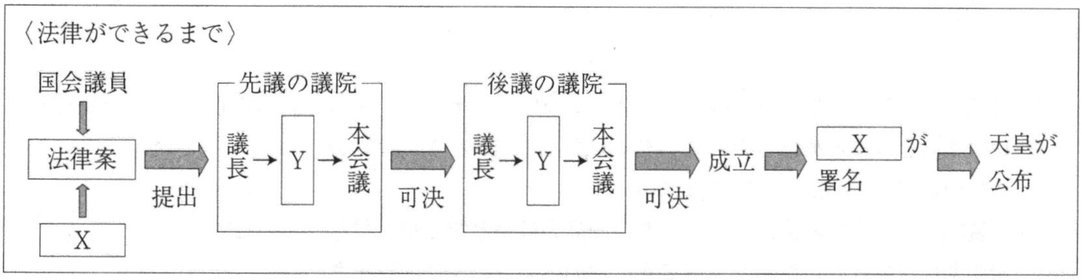

1　ポスターについて，次の問いに答えなさい。

(1)　 X にあてはまる，法律案を作成して国会に提出したり，成立した法律に署名したりする機関の名称を書きなさい。

(2) [Y] にあてはまる，衆議院と参議院のそれぞれに設置され，本会議の前に法律案を審査する，国会議員で作る会議のことを何というか，**漢字３字**で書きなさい。

(3) 次は，修さんが，法律案の審議と予算の審議の異なる点について，日本国憲法に定められていることをもとにまとめたものです。適切なまとめになるように，[a] にあてはまる言葉を書きなさい。

> 法律案は，衆議院が先議の場合と参議院が先議の場合があるが，予算は，[a] ことになっている。

2　メモⅠ中の下線部に関連して，修さんは，わが国の裁判のしくみについて調べました。資料は，そのときまとめたものの一部です。次の問いに答えなさい。

【メモⅠ】成年年齢引き下げにともなって変更された年齢

○　親の同意がなくても，契約ができる年齢
○　裁判員に選ばれる年齢

（法務省のホームページなどから作成）

(1) わが国では三審制が採られており，裁判の判決に不服であれば，資料のように [b] や上告をすることで，一つの事件について３回まで裁判を受けられます。[b] にあてはまる言葉を書きなさい。

(2) 同じ裁判所であっても，裁判の種類によっては，裁判員裁判を行う場合があります。資料の**ア～カ**の裁判所のうち，裁判員裁判が行われる裁判所にあたるものを，**ア～カ**から一つ選び，記号で答えなさい。

【資料】

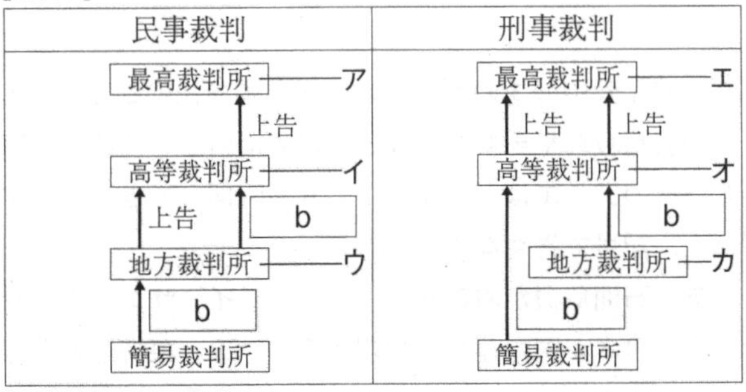

3　メモⅡの [Z] には，自分の生き方や生活の仕方について自由に決定する，「新しい人権」の一つが入ります。医師から十分な説明や情報を得たうえで，患者が治療方法を選ぶインフォームド・コンセントなどが例にあげられる，[Z] にあてはまる権利を何というか，書きなさい。

【メモⅡ】成年年齢引き下げで期待されることとは

> 成年年齢を18歳に引き下げることは，18歳，19歳の若者の [Z] を尊重するものであり，その積極的な社会参加をうながすことになると期待されている。

（法務省のホームページから作成）

[6]　春菜さんは，「私たちの暮らしと経済」について，テーマを決めて調べました。次のページの表は，そのときまとめたものの一部です。あとの問いに答えなさい。

1　Aについて，次の問いに答えなさい。

(1) 資料Ⅰは，市場経済における，ある商品の価格と需要量，供給量の関係を模式的に表したものです。次のページの文は，春菜さんが資料Ⅰを見てまとめたものです。[a]，[b] にあてはまる言葉の組み合わせとして適切なものを，あとの**ア～エ**から一つ選び，記号で答えなさい。

【資料Ⅰ】

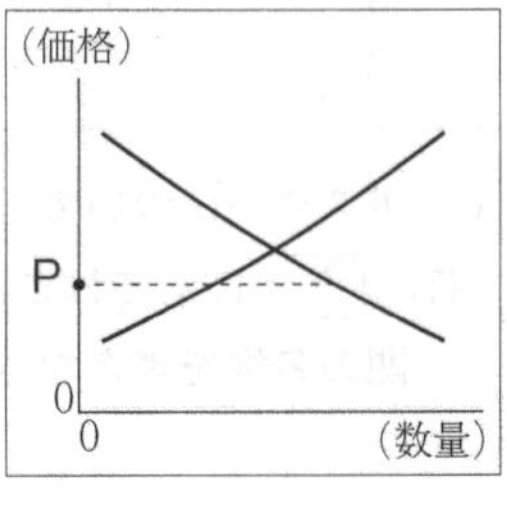

【表】

	テーマ	まとめ
A	価格の働き	価格は，消費者が買う量である需要量や，生産者が売る量である供給量を決めるための目安となる。
B	景気変動に対する取り組み	極端な景気変動は私たちの生活を不安定にするため，政府は，景気の安定を図る財政政策をとる。
C	私たちの暮らしと社会保障	日本の社会保障制度は，社会保険，公的扶助，[X]，公衆衛生の四つの柱からなる。

ある商品の価格がPのとき，需要量が供給量を[a]いることから，商品の希少性が[b]と考えられる。

ア　a　下回って　b　高く，価格が下がる　　イ　a　下回って　b　低く，価格が下がる
ウ　a　上回って　b　低く，価格が上がる　　エ　a　上回って　b　高く，価格が上がる

(2)　寡占状態にある市場では，商品の価格が需要量と供給量との関係を反映せず，消費者にとって不利益が生じる場合があります。寡占状態にある市場における消費者の不利益とはどのようなことか，**競争**，**購入**の二つの言葉を用いて書きなさい。

2　Bについて，春菜さんは，政府の財政政策についてメモⅠにまとめました。[c]，[d]にあてはまる言葉の組み合わせとして適切なものを，次の**ア**～**エ**から一つ選び，記号で答えなさい。

【メモⅠ】

政府は，景気を回復させようとするとき，公共事業などの歳出を[c]たり，[d]を行ったりする場合がある。

ア　c　減らし　d　減税　　イ　c　減らし　d　増税
ウ　c　増やし　d　減税　　エ　c　増やし　d　増税

3　Cについて，次の問いに答えなさい。

(1)　[X]にあてはまる，高齢者や子どもなど，社会的に弱い立場になりやすい人々に対して，生活の保障や支援のサービスをすることを何というか，書きなさい。

(2)　春菜さんは，社会保障に関するさまざまな意見を整理するため，資料Ⅱをまとめました。メモⅡは，春菜さんが，社会保障の在り方についてまとめたものです。メモⅡ中の下線部のような意見は，資料Ⅱのどの欄にあてはまりますか。**ア**～**エ**から一つ選び，記号で答えなさい。

【資料Ⅱ】

		社会保障の財源について	
		税金でまかなう割合を高める	保険料でまかなう割合を高める
社会保障の給付について	水準を引き上げる	ア	イ
	水準を引き下げる	ウ	エ

【メモⅡ】

社会保障の在り方について，政府の役割や国民の負担などが議論されている。私は，「大きな政府」を目指しながら世代間で負担を公平に分かち合うための方策について，さらに調べてみたい。

資料

「やまがた紅王」の特長

○　とびきりの大玉である。
○　酸味が少なくて甘味を感じやすい。
○　色づきがよくてつやがある。
○　実が硬くてしっかりしている。

果実サイズのイメージ

図

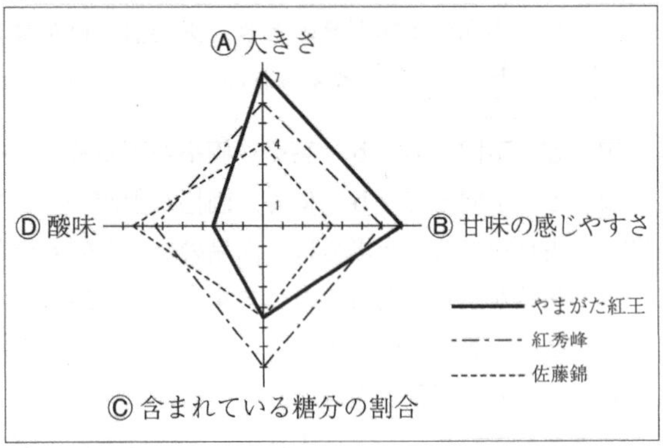

（「県民のあゆみ　令和４年７月号」から作成）

(1)　――部を話すとき、図を活用してわかりやすく伝えるとしたら、Ⓐ～Ⓓの項目をどのような順序で指し示すとよいですか。最も適切なものを、次の**ア**～**カ**から一つ選び、記号で答えなさい。

ア　Ⓐ→Ⓑ→Ⓒ→Ⓓ
イ　Ⓐ→Ⓑ→Ⓓ→Ⓒ
ウ　Ⓐ→Ⓒ→Ⓑ→Ⓓ
エ　Ⓐ→Ⓒ→Ⓓ→Ⓑ
オ　Ⓐ→Ⓓ→Ⓑ→Ⓒ
カ　Ⓐ→Ⓓ→Ⓒ→Ⓑ

(2)　山本さんは、話の内容がわかりやすく伝わるように、話題が変わるところで大きく間を取って話そうと考えています。間を取るところとして最も適切なものを、話の内容の（ア）～（エ）から一つ選び、記号で答えなさい。

五

次のA、Bは、学んだ経験を通して得たことや考えたことを、小学生や中学生が標語にしたものです。

これらの標語を読み、「**学んだことをどのように生かすか**」という題で、まとまりのある二段落構成の文章を書きなさい。第一段落には、AとBの標語それぞれについて、どのようなことが読み取れるか、書きなさい。それをふまえ、第二段落には、あなたの考えを、自身の体験や見聞きしたことを含めて書きなさい。

ただし、あとの《**注意**》に従うこと。

A	広がった　見る聞く知るで　ぼくの夢
B	教育を　受けた私が　伝える番

《**注意**》
◇　「題名」は書かないこと。
◇　二段落構成とすること。
◇　二〇〇字以上、二四〇字以内で書くこと。
◇　文字は、正しく、整えて書くこと。

問一　〰〰部「たまひて」を現代かなづかいに直し、すべてひらがなで書きなさい。

問二　――部1における「君」の心情を説明したものとして最も適切なものを、次の**ア**～**エ**から一つ選び、記号で答えなさい。

ア　君主である自分の鎧でさえ手入れが十分でないのだから、家来の鎧はなおさら手入れが十分でないだろうと思い、機嫌が悪くなっている。

イ　一着の鎧でさえ傷みを直すにはお金がかかるのだから、すべての鎧を直すにはたくさんのお金がかかるだろうと思い、機嫌が悪くなっている。

ウ　君主である自分の鎧は十分に手入れされていないのに、なぜ家来の鎧は丁寧に手入れされているのだろうと思い、機嫌が悪くなっている。

エ　一着の鎧が傷んでいる原因もわからないのに、すべての鎧と武器を修理して戦に勝つことなどできないだろうと思い、機嫌が悪くなっている。

問三　――部2の和歌で、「何某」が「朽ちぬともよしや」と詠《よ》んだのは、自分たちが生きている時代を、どのような時代だと考えたからですか。現代語で書きなさい。

問四　――部3について、「その係の人々」が怠りなく仕事に励むようになった理由を、次のような形で説明したとき、□に入る適切な言葉を、現代語で十字以内で書きなさい。

> 鎧の縅の糸がほころびていたことに対して君主が□ことを、とてもありがたく思ったから。

四　次の問いに答えなさい。

問一　次の**1**～**5**の‖部のカタカナの部分を、漢字で書きなさい。なお、楷書で丁寧に書くこと。

1　ヒタイの汗をふく。　**2**　川につり糸をタらす。

3　制度をカイカクする。　**4**　トウケイ資料をグラフにする。

5　ザッシを読む。

問二　山本さんは、総合的な学習の時間に、さくらんぼの新品種である「やまがた紅玉《べにおう》」について調べ、資料を黒板に掲示し、クラス全体に向けて話をします。次は、その話の内容と資料です。これらを読んで、次のページの⑴、⑵の問いに答えなさい。

話の内容

> 今日は、さくらんぼの新品種である「やまがた紅王」について話します。資料は、「やまがた紅王」の特長をまとめたものです。**（ア）**資料の中の図は、「やまがた紅王」を他の品種と比べた結果を示しています。まず、「やまがた紅王」はとびきりの大玉で、「紅秀峰《べにしゅうほう》」よりも大きいのが特長です。また、含まれている糖分の割合は、「佐藤錦《さとうにしき》」と同じくらいですが、酸味が少ないため、甘味を感じやすいという特長ももっています。**（イ）**さらに、見た目の美しさや、実がしっかりしていて日持ちがよいことも特長です。**（ウ）**令和四年は、数量限定で販売されていたので、まだ食べたことがない人もいると思いますが、令和五年から、本格的に販売されます。**（エ）**たくさんの「やまがた紅王」が「紅秀峰」や「佐藤錦」と同じようにお店に並ぶことでしょう。それぞれの品種のよさを感じながら、さくらんぼを味わってみてはいかがでしょうか。

の五字を抜き出して書き、 Ⅱ に入る適切な言葉を、本文中の言葉を使って、十五字以内で書きなさい。

> 筆者が自分の書いた文章を読んで、 Ⅰ に気づいたように、人間は、自分の書いた文章を観察することにより、 Ⅱ ことができるようになり、そこから自分の変化や偏りを発見することができる。

問六 ——部4とあるが、筆者は、「言葉にすること」について、どのように考えていますか。次の三つの言葉を使って、六十字以内で書きなさい。なお、三つの言葉はどのような順序で使ってもかまいません。

阻害要因　主観的な体験　手段

問七 本文の特徴について説明したものとして最も適切なものを、次の**ア**〜**エ**から一つ選び、記号で答えなさい。

ア 自分と異なる意見を示してそれに反論することで、言葉に関する自分の考えの正しさを強調している。

イ 陸上競技における実際の場面を取り上げることで、トレーニングの必要性を実感できるようにしている。

ウ 自分の体験を他のアスリートの体験と比較することで、自分の経験の独自性を強く印象づけている。

エ 言葉について問題提起をしてから主張を述べる流れを繰り返すことで、論の展開をつかみやすくしている。

三

次の文章を読んで、あとの問いに答えなさい。

去りし頃（昔）、やごとなき君の御鎧《よろひ》を＊虫干しありし時に（ある高貴な君主の鎧を家来が虫干ししていた時に）、一領《いちりやう》の（一着の）御鎧の＊縅《をどし》の糸いかにしてか損じけん（どのようにしてほころびたのだろうか）、多くほつれてありけり。かの君は何心なく虫干しの席へいたらせたまひて、御鎧を見そなはして（ご覧になって）、[1]もつてのほかに御気色《けしき》あしく（きわめてご機嫌が悪くなり）、近習《きんじふ》の人々（君主の近くに仕える人々）に向かはせられ、我が鎧さへかくのごとくなれば（このようであるから）、家来の鎧は思ひやらるることぞかしとのたまひけり。御側《そば》近く控へし何某《なにがし》は（ある家来）、恐れ入りつつも取りあへず（すぐに）、[2]朽ちぬともよしや鎧の縅糸またと乱れん世にしあらねば（朽ちてしまってもよいことです、鎧の縅の糸は。再び戦乱が起こるような時代ではありませんから。）と治まる御代《みよ》のそのままを祝《しゆく》し寿《ことぶ》き奉《たてまつ》りしかば（平和に治まっている時代のありのままの様子をお祝い申し上げたので）、君も御機嫌の直らせられけり。その係の人々も御咎《とが》め（罰）をのがれ、いとありがたく覚え、早々に御武具の破損を調《ととの》へ備へて[3]怠らざりしとなん（怠りなく仕事に励んだということだ）。

（『閑窓瑣談』による）

〔注〕＊虫干し＝衣類などが虫に食われるのを防ぐために、日陰で風に当てて干すこと。

＊縅＝鎧の板をつづり合わせるひも。

のがある。日本の弓道の世界に触れたドイツ人であるオイゲン・ヘリゲルが書いたこんな一文がある。

「いったい弓を引くのは私でしょうか、それとも私をいっぱいに引き絞るのが弓でしょうか。」

それをする私とされる対象が一つとなったというゾーン体験だ。世界を分けることすらしていない。このような世界に没入する際には、言語的に説明しようとすることが、世界と自分を分けてしまうことにつながり、ゾーンに入ることの阻害要因になり得る。しかし、オイゲン・ヘリゲルが書き記さなければこのような没入体験を後世の人間が知ることもできない。

書くことで明確に目的と対象を絞り込みトレーニングを積むが、最後の最後の瞬間は、言葉を超えた、世界と自分すら分かれていない世界で最高の競技が行われる。そしてまたその世界から戻ってきたアスリートが余韻を言葉に変え社会に書き残す。映像などでアスリートがどう動いたかいくらでも見ることができるようになった。ただ、主観的な体験だけは本人の言葉以外では残すこともできない。言葉はアスリートの主観の世界を知るための唯一の手段なのだ。

（為末大「アスリートの主観の世界」による。一部省略がある。）

〔注〕　＊寄与＝役立つこと。
＊大腿部＝太ももの部分。前側には大腿四頭筋、後ろ側にはハムストリングスという筋肉の集まりがある。（左図参照）
＊反力＝跳ね返ってくる力。
＊力感＝力がこもっている感じ。
＊一介の＝平凡な一人の。

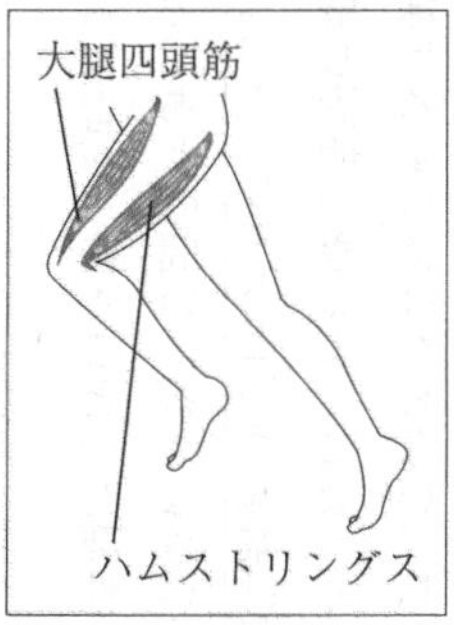

図

問一　═══部a、bの漢字の読み方を、ひらがなで書きなさい。

問二　～～～部「もし」の品詞として最も適切なものを、次のア～エから一つ選び、記号で答えなさい。

ア　連体詞　**イ**　副詞　**ウ**　接続詞　**エ**　助動詞

問三　――部1を、次のような形で説明したとき、□に入る適切な言葉を、本文中から十字で抜き出して書きなさい。

アスリートは、身体を使ってどのようなパフォーマンスができるかによって、□が決まる職業であるということ。

問四　――部2について、「世界を分ける行為」とは、どのような行為ですか。次のような形で二つにまとめたとき、Ⅰ、Ⅱに入る言葉の組み合わせとして最も適切なものを、あとの**ア**～**カ**から一つ選び、記号で答えなさい。

○　言葉によって、対象となる物事とそれ以外をⅠ行為。
○　アスリートにとっては、言葉によって、注意を向ける身体の部分や、Ⅱの違いを認識する行為。

ア　Ⅰ　接続する　Ⅱ　前後バランス
イ　Ⅰ　接続する　Ⅱ　身体感覚
ウ　Ⅰ　分断する　Ⅱ　前後バランス
エ　Ⅰ　分断する　Ⅱ　競技力
オ　Ⅰ　区別する　Ⅱ　身体感覚
カ　Ⅰ　区別する　Ⅱ　競技力

問五　――部3とあるが、筆者は、「自らとの対話」について、どのように考えていますか。次のページのような形で説明したとき、Ⅰに入る適切な言葉を、本文中から二十一字でさがし、その最初

二　次の文章は、元陸上競技選手である筆者が、書くことの必要性について述べたものです。これを読んで、あとの問いに答えなさい。

アスリートに書くことは必要なのか。[1]アスリートという職業は極めて身体的なものだ。いくら文章で理解し説明できるようになっていても、水の中で泳いだことがなければ泳げるようにはならない。私たちの世界では「その動きができる」ことが仕事の評価のほぼ全てであって、書けなくても一向に構わない。では、書くという行為は、パフォーマンスの向上には*寄与しないのだろうか。

　競技によって多少の違いはあるけれども、*大腿部《だいたいぶ》では前の腿《もも》（大腿《だいたい》四頭筋《しとうきん》）と後ろの腿（ハムストリングス）のバランスは、六対四が怪《け》我《が》しにくく望ましいとされる。怪我をした選手がリハビリをする際に、前が弱過ぎたから前腿を鍛える、というふうにバランスを意識しながら強化することは怪我予防の観点から望ましい。もし「足腰」という括《くく》りでしか下半身を捉えていない選手やコーチであれば、前後バランスを欠いていたから怪我をしたのに、さらにバランスを崩す方向に向かってしまうことにも繋《つな》がりかねない。アスリートにとって狙うべき部位を指し示すということは極めて重要だ。

　[2]言葉を扱うという行為は、世界を分ける行為だ。雲と言った途端《とたん》、背景にあった空の上に浮かぶ白い物体に注意が向けられ、雲とそれ以外が分けられる。ハムストリングスと言った途端、注意が後ろの腿に向けられ、力の入れ具合が変化する。また走るという、地面を踏みその*反力《はんりょく》で身体を前方に運んでいく行為も、地面を「踏む」なのか「踏み込む」なのか「弾む」なのか「乗り込む」なのかによって*力感《りきかん》が変わる。自分自身の身体感覚を言語に置き換えることができれば伝達可能かつ再現可能なものになる。適切な部分に注意を向けることも、身体感覚を言語で保存し再現可能にすることも、どちらも競技力向上にはプラスに働く。

　言葉が[a]巧みであり正確であるということが重要だとすれば、書かなくてもただ話せればいいとも考えられる。一体なぜ書く必要があるのか。

　私が初めて世界大会でメダルを獲得したのは二十三歳だった。*一介の陸上選手だったのに、急に競技場の外でも顔と名前が一般に知られる存在となっていった。

　ある時自分が書いた文章を読んでいて違いに気がついたことがある。競技を始めてからずっと「世界で一番になりたい。」「もっと上手《うま》くなりたい。」と考えていたはずなのに、いつの間にか「世界で一番にならなければならない。」「もっと上手くならなければならない。」に言葉が変わっていた。自分の想像を超えた勢いで世間の注目を集め、期待に応えようと勝利を義務だと感じ始めていた自分自身の心理が最初に現れたのが文章だった。

　人間は自分で書いてその文章を観察してみるまでは、自分が何を考えていたか客観的に把握していないということが起こり得る。観察とは[b]距離を取ることだ。また時間をかけて書き記していくことで、勝利に対しての姿勢一つとっても変化を発見することができる。そしてそこから自分がどのように偏りつつあるのかを見出《みいだ》すこともできる。[3]過去の自分との関係に着目すれば、書き記すことで自らとの対話は可能なのではないか。

　さてここまで書き記すことのメリットについて書いてきた。[4]一方で言葉にすることで世界を分けてしまうということになるが、これは良いことばかりなのだろうか。良いコンディションの状態で深い没頭体験に入ることを、アスリートの世界ではゾーンと呼んでいる。ゾーン体験報告で興味深いものに身体と外界の境界が曖昧になるというも

問四　……部AからBまでの本文から、「亜季さん」はどのような人物であると読み取れますか。最も適切なものを、次のア～エから一つ選び、記号で答えなさい。

ア　妹に自分を重ね、悩みに向き合おうとする妹の心情に共感している人物。

イ　妹に対する感情を表に出さないで、妹の心情を慎重に分析している人物。

ウ　妹を心配するあまり、揺れ動く妹の心情から常に目を背けている人物。

エ　妹を見つめながら、行動や表情から妹の心情を深く読み取っている人物。

問五　――部2とあるが、「成果」とはどのようなことですか。次のような形で説明したとき、［Ⅰ］に入る適切な言葉を、本文中から五字で抜き出して書き、［Ⅱ］に入る適切な言葉を、本文中の言葉を使って、二十五字以内で書きなさい。

> 以前は、自分の演奏に［Ⅰ］という悩みを抱えていた「陽菜」が、様々な音色を弾き分けるオルガンのように、自分の中にあるたくさんの好きな演奏や音を生かして、［Ⅱ］を表現するという自分にしかできない演奏を見つけたこと。

問六　――部3のように感じた「私」の心情について、国語の授業で次のような話し合いが行われました。［　］に入る適切な言葉を、本文中の言葉を使って、二十五字以内で書きなさい。

> **心さん**　「私」は、両拳を握って演奏を聴いているね。「陽菜」が最後まで無事に演奏することを祈る気持ちが読み取れるよ。
>
> **陸さん**　演奏の後に、「私」は全力で拍手を送っていたけれど、はっと我に返り、自分について考え始めているよ。「陽菜」と違って、自分は［　］かもしれないということを強く意識したんだね。
>
> **心さん**　なるほど。だから「私」には、オルガンが、厳しく問いかける裁判官のように感じられたんだね。

問七　本文中の演奏の場面について、表現の工夫とその効果を説明したものとして適切なものを、次の**ア**～**カ**から**二つ選び**、記号で答えなさい。

ア　色彩を使った表現を用いることで、「陽菜」が緊張感の中で演奏していることを暗示している。

イ　「陽菜」と伴奏者の様子を交互に描写することで、会場に一体感が生まれる過程を際立《きわだ》たせている。

ウ　直喩や隠喩を用いることで、「陽菜」が演奏するフルートの音の豊かさを想像しやすくしている。

エ　演奏を「陽菜」の視点からも描写することで、「陽菜」の優雅な動きをいきいきと伝えている。

オ　五感のすべてに訴える表現を用いることで、「陽菜」の演奏が持つ多彩な魅力を伝えている。

カ　曲や楽器の難しさにふれながら演奏を描写することで、「陽菜」の技術の高さを印象づけている。

リした楽しさだ。もう、最初に会ったときの、悩んでいた陽菜はどこにもいない。陽菜は遠くまで、行ったんだ。
　第二楽章。
　快活で、どこか宮廷を思わせる、高貴な優雅さをまとった楽章。まるで鍵盤楽器を弾くように、陽菜の指先はくるくると回転し、自由自在に音楽を＊活写していく。ピアニストは、踊るように＊通奏低音を叩《たた》いている。陽菜のフルートが、プロの伴奏者を踊らせている。人を突き動かすくらいの、強い音楽。
〈2私がオルガン制作に関わってる成果を、見せてあげるから。〉
　楽章をふたつ聞いてみて、陽菜の言っていたことが判った気がした。とにかく引きだしの多い演奏だった。次から次へと風景が見えて、バッハの曲に含まれている色々な側面が表現されていく。
〈私には、個性がないんだよ。〉陽菜はかつて、悩んでいた。
〈好きな演奏がたくさんあって、好きな音がたくさんあって、自分の演奏はこれだってものがないんだ。〉
　陽菜の演奏からは、「好き」がたくさん伝わってきた。強烈な個性があるのかはよく判らない。それでも、この曲が持っている様々な魅力を、陽菜は持てる引きだしをフルに使って表現している。手数が多く、異なる景色が次々と見える演奏。それは、たくさんの「好き」を持った、陽菜にしかできないことだと思った。陽菜はたぶん、オルガンを作ることで、この演奏ができるようになった。オルガンが様々な音色を弾き分けるように、陽菜は色々な音楽を使っている。オルガンに触れることで、陽菜は自分の武器を見つけたんだ。
　第三楽章。第四楽章。曲が進むにつれ、客席が引き込まれていく。コンサートホールの観客も、カフェに集まった観客も、陽菜の演奏に魅了されていた。私は、両拳を握っていた。このままなんとか、最後まで着地してほしい。演奏を楽しむどころではなく、私は祈るような気持ちだった。
　演奏が終わった。カフェの中が、わっと温かい拍手で満たされた。私も、手を叩いていた。全力で拍手を送っていた。
　――私は？
　私は、オルガンを作ることで、何かを見つけられたのだろうか。
　舞台上から、陽菜はいなくなっていた。3きらびやかなオルガンが、裁判官のように私を見下ろしている気がした。

（逸木裕『風を彩る怪物』による。一部省略がある。）

〔注〕＊パイプオルガン＝パイプに風を送ることで音を出す仕組みのオルガン。本文中のオルガンは、パイプオルガンのことである。
＊バッハ＝ドイツの作曲家。
＊通奏低音＝低音パートの上に、和音を加えながら伴奏する演奏方法。
＊発音＝ここでは「楽器で音を出すこと」という意味。
＊活写＝いきいきと表現すること。

問一　＝＝部a、bの漢字の読み方を、ひらがなで書きなさい。

問二　〰〰部「場所」と熟語の構成が同じものを、次の**ア**～**オ**から一つ選び、記号で答えなさい。

ア　樹木　**イ**　最高　**ウ**　善悪　**エ**　頭痛　**オ**　洗顔

問三　――部1「私はそこで、ハッと息を呑んだ」のはなぜですか。その理由を、次のような形で説明したとき、□に入る適切な言葉を、本文中から十一字で抜き出して書きなさい。

「陽菜」が長い時間舞台の後方を振り返ったままでいたのは、□ためだと気づいたから。

＜国語＞

時間　五〇分　満点　一〇〇点

一　次の文章を読んで、あとの問いに答えなさい。なお、文章中の〈　〉は、**登場人物の過去の発言**を示しています。

十九歳の「私」は、奥瀬見《おくせみ》で＊パイプオルガンを作っている。「私」と同い年で、東京でフルートを学ぶ「陽菜《はるな》」は、奥瀬見を訪れ、「私」のオルガン制作を手伝っている。次は、「私」が、奥瀬見のカフェで、「亜季《あき》」(「陽菜」の姉)とともに、「陽菜」の出場するコンクールのオンライン配信を見ている場面である。

A亜季さんは、静かだった。ひとりだけ、別の場所にいるみたいだった。沈黙の中、ただ対象を観察するように、陽菜の姿を見つめている。

陽菜は、構えようとしない。フルートを握りしめたまま、ただ立っている。こんなことには慣れているのか、ピアノの伴奏者は落ち着いた様子で、陽菜のほうを見るともなく見ている。そこで陽菜は、後ろを振り返った。伴奏者に合図を送っているのだろうか。だが、それにしては、時間が長い。振り返ったまま、じっとそのまま固まっている。落ち着いていた伴奏者も、次第にa困惑の色を浮かべはじめる。

1私はそこで、ハッと息を呑《の》んだ。オルガンだ。陽菜は、舞台の後方にあるオルガンを見上げていた。正面のカメラからは、陽菜の表情は見えない。陽菜が何を考えてオルガンを見ているのか、私には判《わか》らなかった。

「もう、大丈夫。」亜季さんがぼそっと呟《つぶや》いた。

「大丈夫だよ。全く、冷や冷やさせるなあ、あいつ。」

陽菜がこちらを向いた。どこか浮足立《うきあしだ》っていた雰囲気が、落ち着いたように見えた。楽器を構える。身体《からだ》で出だしを示し、陽菜はひゅっと、風を吸い込んだ。

＊バッハの、『フルートと＊通奏低音《つうそうていおん》のためのソナタ　ハ長調』。

〈陽菜がバッハを選ぶなんて、意外だったな。フランスものばかり吹いてたのにねえ。〉亜季さんがそう言っていた曲だ。〈あの子も奥瀬見にきて、変わったのかな。〉とも言っていた。

第一楽章。

ゆったりしたテンポで、陽菜はフルートを吹きはじめる。春風のようなフルートだった。彼女が彩色する美しい風が、電気と回線に乗って、ここ奥瀬見のカフェの色を変えていく。小柄な身体なのに、陽菜の音色は、太く重厚感がある。たっぷりと息を使い、フルートを余すところなく振動させている。フルートによって綴《つづ》られるバッハは、オルガンで聴くものとは印象が違った。バッハはこんなにもb柔らかく、水彩画のような穂先を持つ作曲家だったのだ。ピアノの音が止まり、無音の中、陽菜が長いソロを吹きはじめる。小鳥が木々の間を飛び交って遊んでいるような、可愛《かわい》らしくも難易度の高いソロを、陽菜は安定した指さばきで進めていく。フルートは＊発音の難しい楽器だと聞くが、音のひとつひとつが球体のようにクリアだった。難易度が高いはずのソロなのに、全く難しさを感じさせない。美しい球体が次々と放たれ、空間を染めていく。

第一楽章が終わった。

「陽菜、笑ってるね。」亜季さんが呟いた。舞台上の陽菜は、真面目な表情で口元を引き結んでいる。

B「笑ってないけど、笑ってるんだよ」

私にも、判る気がする。陽菜はこの舞台を楽しんでいる。浅瀬で遊ぶような楽しさではない。コンクールという緊張感のある舞台を使って、陽菜はさらに深いところに潜ろうとしている。そういう、ヒリヒ

MEMO

大切なことはメモしておこうネ！

2023年度

解　答　と　解　説

《2023年度の配点は解答用紙集に掲載してあります。》

＜数学解答＞

1　1　(1)　4　(2)　$-\frac{1}{10}$　(3)　$-18a$　(4)　$1-\sqrt{7}$　2　$x=-2\pm\sqrt{5}$(解き方は解説参照)　3　25　4　エ　5　イ

2　1　(1)　6　(2)　$\frac{2}{7}\leqq b\leqq 2$　2　記号　イ(理由は解説参照)　3　(1)　解説参照　(2)　256個　4　図1

3　1　(1)　1　(2)　ア　$y=\frac{1}{4}x^2$　イ　9　ウ　$y=-2x+32$　(グラフは図2)　2　$\frac{20}{3}$

4　1　解説参照　2　(1)　$\frac{10}{3}$cm　(2)　$30\pi\,\mathrm{cm}^3$

図1

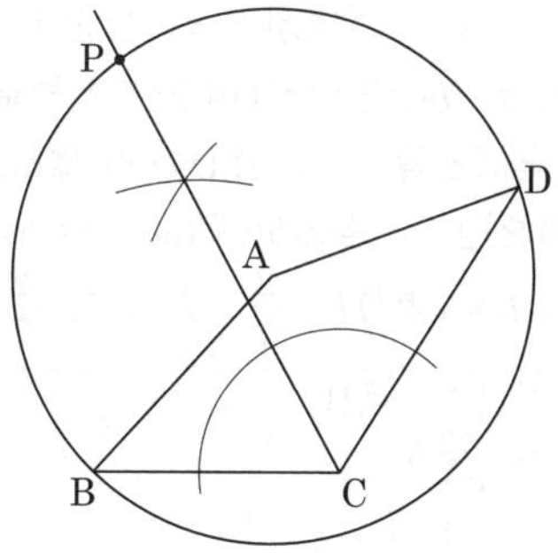

図2

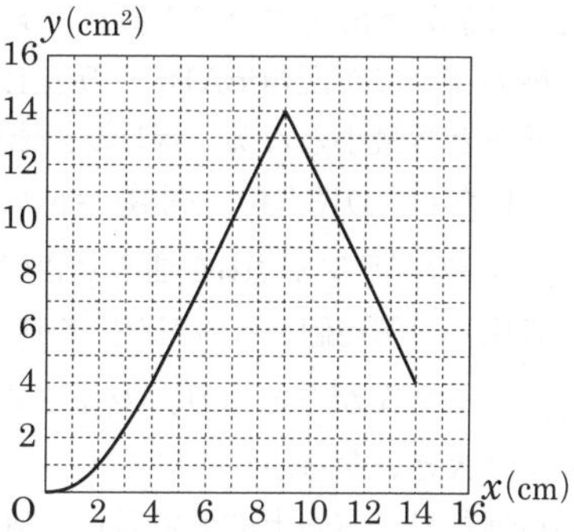

＜数学解説＞

1　(数・式の計算，平方根，二次方程式，式の値，資料の散らばり・代表値，投影図)

1　(1)　異符号の2数の和の符号は絶対値の大きい方の符号で，絶対値は2数の絶対値の大きい方から小さい方をひいた差である。また，正の数・負の数をひくには，符号を変えた数をたせばよいから，$1-(2-5)=1-\{(+2)+(-5)\}=1-\{-(5-2)\}=1-(-3)=1+3=4$

(2)　$\frac{3}{5}\times\left(\frac{1}{2}-\frac{2}{3}\right)=\frac{3}{5}\times\left(\frac{3}{6}-\frac{4}{6}\right)=\frac{3}{5}\times\left(-\frac{1}{6}\right)=-\left(\frac{3}{5}\times\frac{1}{6}\right)=-\frac{1}{10}$

(3)　$(-3a)^2=(-3a)\times(-3a)=9a^2$だから，$-12ab\times(-3a)^2\div 6a^2b=-12ab\times 9a^2\div 6a^2b=-12ab\times 9a^2\times\frac{1}{6a^2b}=-\frac{12ab\times 9a^2}{6a^2b}=-18a$

(4)　乗法公式$\boldsymbol{(x+a)(x+b)=x^2+(a+b)x+ab}$より，$(\sqrt{7}-2)(\sqrt{7}+3)=(\sqrt{7})^2+(-2+3)\sqrt{7}+(-2)\times 3=7+\sqrt{7}-6=1+\sqrt{7}$，$\sqrt{28}=\sqrt{2^2\times 7}=2\sqrt{7}$だから，$(\sqrt{7}-2)(\sqrt{7}+3)-\sqrt{28}=1+\sqrt{7}-2\sqrt{7}=1-\sqrt{7}$

2　(解き方)　(例)$x^2+2x-7x-14=-9x-13$　$x^2+4x-1=0$　$x=\frac{-4\pm\sqrt{4^2-4\times 1\times(-1)}}{2\times 1}=\frac{-4\pm\sqrt{20}}{2}=\frac{-4\pm 2\sqrt{5}}{2}=-2\pm\sqrt{5}$

3　乗法公式$\boldsymbol{(a-b)^2=a^2-2ab+b^2}$より，$x=23$，$y=18$のとき，$x^2-2xy+y^2=(x-y)^2=(23-18)^2=5^2=25$

4　①　**中央値(第2四分位数)**は，山形市が19℃より大きく，酒田市が17℃より小さいから，山形市のほうが，酒田市より大きい。正しい。　②　**箱ひげ図**の箱で示された区間に，全てのデータのうち，真ん中に集まる約半数のデータが含まれる。この箱の横の長さを**四分位範囲**といい，**第3四分位数**から**第1四分位数**を引いた値で求められる。米沢市の四分位範囲は9℃より小さいのに対して，山形市の四分位範囲は9℃より大きい。正しくない。　③　4市の最高気温のデータは，それぞれ30日間のデータだから，第3四分位数は最高気温の高い方から8番目のデータ。山形市，新庄市，米沢市の3市の第3四分位数は21℃より大きいから，最高気温が21℃以上の日数はそれぞれ8日以上ある。それに対して，酒田市の第3四分位数は21℃より小さいから，最高気温が21℃以上の日数は7日以下である。正しくない。

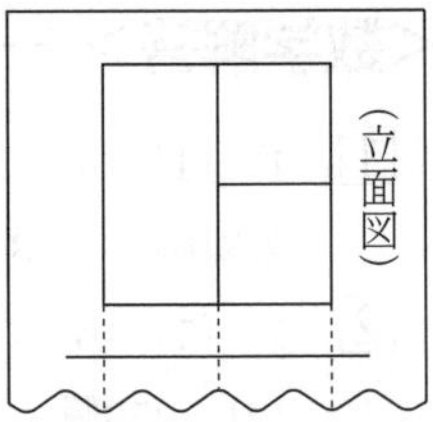

5　立体イの**立面図**は右図のようになるから，見取図として適切でない。

2　(図形と関数・グラフ，確率，方程式の応用，作図)

1　(1)　点Aのy座標は，点Bのy座標と等しく2だから，A(3，2)　関数$y=\frac{a}{x}$のグラフは点Aを通るから，$2=\frac{a}{3}$　$a=2\times3=6$

(2)　関数$y=bx$のグラフの傾きぐあいは，$b>0$のとき，bの値が大きいほど大きいから，関数$y=bx$のグラフが四角形ABCDの辺上の点を通るとき，bの値は点Dを通るとき最大となり，点Bを通るとき最小となる。点Dのx座標は，点Aのx座標と等しく，点Dのy座標は，点Cのy座標と等しいから，D(3，6)　関数$y=bx$のグラフが点Dを通るときのbの値は，$6=b\times3$より$b=2$　関数$y=bx$のグラフが点Bを通るときのbの値は，$2=b\times7$より$b=\frac{2}{7}$　よって，$\frac{2}{7}\leqq b\leqq2$

2　(理由)　(例)2個とも白玉が出る確率は，純さんが$\frac{2}{9}$，友子さんが$\frac{1}{4}$であり，友子さんのほうが純さんより大きいから。

(補足説明)　右表上に示す通り，純さんはすべての玉の取り出し方が9通りあり，そのうち，2個とも白玉が出るのが2通りあるから，2個とも白玉が出る確率は$\frac{2}{9}$である。また，右下表に示す通り，友子さんはすべての玉の取り出し方が8通りあり，そのうち，2個とも白玉が出るのが2通りあるから，2個とも白玉が出る確率は$\frac{1}{4}$である。

箱A＼箱B	白玉	赤玉1	赤玉2
白玉1	○		
白玉2	○		
赤玉			

箱C＼箱D	白玉1	白玉2	赤玉1	赤玉2
白玉	○	○		
赤玉				

3　(1)　(1次方程式の例)商品Aの箱の数をx箱とする。$8x+12\times10=12(40-x-10)+15\times10-50$　(連立方程式の例)商品Aの箱の数をx箱，商品Bの箱の数をy箱とする。$\begin{cases} x+y+10=40 \\ 8x+12\times10=12y+15\times10-50 \end{cases}$

(2)　1次方程式$8x+12\times10=12(40-x-10)+15\times10-50$…①を解く。①より，$8x+120=12(30-x)+150-50$　$8x+120=360-12x+100$　$8x+12x=360+100-120$　$20x=340$　$x=17$　よって，商品Aの箱の数は17箱だから，40箱の商品を作るために使ったドーナツの個数は$8\times17+12\times10=256$(個)である。

4　(着眼点)AB＝ADであることと，$\angle BPD=\frac{1}{2}\angle BAD$であることより，∠BPDと∠BADは，点Aを中心とする円の，$\overset{\frown}{BD}$に対する**円周角と中心角の関係**にある。

(作図手順)次の①～③の手順で作図する。　①　点Cを中心とした円を描き，線分BC，CD上に交点をつくる。　②　①でつくったそれぞれの交点を中心として，交わるように半径の等しい円を描き，その交点と点Cを通る直線(∠BCDの二等分線)を引く。　③　点Aを中心とした半径ABの円を描き，∠BCDの二等分線との交点をPとする。

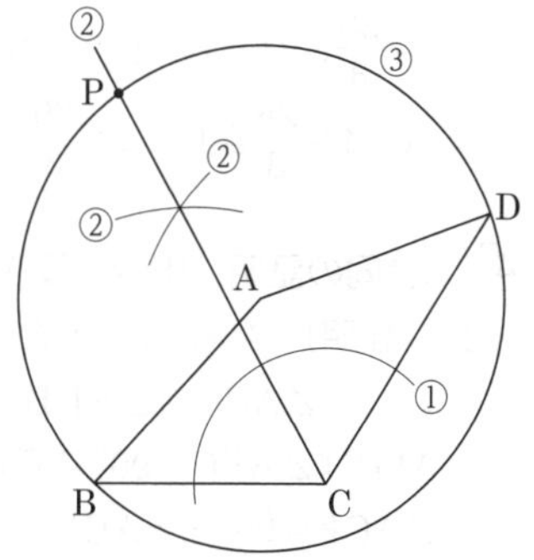

3 **(関数とグラフ，移動する図形，面積，グラフの作成)**

1　(1)　右図に，xの値で場合分けしたときの，四角形PQRSの位置を示す。$0<x<4$の図において，辺ABとRSの交点をEとすると，$x=2$のときのyの値は，△EBRの面積に等しい。$\mathrm{BR}=x=2\mathrm{cm}$であり，△EBRが直角二等辺三角形であることから，その面積は線分BRを対角線とする正方形の半分に等しいから，$y=\frac{1}{2}\times\mathrm{BR}^2\times\frac{1}{2}=\frac{1}{2}\times2^2\times\frac{1}{2}=1$

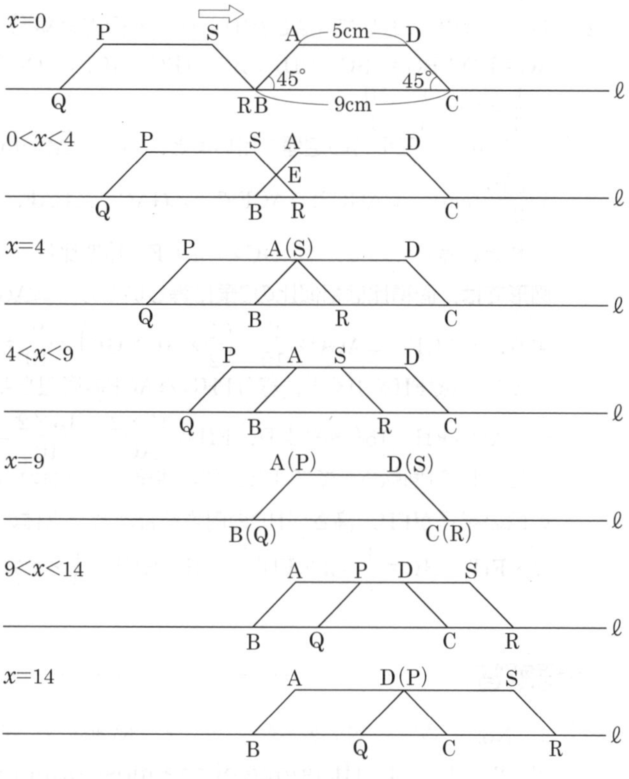

(2)　四角形ABCDの点Aから辺BCへ垂線AHを引くと，四角形ABCDは**線対称な図形**だから，$\mathrm{BH}=\frac{\mathrm{BC}-\mathrm{AD}}{2}=\frac{9-5}{2}=2(\mathrm{cm})$　△ABHは**直角二等辺三角形で，3辺の比は1：1：$\sqrt{2}$** だから，AH＝BH＝2cm　$0<x<4$の図において，yの値は△EBRの面積に等しい。よって，(1)と同様に考えて，$y=\frac{1}{2}\times\mathrm{BR}^2\times\frac{1}{2}=\frac{1}{2}\times x^2\times\frac{1}{2}=\frac{1}{4}x^2$(ア)　$4<x<9$(イ)の図において，yの値は台形ABRSの面積に等しい。よって，$y=\frac{1}{2}\times(\mathrm{AS}+\mathrm{BR})\times\mathrm{AH}=\frac{1}{2}\times\{(\mathrm{BR}-2\times2)+\mathrm{BR}\}\times\mathrm{AH}=\frac{1}{2}\times\{(x-2\times2)+x\}\times2=2x-4$　$9<x<14$の図において，yの値は台形PQCDの面積に等しい。ここで，BR＝BC＋QR－QCよりQC＝BC＋QR－BR＝$9+9-x=18-x$，PD＝QC－2×2＝$18-x-4=14-x$より，$y=\frac{1}{2}\times(\mathrm{PD}+\mathrm{QC})\times\mathrm{AH}=\frac{1}{2}\times\{(14-x)+(18-x)\}\times2=-2x+32$(ウ)　以上より，$x$と$y$の関係を表すグラフは，点(0，0)，(2，1)，(4，4)を滑らかに結んだ曲線と，(4，4)，(9，14)，(14，4)を線分で結んだ折れ線のグラフになる。

2　重なっている部分の面積が，重なっていない部分の面積の2倍となるということは，重なっている部分の面積が，台形ABCDの面積の$\frac{2}{3}$倍となるということだから，このときのyの値は，(台形ABCDの面積)$=\frac{1}{2}\times(\mathrm{AD}+\mathrm{BC})\times\mathrm{AH}=\frac{1}{2}\times(5+9)\times2=14(\mathrm{cm}^2)$より，$y=14\times\frac{2}{3}=\frac{28}{3}$である。

$y=\frac{28}{3}$となるxの値のうち，最も小さい値は，xとyの関係を表すグラフより，$4<x<9$のときで，$2x-4=\frac{28}{3}$より，$x=\frac{20}{3}$である。

4　**（合同の証明，線分の長さ，回転体の体積）**

1　（証明）（例）△AGCと△CEDにおいて仮定より，AC＝CD…①　AC//EDで，**同位角**は等しいから∠ACG＝∠EDB＝90°…②　②より，∠CDE＝90°　よって，∠ACG＝∠CDE…③　△AFCは∠AFC＝90°の直角三角形だから∠CAG＝90°－∠ACF…④　また，∠DCE＝∠ACG－∠ACF＝90°－∠ACF…⑤　④，⑤より，∠CAG＝∠DCE…⑥　①，③，⑥より，1組の辺とその両端の角がそれぞれ等しいので，△AGC≡△CED

2　(1)　△ABCにおいて，AC//EDより，**平行線と線分の比についての定理**を用いると，ED：AC＝BD：BC＝(BC－CD)：BC＝(BC－AC)：BC＝(15－10)：15＝5：15＝1：3　ED＝AC$\times\frac{1}{3}=10\times\frac{1}{3}=\frac{10}{3}$(cm)

(2)　△AGCに**三平方の定理**を用いると，$AG=\sqrt{AC^2+GC^2}=\sqrt{AC^2+ED^2}=\sqrt{10^2+\left(\frac{10}{3}\right)^2}=\frac{10\sqrt{10}}{3}$(cm)　△AGCと△ACFで，∠GAC＝∠CAF，∠ACG＝∠AFC＝90°より，2組の角がそれぞれ等しいので，△AGC∽△ACF　**相似比**は，AG：AC＝$\frac{10\sqrt{10}}{3}$：10＝$\sqrt{10}$：3　**相似な図形では，面積比は相似比の2乗に等しい**から，△AGC：△ACF＝$(\sqrt{10})^2:3^2$＝10：9　これより，△ACF＝△AGC$\times\frac{9}{10}=\left(\frac{1}{2}\times AC\times GC\right)\times\frac{9}{10}=\left(\frac{1}{2}\times10\times\frac{10}{3}\right)\times\frac{9}{10}=15(cm^2)$　点Fから辺ACへ垂線FHを引くと，線分FHは△ACFの底辺をACとしたときの高さ　よって，△ACF＝$\frac{1}{2}\times AC\times FH=15(cm^2)$より，$FH=\frac{15\times2}{AC}=\frac{15\times2}{10}=3$(cm)　以上より，△AFCを，直線ACを軸として1回転させてできる立体の体積は，底面の円の半径がFH，高さがAHの円錐と，底面の円の半径がFH，高さがHCの円錐を合わせた立体の体積だから，$\frac{1}{3}\times\pi\times FH^2\times AH+\frac{1}{3}\times\pi\times FH^2\times HC=\frac{1}{3}\times\pi\times FH^2\times(AH+HC)=\frac{1}{3}\times\pi\times FH^2\times AC=\frac{1}{3}\times\pi\times3^2\times10=30\pi(cm^3)$

＜英語解答＞

1　1　No. 1　ア　No. 2　イ　2　ア　郵便局　イ　駅　ウ　15　3　No. 1　エ　No. 2　ウ　4　(It is) one of the most famous places in (Japan.)

2　1　(1)　long　(2)　weather　(3)　half　2　(1)　エ　(2)　イ
3　(1)　X　ア　Y　イ　Z　エ　(2)　X　エ　Y　ウ　Z　ア

3　1　X　フランス　Y　ドイツ　Z　スペイン　2　(例) ミラさんがイギリスで使っていた日本語の教科書。　3　ウ，オ

4　1　エ　2　C　3　(例) 町の行事で自分たちの紙芝居を上演すること。
4　(1)　(例) They went to the school library.　(2)　(例) No, she didn't.
5　ウ→オ→イ→エ→ア　6　Ⅰ　(例) Why did you write (this folk tale in English ?)
Ⅱ　(例) (Our member of the club said that we could) make more people interested (in the town's folk tales.)

5　(例) Summer is the best season. In summer, we have exciting festivals. Your friend can try our traditional dance with a dance group. He can also eat many kinds of local food.

<英語解説>

1　**(リスニング)**

放送台本の和訳は，49ページに掲載。

2　**(会話文問題：語句の問題，文の挿入，語句の並べ換え，現在完了，未来，助動詞，比較，間接疑問文)**

1 (1)　ルーシー：あなたは野球がうまいですね。どのくらい野球をやっているのですか？／アキラ：6歳からです。私の大好きなスポーツです。**「どのくらい(長い間)～しているか」How long ～ ?** have been playing ← <**have[has]been -ing**>**(現在完了進行形)動作動詞の継続**を示す。

(2)　ビル：昨日の京都の天候はどうでしたか？／ケイコ：最初は晴天でしたが，私が京都を後にした時には，雨が降り始めました。How is the weather in ～ ? 天候を尋ねる表現　at first「最初」

(3)　サクラ：私達の調査によると，私達のクラスの48％が自転車で学校へ通っています。／ケヴィン：クラスのおよそ半分がここに来るのに自転車に乗っているのですか？　多いですね。48％なので，およそ「半分」halfと考える。according to「～によると」<by ＋乗り物>「乗り物で」

2 (1)　ケイト：既にこの本を読みましたか？／シンジ：いいえ，まだ読んでいません。あなたはどうですか？／ケイト：私は昨日読みました。とてもワクワクしました，というのは……／シンジ：やめてください！　エ僕は明日それを読もうと思っているので。ケイトが読んだ本にワクワクした理由を語ろうとした際に，シンジがそれを制した理由を考える。シンジはまだその本を読んでいないので，あらすじ等について聞くと興味がそがれるから，話を途中でさえぎったのである。Have you read ～ yet ? ← <Have you ＋過去分詞～ yet ?>「既に～したか」**現在完了<have[has]＋過去分詞>(完了・経験・結果・継続) How about ～?「～はいかがですか」<be動詞＋ going ＋不定詞>「～しようとしている，するつもりである」**　ア「昨日，私もその本を読みました」　イ「もうすでにそれを読みました」<have already ＋過去分詞>「すでに～した」　ウ「すぐに再びその本を読もうと思う」

(2)　ピーター：昼食にサンドウィッチを買い過ぎました。／ヒトミ：うわっ！　それらをすべて食べられると思ったのですか？／ピーター：ええ。買ったときには食べられると思ったのですが，今は食べられません。私に代わって，いくつか食べることができますか？／ヒトミ：わかりました。イ1ついただきましょう，でも，他の人にも手伝ってもらうように頼むべきです。「いくつかのサンドウィッチを食べて欲しい」という依頼に対して，OK.と答えていることから判断すること。**should「～すべきである，きっと～だろう」**　ア「そんなに多くのサンドウィッチを作ることが好きだなんて，驚きました」　ウ「私はあなたがもっと食べることができるなんて思いませんが，それでもあなたはまだ食べられると言っています」**more ← many／much の比較級「もっと多く(の)」**　エ「あなたがそれらを全て食べてしまったので，私があなたのためにいくつか買ってあげるべきでしょう」**should「～すべきである，きっと～だろう」**

3 (1)　I stayed at home and helped my sister finish(her homework.)キャシー：先週末に何をしましたか？／ジュン：家にいて，私の妹が宿題を終えるのを手伝いました。<help ＋人＋動詞の原形>「人が動詞の原形することを助ける」

(2)　(I want to)know which shirt you will buy(for Jim.)エリ：ジムに対して，あなたがどのシャツを買うか知りたいのです。／ボブ：この青いのを選ぼうかと思っています。彼は気に入ると思います。**疑問文を他の文に組み込むとき(間接疑問文)，<疑問詞＋主語＋動詞>の語順**になる。← Which shirt will you buy for Jim?

③ **(会話文問題：表・グラフなどを用いた問題，日本語で答える問題，語句の解釈，指示語，内容真偽，比較，受け身，関係代名詞，前置詞，動名詞，接続詞)**

(全訳)　ケン(以下K)：あなたの祖国，イギリスにいる時に，あなたは日本語を学び始めたということを知っていますが，ヨーロッパでは多くの日本語学習者が存在しているということを，先週，あなたは私達に話してくれました。私は彼らについてもっと知りたくて，この表とグラフを作りました。／ミラ(以下M)：この表は興味深いですね。イギリスにはこんなに多くの日本語学習者がいるということを知りませんでした。2018年には，ドイツよりも私の祖国の方がより多くの人々が日本語を学習しています。／K：フランスでは，2015年から2018年にかけて，大きな変化が見受けられます。3000人以上の学習者が加わっています。／M：スペインでもその数は非常に増えていますね。2015年には，5か国の中で，スペインはその数が最も少ないこともわかります。ところで，このグラフは，なぜヨーロッパの人々が日本語を学んでいるかを示していますか？／K：はい。ヨーロッパでは，アニメは人気があることはわかっていますが，2018年に，学習者の80％以上が日本語(そのもの)に興味があるということに驚いています。／M：私はアニメの大ファンだったので，日本語を勉強し始めましたが，私もすぐにその言語に興味を持つようになりました。今でも，イギリスで使っていた日本語の教科書を読んでいます。／K：本当ですか？　①それを見てみたいです！／M：いいですよ。明日，持って来ましょう。

1　Spain had the smallest number of the five countries in 2015.／More than three thousand leaners were added(from 2015 to 2018 in France.)／More people learned Japanese in my country[England]than in Germany in 2018. 等の文から判断すること。smallest ← small「小さい」の最上級　**more than**「～以上」 were added ← **<be動詞＋過去分詞>「～される，されている」受け身　more ← many／much の比較級「もっと多く(の)」**

2　①は「それを見たい」の意。それ[it]が何を指すかは，直前のミラさんのせりふに注目すること。the Japanese-language textbook▼ I used in the U.K.「私がイギリスで使っていた日本語の教科書」を指す。← **<先行詞(＋目的格の関係代名詞)＋主語＋動詞>「主語が動詞する先行詞」目的格の関係代名詞の省略**

3　ア「表やグラフを作成した後に，ケンはミラさんがイギリスで日本語を学んだということを知った」(×)　表やグラフの作成前に，ミラさんがイギリスにいる時に日本語の学習を始めたということをケンは知っていた(ケンの最初のせりふ)ので，不適。after making ← <前置詞＋動名詞> started learning ← **<原形＋ ing>「～すること」動名詞　more ← many／much の比較級「もっと多く(の)」～ so,……「～である，だから……」**　イ「ミラさんは表を見て，イギリスには多くの日本語学習がいない，と言っている」(×)　ミラさんは，「表は興味深い，イギリスにそんなに多くの日本語学習者がいることを知らなかった」と述べている(ミラさんの最初のせりふ)。　ウ「イギリスでは，2018年よりも2015年の方が，もっと多くの人々が日本語を学んでいる，ということを表は示している」(○)　表のデーターに一致。**more ← many／much の比較級「もっと多く(の)」**　エ「2015年には，ヨーロッパの学習者の80％以上が歴史と芸術に興味があった」(×)　グラフを参照。over「～以上」**<be動詞＋ interested in>「～に興味がある」**　オ「日本語に興味を持つ以前に，彼女はアニメファンになった，とミラさんは述べている」(○)　ミラさんの第3番目のせりふに一致。<get[become]interested in>

「～に興味をもつ」started learning ← <原形＋ **-ing**>「～すること」動名詞

4 **(長文読解問題・物語文：語句の解釈，文の挿入，日本語で答える問題，英問英答・記述，文の並べ換え，要約文などを用いた問題，条件英作文，接続詞，助動詞，現在完了，比較，進行形，仮定法，間接疑問文，不定詞，文の構造・目的語と補語，受け身)**

(全訳)　加奈の先生であるサトウ先生は，グループ活動の目標は，自分たちの町の評判をより良くするためのプロジェクトを立ち上げることである，と生徒に告げた。「授業での発表までに2か月あります」とサトウ先生は述べた。「当日は，町役場の人々も何名か参加します」町のことに詳しくなかったので，加奈は心配だった。彼女はこの町に去年引っ越して来たのである。「どうやってプロジェクトに対するアイディアを得ることができるのだろうか？」と彼女は思った。

加奈のグループのメンバーは，芽衣と武史だった。芽衣は「加奈，準備はできている？」と言った。加奈は言った。①「多分……，でも，私……」「心配しないで。学校の図書館へ行きましょう。私達のプロジェクトへのヒントが得られるでしょう。」と芽衣は言った。加奈は少し気が楽になり，「もちろん！」と言った。芽衣は「武史，大丈夫？」と尋ねた。武史は弱々しい声で同意した。彼は少し内気なだけだと，加奈は思った。

学校の図書館では，加奈と芽衣は話し合いをし，本集めをし，武史は彼のコンピューターを使った。そこで長い時間を費やした後に，彼らの町には多くの興味深い民話があることがわかった。加奈は驚いて，言った。「多くの人々がこれらの物語を楽しめば，この町はもっと知られるようになると思う」その時，サトウ先生がやって来て，彼らの町には民話クラブがあることを彼らに告げた。「そのクラブの会員は長年民話を学んでいるよ。彼らの元を訪問すれば，もっと多くの話が聞けるだろう」と彼は言った。

3日後，加奈のグループはそのクラブを訪問した。[C]クラブの会員は親切で，グループに多くの素晴らしい話を提供してくれた。加奈がそれらを書き留めていると，1人のクラブ会員が次のように言った。「私達の民話にあなた方のような若者が興味を抱いてくれて，私達はうれしいです。あなた方のおかげで，より多くの人々が興味をもつでしょう」彼の言葉は，加奈をとてもうれしくさせた。

彼らが歩いて学校に戻る際に，より多くの人々と民話を共有する方法について，彼らは話し合った。「*紙芝居*……はどうかな？」武史は静かな声で言った。加奈は微笑んで，言った。「それは良いわね！　子どもたちもその物語を楽しめるわ。」芽衣は「私は英語でも物語を書いてみたいわ。海外の人々に紹介できるわね。」と言った。彼らは多くの考えを思いつき，わくわくした。

彼らが*紙芝居*について計画を練っている時に，芽衣が「ところで，あなた達は絵を描くことが出来る？」と尋ねた。加奈は，自分が絵を描くことが出来るとは思わなかった，そして彼女は，芽衣は描けると言った。芽衣は笑って，言った。「描けたら良いのにね。美術の授業での私の絵を忘れたの？」その時，武史が突然口を開いた。「おそらく僕が手助けできると思うよ。何枚かスケッチを見せよう。子供達のために可愛い絵を描くこともできるよ。」

2か月後，ついに彼らは自らのプロジェクトを完成させて，授業で発表した。彼らのクラスメイトと町役場の人々はそれをとても楽しんだ。加奈は，彼女のメンバーとの2か月間のことを思い出して，うれしく思った。

翌月のある日，サトウ先生は加奈のグループに告げた。「今日，町役場の人々が私を尋ねて来て，君達の*紙芝居*は素晴らしいと言っていた。町のイベントでそれを上映して欲しいとも述べていたよ。どう思う？」3人の生徒は互いを見て，加奈は微笑んで，言った。「②それをする準備はできています！」

1　加奈が言いよどんでいる点や下線部①のせりふを聞いて芽衣が Don’t worry. と述べていることから，加奈はプロジェクトに対して心配していることがわかる。その理由は，第1段落第4文に Kana worried because she didn’t know about the town. と述べられている。従って，正解は，エ「この町についてそれほど知らないので，私達のプロジェクトに対して考えが思い浮かぶかどうか確信が持てない」。**～，so……「～である，だから……」**　ア「この活動に対して多くの考えを思い浮かび，私達のプロジェクトを簡単に終わらせることが出来ると考える」(×)　加奈は心配していたので，不可。　イ「来月別の町に引っ越さなければならないので，手助けすることが出来ないと思う」(×)　記述ナシ。**<have[has]＋不定詞>「～しなければならない，に違いない」**　ウ「この町に3年間住んでいるが，この町についてもっと知る必要がある」(×)　加奈はこの町に引っ越してから，1年しか経過していない(第1段落第5文：She moved to the town last year.)。have lived ～ for three years ← **<have[has]＋ 過去分詞>(完了・経験・継続・結果)現在完了 more ← many／much の比較級「もっと(多くの)」**

2　挿入文は「クラブの会員は親切で，グループに多くの素晴らしい話を提供してくれた」の意。「クラブの会員」(members of the club)は町に存在する民話のクラブのメンバーのことで，「グループ」(the group)は加奈たちのグループを指していて，空所(　C　)の前では，加奈たちのグループが民話クラブを訪問した，ということが述べられており，挿入するのに適している。

3　下線部②は，直前のサトウ先生の they[the people from the town]wanted you to perform it[*kamishibai*]at the town’s event. What do you think ? を受けての返答であることから考える。

4　(1)　質問文：「プロジェクトのための情報を得るために，加奈と彼女のメンバーは最初にどこへ行ったか？」プロジェクトのことを心配する加奈に芽衣は Don’t worry. Let’s go to the school library.(第2段落)と述べており，第3段落では，加奈のメンバー達は，実際に図書館でプロジェクトのための情報収集を行っている。

(2)　質問文：「グループが*紙芝居*について計画を立てている時に，芽衣は絵を描くことが出来ると述べたか？」第6段落で，加奈の「芽衣は絵が描ける」という発言に対して，芽衣は I wish I could. Did you forget my pictures in art class? と答えており，芽衣は「絵を描くことが出来る」とは述べてはいないので，否定で答えること。was planning ← **<be動詞＋ -ing> 進行形　I wish I could,「できればなあ」実際にできないことを望む仮定法過去**を使った表現。

5　ウ「サトウ先生は，彼の生徒にグループ活動の目的は何であるかを伝えた」(第1段落)→ オ「サトウ先生は，彼らの町のあるクラブに関して，加奈のグループに情報を提供した」(第3段落)→ イ「武史は物語を共有する方法について話をして，加奈はそれが気に入ったと述べた」(第5段落)→ エ「武史はプロジェクトのためにいくつか絵を描くことが出来ると述べた」(第6段落)→ ア「町役場の人々はクラスに加わり，加奈のグループによる発表を見学した」(第7段落)Mr. Kato told his students what the goal of the group activity was. ← **疑問文**(What was the goal of the group activity?)**が他の文に組み込まれる[間接疑問文]と，<疑問詞＋主語＋動詞>の語順**になる。 a way to share ～ ← **不定詞の形容詞的用法<名詞＋不定詞>「～するための[すべき]名詞」**

6　(全訳；解答例含む)ノア：驚きました！ Iなぜこの民話を英語で書いたのですか？／加奈：私達は，外国の人々もそれを楽しむことが出来ると思ったからです。私達にとっては簡単ではありませんでしたが，それをするために互いに助け合いました。／ノア：なるほど！　この話を探し出すために，頑張って協力もしたのではないでしょうか？／加奈：はい，でも，民話クラブが手伝ってもくれたのです。クラブの会員の1人は，Ⅱより多くの人々が町の民話に興味を抱くようにすることが可能である，と語っていました。クラブを訪れた後に，そのために何ができるかということについて，私達は話し合いました。 [Ⅰ] 後続文がbecause で始まっているので，Why ~? の文にする。 [Ⅱ] クラブの会員は We're happy that young people like you are interested in our folk tales. I think more people will become interested thanks to you.(第4段落)と述べていることから考える。**make +O+C**「OをCの状態にする」**more ← many／much** の比較級「もっと(多くの)」**interested in**「～に興味がある」

5 **(条件英作文：現在完了，進行形，比較，接続詞)**

(全訳) ライアン：私の友人は日本の私たちの町を訪れたいです。彼は日本を訪れたことがありません。ここに来るにはどの季節が最も良いか，彼は私に尋ねています。私はここに3か月しか住んでいないので，皆さんの助言が必要です。最適な季節はいつですか？　そして，その理由は何ですか？／(解答例訳)夏が最適な季節です。夏には，ワクワクする祭りがあります。あなたの友達は，ダンスグループと一緒に私達の伝統的な踊りを踊ってみることも可能です。彼は多くの種類の地元の食べ物を食べることも可能です。　指示文の条件に従って，4文以上の英文でまとめること。has never visited／have lived ~ for only three months ← <**have[has]**＋ 過去分詞>(完了・結果・経験・継続) is asking ← <**be**動詞＋ **-ing**>「～しているところだ」進行形　現在完了**best ← good／well** の最上級「最も良い[良く]」~, **so**……「～である，だから……」

2023年度英語　リスニングテスト

〔放送台本〕

これから，No. 1 とNo. 2，それぞれの場面の対話文を読みます。それぞれの場面の対話文を読んだあと，クエスチョンと言って質問します。その質問の答えとして最もふさわしいものを，ア，イ，ウ，エの中から一つずつ選び，記号で答えなさい。英文は2回読みます。

No. 1 (*Steve*): Look, Tomoko. Are you practicing for this contest?
(*Tomoko*): Yes. My topic is about my dance team. Can you come?
(*Steve*): Of course. I will go to Green Hall. I think you'll make a good speech.
(*Tomoko*): Thanks.
Question: Which poster are they looking at?

No. 2 (*Yuta*): Do you remember the movie we have wanted to see? Can we see it tomorrow?
(*Nina*): Tomorrow is August 5, right? Sorry, I can't, but I'm free from this Friday to next Monday.
(*Yuta*): The movie ends soon. The last day is August 7. Hmm.... Every Saturday I'm busy, so I can't go. How about on this day?

(*Nina*): OK!

Question: When will they see the movie?

〔英文の訳〕

No. 1 スティーヴ：見てください，トモコ。あなたはこのコンテストのために練習しているのですか？

トモコ　　：はい。私のテーマは，私のダンスチームについてです。あなたは来ることが出来ますか？

スティーヴ：もちろんです。私はグリーンホールに行くつもりです。あなたは良いスピーチをするだろうと思います。

トモコ　　：ありがとうございます。

質問　　　：どのポスターを彼らは見ていますか？／正解は，グリーンホールでのスピーチコンテストのポスターのア。

No. 2 ユウタ：私たちが見たかった映画について覚えていますか？　明日，それを見ることはできますか？

ニナ　：明日は8月5日ですよね？　ごめんなさい，行けません。でも，今週の金曜日から次の月曜日まではスケジュールが空いています。

ユウタ：映画はまもなく終わってしまいます。最終日は8月7日です。そうですね……，毎土曜日は忙しくて，行けません。この日はどうですか？

ニナ　：良いですよ！

質問　：いつ彼らは映画を見ますか？／正解は，8月6日金曜日のイ。

〔放送台本〕

まず最初に，そこにある「早紀さんのメモ」をよく見てください。これから，中学生の早紀(Saki)さんと，留学生のジョン(John)さんの対話文を読みます。これを聞いて，「早紀さんのメモ」の，ア，イ，ウに，それぞれあてはまる日本語や数字を書きなさい。英文は2回読みます。

(*Saki*): John, we're going to go to the zoo on the next holiday. I can't wait!

(*John*): Saki, I don't know much about this city. Can I meet you at the bookstore near the post office and go to the zoo together?

(*Saki*): OK. Let's meet at the store. Then we can walk to the station. I want to take the train that leaves at 9：40, so why don't we meet at 9：15?

(*John*): Sure!

〔英文の訳〕

早紀　：ジョン，私たちは次の休日に動物園に行きます。待ちきれません！

ジョン：早紀，私はこの町についてあまり詳しくはありません。郵便局の近くの本屋で待ち合わせて，一緒に動物園へ行くことは可能ですか？

早紀　：いいですよ。その店で会いましょう。それから，私たちは駅まで歩けます。9時40分に出発する電車に乗りたいので，9時15分に会うのはいかがですか？

ジョン：もちろんです！

[設問]＜早紀さんのメモ＞

・待ち合わせ場所：ア郵便局の近くの書店

　→そこからイ駅まで歩く

・待ち合わせ時刻：9時ウ15分

〔放送台本〕

これから，中学生の裕司(Yuji)さんが，英語の授業で，短いスピーチをします。スピーチのあと，クエスチョンズと言って二つの質問をします。それぞれの質問の答えとして最もふさわしいものを，ア，イ，ウ，エの中から一つずつ選び，記号で答えなさい。英文は2回読みます。

When my father and I were walking near the museum last month, two foreign tourists asked us how to get to the stadium. I wasn't sure they could understand my English, but I said, "OK". I showed them a map and did my best. They finally understood how to get there. They said my English helped them. I was happy. On that day, I decided to use English more in my daily life.

Questions: No. 1　Where did the tourists want to go?

No. 2　Why did Yuji become happy?

〔英文の訳〕

先月，私の父と私が博物[美術]館の近くを歩いている時に，2人の外国人旅行者が私たちにスタジアムへの行き方を尋ねてきました。私の英語を彼らが理解できるのか，私は確信がもてませんでしたが，私は「わかりました」と言いました。彼らに地図を示して，全力を尽くしました。最終的に，彼らはそこへの行き方を理解しました。彼らは私の英語が手助けとなったと言ってくれました。私はうれしかったです。その日，私は日常生活でもっと英語を使うことを決意しました。

質問：No. 1　どこにその旅行者は行きたかったのか？

〔選択肢の訳〕

ア 「お寺へ。」　イ 「博物[美術]館へ。」　ウ 「大学へ。」　㋓ 「スタジアムへ。」

質問：No. 2　なぜ裕司はうれしくなったのか？

〔選択肢の訳〕

ア 「その旅行者は彼の父の友人だと彼が聞いたから。」

イ 「旅行者を助けるために，彼は地図を使わなかったから。」

㋒ 「彼の英語が手助けとなった，と旅行者が述べたから。」

エ 「その旅行者が彼らの人生の中で再び彼と会うことを決意したから。」

〔放送台本〕

これから，英語による対話文を2回読みます。(　)のところの英語を聞き取り，書きなさい。

(*Betty*): The park in this photo is beautiful.

(*Taku*): I think so, too. It is one of the most famous places in Japan.

〔英文の訳〕

ベティ：この写真に写っている公園は美しいですね。

タク　：私もそう思います。それは日本で最も有名な場所のひとつです。

＜理科解答＞

1　1 (1)　器官　　(2)　デンプン　　2 (1)　(例)(アジサイの葉が)二酸化炭素をとり入れているかどうかを調べるため。　(2)　イ

2　1 (1)　栄養生殖　　(2)　(例)親の遺伝子をそのまま受けつぐため，形質は親と同じになる。　2　DNA[デオキシリボ核酸]　　3 (1)　ア　　(2)　オ

3 1 ア，ウ，オ　2 カ　3 (例)砂は泥よりも速く沈む　4 示相化石

4 1 大きく　2 ア　3 (例)あたたかく湿っている。[高温，湿潤である。]
4 秋雨前線　5 ウ

5 1 ウ　2 (例)電流が流れるようにするため。　3 (1) 水素　(2) イ　4 165g

6 1 イ　2 エ　3 0.28g　4 3.72g

7 1 慣性(の法則)　2 0.5N　3 イ
4 ア

8 1 15cm　2 エ　3 右図　4 (例)像の全体が暗くなった。

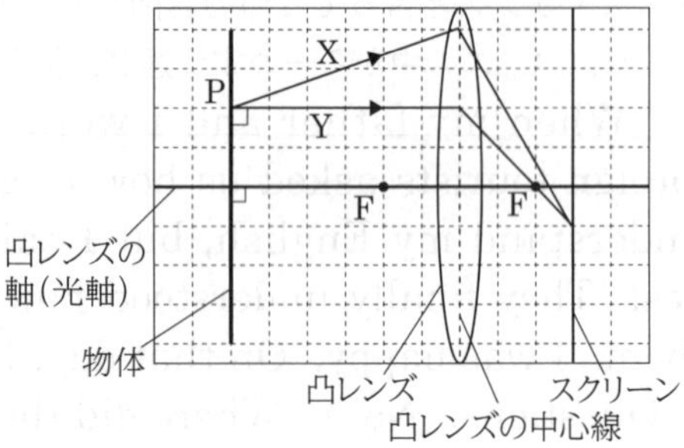

＜理科解説＞

1 (植物の体のつくりとはたらき：光合成に必要な条件を調べるための対照実験・葉緑体)

1 (1) 植物も動物も，形やはたらきが同じ細胞が集まって**組織**をつくり，いくつかの種類の組織が集まって特定のはたらきをもつ**器官**をつくっている。植物の葉や動物の心臓，小腸，目などはどれも器官である。　(2) 光を十分に当てたオオカナダモの葉に含まれる葉緑体は，ヨウ素液に反応して青紫色の粒として観察されることから，葉緑体でデンプンがつくられており，**光合成は葉緑体で行われている**ことがわかる。

2 (1) 【実験2】試験管はAとBはアジサイの葉の光合成の**対照実験**である。**石灰水の変化を観察したのは，光合成をしていたアジサイの葉が二酸化炭素をとり入れているかどうかを調べるためである。**　(2) **光合成には光が必要**であるという**仮説を検証する対照実験を設定する。**試験管Aと比較するために試験管Cには，アジサイの葉を入れ，息をふきこみ，ゴム栓をして，ここまで試験管Aと条件を同じにする。**試験管Aには光を当て，試験管Cには光を当てない。**30分後，試験管AとCに少量の石灰水を入れ，ゴム栓をしてよく振り，白くにごるかどうかを確認する。試験管Aは【結果】より**石灰水は変化しなかったことから，光合成をしたことにより，二酸化炭素が使われた**ことがわかる。試験管Cの場合，**白くにごれば，**ふきこんだ息に含まれていた**二酸化炭素は使われなかった**ことになり，**光を当てない条件のもとでは光合成をしない**ことがわかる。よって，光合成には光が必要であるという仮説は検証できる。

2 (遺伝の規則性と遺伝子：メンデルの実験・分離の法則，生物の成長と生殖：無性生殖・減数分裂)

1 (1) ジャガイモのように，植物が体の一部から新しい個体をつくる無性生殖を**栄養生殖**という。　(2) **無性生殖**では，子は親の遺伝子をそのまま受けつぐため，**子の形質は親と同じ**になる。

2 染色体に含まれる遺伝子の本体をDNA(デオキシリボ核酸)という。

3 (1) 図2の親の代のエンドウの体細胞に含まれる種子の形を丸くする純系の遺伝子の組み合わせはAAである。**生殖細胞である卵細胞**は，体細胞の**減数分裂**によってつくられるが，そのとき**分離の法則**がはたらくので，**親の体細胞の遺伝子AAは，AとAに分かれて別の生殖細胞に入る。**よって，めしべの胚珠の中の**卵細胞に存在する，**種子の形を決める**遺伝子はA**である。　(2) 親の代の丸い種子をつくる純系の遺伝子の組み合わせがAAの種子と，しわのある種子をつくる純系の遺伝子の組み合わせがaaの種子をかけ合わせると，図2から**子の代では丸い種子のみであ**

り，遺伝子の組み合わせはAaのみだと考えられる。よって，**丸い種子が顕性形質であり，しわのある種子が潜性形質**である。子の代の**自家受粉**による孫の代の種子の遺伝子の組み合わせは，AaとAaのかけ合わせにより，**AA：Aa：aa＝1：2：1**，であり，〈メンデルが行った実験〉において，丸い種子：しわのある種子＝5474(個)：1850(個)≒3：1，の実験結果と一致する。

[3]　(地層の重なりと過去の様子：地層のでき方・堆積岩・化石，身近な地形や地層・岩石の観察)

1　**堆積岩は，れき岩，チャート，凝灰岩**である。**れき岩**・砂岩・泥岩はおもに**岩石や鉱物の破片**が堆積したもので，岩石をつくる粒は，**流水のはたらきで，角がけずられ丸みを帯びている**ことが多い。粒の大きい方から，れき岩＞砂岩＞泥岩，の順である。**チャート**は，**生物の遺骸や水にとけていた成分**が堆積したもので，うすい塩酸をかけても気体は発生しない。**凝灰岩**は，**火山噴出物**が堆積した後，固まったものである。

2　**ある時期にだけ栄えて広い範囲にすんでいた**生物の化石からは，**地質年代**を知ることができる。地層ができた時代の推測に役立つ化石を**示準化石**といい，**新生代**に堆積した地層にしか見られない化石として，**ナウマンゾウの化石**がある。

3　湖に入る河口付近に堆積し続けた地層は不安定になると地すべりを起こし，水と土砂が混じり合ったものがより深い場所に流された。その後，砂と泥は分かれて堆積したが，これは，**砂は泥よりも粒が大きいため速く沈むから**である。

4　**地層が堆積した当時の環境**を知る手がかりとなる化石を**示相化石**という。ブナの葉の化石は示相化石で，**ブナの葉**の化石が見つかった地層が堆積した当時，この場所は**温帯の涼しい環境**であったことがわかる。

[4]　(天気の変化：雲のでき方・低気圧と前線，日本の気象：夏と秋の天気・気団・停滞前線)

1　雲は，空気中にうかぶ水滴や小さな氷の粒の集まりである。**水蒸気を含む空気のかたまりが上昇すると，まわりの気圧が低いため体積は大きくなって温度が下がり，露点に達して水滴や氷の粒が生じ，雲ができる。**

2　**気象現象や大気の大きな動き**が起こるのは，地表から**上空10km**程度までであり，**地球の半径約6400km**と比べるときわめてうすい。

3　**夏**になると太平洋に太平洋高気圧が発達し，小笠原気団が形成される。日本列島は**あたたかく湿った気団である小笠原気団**の影響を受け，**南東からの季節風**がふきこむ。

4　**夏の終わりから9月ごろ**には太平洋高気圧がおとろえて，梅雨の時期に似た気圧配置になり，**秋雨前線**ができるようになる。

5　低気圧から東側にのびる**温暖前線**付近では**暖気が寒気の上にはい上がって進み**，ゆるやかな上昇気流が生じるため，広範囲に乱層雲などの**層状の雲**ができ，空の高いところには**巻積雲**のような**厚みの少ない雲**ができる。また，低気圧から西側にのびる**寒冷前線**付近では**寒気が暖気を押しながら進み，寒気は暖気の下にもぐり込み**，暖気が急激に上空高くにおし上げられ，**強い上昇気流が生じて積乱雲**が発達する。以上から図3のX—Yの線での，地表から垂直方向における**前線面の断面**を表す模式図はウである。

[5]　(酸・アルカリとイオン：酸性とアルカリ性を示すイオン，水溶液：濃度，物質の成り立ち)

1　塩化ナトリウム水溶液は，塩化ナトリウムと水の**混合物**である。

2　純粋な水ではなく塩化ナトリウム水溶液でろ紙をしめらせた理由は，乾燥したろ紙やリトマス紙では電流が流れないため，結果に影響をあたえない**中性の電解質の水溶液**で湿らせて**電流が流**

れるようにするためである。

3 (1) 塩化ナトリウムの電離を化学式を用いて表すと，$NaCl \rightarrow Na^{+} + Cl^{-}$，であり，うすい塩化ナトリウム水溶液でしめらせたろ紙の上に置いた赤色リトマス紙と青色リトマス紙のどちらも反応しなかったことから，**ナトリウムイオンNa^{+}と塩化物イオンCl^{-}のどちらもリトマス紙には反応しないことがわかる。**中央に置いたタコ糸にしみこんでいる塩酸の電離を化学式を用いて表すと，$HCl \rightarrow H^{+} + Cl^{-}$，であり，電圧を加えると，**陰極側の青色リトマス紙の色が**タコ糸側からしだいに**赤色に変化**したことから，うすい塩酸に含まれる陽イオンの水素イオンH^{+}が，青色のリトマス紙を赤色に変化させたことがわかる。このことから，**酸性を示すイオンは，水素イオンH^{+}であると**確認できる。

(2) アルカリ性を示すイオンが水酸化物イオンであることは，うすい水酸化ナトリウム水溶液をしみこませたタコ糸を使って同様の実験を行うことで調べる。水酸化ナトリウムが水に溶けて電離すると，$NaOH \rightarrow Na^{+} + OH^{-}$，であり，塩化ナトリウム水溶液と共通のイオンであるナトリウムイオンNa^{+}はリトマス紙の色を変化させない。よって，**陽極側の赤色リトマス紙が**タコ糸側からしだいに**青色に変化**すれば，**アルカリ性を示すイオンは，水酸化物イオンOH^{-}である**といえる。

4 35%の濃い塩酸10gに含まれる塩化水素の質量は，10[g]×0.35＝3.5[g]，である。質量パーセント濃度が2%のうすい塩酸をつくるために必要な水の質量をxgとすると，$\frac{3.5[g]}{10[g]+x[g]} \times 100 = 2$，$x$[g]＝165[g]，であるため，必要な水の質量は165gである。

6 (化学変化と物質の質量：質量保存の法則・質量変化の規則性，物質の成り立ち：酸化銀の熱分解・金属の化学式，化学変化：化学反応式)

1 酸化銀を加熱すると，熱分解が起き，銀と酸素ができる。酸化銀は黒色で，銀は白色である。よって，**黒色から白色**に変化する。

2 **質量保存の法則**によれば，化学変化の前後で，反応に関係する**物質の原子の種類と数は変わらない。**また，銀や銅などの**金属や炭素などは，**1種類の原子がたくさん集まってできているので，**その元素記号で表す**ため，**銀の化学式はAg**である。よって，酸化銀の熱分解の化学反応式は，$2Ag_2O \rightarrow 4Ag + O_2$，である。

3 実験結果の表から，試験管に入れた酸化銀の質量[g]－加熱後試験管内に残った固体の質量[g]＝発生した酸素の質量[g]である。試験管に入れた酸化銀の質量が1.00gのときは，発生した酸素の質量は，1.00[g]－0.93[g]＝0.07[g]，であり，2.00gのときは0.14g，3.00gのときは0.21gである。**試験管に入れた酸化銀の質量と発生した酸素の質量は比例関係にある**ため，**酸化銀4.00gを加熱したとき発生する酸素の質量は，0.07[g]×4＝0.28[g]である。**

4 酸化銀を5.00g加熱したとき加熱不十分で試験管内に残った固体は4.72gであったことから，発生した酸素の質量[g]＝5.00[g]－4.72[g]＝0.28[g]，である。したがって，熱分解された酸化銀の質量は，問3より，4.00gである。**酸化銀5.00gのうち4.00gのみが熱分解された**ことになる。よって，**酸化銀4.00gから熱分解によってできる銀の質量[g]＝4.00[g]－0.28[g]＝3.72[g]**，である。

7 (力のつり合いと合成・分解：浮力・作用・反作用の法則，力と物体の運動：慣性の法則，力のはたらき：フックの法則・重力)

1 物体に力がはたらいていないときや，力がはたらいていてもそれらがつり合って合力が0のときは，静止している物体は静止し続け，運動している物体は等速直線運動を続ける。このことを

慣性の法則という。

2　**質量100gの物体にはたらく重力の大きさを1N**とするため，質量が50gのおもりを容器の底につかないように水中に完全に沈めて静止させたとき，水中のおもりにはたらく重力の大きさは0.5Nである。

3　ばねののびは，ばねを引く力の大きさに比例する(**フックの法則**)ため，実験2のばねを引く力の大きさをxNとすると，表より，17.5〔cm〕：15.4〔cm〕＝0.5〔N〕：x〔N〕となる。よって，x〔N〕＝0.44〔N〕となる。したがって，**水中のおもりにはたらく浮力の大きさ〔N〕＝0.5〔N〕－0.44〔N〕＝0.06〔N〕**となる。

4　問3より**水中のおもりには0.06Nの浮力がはたらくので，この浮力の反作用として，おもりが0.06Nの力で水を押すため，6gだけ電子てんびんが示す値は，大きくなる。**

[8]　**(光と音：凸レンズによってできる像・グラフの考察・作図)**

1　物体と凸レンズとの距離が焦点距離の2倍であるとき，凸レンズとスクリーンの距離が焦点距離の2倍の位置にあるスクリーンに物体の像がはっきりとうつる。グラフより，**物体と凸レンズとの距離と凸レンズとスクリーンの距離が等しいのは，30cmのときである。30cmが焦点距離の2倍であるから，焦点距離は15cmである。**

2　実験1では，物体が凸レンズから20cm離れた位置に置かれている。問1より，凸レンズの焦点距離は15cmであり，**物体は焦点距離の外側にある**ため，凸レンズで屈折した光は1点に集まり，**上下・左右が逆向きの像**がスクリーンにうつる。よって，正解はエである。

3　**光源が焦点より外側にあるとき，光源の1点から出た光は凸レンズを通って1点に集まる。**そこで，まず光軸に平行に凸レンズに入った光の道すじYは，凸レンズで屈折した後，反対側の焦点Fを通る直線をかき，スクリーンとの交点をもとめる。**スクリーンに物体の実像がはっきりとうつった**ことから，**光の道すじXは，凸レンズに入り屈折した後，光の道すじYとスクリーンとの交点を通る直線をかく。**

4　物体の1点から出た光は，広がってレンズ全体を通る。よって，**凸レンズの上側半分を黒いシートでおおうと，像に集まる光の量が減るため，**像の大きさや位置は変わらないが，**像の全体が暗くなる。**

＜社会解答＞

[1]　1　(記号)　エ　(海洋名)　太平洋　2　(1)　イ　(2)　(記号)　D　(国名)　タイ
3　キ　4　a　ア　b　オ　5　(例)スペインの植民地　6　(1)　二期作
(2)　d　高い　e　(例)消費に向けられる割合が低い

[2]　1　(1)　ア　(2)　日本アルプス　2　(1)　(記号)　オ　(県名)　栃木県　(2)　ウ
3　(1)　イ　(2)　(例)等高線の間隔がせまく，傾斜が急である

[3]　1　(1)　201年から300年まで　(2)　ウ　2　(1)　ウ，カ　(2)　桓武天皇
3　(例)お金を貸しつけること。　4　(1)　ア　(2)　(例)一年おきに江戸と領地を往復すること。

[4]　1　殖産興業　2　エ　3　イ　4　(例)25歳以上の男子　5　教育基本法
6　イ→ウ→エ→ア　7　パリ協定

[5]　1　(1)　内閣　(2)　委員会　(3)　(例)衆議院が先に審議する　2　(1)　控訴

(2)　カ　3　自己決定権

6　1　(1)　エ　(2)　(例)企業どうしの競争が弱まり，極端に高い価格で商品を購入しなければならないこと。　2　ウ　3　(1)　社会福祉　(2)　ア

＜社会解説＞

1　(地理的分野―世界地理－地形・気候・人口・貿易・産業)

1　記号　大陸との関係から判断すると，①は**大西洋**，②と③が**太平洋**，④が**インド洋**である。したがって，正しい組み合わせは②と③で，記号は，エが正しい。　海洋名　**ユーラシア大陸**と**南北アメリカ大陸**にはさまれたこの大洋は，太平洋である。太平洋は，三大洋の中で最も大きな海洋である。

2　(1)　まず，A国からD国の国名を確定する。A国はフランス，B国はカナダ，C国はペルー，D国はタイである。問題は，フランスを判別するというものである。次に消去法で考える。カナダは，ロシアについで，世界第2位の**国土面積**であるから，エに該当する。ペルーは，この4か国では最も**人口**が少ないから，アに該当する。残る2国のうち，**一人あたりの国民総所得**が少ないのは世界第92位のペルーであり，多いのは世界第6位のフランスである。したがって，イがA国のフランスである。　(2)　記号　人口(人)を国土面積(km^2)で割って**人口密度**を算出すると，D国が最も人口密度が高くなる。　国名　D国は地図に示されている位置から，タイである。

3　フランスの首都パリは，北緯48度に位置し，北緯38度の山形市に比べ高緯度に位置している。ヨーロッパ西岸からノルウェー海に流れ込む**暖流**を**北大西洋海流**という。この暖流が**偏西風**とともに西ヨーロッパ・北ヨーロッパ地方に比較的温暖な**西岸海洋性気候**をもたらし，フランスは緯度が高いわりに比較的温暖である。北大西洋海流は，低緯度から高緯度方向に流れる海流である。

4　a　B国はカナダである。アメリカはカナダの隣国であり，カナダは輸入の50％以上をアメリカに依存している。カナダの輸入相手国の第3位がメキシコである。この3国は，**USMCA**を締結している。USMCAとは，2018年に署名され，2020年に発効したアメリカ・メキシコ・カナダ協定のことである。該当するのはアである。　b　日本の輸入相手国第1位は，長い間アメリカであったが，2002年から中国になった。bはオの中国である。

5　ヨーロッパの国々が，16世紀に世界の各方面に航海をし，**植民地**を求めた時代を**大航海時代**という。この時期にペルーはスペインの植民地となった。

6　(1)　同じ土地で米を年に2回作るのを，**二期作**という。タイでは温暖な気候を利用して，米の二期作が行われている。なお，米の**裏作**に小麦などを作るのが，**二毛作**である。　(2)　d　資料Ⅳを見ると，生産量では中国やインドにはるかに及ばないタイが，輸出量では2国を上回っていることがわかる。タイでは，人口が少ないため，輸出に向けられる割合が高くなるのである。このことを簡潔に指摘すればよい。　e　同じ理由からタイでは生産された米が，消費に向けられる割合が低い。「消費」「割合」の二つの語を必ず使ってまとめることに注意する。

2　(地理的分野―日本地理－地形・日本の国土・農林水産業・エネルギー・地形図の見方)

1　(1)　日本列島の地形は起伏に富み，火山地・丘陵を含む山地の面積は，国土全体の約75％を占める。本州中央部を南北に横断する大地溝帯を，大きな溝という意味の，**フォッサマグナ**という言葉で呼ぶ。新潟県の糸魚川市から静岡県静岡市に及び，この地溝帯が，東北日本と西南日本の境界線となる。　(2)　富山県・岐阜県・長野県・新潟県の4県にまたがる山脈が飛騨山脈で

ある。長野県に存在する山脈が木曽山脈である。長野県・山梨県・静岡県の3県にまたがる山脈が赤石山脈である。中部地方にある，上記の三つの山脈を総称して**日本アルプス**という。

2　(1)　記号　六つの県とは，北から順に，山形県・栃木県・長野県・山梨県・鳥取県・大分県である。　県名　　関東地方北部にあり，略地図のA県は栃木県である。　(2)　石炭・天然ガス・石油は，いずれもいつか枯渇するエネルギー源である。**とうもろこし・さとうきび**など植物由来の燃料が，**バイオマス**である。バイオマスは，原料の供給が容易なため，**再生可能エネルギー**とみなされている。

3　(1)　**地形図**Ⅰの地点aと地形図Ⅱの地点b間には，**等高線**が約15本引かれている。この地形図の**縮尺**は両者とも25,000分の1なので，等高線は10mごとに引かれており，標高差は約150mである。　(2)　地形図ⅠのP地点と，地形図ⅡのQ地点を比較すると，P地点の方が等高線の間隔がせまく，傾斜が急であることを指摘すればよい。

3　(歴史的分野―日本史時代別－旧石器時代から弥生時代・古墳時代から平安時代・鎌倉時代から室町時代・安土桃山時代から江戸時代，―日本史テーマ別－社会史・宗教史・文化史・経済史・政治史・外交史，―世界史－政治史)

1　(1)　**西暦**は1年から始まって100年ごとに区切っていくので，1世紀は1年から100年である。したがって，3世紀は201年から300年である。　(2)　**卑弥呼**のことが記されているのは**『魏志倭人伝』**であり，国は魏である。なお，魏志倭人伝というのは，晋の陳寿が撰した**『三国志』**の中の**『魏志』**30巻の中の東夷伝にある倭人の条の通称である。

2　(1)　ア　**中大兄皇子**が**大化の改新**と呼ばれる政治改革を進めたのは，645年の**乙巳の変**(いっしのへん)以降の7世紀の半ばである。　イ　朝鮮半島に**百済**と**新羅**が成立したのは，4世紀半ばのことである。　エ　**栄西**が**臨済宗**を開いたのは12世紀の末期であり，**道元**が**曹洞宗**を開いたのは13世紀の初期のことである。　オ　関東で**平将門の乱**が起こったのは，935年のことである。どれも時期が8世紀のことではない。ウとカが8世紀のできごととして正しい。　ウ　**墾田永年私財法**が定められたのは，743年のことである。　カ　**太安万侶**が**『古事記』**を完成したのは，712年のことである。　(2)　784年に都を**長岡京**に移し，さらに794年に**平安遷都**を行ったのは，**桓武天皇**である。桓武天皇は，8世紀末から9世紀初期に在位し，**坂上田村麻呂**を**征夷大将軍**として東北地方の**蝦夷**を討つなど，朝廷権力を大きく伸ばした。

3　室町時代中期の1428年に畿内一帯に広がったのが**正長の土一揆**である。正長の土一揆は，借金を帳消しとする徳政令の発布を要求し，**酒屋・土倉**などお金を貸し付けることを行っていた当時の高利貸し業者を襲って，自分たちの力で借金を帳消しにした。

4　(1)　問題の絵は「見返り美人図」であり，17世紀の**元禄時代**に**菱川師宣**によって描かれた，肉筆浮世絵である。版画ではないことに注意する。なお，イは，室町時代に足利義満によりつくられた金閣，ウは，鎌倉時代に**運慶**らによりつくられた**「東大寺南大門金剛力士像」**，エは，江戸後期の化政文化の時期に描かれた，**葛飾北斎**の**「富嶽三十六景」**である。　(2)　**参勤交代**の制度を整えたのは，江戸幕府の3代将軍**徳川家光**である。家光は，それまで慣習的に行われていた参勤交代を，1635年の**武家諸法度寛永令**の中で明文化した。幕府は大名に対し，江戸に交代で1年間在勤し，領地との間を1年ごとに往復することを義務づけた。江戸での生活費を含め，参勤交代の関連費用は，各藩にとって支出の多くを占める財政負担となった。

4　(歴史的分野―日本史時代別－明治時代から現代，―日本史テーマ別－政治史・法律史・文化史・外交史・経済史・社会史，―世界史－政治史)

1　当時の国家目標である「**富国強兵**」のためには，近代的な産業を育成しなければならなかった。そのために欧米の先進技術や学問・制度を輸入し，技術者や学者を雇用した政策が，**殖産興業**である。高崎周辺には，**官営模範工場**の**富岡製糸場**をはじめ，多くの製糸場があった。ここで生産された**生糸**を，幕末に開港された横浜港に運び，外国へ輸出することで，政府は外貨を獲得した。

2　ア　**GHQ**の指令により**農地改革**が始まったのは，1946年のことである。　イ　**王政復古の大号令**が発せられたのは，1867年のことである。朝廷は天皇を中心とする新政府を樹立し，幕府を廃し，天皇の下に総裁・議定・参与の**三職**をおくことを宣言した。これが王政復古の大号令である。　ウ　**シベリア出兵**に際し**米騒動**が起こったのは，1918年のことである。どれもAの時期にはあてはまらず，エが正しい。**第一回帝国議会**が開かれたのは，1890年のことであり，**大日本帝国憲法**発布の翌年のことである。

3　女子留学生として**岩倉使節団**に同行したのは，**津田梅子**である。津田梅子は6歳で米国に渡り，以後11年間アメリカで育ち，帰国後，女子英学塾を開校した。これが現在の津田塾大学の前身である。なお，アの**樋口一葉**は，『たけくらべ』などを残した明治後期の文学者である。ウの**与謝野晶子**は，**日露戦争**に際し『君死にたまふことなかれ』という詩を発表した歌人である。エの**平塚らいてう**は，明治末期の1911年に**青鞜社**を結成して，女性解放運動を展開した。青鞜社の機関誌『青鞜』の巻頭言の文頭の「**元始女性は実に太陽であった**」は覚えておくべきである。

4　1925年の法改正で，**25歳以上の男子**であれば，直接国税による制限がなくなったため，有権者は大幅に増加した。このような，納税額による制限のない選挙を，**普通選挙**という。

5　**日本国憲法**の精神に則り，1947年に公布・施行されたのが**教育基本法**である。**人格の完成**を目指し，平和的な国家及び社会の形成者を育成することを，教育の目的として明示している。

6　ア　**第4次中東戦争**を機に，**OPEC**(石油輸出国機構)の国々が石油価格を大幅に引き上げたことにより，世界経済全体が大きな混乱に陥ったのが，**石油危機**であり，1973年に起こった。
イ　**第二次世界大戦**の講和条約として，**サンフランシスコ講和条約**が結ばれたのは，1951年のことである。　ウ　日本が**ソ連**との**日ソ共同宣言**を発表し，**国際連合**に加盟したのは，1956年のことである。　エ　**東海道新幹線**が開通したのは，**東京オリンピック**が開催された1964年のことである。したがって，起こった年の古い順に並べると，イ→ウ→エ→アとなる。

7　**地球温暖化防止会議**で，2015年に採択されたのが**パリ協定**である。パリ協定では，2020年以降の気候変動の問題に関する，発展途上国も対象とする国際的な枠組みが定められた。そこでは世界の平均気温上昇を**産業革命**前と比較して，1.5℃に抑えることが目標とされた。

5　**(公民的分野―国の政治の仕組み・裁判・基本的人権)**

1　(1)　国会に提出される法律案は，二つに分かれる。各省庁が法律案をつくり，内閣法制局によって審査がなされ，閣議を経て，**内閣**が法律案を提出する「**内閣提出法案**」と，議員が法律案をつくる「**議員立法案**」である。また，日本国憲法第74条は「法律及び政令には，すべて主任の**国務大臣**が署名し，**内閣総理大臣**が**連署**することを必要とする。」と定めている。　(2)　予算・条約・法律案の議案や請願を，本会議にかける前の予備的な審査機関として，専門的かつ詳細に審査するのが**委員会**である。国会に提出された議案は，委員会で審議された後，**本会議**で採決される。　(3)　予算案・法律案・条約の承認は，どれも衆議院・参議院ともに審議する。なお，**予算案**は**衆議院**が**先議権**を持っている。

2　(1)　**第一審**の判決に対して不服がある場合に，上級の裁判所に対して，その判決の確定を遮断して，新たな判決を求める不服申立てを**控訴**という。第二審は**高等裁判所**で審理されるが，その結果に不服があり，なおかつ憲法に違反があると考えられる時には，**最高裁判所**に**上告**することが可能とされている。日本は，上記のような**三審制**をとっている。　(2)　2009年に始まった**裁判員裁判**は，重大な**刑事事件**の第一審で，**地方裁判所**で行われる。高等裁判所は，地方裁判所および簡易裁判所の第一審判決に対する控訴を扱う裁判所である。正解はカである。

3　一定の個人的な事柄について，公権力から干渉されることなく，自由に決定する権利を**自己決定権**という。新しい人権の一つである。医療の場においては，患者が医師から十分に情報を知らされたうえで，患者自身が治療方法を選択し，同意する**インフォームド・コンセント**の考え方が重要視されている。

6　(公民的分野―経済一般・財政・社会保障)

1　(1)　**需要曲線**は，価格が高くなるほど需要が少なくなる右下がりの曲線であり，**供給曲線**は，価格が高くなるほど供給が多くなる右上がりの曲線である。この2本の曲線が交わるところが，**均衡価格**である。**自由競争**が行われていることを前提としたこのグラフの場合，価格がP円のときには，価格は上がる。正答はエである。　(2)　**寡占**状態にある市場では，有力企業どうしの競争は弱まり，消費者は極端に高い価格で商品を購入しなければならないことが起こってくる。時には違法な価格**カルテル**が行われる場合もある。「競争」「購入」の二語を使って，上記のような趣旨を簡潔にまとめるとよい。

2　政府が景気を調整するために行う政策を**財政政策**といい，**好景気**の時には**公共事業**を減らし，**増税**をする。**不景気**の時には公共事業を増やし，**減税**をする。

3　(1)　日本の**社会保障**制度は，**社会保険・公的扶助・社会福祉・公衆衛生**の4本の柱からなっている。児童・ひとり親・心身障害者・高齢者など，社会生活を送る上でハンディキャップを負った人々に対して，公的な支援を行う制度のことを**社会福祉**という。　(2)　メモⅡには，**国民負担**が大きいかわりに，**政府**による**社会保障**を手厚くする，**高負担・高福祉**の特徴があり，アにあてはまる。

＜国語解答＞

一　問一　a　こんわく　　b　やわ　　問二　ア　　問三　(例)オルガンを見上げていた
問四　エ　　問五　Ⅰ　個性がない　　Ⅱ　(例)コンクールのために選んだ曲が持っている様々な魅力　　問六　(例)オルガンを作ることで見つけられたものがない
問七　ウ，カ

二　問一　a　たく　　b　きょり　　問二　イ　　問三　仕事の評価のほぼ全て　　問四　オ
問五　Ⅰ　勝利を義務　　Ⅱ　(例)自分の考えを客観的に把握する　　問六　(例)アスリートがゾーンに入ることの阻害要因になり得るが,アスリートの主観的な体験を知るための唯一の手段にもなると考えている。　　問七　エ

三　問一　たまいて　　問二　ア　　問三　(例)平和に治まっている時代。　　問四　(例)罰を与えなかった

四　問一　1　額　　2　垂　　3　改革　　4　統計　　5　雑誌　　問二　(1)　エ　　(2)　(ウ)

五　(例)　Aからは学びが人の内面を豊かにするということ，Bからは学びが社会をよりよくするために活用される必要性が読み取れる。
　私はテレビで保護猫活動を知った。そこから保護猫の現状を調べたり命について考えを

深めたりしていくうちに，人間と動物の共生の実現という目標を見つけることができた。その大切さを社会に広く知ってもらう活動を進めていきたい。私が学んだことが，自分の生きる社会をよりよくするために役立てられたらいいと考えている。

＜国語解説＞

一　（小説―情景・心情，内容吟味，文脈把握，脱文・脱語補充，漢字の読み，熟語，表現技法・形式）

問一　a　面倒・厄介なことに関わって困ること。　b「柔らか」の送り仮名に注意したい。

問二「場所」は**似た意味の字の組み合わせ**。　ア「樹木」は似た意味の字の組み合わせ。イ「最も高い」で修飾・被修飾の関係の組み合わせ。　ウ「善悪」は反対の意味の字の組み合わせ。　エ「頭が痛い」で主語・述語の関係の組み合わせ。　オ「顔を洗う」で下の字が上の字の目的語になる組み合わせ。

問三　この時の「私」は「舞台の後方にあるオルガンを見上げてい」る陽菜を見ていた。したがって陽菜がオルガンを見上げるために後ろをみていたことに気がついたのだ。

問四　亜季は妹の様子をよく見ている。周りの人にとっては不可解な陽菜の行動からでも陽菜の心情をくみ取っているのは，「大丈夫」「笑ってる」という言葉を口にしていることから読み取れる。

問五　陽菜が**かつて悩んでいたのは「私には，個性がないんだよ」ということ**だ。Ⅰには「個性がない」が補える。さらに，その陽菜が「この曲が持っている様々な魅力を，陽菜は持てる引き出しをフルに使って表現している。」とある。Ⅱに入れるのは，**今の陽菜が表現しているもの**であるから，**コンクールで演奏する曲が有している様々な魅力**だということになる。

問六　自分について考え始めた「私」は「私は，オルガンを作ることで，何かを見つけられたのだろうか。」と自問している。この問いには，**いまだに何かを見つけられていない自分が意識**されていることに留意して解答したい。

問七　ウ「彼女が彩色する美しい風」「水彩画のような穂先を持つ作曲家」「球体のように」「球体が次々と放たれ」のように**直喩・隠喩が用いられていて，その効果として陽菜のフルートの音色が豊かに表現**されている。　カ　**曲やフルートについて記されると同時に陽菜の演奏についても描かれていく**。難しい楽器を陽菜が巧みに操る様子や，魅力ある曲を見事に演奏する様子が伝わることで，**自分の演奏を見出した頼もしい陽菜の印象が強まって**いる。　ア　緊張感の中で演奏していることを暗示する「色彩を使った表現」はない。　イ「陽菜」と伴奏者の様子は交互に描写されていない。　エ「陽菜の視点」からの描写はない。　オ「五感のすべてに訴える表現」はない。

二　（論説文―大意・要旨，文脈把握，段落・文章構成，脱文・脱語補充，漢字の読み，品詞・用法）

問一　a　細部まで手抜きがなく，工夫が凝らされていること。　b　二地点を結ぶ道の長さ。

問二「もし」は**自立語で活用しない語**だ。「あれば」にかかる**連用修飾語だから副詞**。「〜ば」に呼応している(副詞の呼応)。

問三　同段落に「私たちの世界では『**その動きができる』ことが仕事の評価のほぼ全て**であって」とある。ここから，アスリートとは身体的な動き(パフォーマンス)ができるがどうかが仕事の評価のほぼ全てを決めることが読み取れる。

問四「雲」の例からも，**言葉が対象事物とそれ以外を分ける**と読み取れるので，「区別する」が適切だ。さらに，「踏む」か「踏み込む」か「弾む」か「乗り込む」かという表現によって力感が変わるという例を挙げ，言葉は，**差異のある身体感覚を言語で保存する**としている。身体感覚の違いの認識に役立つのである。

問五　筆者は「ある時自分が……」で始まる段落に，「期待に応えようと勝利を義務だと感じ始めていた自分自身の心理が最初に現れたのが文章だった」と述べている。Ⅰには，自分が書いたの文章で気づいたことを入れるのだから「勝利を義務だと感じ始めていた自分自身の心理」が入る。また，「人間は自分で書いてその文章を観察してみるまでは，自分が何を考えていたか客観的に把握していないということが起こり得る。」とあるので，**自分の文章を観察する(読む)ことで，自分の考えを客観的に把握できるようになる**のだ，ということを読み取ってⅡにまとめよう。

問六　文章の最後の部分を用いる。まず，**言葉にすること(言語的な説明)は「世界と自分を分けてしまうことにつながり，ゾーンに入ることの阻害要因になり得る。**」とある。また「主観的な体験だけは本人の言葉以外では残すこともできない。言葉はアスリートの主観の世界を知るための唯一の手段なのだ」とある。この二点をしっかりと含めてまとめればよい。

問七　本文は，「アスリートに書くことは必要なのか」という問題提起から始まっている。この問いに「自分自身の身体感覚を言語に置き換える」ことは「伝達可能」「再現可能」になるので「競技力向上にはプラスに働く」という主張を示し，さらに，それならば「ただ話せばいいとも考えられる」が，「なぜ書く必要があるのか」と**新たな問題提起をして，それに対しての考えを述べている**。こうした繰り返しが見られる文章だ。　ア　自分の考えの正しさを強調しているわけではない。　イ　トレーニングの必要性を述べた文章ではない。　ウ　自分の経験の独自性を印象づけているわけではない。

三 (古文—大意・要旨，情景・心情，文脈把握，脱文・脱語補充，仮名遣い)

【現代語訳】 昔，ある高貴な君主の鎧を家来が虫干ししていた時に，一着の鎧の縅の糸がどのようにしてほころびたのだろうか，たくさんほつれていた。その君主は何気なく虫干ししているところにおいでになって，その鎧をご覧になって，きわめてご機嫌が悪くなり，君主の近くに仕える人々に向き合いなさって，私の鎧ですらこのようであるから，家来の鎧が思いやられることだなあとおっしゃた。おそばに控えていたある家来は恐れ入りつつもすぐに，

　朽ちてしまってもよいことです，鎧の縅の糸は。再び戦乱が起こるような時代ではありませんから。

と平和に治まっている時代のありのままの様子をお祝い申し上げたので，君主のご機嫌がお直りになった。その(虫干しの)係の人々も罰を受けずに済み，大変有り難いと思って，早々に武具の破損の修理をし，怠りなく仕事に励んだということだ。

問一　語中・語尾の「は・ひ・ふ・へ・ほ」は，現代仮名遣いで「ワ・イ・ウ・エ・オ」となる。

問二　傍線1のあとで君主が人々に「我が鎧さへかくのごとくなれば，家来の鎧は思ひやらるることぞかし」と言っており，君主の気持ちが表れている。これをふまえて選択肢を選ぶ。

問三　何某は「治まる御代のそのまま」を詠んだのだ。

問四　「いとありがたく覚え」たのは，「御咎めをのがれ」たからだ。

四 (漢字の書き取り，会話・議論・発表)

問一　1 「客」＋「頁」。　2 「垂」は筆順を確認したい。形よく書けるようになる。　3 「革」は総画数9画。　4 集団的現象の特性をはかった数値。　5 「雑」は「隹」の部分を丁寧に書きたい。

問二　(1)　傍線部の内容は，**大きさ→含まれている糖分の割合→酸味の量→甘みの感じ方**の順で示されている。　(2)　(ア)と(イ)は**「やまがた紅玉」の特徴**について述べているが，(ウ)以降は**流通に関しての話題**になっているので，(ウ)で間をとるのが適している。

五　**(作文)**

二段落構成の条件，その他の指示に従って書かねばならない。まず第一段落では標語の読み取りをする。**A・Bそれぞれについて読み取り**，それを明確に示すことが欠かせない。次に第二段落では，作文のテーマとなっている**「学んだことをどのように生かすか」について，自分の考え**をまとめる。自分の体験などを具体例に挙げなくてはならないので，簡潔に示そう。その具体例が標語の内容と一致していると書き進めやすい。最後に**そうした経験をふまえ，自分が今後どのように学びを生かそうと考えているか**まとめればよい。

山形県公立高等学校

2022年度

★★★★★★★★★★★★★★★★★★★★★★★

入　試　問　題

2022年度

●くわしい解説……39ページ

＜数学＞ 時間 50分 満点 100点

1 次の問いに答えなさい。

1 次の式を計算しなさい。

(1) $-7-(-2)-1$

(2) $-\frac{3}{4}\div\frac{6}{5}+\frac{1}{2}$

(3) $(-6xy^2+8xy)\div(-2xy)$

(4) $(2-\sqrt{6})^2+\sqrt{24}$

2 2次方程式 $(3x+1)(x-2)=x-1$ を解きなさい。解き方も書くこと。

3 右の図のように，箱の中に，1から5までの数字を1つずつ書いた5枚のカードが入っている。この箱からカードを1枚取り出し，それを箱にもどさずに，もう1枚取り出す。このとき，取り出した2枚のカードに書かれた数の大きいほうを小さいほうでわると，余りが1となる確率を求めなさい。

ただし，どのカードが取り出されることも同様に確からしいものとする。

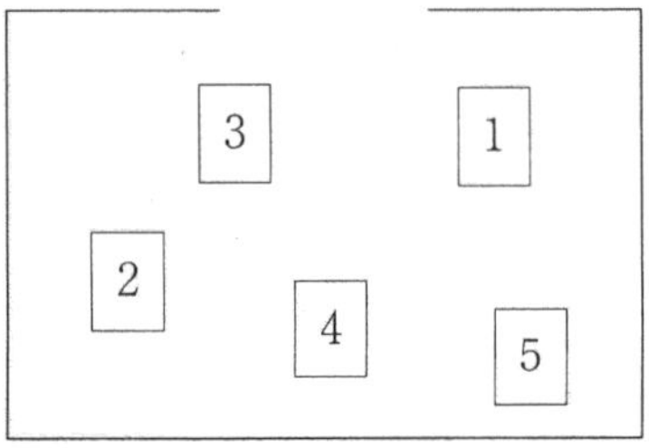

4 空間内に，直線ℓをふくむ平面Aと，直線mをふくむ平面Bがある。直線ℓ，平面A，直線m，平面Bの位置関係について，つねに正しいものを，次の**ア**～**エ**から1つ選び，記号で答えなさい。

ア 平面Aと平面Bが平行であるならば，直線ℓと直線mは平行である。

イ 直線ℓと直線mが平行であるならば，平面Aと平面Bは平行である。

ウ 平面Aと平面Bが垂直であるならば，直線ℓと平面Bは垂直である。

エ 直線ℓと平面Bが垂直であるならば，平面Aと平面Bは垂直である。

5 右の表は，あるサッカーチームが昨年行った42試合の，試合ごとの得点と試合数を示したものである。修二さんは，このチームが今年行った30試合の，試合ごとの得点と試合数について，昨年と比較して，わかったことを次のようにまとめた。今年の試合ごとの得点と試合数を示したものとして最も適切なものを，次のページの**ア**～**エ**から1つ選び，記号で答えなさい。

＜わかったこと＞

- 得点の最頻値は，等しい。
- 得点の中央値は，等しい。
- 得点が1点以上の試合数の割合は，今年のほうが大きい。

表

得点（点）	試合数（試合）
0	12
1	15
2	8
3	4
4	2
5	1
計	42

ア

得点（点）	試合数（試合）
0	7
1	10
2	8
3	3
4	2
5	0
計	30

イ

得点（点）	試合数（試合）
0	4
1	11
2	10
3	3
4	1
5	1
計	30

ウ

得点（点）	試合数（試合）
0	9
1	10
2	5
3	3
4	2
5	1
計	30

エ

得点（点）	試合数（試合）
0	8
1	8
2	9
3	3
4	2
5	0
計	30

2　次の問いに答えなさい。

1　右の図において，①は関数 $y=\frac{1}{2}x^2$ のグラフ，②は反比例のグラフ，③は関数 $y=ax^2$ のグラフである。

①と②は点Aで交わっていて，点Aの x 座標は2である。また，②と③との交点をBとする。このとき，次の問いに答えなさい。

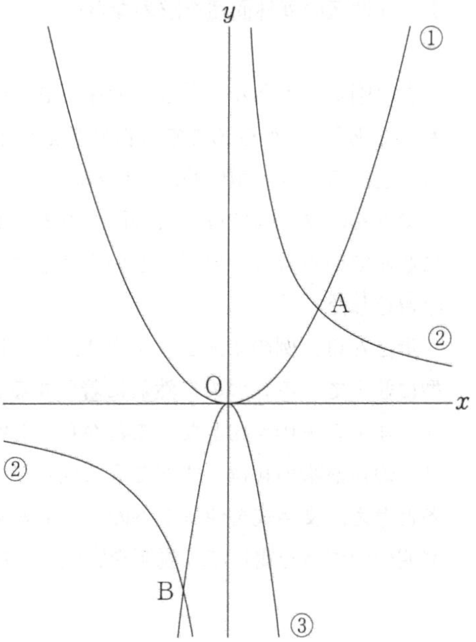

(1)　関数 $y=\frac{1}{2}x^2$ について，x の値が -4 から0まで増加するときの変化の割合を求めなさい。

(2)　点Bの x 座標と y 座標がともに負の整数で，a が整数となるとき，a の値を求めなさい。

2　あとの図のように，直線 ℓ 上にある点Aと，直線 ℓ 上にない2点B，Cがある。下の【条件】の①，②をともにみたす点Pを，定規とコンパスを使って作図しなさい。

ただし，作図に使った線は残しておくこと。

【条件】

①　直線APと直線 ℓ は，垂直である。
②　点Bを，点Pを中心として回転移動させると，点Cと重なる。

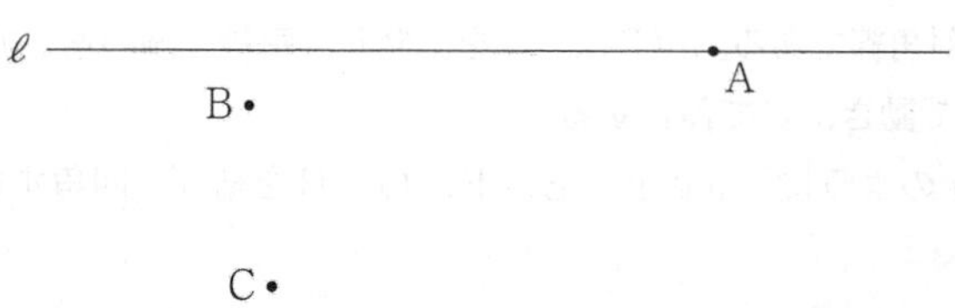

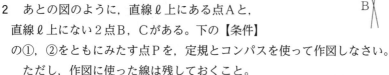

3　次の問題について，あとの問いに答えなさい。

〔問題〕
陽子さんの住む町の面積は630㎢であり，Ａ地区とＢ地区の２つの地区に分かれています。陽子さんが町の森林について調べたところ，Ａ地区の面積の70％，Ｂ地区の面積の90％が森林であり，町全体の森林面積は519㎢でした。このとき，Ａ地区の森林面積は何㎢ですか。

⑴　この問題を解くのに，方程式を利用することが考えられる。どの数量を文字で表すかを示し，問題にふくまれる数量の関係から，1次方程式または連立方程式のいずれかをつくりなさい。

⑵　Ａ地区の森林面積を求めなさい。

4　右の図は，歩さんのクラスの座席を，出席番号で表したものであり，1から30までの自然数が，上から下へ５つずつ，左から右へ，順に並んでいる。

歩さんのクラスでは，この図をもとにして，この図の中に並んでいる数について，どのような性質があるか調べる学習をした。

歩さんは，例の１，２，７や４，５，10のように，Ｌ字型に並んでいる３つの自然数に着目すると，１＋２＋７＝10，４＋５＋10＝19となることから，Ｌ字型に並んでいる３つの自然数の和は，すべて３の倍数に１を加えた数であると考え，文字式を使って下のように説明した。□に，説明のつづきを書いて，説明を完成させなさい。

図

教卓

1	6	11	16	21	26
2	7	12	17	22	27
3	8	13	18	23	28
4	9	14	19	24	29
5	10	15	20	25	30

例

1			4	
2	7		5	10

<説明>
Ｌ字型に並んだ３つの自然数のうち，もっとも小さい自然数を n とする。Ｌ字型に並んだ３つの自然数を，それぞれ n を使って表すと，

したがって，Ｌ字型に並んだ３つの自然数の和は，３の倍数に１を加えた数である。

3　図１（次のページ）のように，ＡＥ＝４㎝，ＥＦ＝３㎝，ＦＧ＝５㎝の直方体があり，線分ＥＢは四角形ＡＥＦＢの対角線である。点Ｐは，Ａを出発し，毎秒１㎝の速さで，辺ＡＥ上，線分ＥＢ上，辺ＢＣ上をＣまで動き，Ｃで停止する。

図２（次のページ）のように，５点Ｐ，Ｅ，Ｆ，Ｇ，Ｈを結び，四角すいＰＥＦＧＨをつくる。

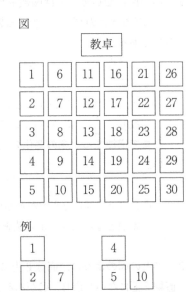

点ＰがＡを出発してからx秒後の四角すいＰＥＦＧＨの体積を$y$cm³とする。このとき，それぞれの問いに答えなさい。

図１

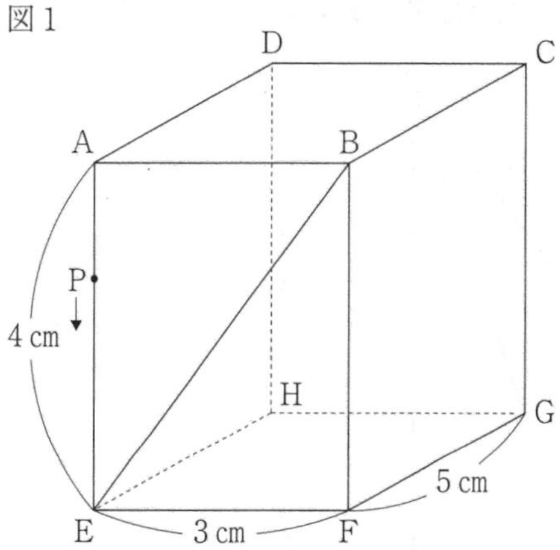

図２

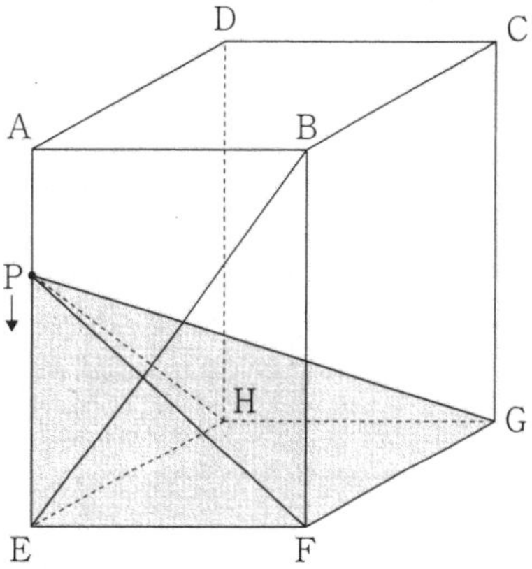

1　点ＰがＡを出発してからＣで停止するまでのxとyの関係を表にかきだしたところ，表１のようになった。次の問いに答えなさい。

表１

x	0	…	4	…	14
y	20	…	0	…	20

⑴　$x=3$のときのyの値を求めなさい。

⑵　表２は，点ＰがＡを出発してからＣで停止するまでのxとyの関係を式に表したものである。**ア**～**ウ**にあてはまる数または式を，それぞれ書きなさい。
また，このときのxとyの関係を表すグラフを，図３にかきなさい。

表２

xの変域	式
$0 \leqq x \leqq 4$	$y=$ ア
$4 \leqq x \leqq$ イ	$y=$ ウ
イ $\leqq x \leqq 14$	$y=20$

図３

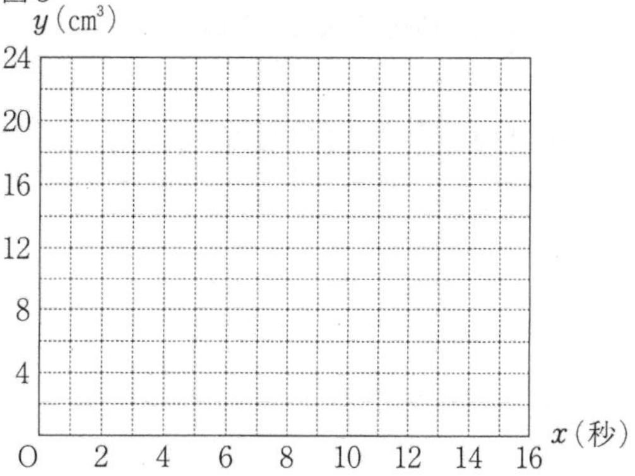

2　点Ｐが辺ＢＣ上にあり，△ＰＦＧと△ＰＥＦの面積の比が４：３になるのは，点ＰがＡを出発してから何秒後か，求めなさい。

4　次のページの図のように，点Ｏを中心とし，線分ＡＢを直径とする半円Ｏがある。点Ｂとは異なる点Ｃを，弧ＡＢ上に，∠ＢＯＣの大きさが90°より小さくなるようにとり，点ＢとＣを結ぶ。また，点Ｃを通る半円Ｏの接線上に，ＯＣ∥ＡＤとなるように点Ｄをとる。線分ＡＤと半円Ｏとの交点のうち点Aとは異なる点をEとする。線分AD上に，AF：FD＝5：3となるように点Fをとる。線分ACと線分BF，BEとの交点をそれぞれG，Hとし，線分OCと線分BF，BEとの交点をそれぞれI，Jとする。このとき，あとの問いに答えなさい。

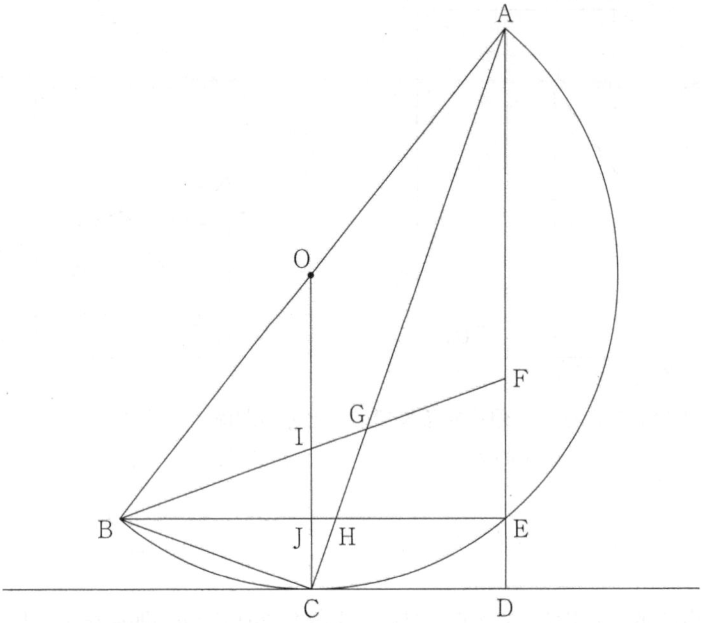

1　△ABC∽△AHEであることを証明しなさい。

2　AB＝9cm，BC＝3cmであるとき，次の問いに答えなさい。

(1)　CDの長さを求めなさい。

(2)　GIの長さを求めなさい。

＜英語＞

時間　50分　　満点　100点

1　これはリスニングテストです。放送の指示に従って答えなさい。

1　No. 1

ア

イ

ウ

エ

No. 2

John さんと Aya さんが見ている表

球技大会　バスケットボール競技　結果

	クラス	勝　敗	順　位
ア	3年1組	3勝1敗	2位
イ	3年2組	4勝0敗	1位
ウ	3年3組	1勝3敗	4位
	3年4組	0勝4敗	5位
エ	3年5組	2勝2敗	3位

2

＜史《し》織《おり》さんが使っているホワイトボード＞

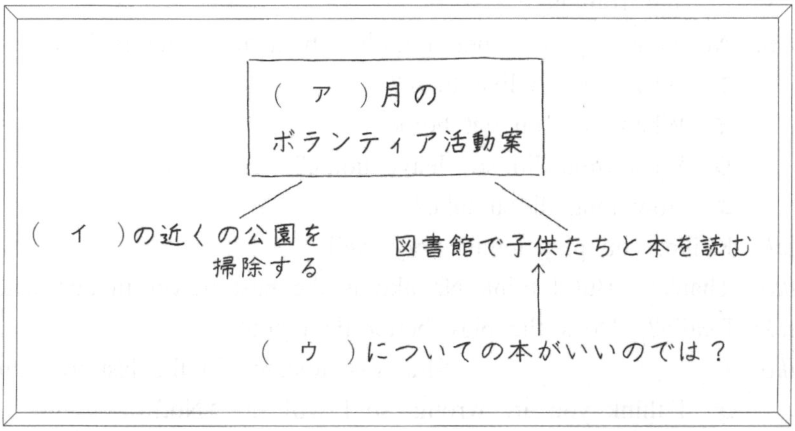

(　ア　)月の
ボランティア活動案
(　イ　)の近くの公園を
掃除する
図書館で子供たちと本を読む
(　ウ　)についての本がいいのでは？

3 No. 1 ア Her sister.　イ Her classmates.
ウ An ALT.　エ An English teacher.

No. 2 ア She wants to plan a party for a classmate with the ALT.
イ She wants to leave school and spend her free time at home.
ウ She wants to buy something for the ALT who will leave her school.
エ She wants to talk about what to do for the ALT with her classmates.

4 答えは，解答用紙に書きなさい。

（メモ用）

（　）のところの英語を聞き取り，書きなさい。

Greg: Look at this garden.
Mika: It's wonderful.
I will (　　　　　　　　　　　　).

2 次の問いに答えなさい。

1 次の対話文の（　）の中に最も適する英語を，それぞれ1語ずつ書きなさい。

(1) *Rumi:* Which do you like better, coffee (　　) tea?
Harry: I like tea better. I always drink it with milk.

(2) *Isamu:* It will be rainy today. Take an (　　) when you go out.
Freddie: I'll take the blue one. I can't use the red one because it doesn't open.

(3) *Woman:* Sorry, Mr. Okada cannot go to the meeting tomorrow.
Man: Oh, really? Well, we want someone to come to the meeting (　　) of him.

2 次の対話文の（　）の中に最も適するものを，あとのア～エからそれぞれ一つずつ選び，記号で答えなさい。

(1) *Cathy:* Hi, Hiroshi. You look tired today.
Hiroshi: A little. My family visited my aunt in Yokohama yesterday.
Cathy: It's far from here. (　　　　　　)
Hiroshi: At about 9 p.m. Then I took a bath and went to bed.
ア Why did she live there?
イ When did you get home?
ウ What time did she leave home?
エ How long did it take?

(2) *Jack:* Keiko, you play tennis very well.
Keiko: Thanks. But I think Nanako is the best player in our school.
Jack: Really? Does she play better than you?
Keiko: (　　　　　　) She was amazing in the last tournament.
ア I think you are wrong, so I will say "No."

イ　I can say “No,” because she doesn’t.

ウ　I can’t say “Yes,” but I want to.

エ　I don’t want to say “Yes,” but I have to.

3　次の対話文の下線部について，あとのア～カの語句を並べかえて正しい英文を完成させ，（X），（Y），（Z）にあてはまる語句を，それぞれ記号で答えなさい。

(1) *Masaki:* I (　　)(　X　)(　　)(　Y　)(　　)(　Z　) I borrowed. Did you see it?

Lily: No. I’ll help you find it.

ア been　　イ the book　　ウ have　　エ for　　オ which
カ looking

(2) *Yoshie:* (　　)(　X　)(　　)(　Y　)(　　)(　Z　) this computer?

David: Yes. He often writes e-mails with it.

ア use　　イ can　　ウ you　　エ do　　オ your father
カ think

3　中学生の千恵（Chie）さんは，姉妹・友好都市（sister city）に興味を持ち，姉妹・友好都市提携（sister city relationship）について調べ，グラフ（graph），表（table），図（chart）にまとめました。次は，グラフ，表，図を見ている，千恵さんと留学生のビル（Bill）さんの対話です。グラフ，表，図および対話について，あとの問いに答えなさい。

グラフ　日本全体の姉妹・友好都市提携数

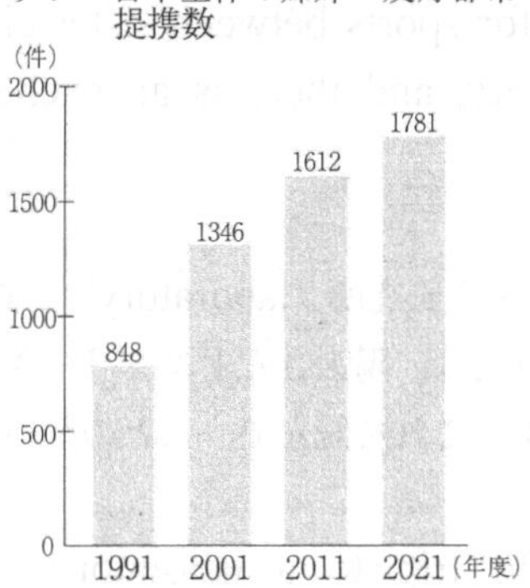

表　国別の姉妹・友好都市提携数

国　名	日本全体	山形県
アメリカ	457	8
中国	376	9
X	107	2
Y	72	1
ロシア	48	4
Z	39	1
フィリピン	20	2

図　姉妹・友好都市の交流（exchange）の例

・学生や教員の交流
・音楽家や芸術家の交流
・スポーツ選手やチームの交流

（注）姉妹・友好都市には，姉妹・友好省州等を含む。グラフ，表の数値は2021年9月1日のものである。

自治体国際化協会ホームページなどから作成

Chie: Last week, I met a lot of foreign people at an event, and I heard that my city has some sister cities in the world. One of them is your city in America. I wanted to know more about sister cities, so I made the graph after the event.

Bill: Wow! There are so many sister city relationships in Japan. The number is increasing.

Chie: I was surprised, too. Look at the table. Your country has many sister cities. In Japan, there are more sister city relationships with Canada than with Italy.

Bill: That’s right.

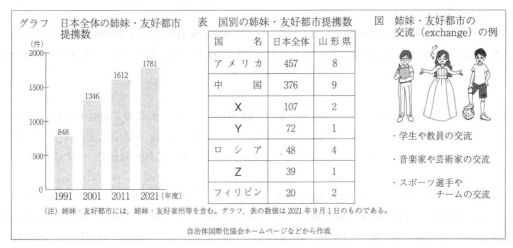

Chie: In Yamagata-ken, there are eight sister city relationships with America, and two with Australia.

Bill: There is one with Italy, too. Chie, what does the chart tell us?

Chie: It shows exchanges between sister cities. For example, many cities send students to their sister cities. Your city in America has the exchange with my city, so you came to Japan. ①There are many good points of the exchange for you, right?

Bill: Yes. I can make new friends and learn a different culture.

Chie: That's good. I could learn a lot from you, too.

1 表中の**X**～**Z**には，カナダ，イタリア，オーストラリアのいずれかの国名が入ります。対話の内容に即して，**X**～**Z**のそれぞれにあてはまる国名を，日本語で書きなさい。

2 下線部①について，ビルさんがあげている具体的な例を，対話の内容に即して日本語で書きなさい。

3 グラフ，表，図および対話の内容に合うものを，次の**ア**～**オ**から二つ選び，記号で答えなさい。

ア Chie wanted to tell foreign people about sister cities, so she made the graph before the event.

イ The graph shows that the number of sister city relationships in Japan is not over two thousand.

ウ In Yamagata-ken, there are more sister city relationships with America than with China.

エ The chart shows that there are not any exchanges for sports between sister cities.

オ Bill's city in America is a sister city of Chie's city, and there is an exchange between the cities.

4 中学生の陽太（Yota）さんは，校外学習（field trip）で，ある研究所（laboratory）を訪れ，エミリー（Emily）さんという研究者に出会いました。次の英文は，陽太さんとエミリーさんとの交流や，その前後の関連する出来事について描いたものです。これを読んで，あとの問いに答えなさい。

When the teacher told the- students about the field trip to a laboratory, Yota was so happy. He was interested in science very much. When he was asked about his dream in the future, he always answered, "I want to be a scientist because I like math and science."

On the day of the field trip, Yota was so excited. It took about fifteen minutes from his school to the laboratory by bus. His class made some groups in the laboratory. Emily, one of the researchers, *guided his group. "We are studying *medical science. I will tell you about our research," she said. After looking around the laboratory, Yota asked Emily, "Why did you start studying medical science?" "When I was a child, my father told me about children who need help in the world. I thought of studying medical science then," Emily said. She also told Yota about her research and how it could help the children. Emily asked, "What do you want to be in the future?" Yota answered, "I want to be a scientist." She said, "That's nice. Why?" ①"Well, because I like science and... ," Yota said in a weak voice. After listening to Emily, he felt his answer was not as good as hers. (A) Emily looked at Yota and said, "A presentation contest will be held here, and many high school students will show their research. Please come to see them."

Two weeks later, Yota went to the laboratory to see the contest. (B) There were fifty presentation titles with the names of the *presenters on it. A girl started the first presentation. She talked about a light which can save a lot of energy. (C) She said, "My town has a university. A new *technology invented there is used in this light." She said that she had a chance to join a special program at the university. It was for high school students who were interested in science. In the program, she learned about the technology for the first time. Yota was excited to hear that. After watching some other presentations, Yota met Emily. (D) He said, "The presenters were so great. They showed how their research could make our life better. I want to be like them. How can I have such a great idea?" "Don't worry. Keep learning something new. You can have your own idea soon, and it will be *clear *little by little," Emily said. "I will. Thanks," Yota said. "Yota, English is also necessary for scientists. We read books written in it," Emily said. "Wow! ②It's hard to do that," Yota said. "Little by little," Emily *encouraged him again.

That evening, Yota told his mother how the presentations were. "I want to join the contest as a presenter next year. For that, I have many things to do," he said. Yota's mother felt happy to hear that. "You can do it. I will support you," she said with a kind smile.

(注) guided ← guide 案内する　medical science 医学　presenter(s) 発表者　technology 技術
clear 明確な　little by little 少しずつ　encouraged ← encourage 励ます

1 下線部①と言ったときの，陽太さんの気持ちに最も近いものを，次の**ア**～**エ**から一つ選び，記号で答えなさい。

ア I like math and science very much, but I'm not interested in medical science.

イ I want to study abroad because I want to help people all over the world.

ウ I should say what I want to be in the future with a better reason like Emily.

エ I can't understand why Emily asked me the question about my future.

2 次の英文を，本文の流れに合うように入れるとすれば，どこに入れるのが最も適切ですか。(A)～(D)から一つ選び，記号で答えなさい。

He got the list of the presentations in the hallway.

3 下線部②について，陽太さんが大変だと言ったのは，何をすることですか。本文に即して日本語で書きなさい。

4 本文に即して，次の問いに英語で答えなさい。

(1) How did Yota go to the laboratory on the day of the field trip?

(2) Did Yota have a great idea like the presenters when he watched their presentations?

5 次の英文ア～オは，それぞれ本文の内容の一部です。ア～オを，本文の流れに合うように並べかえ，記号で答えなさい。

ア Yota saw Emily when he was in the laboratory to see the presentation contest.

イ Emily joined a group and told what the researchers were studying.

ウ Yota talked about the presentations he saw to his mother.

エ Emily told Yota to see the presentations by high school students.

オ Yota was waiting for the day of his field trip to the laboratory.

6 陽太さんは，陽太さんが見たプレゼンテーションについて，英語の授業で発表しました。次は，発表したときに交わされた，陽太さんとＡＬＴのサラ（Sarah）さんの対話の一部です。対話の [Ⅰ]，[Ⅱ] に入る適切な英語を，文脈に合うようにそれぞれ**4語以上**で書きなさい。

Yota: The first presenter was a girl and told us about a new technology. She learned about it when she [Ⅰ] at a university. I thought I should find chances to learn new things, too. Are you interested in the contest now? It is held every year. Please come to the contest [Ⅱ] next year.

Sarah: Oh, do you mean you are going to be a presenter? That's great!

[5] あなたの学校の英語の授業で，次の「コンピュータの画面」のように，ＡＬＴの先生から一人一人のコンピュータに質問が送信され，その質問について，あなたの考えを [ ] に書き，返信することになりました。「コンピュータの画面」の [ ] に入る英文を，まとまりのある内容になるように，**4文以上**で書きなさい。

コンピュータの画面

It is important to find a good time to do homework. When I was a student, I did it in the morning. My friend did it before dinner. When do you usually do your homework? And why?

[ ]

返信

＜理科＞

時間　50分　　満点　100点

[1] 拓海さんは，「山寺が支えた紅花文化」が日本遺産に認定されていることを知り，山形県の花である「べにばな」に興味をもち，調べた。次の問いに答えなさい。

1　拓海さんは，ベニバナの種子を発芽させて，根の成長の様子を観察するために，次の①～③の手順で実験１を行った。あとの問いに答えなさい。

図１

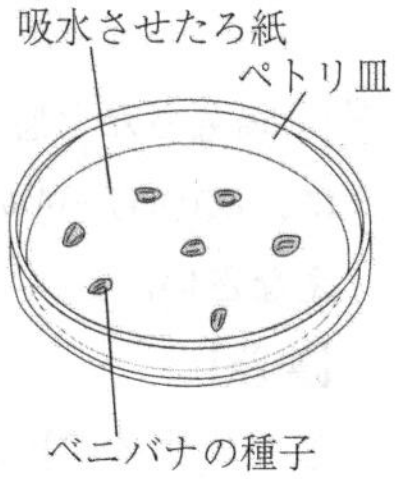

図２

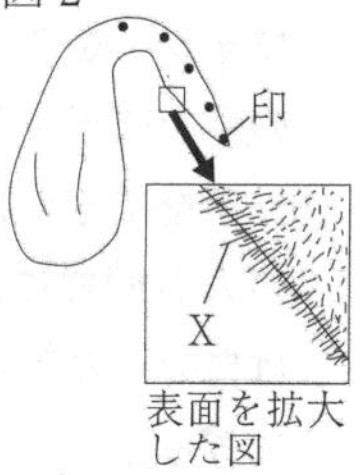

【実験１】

① 図１のように，ペトリ皿に吸水させたろ紙をしき，ベニバナの種子をまいてふたをした。

② 発芽した根の長さが１cmぐらいになるまで，暗所に置いた。

③ 図２のように，発芽した根に等間隔に印をつけて，継続的に観察した。

⑴ 下線部について，次は，拓海さんがまとめたものである。[a] にあてはまる語を書きなさい。また，[b] にあてはまる言葉を書きなさい。

> 発芽した根の先端近くには，図２のXのような，[a] とよばれるとても細い突起が数多く見られる。根は，[a] があることで，土と [b] ため，水や肥料分を効率よく吸収できる。

⑵ ③について，継続的に観察をはじめてから３日後，印をつけた根は，どのように変化していると考えられるか。最も適切なものを，次のア～オから一つ選び，記号で答えなさい。

ア　　イ　　ウ　　エ　　オ

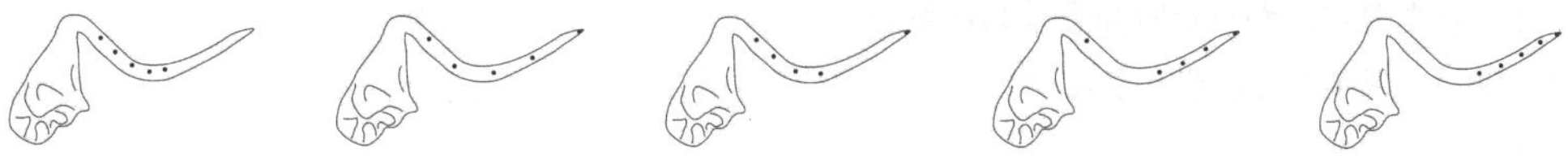

2　拓海さんは，成長している根について，細胞にはどのような変化があるのかを調べるために，次の①～⑤の手順で実験２を行った。あとの問いに答えなさい。

【実験２】

① 発芽した根を，A うすい塩酸に５分間つけたあと，水の中で静かにすすいだ。

② スライドガラスの上で，発芽した根を，B 柄つき針で切ってつぶした。

③ C 酢酸オルセイン溶液を根に１滴落として，５分間待った。

④ カバーガラスをかけ，その上をろ紙でおおい，D 指でゆっくりと根を押しつぶした。

⑤ 顕微鏡を用いて100～150倍で観察し，染色されている核が多い部分をさがし，さらに，400～600倍で，核や染色体の様子をくわしく観察した。

⑴ 実験２について，下線部A～Dのうち，細胞と細胞を離れやすくするために行った操作はどれか。A～Dから一つ選び，記号で答えなさい。

⑵　図３は，⑤において，拓海さんがベニバナの根の細胞をスケッチしたものである。染色体が複製される時期の細胞として最も適切なものを，**ア**～**オ**から一つ選び，記号で答えなさい。

図３

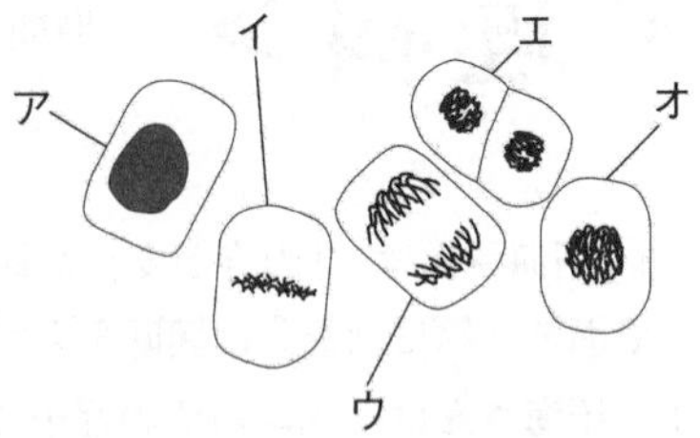

2　陽菜さんと悠斗さんは，ヒトのからだのつくりと反応に興味をもち，同じクラスの生徒と一緒に，次の①～④の手順で実験を行った。図は，実験の様子を表したものである。あとの問いに答えなさい。

【実験】

①　クラスの10人が輪になって手をつないだ。陽菜さんは，左手にストップウォッチを持ち，ストップウォッチをスタートさせると同時に，右手で悠斗さんの手をにぎった。

②　手をにぎられた悠斗さんは次の人の手をにぎり，次の人も同様に次々に手をにぎっていった。最後の人は自分の左手がにぎられたら，陽菜さんの左の手首をにぎった。

③　ストップウォッチを持った陽菜さんは，自分の手首がにぎられたら，ストップウォッチを止め，かかった時間を記録した。

④　①～③をくり返した。

図

1　表は実験結果を表している。５回の実験結果より，１人あたりにかかった時間を求めなさい。

表

回数	1	2	3	4	5
かかった時間（秒）	2.75	2.73	2.65	2.71	2.66

2　次は，陽菜さんと悠斗さんの実験後の対話である。あとの問いに答えなさい。

陽菜：インターネットで調べると，ヒトの神経細胞において，信号が神経を伝わる速さは秒速100mにもおよぶとされている。10人で手をつないでも100mにはならないから，秒速100mで伝わると，10人で１秒もかからないはずなのに，実験結果は２秒以上の時間がかかっているね。

悠斗：なぜだろう。信号の伝わり方について整理してみようか。皮膚などの［　a　］器官で受けとられた外界からの刺激は，電気的な信号として［　a　］神経に伝えられる。信号はそのあと，脳やせきずいからなる［　b　］神経に伝えられる。［　b　］神経は，伝えられた信号に応じて，どのように反応するかを運動神経を通して筋肉などの運動器官に命令する。

陽菜：実験での反応は意識して起こる反応で，信号が脳に伝わっているよね。だから，［　b　］

神経である脳について，よく考えてみるべきかもしれないね。脳には，2000億個以上の神経細胞があり，ネットワークをつくっているらしいよ。

悠斗：そうか。意識して起こる反応は，信号が，脳にあるたくさんの神経細胞のネットワークを伝わるから，時間がかかるのだろうね。

陽菜：それに対して，熱いものにさわってしまったとき，とっさに手を引っこめるような，意識とは無関係に起こる反応は，信号が［ c ］ので，時間がかからないのだね。

(1)［ a ］，［ b ］にあてはまる語を，それぞれ書きなさい。

(2)［ c ］にあてはまる言葉を書きなさい。

3 哲也さんは，大地の変化と地震の伝わり方に興味をもち，調べた。次は，哲也さんがまとめたものの一部である。あとの問いに答えなさい。

地球の表面は，①プレートとよばれる厚さ100㎞ほどの板状の岩盤でおおわれている。図のように，日本付近には４つのプレートが集まっている。

それぞれのプレートはさまざまな方向にゆっくりと動いている。プレートの動きにともない，地下の岩盤には非常に大きな力がはたらき，岩盤が変形する。変形が進むと，岩盤が変形にたえられず破壊され，割れてずれが生じる。割れてずれが生じた場所を［ a ］といい，プレートの内部には［ a ］が多くあることがわかっている。また，岩盤が割れてずれが生じるときに，②地震が発生する。

図

注：太線 —— は，プレートの境界を表す。

1 ［ a ］にあてはまる語を書きなさい。

2 下線部①について，日本付近の，北アメリカプレートと太平洋プレートの様子を表した模式図として最も適切なものを，次の**ア**～**エ**から一つ選び，記号で答えなさい。ただし，プレートの動く向きを ⟶ で表してある。

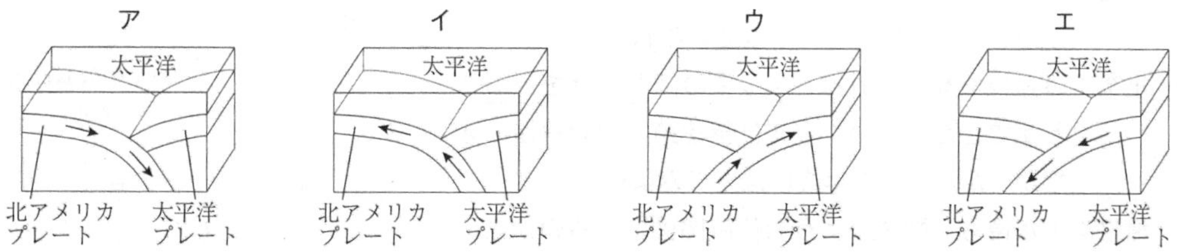

3 下線部②について，次は，哲也さんが調べたことをまとめたものである。あとの問いに答えなさい。

地震によるゆれの大きさは，［ b ］で表され，現在，日本では，［ c ］段階に分けられている。

表は，日本のある場所で発生した地震について，震源からの距離が異なる，地点A～Cにおける，P波とS波の到達時刻をまとめたものである。P波の方がS波より速く伝わるため，P波とS波の到達時刻に差ができる。この到達時刻の差を利用して出される警報が，緊急地震速報である。

表

地点	震源からの距離	P波の到達時刻	S波の到達時刻
A	18 km	22時22分23秒	22時22分25秒
B	36 km	22時22分26秒	22時22分30秒
C	X	22時22分41秒	Y

(1) b ， c にあてはまるものの組み合わせとして最も適切なものを，次の**ア**～**カ**から一つ選び，記号で答えなさい。

ア　b　マグニチュード　c　6　　**イ**　b　震度　c　6
ウ　b　マグニチュード　c　8　　**エ**　b　震度　c　8
オ　b　マグニチュード　c　10　　**カ**　b　震度　c　10

(2) X にあてはまる距離を書きなさい。また， Y にあてはまる時刻を書きなさい。ただし，P波とS波はそれぞれ一定の速さで伝わるものとする。

4 里奈さんは，地球と宇宙について興味をもち，山形県内のある場所で，天体の観察をした。次は，里奈さんと慎也さんの対話である。あとの問いに答えなさい。

図1

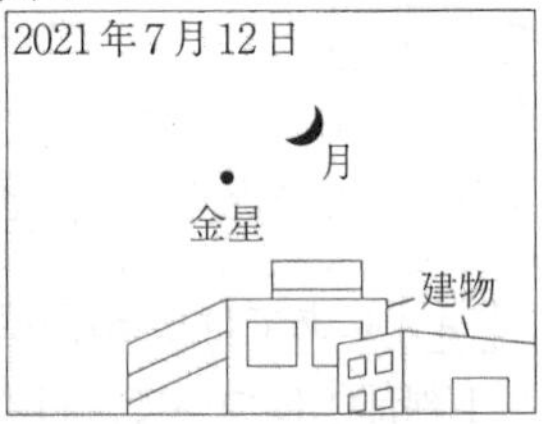

里奈：6月あたりから夕方に見られるようになった明るい星の名前を知りたくて，星座早見盤を見たんだけど，あてはまりそうな星は見つからないの。この明るい星は何かな。
慎也：夕方に見えるということは，①金星なのではないかな。
里奈：あ，そうか。いつも，日没から30分後くらいの時間に見ているのだけれど，7月12日には図1のように月と並んで見えたよ。
慎也：この日の太陽，金星，地球，月の位置関係を調べてみると，図2のようになっているね。

図2

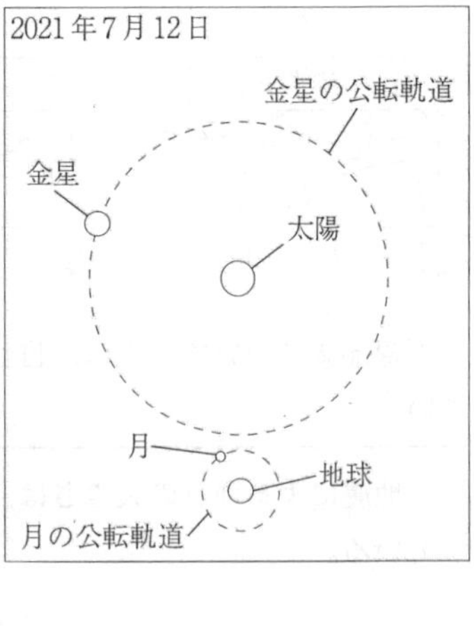

里奈：望遠鏡で見ていれば，②金星の満ち欠けを見ることができたんだね。今年は望遠鏡での観察ができなかったから，1年後には見てみよう。
慎也：1年後も，図2のような位置関係になるのかな。地球と金星の公転周期は，異なっているよ。
里奈：公転周期は，地球が約1年で，金星が約0.62年なのか。ということは，③図2の1年後には，金星は明け方に見えるね。
慎也：今年とはずいぶん違うんだなあ。1年間での天体の位置の変化は，あまり意識して見ていなかったよ。
里奈：1年を通して見ると，金星だけでなくほかの天体も見える位置が変わるんだよ。例えば，満月の南中高度は1年を通して変わっていて，春夏秋冬の四つの季節のうち，南中高度が最も高い季節は □ なんだ。
慎也：そうなんだ。私も，観察してみよう。

1　下線部①や木星などのような，星座をつくる星とは違った動きをして見える，恒星のまわりを公転している天体を何というか，書きなさい。

2　図1について，このまま観察を続けると，金星はどの向きに動いて見えるか。金星が動いて見える向きを ──▸ で表すとき，向きとして最も適切なものを，図3のア～エから一つ選び，記号で答えなさい。

図3

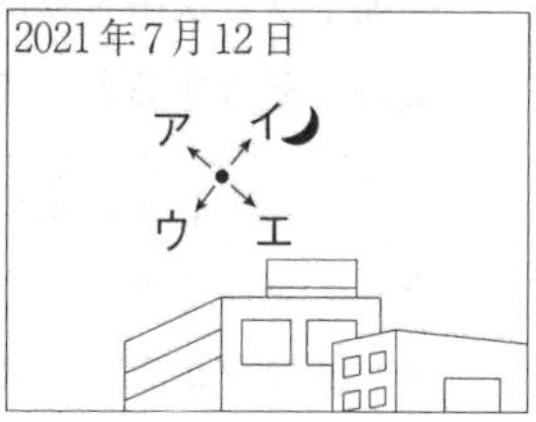

3　下線部②について，2021年7月12日に金星を地球から望遠鏡で見たとき，金星はどのように見えるか。次のア～エから一つ選び，記号で答えなさい。ただし，用いた望遠鏡は，上下左右が逆に見えるものとする。

ア　イ　ウ　エ

4　下線部③について，図2の1年後，金星が明け方に見えるようになる理由を，地球の公転周期が約1年であることと，金星の公転周期が約0.62年であることに着目して，書きなさい。

5　□ にあてはまる語を書きなさい。

5　美香さんと一郎さんは，物質の状態変化について調べるために，次の①～③の手順で実験を行った。あとの問いに答えなさい。

【実験】

①　沸とう石を入れた太い試験管に，エタノール4 cm^3 と水26 cm^3 を入れ，図のような装置を組み，加熱した。

②　ガラス管から出てきた液体を約3 cm^3 ずつ，3本の細い試験管にとり，とり出した順に，液体X，Y，Zとした。

③　それぞれの液体について，体積と質量を正確にはかり，密度を求めた。

図

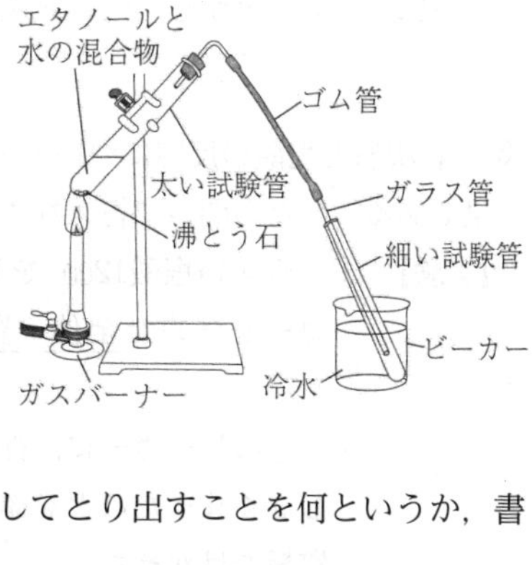

1　下線部について，沸とう石を入れる理由を，簡潔に書きなさい。

2　液体を沸とうさせて気体にし，それを冷やして再び液体としてとり出すことを何というか，書きなさい。

3　次のページの表は，実験結果であり，次は，実験後の美香さんと一郎さんの対話である。あとの問いに答えなさい。ただし，エタノールの密度を0.79 g/cm^3，水の密度を1.00 g/cm^{3}とする。

表

液体	X	Y	Z
密度(g/cm^3)	0.83	0.90	1.00

美香：実験結果の密度の値から，液体Xは [a] と考えられるね。
一郎：そうだね。また，液体Yは [b] と考えられるよ。
美香：液体の密度がわかったのだから，体積が0.13cm^{3}で，質量が0.12 gのプラスチックを，液体X～Zにそれぞれ入れたとき，プラスチックは浮くのか，沈むのかを考えてみよう。
一郎：プラスチックの密度の値から，このプラスチックが浮く液体は [c] といえるよ。
美香：そうすると，このプラスチックが沈む液体は [d] といえるね。

(1) [a]，[b] にあてはまる言葉として最も適切なものを，次の**ア**～**オ**からそれぞれ一つずつ選び，記号で答えなさい。

ア 純粋なエタノール　**イ** 大部分がエタノールで，少量の水が含まれている
ウ 純粋な水　**エ** 大部分が水で，少量のエタノールが含まれている
オ エタノールと水が約半分ずつ含まれている

(2) [c]，[d] にあてはまるものの組み合わせとして適切なものを，次の**ア**～**ク**から一つ選び，記号で答えなさい。

ア c X　d YとZ　**イ** c XとY　d Z
ウ c Y　d XとZ　**エ** c XとZ　d Y
オ c Z　d XとY　**カ** c YとZ　d X
キ c ない　d XとYとZ　**ク** c XとYとZ　d ない

4 美香さんと一郎さんは，実験後に太い試験管内に残った液体について，液体をゆっくりあたためていったときの加熱時間と温度変化をもとに，沸点を調べる実験を行った。次は，そのときの美香さんと一郎さんの対話の一部である。[e] にあてはまる適切な言葉を書きなさい。

美香：液体が沸とうしているときの，加熱時間と温度変化に注目しよう。液体が沸とうしている間，[e] ということがわかったね。
一郎：このことから，太い試験管内に残った液体は，純粋な物質といえるね。

6 石灰石と塩酸の反応について調べるために，次の①～③の手順で実験を行った。表は，実験結果である。あとの問いに答えなさい。

【実験】 ① うすい塩酸12cm^{3}をビーカーに入れ，図1のように，ビーカーを含めた全体の質量をはかったところ，59.0 gであった。

② ①のビーカーに，石灰石の粉末0.5 gを入れて，気体が発生しなくなったことを確認したあと，ビーカーを含めた全体の質量をはかった。

③ 石灰石の粉末の質量を，1.0 g，1.5 g，2.0 g，2.5 gにして，②と同様のことをそれ

図1

ぞれ行った。

1　下線部に関連して，化学変化の前後で物質全体の質量が変化しないことを，何の法則というか，書きなさい。

2　②において，石灰石と塩酸の反応で発生した気体は何か，化学式で書きなさい。

3　実験結果をもとに，入れた石灰石の質量と発生した気体の質量の関係を表すグラフを，図2にかきなさい。

4　実験で使ったものと同じうすい塩酸18㎤に，実験で使ったものと同じ石灰石の粉末3.0gを入れると，発生する気体は何gか。最も適切なものを，次の**ア**～**オ**から一つ選び，記号で答えなさい。

ア　0.6g　　**イ**　0.9g　　**ウ**　1.2g　　**エ**　1.5g
オ　1.8g

表

入れた石灰石の質量（g）	0.5	1.0	1.5	2.0	2.5
反応後の全体の質量（g）	59.3	59.6	59.9	60.4	60.9

図2

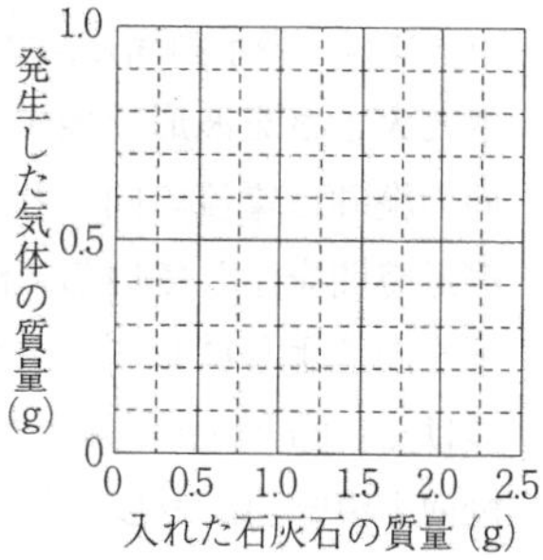

7　物体にはたらく力について調べるために，次の実験を行った。あとの問いに答えなさい。ただし，糸は質量が無視でき，伸び縮みしないものとする。

【実験】　図1のように，点Oで結んだ三本の糸のうち，一本に重力の大きさが5.0Nの物体Xをつるし，他の二本にばねばかり1，2をつけて異なる向きに引いて物体Xを静止させた。A，Bは，糸3の延長線と糸1，2の間のそれぞれの角を表す。

図1

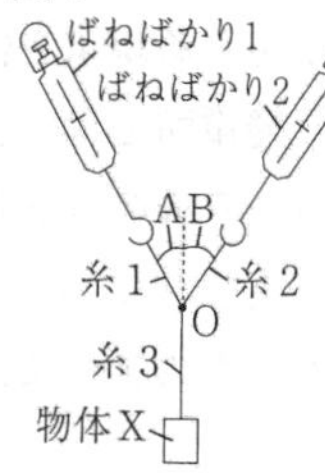

1　糸1，2が点Oを引く力は，一つの力で表すことができる。このように，複数の力を同じはたらきをする一つの力で表すことを，力の何というか，書きなさい。

2　図2は，実験におけるA，Bの組み合わせの一つを表しており，物体Xにつけた糸3が点Oを引く力Fを方眼上に示している。このとき，糸1が点Oを引く力と糸2が点Oを引く力を，図2にそれぞれかきなさい。

図2

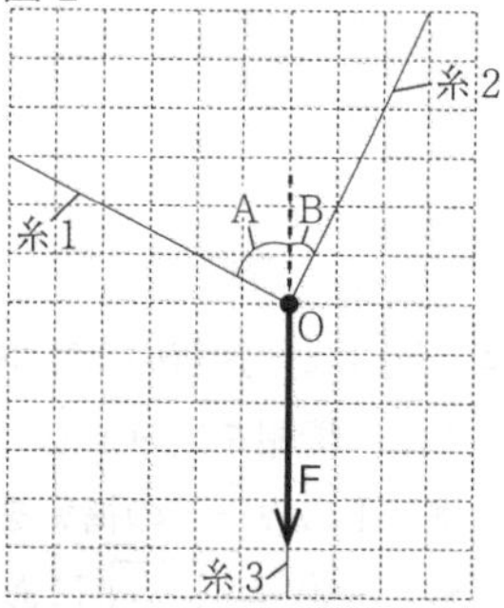

3　次は，A，Bの角度を大きくしていったときの，ばねばかり1，2がそれぞれ示す値と，糸1，2が点Oを引く力の合力についてまとめたものである。 a ， b にあてはまる言葉として適切なものを，あとの**ア**～**ウ**からそれぞれ一つずつ選び，記号で答えなさい。

> A，Bの角度を大きくしていったとき，ばねばかり1，2がそれぞれ示す値は， a 。
> また，A，Bの角度を大きくしていったとき，糸1，2が点Oを引く力の合力は， b 。

ア　大きくなる　　**イ**　小さくなる　　**ウ**　変わらない

4　図1でA，Bの角度の大きさがそれぞれ60°のとき，ばねばかり1が示す値は何Nか，求めなさい。

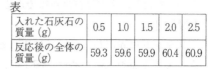

8　コイルに流れる電流について調べるために，次の実験１，２を行った。あとの問いに答えなさい。ただし，空気抵抗は無視できるものとする。

【実験１】

スタンドに固定したコイルに流れる電流の向きと大きさを調べるために，図１のような装置を組み，オシロスコープにつないだ。オシロスコープは，表示画面に，コイルに流れる電流の向きと大きさを波形で表すことができる。表示画面の縦軸は電流の向きと大きさを示し，横軸は経過時間を示している。図１の状態からＮ極が下を向くようにして，上から磁石をコイルに近づけた。図２は，このときの，オシロスコープの画面を模式的に表したものである。

図１

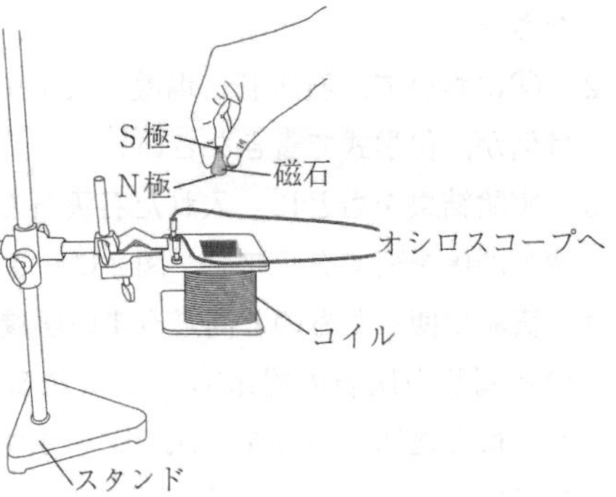

図２

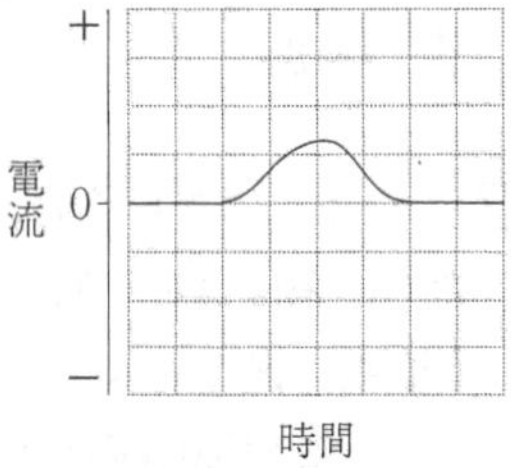

【実験２】

図１の状態から，静かに磁石から手をはなし，磁石がコイルに触れないように，磁石のＮ極は下向きのままで，コイルの中を通過させた。このときの，オシロスコープの画面を観察した。

1　実験１について，コイルに磁石を近づけたときにコイルに電圧が生じる現象を何というか，書きなさい。

2　発電所では，実験１の現象を応用して発電し，その電気を家庭に供給している。家庭で使用される５ＷのＬＥＤ電球を30分間点灯させたときに消費する電力量は何Ｊか，求めなさい。

3　実験２について，オシロスコープの画面を模式的に表したものとして最も適切なものはどれか，次の**ア**～**エ**から一つ選び，記号で答えなさい。

ア

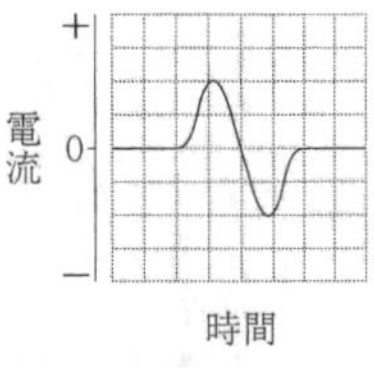

イ

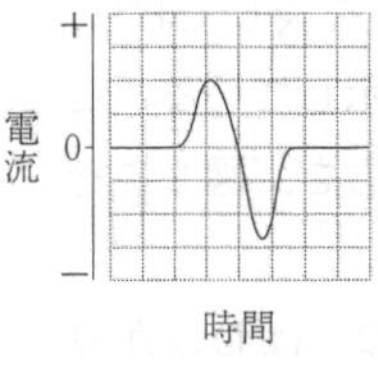

ウ

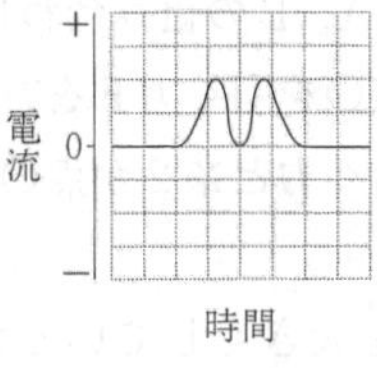

エ

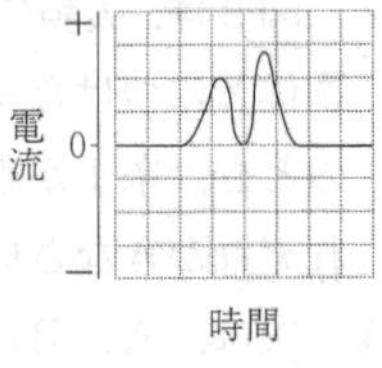

4　図３は，鉄道の乗車券や電子マネーなどに使われる非接触型ＩＣカードと，情報を読みとるカードリーダーを模式的に表したものである。次は，ＩＣカードの情報を，カードリーダーが読みとるしくみをまとめたものである。[　　]にあてはまる語を書きなさい。ただし，[　　]には同じ語が入る。

図３

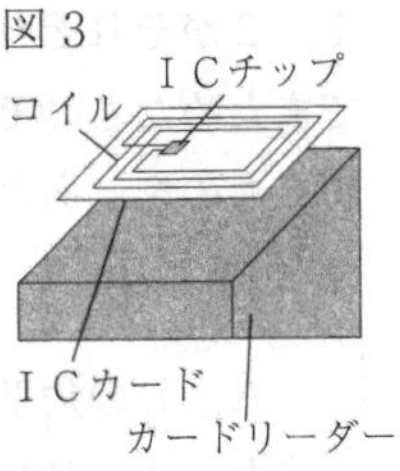

カードリーダーからは，変化する[　　]が発生している。ＩＣカードの内部には電源はないが，カードをカードリーダーに近づけると，変化する[　　]によって，コイルに電流が流れる。これによりＩＣチップが作動して，カードリーダーはＩＣチップの情報を読みとることができる。

＜社会＞

時間　50分　　満点　100点

1　夏美さんは，世界の国々を調べる授業で，略地図Ⅰ中のA国～D国や日本に関連することについて，地図や資料を使って調べました。あとの問いに答えなさい。

【略地図Ⅰ】

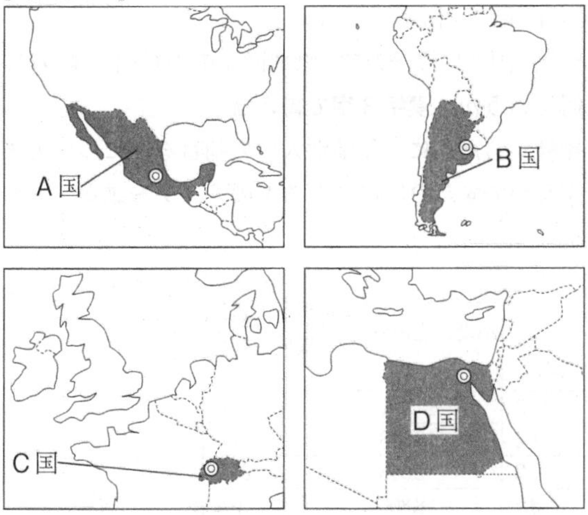

【略地図Ⅱ】

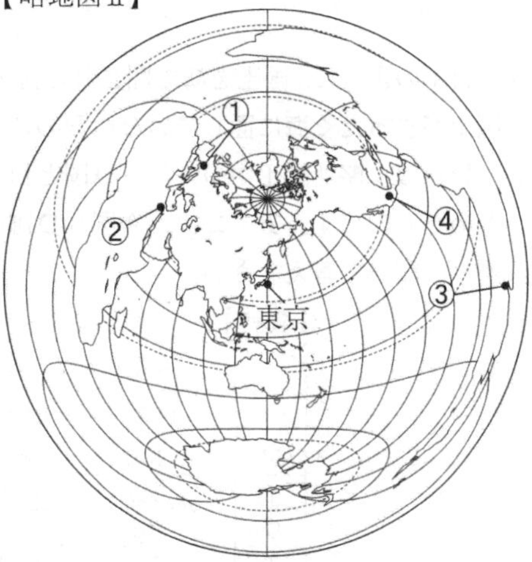

注1：略地図Ⅰ中の◎は，首都の位置を示している。　注2：略地図Ⅰ中の各地図の縮尺は同じではない。
注3：略地図Ⅱは東京からの距離と方位が正しい地図である。

1　略地図Ⅰ中のA国～D国の首都の位置は，略地図Ⅱ中の①～④のいずれかに対応しています。東京からみた首都の方位が，8方位で示すと東にあたる国はどれか，最も適切なものを，国の記号A～Dで答えなさい。

2　世界を分ける六つの州のうち，略地図Ⅰ中のA国が属している州について述べた文として適切なものを，次のア～エから一つ選び，記号で答えなさい。

ア　大西洋とインド洋に面している。
イ　グレートプレーンズとよばれる平原が広がっている。
ウ　六つの州の中で最も面積が大きい。
エ　流域面積が世界最大の河川が流れている。

3　次は，夏美さんが略地図Ⅰ中のB国の首都の気候についてまとめたものです。あとの問いに答えなさい。

> B国の首都は，［　X　］ので，東京と季節が逆になる。しかし，世界の気候を，熱帯，乾燥帯，温帯，亜寒帯，寒帯と大きく五つの気候帯に区分したときには，どちらも同じ気候帯に属している。

(1)　［X］にあてはまる言葉を書きなさい。

(2)　B国の首都の雨温図を表したグラフとして適切なものを，次のページのア～エから一つ選び，記号で答えなさい。また，その気候帯の名前を書きなさい。

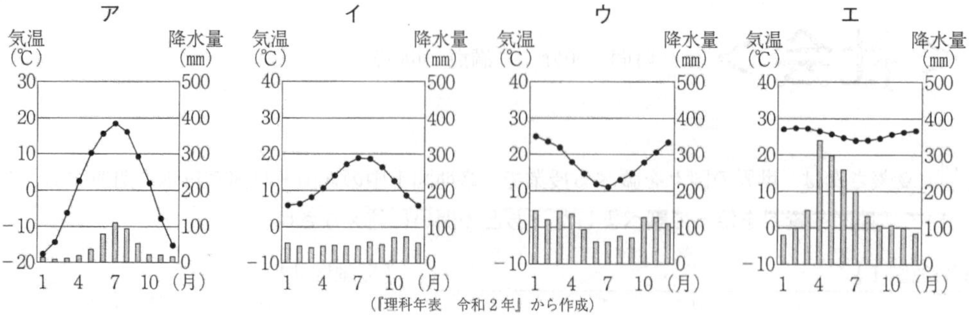

（『理科年表　令和２年』から作成）

4　日本のように，国土を海で囲まれた国のことを島国という一方で，略地図Ⅰ中のC国のように，国土がまったく海に面していない国のことを何というか，**漢字３字**で書きなさい。

5　資料は，略地図Ⅰ中のA国～D国と日本を比較するために，年齢別人口の割合などについてまとめたものです。**ア**～**エ**は，A国～D国のいずれかです。D国にあたるものを，**ア**～**エ**から一つ選び，記号で答えなさい。

【資料】　（2018年）

	年齢別人口の割合（%）			小麦の生産量（千ｔ）	輸出額に占める輸送機械の割合（%）
	0～14歳	15～64歳	65歳以上		
ア	15.0	66.8	18.3	497	1.6
イ	24.7	64.1	11.2	18,518	7.8
ウ	26.5	66.2	7.2	2,943	26.5
エ	34.2	61.9	3.9	8,800	0.4
日本	12.2	59.7	28.1	765	23.2

（『世界国勢図会　2020／21年版』などから作成）
注：年齢別人口の割合は，四捨五入してあるため合計が100にならないものもある。

6　次は，夏美さんが，略地図Ⅰ中のA国～D国の国境線についてまとめたものです。［Y］にあてはまるD国の国境線の特徴を，基準として利用している線と，国境線の形状に着目して，書きなさい。

国境線には，自然の地形に沿って引かれたものがあり，A国～C国では，河川や山脈などが利用されていることがわかった。一方で，人間が考えた基準に沿って引かれた国境線もあり，D国の南部や西部の国境線には［　　Y　　］という特徴があることがわかった。

2　都道府県を調べる授業で，優さんは中国・四国地方について調べました。地図や資料は，そのときまとめたものです。次の問いに答えなさい。

1　都道府県は，地形の特色などから，さまざまな地域に区分されることがあります。次の**ア**～**オ**の地域区分のうち，中国・四国地方の県をふくむものを**すべて**選び，記号で答えなさい。

ア　瀬戸内　　**イ**　北陸　　**ウ**　中央高地
エ　山陰　　**オ**　東海

【略地図】

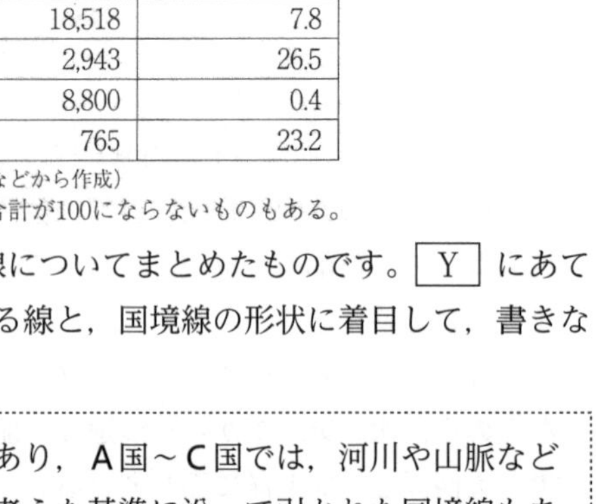

注：略地図中の○は，県庁所在地の位置を示している。

2　資料Ⅰは，略地図中の，②の県の県庁所在地を流れる川の河口部の様子です。資料Ⅰにみられるような，河口部に，川が運んできた細かい土砂が堆積してできた地形のことを何というか，次の**ア**～**エ**から一つ選び，記号で答えなさい。

【資料Ⅰ】

ア　扇状地　　**イ**　三角州　　**ウ**　盆地　　**エ**　台地

3　資料Ⅱは，石油化学コンビナートの分布を，資料Ⅲは，日本国内での原油の生産量と海外からの輸入量を示しています。石油化学コンビナートは，どのような場所に立地しているか，資料Ⅲをふまえて書きなさい。

【資料Ⅱ】

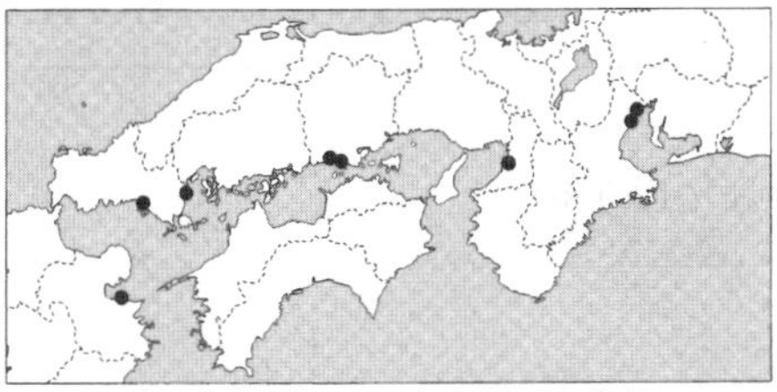

(『日本国勢図会　2021／22年版』から作成)
注：資料Ⅱ中の●は，石油化学コンビナートの位置を示している。

【資料Ⅲ】　(千 kL)

	2020年
国内での生産量	512
海外からの輸入量	143,880

(『日本国勢図会　2021／22年版』から作成)

4　資料Ⅳは，東京都中央卸売市場における，なすの月別取扱量と，月別平均価格を表しています。次は，優さんが，資料Ⅳをふまえて，略地図中の④の県のなすの栽培についてまとめたものです。あとの問いに答えなさい。

【資料Ⅳ】

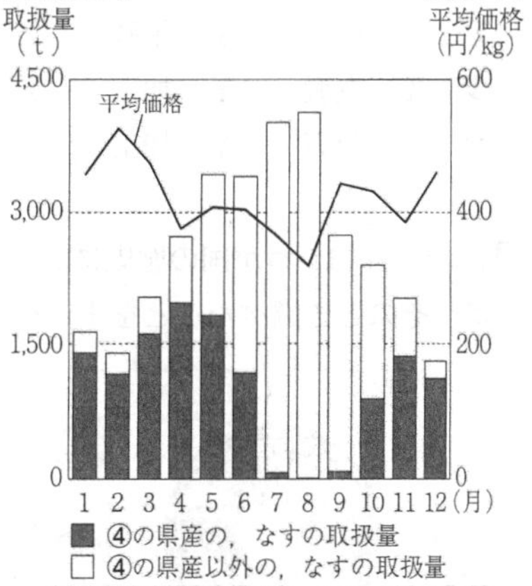

(東京都中央卸売市場のホームページから作成)

> ④の県では，温暖な気候を生かし，温室を利用して出荷時期を早めて販売できるようにする［　a　］が行われている。このような栽培方法により，④の県では，東京都中央卸売市場において，なすの［　　　b　　　］時期に，多くのなすを出荷できていると考えられる。

(1)　［ a ］にあてはまる栽培方法を書きなさい。

(2)　［ b ］にあてはまる言葉を，**供給量**，**価格**の二つの語を用いて書きなさい。

5　資料Ⅴは，略地図中の①～⑤の県における，県庁所在地の人口や，林業産出額などについてまとめたものです。**ア**～**オ**は，①～⑤の県のいずれかです。⑤の県にあたるものを，**ア**～**オ**から一つ選び，記号で答えなさい。また，その県名も書きなさい。

【資料Ⅴ】　(2018年)

	県庁所在地の人口 (千人)	林業産出額 (億円)	漁業生産量 (t)	県庁所在地の1月の平均降水量 (mm)
ア	1,195	77	123,424	44.6
イ	709	59	26,411	34.2
ウ	332	82	94,110	58.6
エ	255	110	22,498	38.9
オ	204	67	117,788	147.2

(『データでみる県勢　2021年版』などから作成)

6　優さんは，中国・四国地方における地域の活性化について調べ，中国・四国地方の県では，「6次産業化」をすすめていることを知りました。さらに，優さんは，山形県も「6次産業化」をすすめていることを知り，メモⅠ，メモⅡにまとめました。メモⅡの [X]，[Y]，[Z] にあてはまる言葉の組み合わせとして適切なものを，あとの**ア**～**カ**から一つ選び，記号で答えなさい。

【メモⅠ】「6次産業化」とは

○　農林漁業者が，農産物などの持つ価値をさらに高め，所得を向上させていくこと。
○　「6」は，第1次産業の「1」，第2次産業の「2」，第3次産業の「3」をかけ算した，「6」を意味する。

（農林水産省のホームページなどから作成）

【メモⅡ】山形県が考える「6次産業化」の例

○　「1次×2次×3次」
農林漁業者が，[X] から [Y]，[Z] まで取り組む。
○　「1次×2次」
農林漁業者が，[X] と [Y] に取り組む。
○　「1次×3次」
農林漁業者が，[X] と [Z] に取り組む。

（山形県のホームページから作成）

ア　X　加工　Y　生産　Z　販売　　**イ**　X　加工　Y　販売　Z　生産
ウ　X　生産　Y　加工　Z　販売　　**エ**　X　生産　Y　販売　Z　加工
オ　X　販売　Y　加工　Z　生産　　**カ**　X　販売　Y　生産　Z　加工

3　学さんは，わが国の歴史において，社会のしくみが変化した時期について調べました。次の表は，そのとき調べたことをまとめたものです。あとの問いに答えなさい。

【表】	A	B	C	D
まとめ	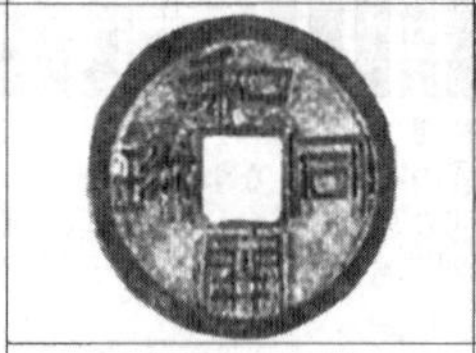			
	この貨幣は，唐にならい発行された和同開珎である。和同開珎が発行されたころ，律令国家の新しい都として，平城京がつくられた。	この絵は，武芸に励む武士が描かれた絵巻の一部である。源頼朝は鎌倉幕府を開き，武士による新しい政治を始めた。	この絵は，大阪城が描かれた屏風《びょうぶ》の一部である。大阪城を本拠地とした豊臣秀吉は，各地の大名を従え，全国統一を果たした。	この人物は，江戸幕府の15代将軍 [X] である。倒幕を目指す動きが高まるなかで，[X] は，政権を朝廷に返した。

1　**A**の下線部について，次の問いに答えなさい。

(1)　次は，学さんが，律令国家が定めた班田収授法についてまとめたものです。[　] にあてはまる言葉を，**戸籍**という語を用いて書きなさい。

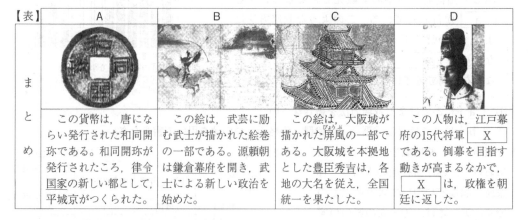

班田収授法では，［　　　　　　］という土地が与えられた。

⑵　律令国家が略地図中のaにおいた，外交や防衛などの拠点となった役所として適切なものを，次のア～エから一つ選び，記号で答えなさい。

ア　大宰府　**イ**　多賀城　**ウ**　問注所　**エ**　開拓使

【略地図】

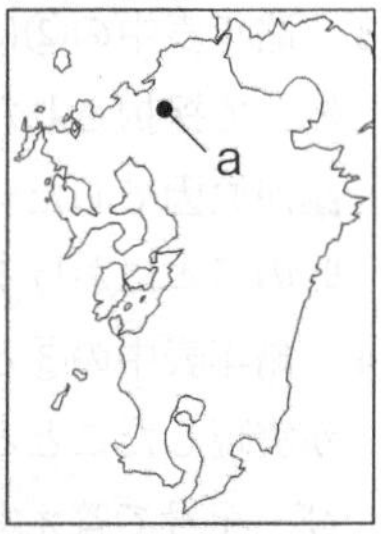

2　Bの下線部について，鎌倉幕府の支配が西国に広がるきっかけとなった，後鳥羽上皇が鎌倉幕府を倒そうとして兵をあげたできごとを何というか，書きなさい。

3　Cの下線部について，次の問いに答えなさい。

⑴　豊臣秀吉が行った太閤検地の結果，農民が年貢を納めたり，武士が軍役を果たしたりする際の基準が，土地の予想される収穫量で表されました。この収穫量のことを何というか，**漢字2字**で書きなさい。

⑵　豊臣秀吉が行ったこととして適切なものを，次のア～エから一つ選び，記号で答えなさい。

ア　藩校を設け，武士の子弟を教育した。

イ　五街道を定め，陸上の交通路を整備した。

ウ　キリスト教の宣教師を，国外追放するよう命じた。

エ　有力な守護大名を，将軍の補佐役として任命した。

4　Dについて，次の問いに答えなさい。

⑴　［X］にあてはまる人物名を書きなさい。

⑵　メモは，学さんが，幕末の日本と関係の深い国について調べ，まとめたものです。［Y］にあてはまる国の国名を，書きなさい。

【メモ】

○　清が［Y］に敗れたことを知ると，幕府は異国船打払令（外国船打払令）を改めた。
○　生麦事件の報復で，［Y］は鹿児島を攻撃した。

4　次の略年表は，近現代のわが国の動きについて，国際社会とのかかわりを中心にまとめたものです。次の問いに答えなさい。

1　次のア～エは，略年表中のAの時期のできごとです。ア～エを，おこった年の古い順に並べかえ，記号で答えなさい。

ア　大日本帝国憲法が発布される

イ　ポーツマス条約が結ばれる

ウ　立憲改進党が結成される

エ　下関条約が結ばれる

【略年表】

年	できごと
1871	岩倉使節団が欧米に向け出発する
↕A	
1911	関税自主権が完全に回復される
1919	パリ講和会議が開かれる ……………… ①
1933	国際連盟からの脱退を通告する …… ②
1945	第二次世界大戦が終わる
1956	国際連合に加盟する ………………… ③
1972	沖縄が日本に復帰する ……………… ④

2　略年表中の①について，この講和会議の結果，日本が山東省でのドイツ権益を引きつぐことが決まると，北京の学生たちが抗議行動をおこし，中国国内に広がる運動へと発展しました。この運動を何というか，書きなさい。

3　略年表中の②について，このできごとは，この年の国際連盟の総会で採択された，略地図中の　　で示した地域にかかわる決議が原因でした。その決議の内容を，　　で示した地域の，当時の日本における名称を用いて，一つ書きなさい。

【略地図】

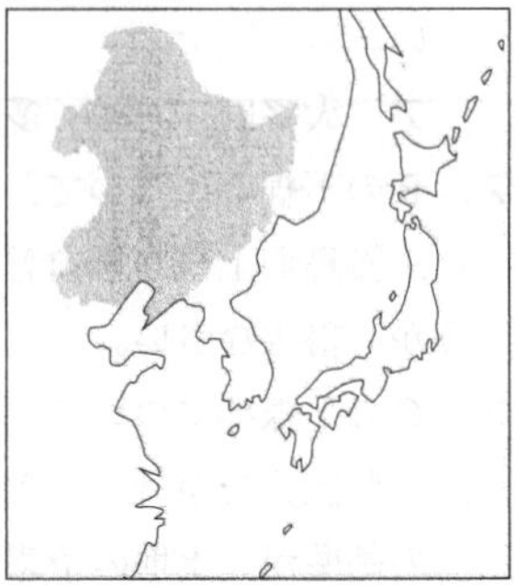

4　略年表中の③と同じ年のできごとで，日本の国際連合への加盟が実現したことと関係の深いできごとを，次の**ア**～**エ**から一つ選び，記号で答えなさい。

ア　日本で警察予備隊がつくられた。
イ　日本で治安維持法が廃止された。
ウ　日本が中国との国交を正常化した。
エ　日本がソ連との国交を回復した。

5　次は，略年表中の④についてまとめたものです。あとの問いに答えなさい。

> 第二次世界大戦の際に沖縄はアメリカ軍に占領され，サンフランシスコ平和条約が結ばれたあともアメリカの統治下におかれた。1960年代に激化した [X] では，沖縄の基地がアメリカ軍の拠点となった。[X] への反戦運動が高まるなか，沖縄の人々は日本への復帰を求める運動を行い，1972年５月，佐藤栄作内閣のときに，沖縄がアメリカから日本に返還された。また，沖縄返還の過程では，核兵器を「持たず，作らず，持ちこませず」という [Y] が国の方針になった。
>
> 2022年５月に，沖縄は日本復帰50周年を迎える。

(1)　[X] にあてはまる言葉として適切なものを，次の**ア**～**エ**から一つ選び，記号で答えなさい。

ア　朝鮮戦争　　**イ**　ベトナム戦争　　**ウ**　湾岸戦争　　**エ**　イラク戦争

(2)　[Y] にあてはまる言葉を，**漢字５字**で書きなさい。

[5]　将司さんは，国民と政治とのかかわりについて，テーマを決めて調べました。カード**A**，**B**はそのときまとめたものの一部です。次の問いに答えなさい。

1　カード**A**について，次の問いに答えなさい。

(1)　下線部①に関連して，国民には，国会議員を選ぶことのほかに，国民審査権が参政権の一つとして認められています。国民審査では，違憲審査を行い「憲法の番人」とよばれる機関にかかわる審査を行います。この「憲法の番人」とよばれる機関は何か，書きなさい。

カード**A**

国の政治への参加
国の政治では，選挙で国民の代表である①国会議員を選ぶ。 ②衆議院議員の選挙は③小選挙区比例代表並立制，参議院議員の選挙は選挙区制と比例代表制で行われる。

カード**B**

地方自治への参加
地方自治では，選挙で住民の代表である地方議員や首長を選ぶ。 直接民主制の考え方を取り入れた④直接請求権が，幅広く認められている点が，地方自治の特徴の一つである。

⑵　下線部②に関連して，衆議院と参議院のうち，衆議院のみが行うこととして適切なものを，次の**ア**～**エ**から一つ選び，記号で答えなさい。

ア　予算案の作成
イ　内閣総理大臣の指名
ウ　憲法改正の発議
エ　内閣不信任の決議

⑶　下線部③について，資料は，山形県の衆議院議員選挙における小選挙区の区割りを示しています。次は，資料をみている将司さんと美幸さんの対話です。[a] にあてはまる言葉を，価値という語を用いて書きなさい。

【資料】

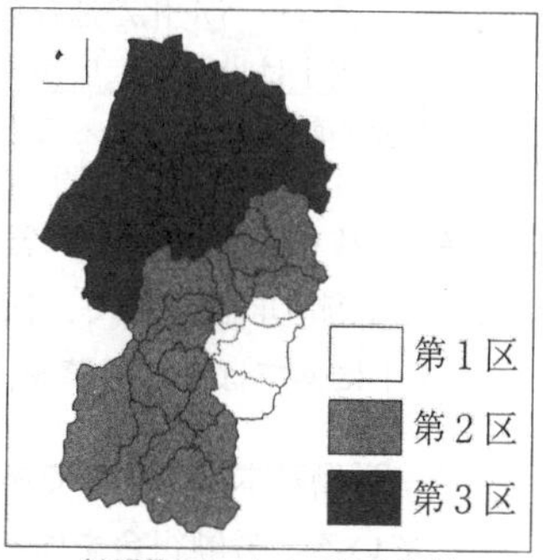

（山形県のホームページから作成）

将司：　山形県の小選挙区の区割りをみると，選挙区ごとの面積や市町村の数は，ずいぶん異なっていることがわかるね。
美幸：　資料からはそう読み取れるけど，選挙区というのは，人口にもとづいて決められているんだよ。
将司：　そうか。憲法に定められた「法の下の平等」を実現するためにも，[a] ように，選挙区は決められているんだね。

2　カードBの下線部④について，有権者数10万人の市で，新しい条例の制定を請求する場合には，何人以上の有権者の署名を集めて市長に提出する必要があるか，書きなさい。

3　次は，将司さんが国民と政治とのかかわりについての学習を振り返り，まとめたものです。あとの問いに答えなさい。

　地方自治では，国の政治と比べると，住民一人一人が主体的に，そして直接参加できる場面が多く，地方自治が「 [X] の学校」とよばれている意味が理解できた。また，国民が積極的に政治に参加することは，日本国憲法の基本原理の一つである国民主権を生きたものにするために大切だとわかった。[Y] 歳になると選挙権，25歳になると [Z] の被選挙権が得られる。国の政治や地方自治について，普段から関心をもつよう心がけたい。

⑴　[X] にあてはまる言葉を書きなさい。

⑵　[Y]，[Z] にあてはまる言葉の組み合わせとして適切なものを，次の**ア**～**エ**から一つ選び，記号で答えなさい。

ア　Y　18　　Z　衆議院議員
イ　Y　18　　Z　参議院議員
ウ　Y　20　　Z　衆議院議員
エ　Y　20　　Z　参議院議員

6　佳奈さんは，公民的分野の授業で学習した内容を振り返り，テーマを決めて調べました。表のA，Bは，そのとき調べたことをまとめたものです。あとの問いに答えなさい。

【表】

	A	B
	現代の企業と私たち	持続可能な社会と私たち
まとめ	企業にとって，私たちは消費者であると同時に，①労働者でもある。また，起業したときには，私たちが経営者になることもある。 グローバル化が進む現代では，②企業の競争相手は世界中に広がり，変化のはげしい世界の動きに対応することが求められている。	世界には，③貧困や，地球環境問題などの課題があり，各国が④国際協調を通じて解決を図っている。 現代社会のさまざまな課題の解決や，持続可能な社会の形成に向けて，⑤私たち一人一人の意識と行動が重要である。

1　Aについて，次の問いに答えなさい。

(1)　下線部①に関連して，次は，佳奈さんが，労働者の権利についてまとめたものです。X，Y にあてはまる言葉を，それぞれ書きなさい。

> 労働基本権の一つである X 権により，労働者は，労働組合を作ることが保障されている。労働組合を作ることで，経営者に対して対等な立場で， Y ことが可能になる。

(2)　下線部②に関連して，資料Ⅰは，2020年の６月末と12月末の，日本の通貨である円とアメリカの通貨であるドルの為替レートです。次は，資料Ⅰをもとに，為替レートの変動が企業に与える影響について，佳奈さんがまとめたものです。a，b にあてはまる言葉の組み合わせとして適切なものを，あとのア～エから一つ選び，記号で答えなさい。

> ６月末と12月末の為替レートを比べると，12月末は a になっている。日本から商品を輸出する企業にとっては，同じ商品でも，ドルでの価格が b になると考えられる。

【資料Ⅰ】　(2020年)

	為替レート
６月末	１ドル ＝ 108円
12月末	１ドル ＝ 104円

(『日本国勢図会　2021／22年版』から作成)

ア　a　円高　　b　上昇し，競争上不利
イ　a　円高　　b　下落し，競争上不利
ウ　a　円安　　b　上昇し，競争上有利
エ　a　円安　　b　下落し，競争上有利

2　Bについて，次の問いに答えなさい。

(1)　下線部③に関連して，国家間の経済格差の問題のうち，発展途上国と発展途上国との間で経済格差が広がっている問題のことを何というか，書きなさい。

(2)　下線部④について，資料Ⅱは，日本の政府開発援助によりアフリカのある国で行われた，農業の技術指導の様子です。政府開発援助の略称を，アルファベット３文字で書きなさい。

【資料Ⅱ】

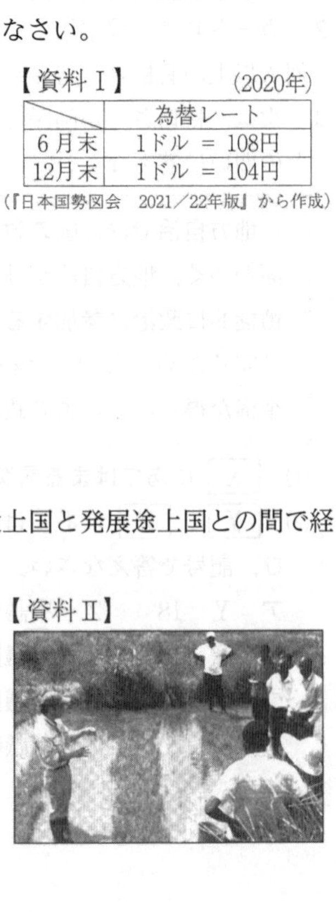

⑶　下線部⑤に関連して，佳奈さんは，気候変動に対する山形県の施策を調べ，メモにまとめました。メモ中の下線部について，「適応」の取り組みの例として最も適切なものを，次のア～エから一つ選び，記号で答えなさい。

ア　二酸化炭素の削減　　**イ**　ハザードマップの確認
ウ　シェールガスの利用　　**エ**　容器包装のリサイクル

【メモ】二つの気候変動対策

○「緩和」
　気候変動の原因とされる温室効果ガスの排出を抑える取り組み
○「適応」
　気候変動の影響による自然災害の被害を回避・軽減する取り組み

（山形県のホームページから作成）

《注意》

◇「題名」は書かないこと。
◇二段落構成とすること。
◇二〇〇字以上、二四〇字以内で書くこと。
◇文字は、正しく、整えて書くこと。
◇グラフの数値を使う場合は、次の例にならって書くこと。

例　十％　二十一％

「委員長に活動の内容や目的を尋ねる」という企画の中で、生徒会役員の西さんが図書委員長の林さんにインタビューをしている場面です。

この場面における**西さんの質問の仕方**を説明したものとして最も適切なものを、あとの**ア**～**エ**から一つ選び、記号で答えなさい。

西さん　図書委員会はどのような活動をしているのですか。

林さん　皆さんに新しい本を紹介したり、図書室に特集コーナーを作ったりしています。

西さん　なるほど。それらの活動をする目的は何ですか。

林さん　生徒の皆さんに一冊でも多く本を読んでもらうためです。

西さん　そもそも、本を読むことにはどんな意義があるのでしょうか。林さんはどのように考えていますか。

林さん　読書により新しい知識を得たり、自分の考えを広げたりすることができます。また、読書は毎日の生活を楽しくしてくれますし、良い本との出会いは一生の財産にもなると思います。

西さん　読書にはそんな素晴らしい一面があるのですね。

ア　相手の話を途中でさえぎって、足りない情報を聞き出そうとしている。

イ　自分の体験に関連した質問をして、相手の共感を得ようとしている。

ウ　同じ質問を繰り返すことで、納得できる結論を導き出そうとしている。

エ　視点を変えながら質問することで、相手の考えに迫ろうとしている。

五　次のグラフは、全国の十六歳以上を対象に、平成十四年と平成二十九年に実施した「国語に関する世論調査」の中の、「これからの時代に必要だと思う言葉の知識や能力は何か」という質問に対する回答結果を表したものです。

このグラフをもとに、「**これからの自分に必要な言葉の知識や能力**」という題で、まとまりのある二段落構成の文章を書きなさい。第一段落には、グラフを見て気づいたことを書きなさい。それをふまえ、第二段落には、あなたの考えを、そう考えた理由を含めて書きなさい。

ただし、あとの《**注意**》に従うこと。

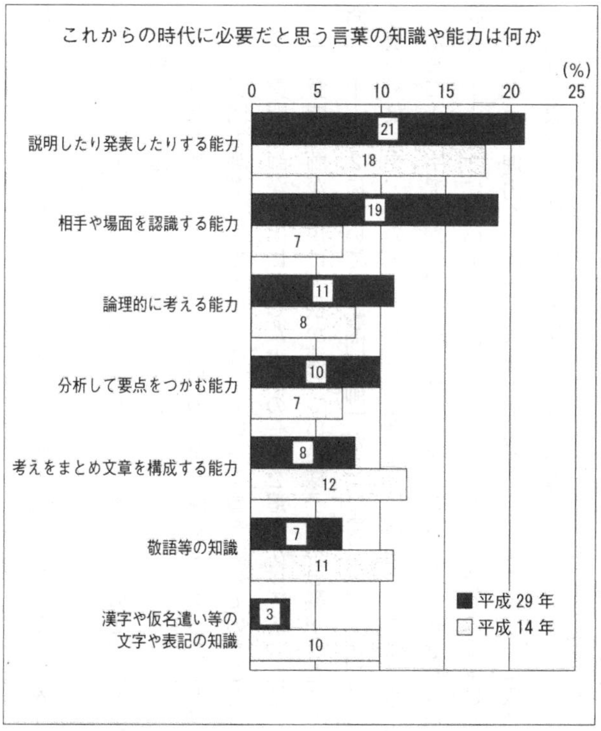

（「国語に関する世論調査」から作成）

三　次の文章を読んで、あとの問いに答えなさい。

雲門大師《うんもんだいし》（中国の禅僧）、門前の川にて大根の茎を洗ひけるに、誤ってその一葉《ひとは》を流したり。大師流れに随《したが》ひて之《これ》を追ひかけ、漸《やうや》く之を拾ひ上げける に、傍《かたは》らに立ち止まりて眺めゐたる庄屋《しやうや》（村の長はこれを不思議に思い）は1之を奇とし、「天下の名僧とも云《い》はるる大師が、何故《なぜ》にかかる吝嗇《りんしょく》の振る舞ひ（このようなけちな振る舞い）をなさるるや。」とA詰《なじ》りけり（責めた）。大師は不審なる顔をなしつつ、拾ひ上げたる一葉をB指さして、「一茎《ひとくき》の大なるも一葉の微なるも（大根の大きい一茎もわずかな一葉も）、均《ひと》しく天より人間をC養ひくだされんとて生育したまはる賜物《たまもの》なり。然《しか》るに一葉何の用をかなすとて（何の役にも立たないと考えて）、之を流し之を捨てて意とせざるは（気にとめないのは）、2これ天恩を忘れて人道に背くものなり。」と拾ひ上げたる一葉を捧《ささ》げて恭《うやうや》しく天を拝す。顧みて庄屋に向かひ、「いかに足下《そこもと》はこの感あらざるや。（「どうしてあなたはこのように思わないのか。」）」とD問はれしに、庄屋は返す言葉もなく、心中深くその知識達徳（尊い考え）に感服し、その後は3大師の教訓を受けけるとぞ。

＜『想古録』による＞

問一　～～～部「ゐたる」を現代かなづかいに直し、すべてひらがなで書きなさい。

問二　＝＝部A～Dの中から、主語が「雲門大師」であるものをすべて選び、記号で答えなさい。

問三　――部1「之」の指す内容として最も適切なものを、次のア～エから一つ選び、記号で答えなさい。

ア　雲門大師が、川で洗った大根の一葉を流してしまったこと。
イ　雲門大師が、川で大根を洗っている庄屋を眺めていたこと。
ウ　雲門大師が、川に流した大根の一葉を追いかけて拾ったこと。
エ　雲門大師が川に大根が流れていく様子を不思議がったこと。

問四　――部2について、「雲門大師」がこのように言ったのは、「大根の一葉」を、どのようなものだと考えているからですか。本文中から二十四字でさがし、その最初の五字を抜き出して書きなさい。

問五　――部3について、「庄屋」が「雲門大師」の教えを受けるようになった理由を、次のような形で説明したとき、［　］に入る適切な言葉を、現代語で十五字以内で書きなさい。

わずかな一葉であっても天に感謝するという行為の根底にある雲門大師の［　　　］から。

四　次の問いに答えなさい。

問一　次の1～5の＝＝部のカタカナの部分を、漢字で書きなさい。なお、楷書で丁寧に書くこと。

1　ハイに空気を吸い込む。
2　人の意見に耳をカす。
3　品物をソウコにしまう。
4　他の国とメイヤクを結ぶ。
5　結果から原因をスイソクする。

問二　次は、校内放送において、委員会活動を紹介するために行った

＊ 地力＝土地が作物を育てる能力。
＊ カラクリ＝ものなどを動かすための複雑な仕掛け。

問一 ══部a、bの漢字の読み方を、ひらがなで書きなさい。

問二 〰〰部の「られ」の働きとして最も適切なものを、次のア～エから一つ選び、記号で答えなさい。

ア 受け身　イ 可能　ウ 自発　エ 尊敬

問三 ――部1「これ」の内容として最も適切なものを、次のア～エから一つ選び、記号で答えなさい。

ア 食品を買う人が増え、自分で食材を調理する人が減ったこと。
イ 毎日の食を確保するためにテイクアウトやネット注文に頼ること。
ウ 地元の新鮮な野菜や果物を直売所などで買うようになったこと。
エ 食品や食材を購入することで、毎日の食事を成り立たせること。

問四 ――部2「環境を持続させていたのです」とあるが、その理由を次のような形で説明したとき、［Ⅰ］に入る適切な言葉を、本文中から五字で抜き出して書き、［Ⅱ］に入る適切な言葉を、本文中の言葉を使って、十五字以内で書きなさい。

> 自然環境は、そこに生きる人々にとっての［Ⅰ］であるため、自分たちの代だけでなく［Ⅱ］があったから。

問五 ――部3について、筆者は「産業革命のころ」に「新しい働き方」に変わったと述べていますが、どのような労働からどのような労働に変化しましたか。次の三つの言葉を使って、七十字以内で書きなさい。なお、三つの言葉はどのような順序で使ってもかまいません。

使用するモノ　購入　賃金

問六 ――部4について、「資本主義的食料システム」とはどのようなものですか。最も適切なものを、次のア～エから一つ選び、記号で答えなさい。

ア 人々の幸せや自然環境を守るために、さまざまな企業が互いに協力し、十分な食料を効率よく供給するシステム。
イ 「商品作物」を生産し人々に売るために、農業やそれ以外の産業が複雑に関係し、食料を提供するシステム。
ウ 深刻化する食品ロスを減らすために、産業や政府が食料供給のバランスを整え、食料生産を抑制するシステム。
エ 経済を成長させるために、「商品」の製造に必要な資源をできるだけ確保し、効率だけを追求するシステム。

問七 本文の論理の展開の仕方について説明したものとして最も適切なものを、次のア～エから一つ選び、記号で答えなさい。

ア はじめに労働についての古い習慣を示し、労働と食料生産との関係が変化した歴史的背景を説明しながら、資本主義経済の仕組みを技術的な視点から解説している。
イ はじめに労働についての新しい習慣を示し、働く目的の変化を環境問題の視点からデータをもとに解説しながら、資本主義経済の仕組みを比較的高く評価している。
ウ はじめに食料についての身近な例を示し、食料生産や労働の目的の変化を順を追って丁寧に説明しながら、資本主義経済の仕組みを筋道を立てて解き明かしている。
エ はじめに食料についての特殊な例を示し、食料生産の目的が利潤を得ることだけに変化した理由を解き明かしながら、資本主義経済の仕組みを厳しく批判している。

し、種をまいて作物を育て、家畜の世話をして、その収穫物を料理して食べ、その残骸やふん尿を土に戻して＊地力《ちりょく》を保つ。そのための資源は、自分の田畑か借りた土地か、村が共同で使う野山や川や海など周りの自然環境でした。

　自然環境とは共有財産で、そこで生活し、その資源で自分たちが生きていくために必要なもの。だからこそ、この生活の基盤を護《まも》るためにいろんなルールが決められていました。みんなの財産といっても、だれもが好き勝手に使えたわけではありません。自然を利用させてもらいながらも子孫の代まで維持できるよう、土の力を回復するために堆肥《たいひ》を入れたり、木を植え山の手入れをしたり、魚をb捕る時期や量を制限したりして、2環境を持続させていたのです。

　ところが二〇〇〜三〇〇年ほど前から、多くの人たちが農村を離れ、都市部の工場や商店で働き始めました。自分の土地も村の共有財産も失い、自力では食べるモノ・使うモノを作れない。だから、他者（＝資本家）の土地や工場で、決められた時間、決められた仕事をして（＝賃労働）、その稼いだお金で食品や必要なモノを買う。つまり賃金を得るために労働して、そのお金で、食べたり、着たり、使ったりするモノを購入するようになりました。

　現在では当たり前かもしれませんが、賃労働という、他の人に雇われて、生活とは切り離された工場や会社に行って働いて、その代わりに賃金を受け取るという労働の形は、3資本主義社会に入り産業革命のころに始まった新しい働き方でした。

　すると、この労働者たちが必要とするモノを代わりに供給する産業が形成されます。モノを買う「消費者」が集まった「市場《しじょう》」向けに、売って儲《もう》けるために「商品」を製造する産業、その商品を流通したり小売りしたりする産業などが作られていったというわけです。食べるモノも、自分で栽培する・育てるモノから、企業など他の人たちが製造した「食べられる商品＝食品」へと変わりました。

　ここでポイントは、「商品」とは、市場で他の人に売って利潤を得るために生産するモノであって、自分で使うために作るモノではないということ。そして、自分で使うために作るモノと、売って利潤を得るために作るモノとでは、違ってくるということです。自分で使うためにモノを作るときには、空腹を満たして元気になるとか、寒さを防ぐとか、長く使えるとか、役に立つことが重要でしょう。そのモノを作るための資源や知恵やスキルを自分が持ち続けることも大切です。

　対して「商品」としてモノを作るときには、売って利潤を得ることが第一目的です。儲けるために作っているのですから、いくらで売っていくら儲けられるかが重要になります。

　結果として現在では、大多数の人たちが買い食いする「商品」を供給するために、農業は、自分たちが食べるモノを育てるというより、売るための「商品作物」を生産する産業へと変わってきました。そして、この農産物を原料として使う製造業、さらには流通・小売業、外食産業、商社や金融業など、農と食に関わるさまざまな産業が発展してきました。現在ではもっとたくさんの産業が絡《から》み合って、私たちに日々の食を提供しています。

　このような、さまざまな企業と産業が構成する食料供給体制は4「資本主義的食料システム」といわれています。そして、このシステムを構成する企業たちはそれぞれ利潤を求めてしのぎを削り、産業や政府は成長を目指す、資本主義経済の＊カラクリで動いているのです。

〈平賀緑『食べものから学ぶ世界史』による。一部省略がある。〉

〔注〕　＊　学食＝学生食堂の略。学生のために大学内に設けられた食堂。

＊　「買い食い」＝ここでは「食べるために買うこと」という意味。

問四　――部2における「お母さん」の心情を説明したものとして最も適切なものを、次のア～エから一つ選び、記号で答えなさい。

ア　『ゆうつづ堂』にこだわり家族との話し合いに参加しない「私」を全く理解できずにいる気持ち。

イ　他の仕事との兼業までして店を運営していこうと思っている「私」をひそかに心配する気持ち。

ウ　自分の思いを優先して非現実的とも思える希望を述べている「私」に少しあきれている気持ち。

エ　母親の自分より「おばあちゃん」の気持ちを尊重している「私」にやや不満を感じている気持ち。

問五　――部3について、「お父さん」はこの場面においてどのような役割を果たしていますか。次のような形で説明したとき、[　]に入る適切な言葉を、五字以内で書きなさい。

> 「私」と「お母さん」との対立で生じてしまった空気を、のっぺり広がるのんびりとした口調の間延びした声で[　]ことで、その場の雰囲気を良い方向に変える役割。

問六　――部4「頷いた私の声は、ちょっとだけ潤んでしまった」のはなぜですか。その理由を、次のような形で説明したとき、[Ⅰ]に入る適切な言葉を、本文中から六字で抜き出して書き、[Ⅱ]に入る適切な言葉を、本文中の言葉を使って書きなさい。

> 「私」と「お母さん」とでは、[Ⅰ]や守りたいものが違っているものの、最終的には、「お母さん」が「私」に[Ⅱ]と感じられて、うれしさが込み上げてきたから。

問七　本文の表現の工夫とその効果を説明したものとして最も適切なものを、次のア～エから一つ選び、記号で答えなさい。

ア　「お父さん」と「お母さん」の人物像を描き分けることで、理想と現実の間で悩む「私」の心情が暗示されている。

イ　なかなか態度を変えない「お母さん」の言動を丁寧に描くことで、「私」の思いの強さを読者に印象づけている。

ウ　「私」が将来の夢を語る中に『ゆうつづ堂』での神秘的な出来事が織り込まれて、物語がより魅力的になっている。

エ　「私」が自らの思いを語る言葉に「!」や「?」が用いられており、共感を得られないいらだちが強調されている。

二　次の文章は、筆者が大学生向けに行った講義をもとにしたものです。これを読んで、あとの問いに答えなさい。

今日のご飯どうすると聞かれたら、コンビニで買うとか、*学食で食べようとか、考える人が多いと思います。ときには家で料理をしたり、家族が作ってくれたご飯を食べたり。でもその食材はスーパーなどで購入する。最近はテイクアウトしたりネット注文したりするかも。つまり、現在では*「買い食い」が当たり前になっているといえるでしょう。

でも、人類の歴史をふり返ると、1これは比較的新しい現象です。毎日の食を確保することは、狩猟採集の古代から現在まで生きるためにa必須な行為です。ただ、食べるために働くことの意味が変わりました。

かつて世界のほとんどの地域で大多数の人たちは、自然に近い農村に住み、自分たちの食べるモノ、着るモノ、使う道具などを、基本的には自分たちで作って、食べたり着たり使ったりしていました。労働とは、自分や家族が使用するモノを自分たちで作ること。田畑を耕

知ってもらえるように、ネット販売始めてみようかなとか！」

私が言うと、お母さんもお父さんも驚いた顔をした。

「それでも不安だったら、副業ＯＫの会社に就職して、店との兼業も考えてる。昼は会社、夕方以降と会社が休みの日は『ゆうつづ堂』の店番をするの。」

「そうだけど、ハードすぎない？」

お母さんが青い顔をする。私は小さく頷《うなず》いた。

「大変だよね。でも、ちょっと大変だとしても私は店を守りたい。それが私の幸せなんだ。」

お母さんの思い描く幸せが〝安定〟であるように、私にとっては、店を最優先するのが幸せなのだ。

菫さんが初めて店に来たとき、おばあちゃんが紅茶を飲みながら言っていた。

「時が来たら、どうするか自然と決まるんじゃないかしら。」

仕事も夢も中途半端《ちゅうとはんぱ》になるかもと焦《あせ》っていた菫さんに、おばあちゃんはそう言った。「こうなりたい」と思える自分に、b慌てて近づかなくてもいい。私も、店を守りたいという願望のためなら、時間も手間もいくらでもかける。

お母さんが絶句する。と、3お父さんがのんびり口を開いた。

「体を壊さない程度にならいいんじゃねえか？」

間延びした声が、居間にのっぺり広がる。

「詩乃がそうまでして守りたいものができたんだ。それって、親として祝福してやるべきことじゃねえかな。いや、もちろん、体を壊さない程度にってのが前提だけどな。」そう話すお父さんに、お母さんの目線が行く。視線を浴びるお父さんは、へへ、と笑った。

「まあ、『いざとなったら』そういうのも考えてるって段階だろ？　俺は詩乃が元気ならなんでもいいよ。＊綾香《あやか》かもそうだろ。」

お父さんに同意を求められても、お母さんは数秒押し黙っていた。けれどしばらくして、遠慮がちに呟《つぶや》く。

「もし、『やっぱり無理』って思ったら、私たちを頼りなさい。あんたはいつも、私に相談する前に決めちゃうから。」

「うん。」4頷いた私の声は、ちょっとだけ潤んでしまった。

「味方してくれて、ありがとう。」

〈植原翠『手作り雑貨ゆうつづ堂』による。一部省略がある。〉

（注）＊雑貨店＝日常生活で用いる小物やアクセサリーを売る店。

＊菫さん＝「私」が以前勤めていた会社の先輩。結婚式につけるアクセサリーの修理を「私」に依頼していた。

＊躊躇なく＝ためらうことなく。

＊綾香＝夏凪綾香。「お母さん」の名前。

問一　══部a、bの漢字の読み方を、ひらがなで書きなさい。

問二　〰〰部における「息をのむ」の意味として最も適切なものを、次の**ア**～**エ**から一つ選び、記号で答えなさい。

ア　驚いて息を止める　　**イ**　緊張して息が苦しくなる

ウ　怒りで息が荒くなる　　**エ**　感動して息を吐き出す

問三　──部1について、このときの「私」の心情を、次のような形で説明したとき、□に入る適切な言葉を、本文中の言葉を使って、三十字以内で書きなさい。

> 「お母さん」の厳しい表情を見て少しためらったが、気持ちを奮い立たせて、『ゆうつづ堂』が、「お客さんに勇気と自信を与えたい、誰かの支えになりたい」という自分の□と決心した。

＜国語＞

時間　五〇分　満点　一〇〇点

一　次の文章を読んで、あとの問いに答えなさい。

二十四歳の「私」（夏凪《なつなぎ》詩乃《しの》）は、以前は会社勤めをしていたが、今は「おばあちゃん」が営む手作り＊雑貨店『ゆうつづ堂』で雑貨作りや店の運営の手伝いをしている。次は、「私」が、仕事やこれからのことについて両親と話し合う場面である。

私は単刀直入に、今の想《おも》いを告げた。

「お母さんの言うとおり、安定してるかといえばしてないし、私に合った仕事は他にもあるかもしれない。でも、私は『ゆうつづ堂』を自分の居場所だと思ってる。なにがあっても守りたい、大切な場所なの。」

私だけではない。あの店は、あの店を愛するお客さんや、おばあちゃんにとっても、かけがえのない場所だ。私は携帯を取り出し、画像を開いた。昨日撮った写真が、画面に表示される。

「これを見て。」

こたつの天板の真ん中に、携帯を置く。お母さんとお父さんが覗《のぞ》き込み、息をのんだ。映し出された写真は、ネックレスを掲げた＊菫《すみれ》さんの姿だ。昨日、彼女にネックレスを手渡したとき、写真を撮らせてもらったのだ。お父さんがほうとa感嘆する。

「いい写真だな。この女性の表情、こっちまでほっこりするような笑顔だ。」

写真が趣味のお父さんに写真を褒《ほ》められると、ちょっと嬉《うれ》しい。お父さんはのんびりと、画面の中のネックレスを指差した。

「で、このネックレス、詩乃《しの》が作ったのか。」

「うん。作ったっていっても、もともとあったものを修繕して、少しアレンジを加えただけなんだけど……。」

「十分すごいじゃないか。この表情を引き出したのは、ネックレスなんだろ。」

お父さんはやはりおばあちゃんみたいにマイペースで、＊躊躇《ちゅうちょ》なく褒め言葉を並べてくれる。反対にお母さんは、難しい顔で黙っていた。1私は数秒奥歯を噛《か》み、やがて意を決した。こたつの天板に人差し指を立て、コンコンコンと、三回叩《たた》く。軽やかな音に反応して、お母さんの目がこちらを向いた。私は、指をこたつに置いたまま、言った。「私が小さい頃に、お母さんに教えてもらった。これ、気持ちが切り替わるんだったよね。」トントントンと三回、指で叩く仕草。幸運のおまじないを基にした、お母さんの癖。

「おばあちゃんが作る雑貨は、それと似てるの。その雑貨を手にした人が勇気を出したり、自信を持ったりできる、スイッチなんだ。『ゆうつづ堂』は、そんなスイッチを人に分けてくれる店なの。私は、お客さんの背中を押す雑貨を作りたい。誰かの支えになりたい。その想いを活《い》かせる場所、『ゆうつづ堂』しか知らないんだ。」

話しているうちに想いが溢《あふ》れ出して、止まらなくなる。お母さんは黙って聞いていた。しばらくして、2お茶を手に取り、ため息を吹きかける。

「あんたはまた、そんな夢心地な……。楽しいだけじゃだめなのも、店が好きって気持ちだけじゃどうにもならないのも、わかってるんじゃなかったの？」

「うん。だから、考えたんだ。もっとお店が繁盛《はんじょう》するように、来年から即売会にたくさん出店しようかなって。それと、遠くの人にも

MEMO

大切なことはメモしておこうネ！

2022年度

解 答 と 解 説

《2022年度の配点は解答用紙集に掲載してあります。》

<数学解答>

[1]　1 (1)　-6　(2)　$-\frac{1}{8}$　(3)　$3y-4$　(4)　$10-2\sqrt{6}$　2　$x=\frac{3\pm2\sqrt{3}}{3}$(解き方は解説参照)　3　$\frac{2}{5}$　4　エ　5　ア

[2]　1 (1)　-2　(2)　-4　2　下図1　3 (1)　解説参照　(2)　168km^2
4　解説参照

[3]　1 (1)　5　(2)　ア　$y=-5x+20$　イ　9　ウ　$y=4x-16$(グラフは下図2)
2　12秒後

[4]　1　解説参照　2 (1)　$2\sqrt{2}$ cm　(2)　$\frac{6}{7}$cm

図1

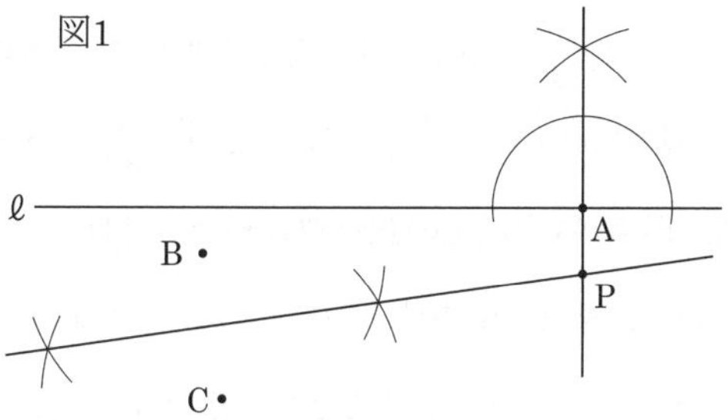

図2

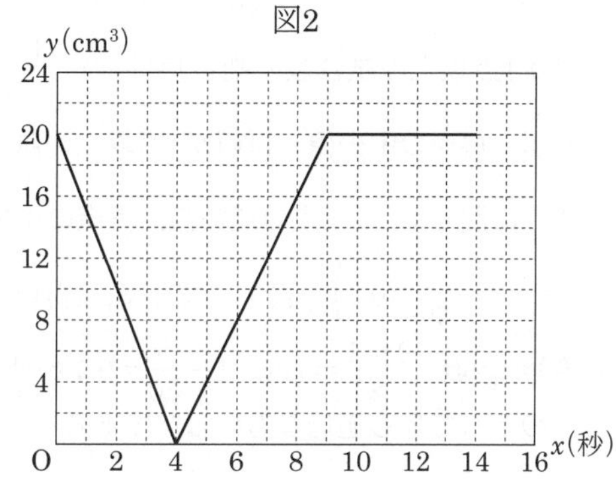

<数学解説>

[1]　(数・式の計算，平方根，2次方程式，確率，空間内の直線と平面の位置関係，資料の散らばり・代表値)

1 (1)　正の数・負の数をひくには，符号を変えた数をたせばよい。$-7-(-2)-1=-7+(+2)-1=-7+2-1=+2-7-1=+2-8=-(8-2)=-6$

(2)　四則をふくむ式の計算の順序は，乗法・除法→加法・減法となる。$-\frac{3}{4}\div\frac{6}{5}+\frac{1}{2}=-\frac{3}{4}\times\frac{5}{6}+\frac{1}{2}=-\frac{5}{8}+\frac{1}{2}=-\frac{5}{8}+\frac{4}{8}=-\left(\frac{5}{8}-\frac{4}{8}\right)=-\frac{1}{8}$

(3)　分配法則を使って，$(-6xy^2+8xy)\div(-2xy)=(-6xy^2+8xy)\times\left(-\frac{1}{2xy}\right)=-6xy^2\times\left(-\frac{1}{2xy}\right)+8xy\times\left(-\frac{1}{2xy}\right)=3y-4$

(4)　乗法公式$\boldsymbol{(a-b)^2=a^2-2ab+b^2}$より，$(2-\sqrt{6})^2=2^2-2\times2\times\sqrt{6}+(\sqrt{6})^2=4-4\sqrt{6}+6=10-4\sqrt{6}$，$\sqrt{24}=\sqrt{2^2\times2\times3}=2\sqrt{6}$だから，$(2-\sqrt{6})^2+\sqrt{24}=10-4\sqrt{6}+2\sqrt{6}=10-2\sqrt{6}$

2 (解き方)　(例)$3x^2-6x+x-2=x-1$　$3x^2-6x-1=0$　$x=\frac{-(-6)\pm\sqrt{(-6)^2-4\times3\times(-1)}}{2\times3}=\frac{6\pm\sqrt{48}}{6}=\frac{6\pm4\sqrt{3}}{6}=\frac{3\pm2\sqrt{3}}{3}$

3　取り出した2枚のカードに書かれた数の大きいほうをa，小さいほうをbとする。1から5までの数字を1つずつ書いた5枚のカードが入っている箱の中から1枚取り出し，それを箱にもどさずに，もう1枚取り出すとき，取り出し方は全部で，$(a,\ b)=(5,\ 4)$，$(5,\ 3)$，$(5,\ 2)$，$(5,\ 1)$，$(4,\ 3)$，$(4,\ 2)$，$(4,\ 1)$，$(3,\ 2)$，$(3,\ 1)$，$(2,\ 1)$の10通り。このうち，$a\div b$の余りが1となるのは〰〰を付けた4通りだから，求める確率は$\frac{4}{10}=\frac{2}{5}$

4　右図の直方体で考える。平面ABCDと平面EFGHは平行であるが，直線ACと直線FHは平行ではない。アはつねに正しいとは言えない。直線ADと直線FGは平行であるが，平面ABCDと平面BFGCは平行ではない。イはつねに正しいとは言えない。平面ABCDと平面BFGCは垂直であるが，直線ADと平面BFGCは垂直ではない。ウはつねに正しいとは言えない。例えば，直線ABと平面BFGCは垂直であり，直線ABをふくむ平面ABCDや平面AEFBも平面BFGCに垂直である。エはつねに正しいと言える。

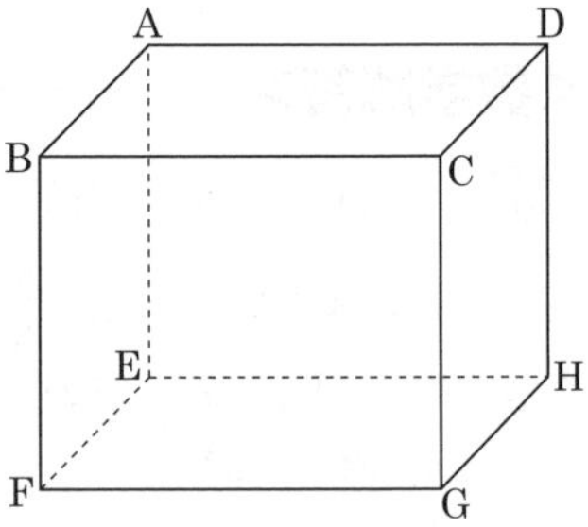

5　昨年行った42試合に関して，(得点の**最頻値**，得点の**中央値**，得点が1点以上の試合数の割合)$=\left(1点,\ \frac{1+1}{2}=1点,\ 1-\frac{12}{42}=0.71\cdots\right)$　また，表アに関して，(得点の最頻値，得点の中央値，得点が1点以上の試合数の割合)$=\left(1点,\ \frac{1+1}{2}=1点,\ 1-\frac{7}{30}=0.76\cdots\right)$　表イに関して，(得点の最頻値，得点の中央値，得点が1点以上の試合数の割合)$=\left(1点,\ \frac{1+2}{2}=1.5点,\ 1-\frac{4}{30}=0.86\cdots\right)$　表ウに関して，(得点の最頻値，得点の中央値，得点が1点以上の試合数の割合)$=\left(1点,\ \frac{1+1}{2}=1点,\ 1-\frac{9}{30}=0.7\right)$　表エに関して，(得点の最頻値，得点の中央値，得点が1点以上の試合数の割合)$=\left(2点,\ \frac{1+1}{2}=1点,\ 1-\frac{8}{30}=0.73\cdots\right)$　以上より，今年の試合ごとの得点と試合数を示したものとして最も適切なものはアである。

2　(関数とグラフ，作図，方程式の応用，式による証明)

1　(1)　$y=\frac{1}{2}x^2$について，$x=-4$のとき$y=\frac{1}{2}\times(-4)^2=8$，$x=0$のとき$y=0$　よって，xの値が-4から0まで増加するときの**変化の割合**は$\frac{0-8}{0-(-4)}=-2$

(2)　点Aは$y=\frac{1}{2}x^2$上にあるから，そのy座標は$y=\frac{1}{2}\times2^2=2$　よって，A(2, 2)　②は**反比例**のグラフであるから$y=\frac{b}{x}$と表せ，点Aを通るから$2=\frac{b}{2}$より，$b=4$　点Bのx座標とy座標はともに負の整数であり，$y=\frac{4}{x}$上にあるから，点Bの座標として考えられるのは，$(-1,\ -4)$，$(-2,\ -2)$，$(-4,\ -1)$の3点である。$y=ax^2$が点$(-1,\ -4)$を通るとき，$-4=a\times(-1)^2=a$より，$a=-4$　$y=ax^2$が点$(-2,\ -2)$を通るとき，$-2=a\times(-2)^2=4a$より，$a=-\frac{1}{2}$　$y=ax^2$が点$(-4,\ -1)$を通るとき，$-1=a\times(-4)^2=16a$より，$a=-\frac{1}{16}$　以上より，aが整数となるとき，$a=-4$である。

2　(着眼点)　点Bを，点Pを中心として**回転移動**させると，点Cと重なることから，点Pは弧BCの中心であり，線分BCの**垂直二等分線**上にある。　(作図手順)　次の①～③の手順で作図する。
①　点Aを中心とした円を描き，直線ℓ上に交点をつくる。　②　①でつくったそれぞれの交点

を中心として，交わるように半径の等しい円を描き，その交点と点Aを通る直線(点Aを通る直線ℓの垂線)を引く。③ 点B，Cをそれぞれ中心として，交わるように半径の等しい円を描き，その交点を通る直線(線分BCの垂直二等分線)を引き，点Aを通る直線ℓの垂線との交点をPとする。

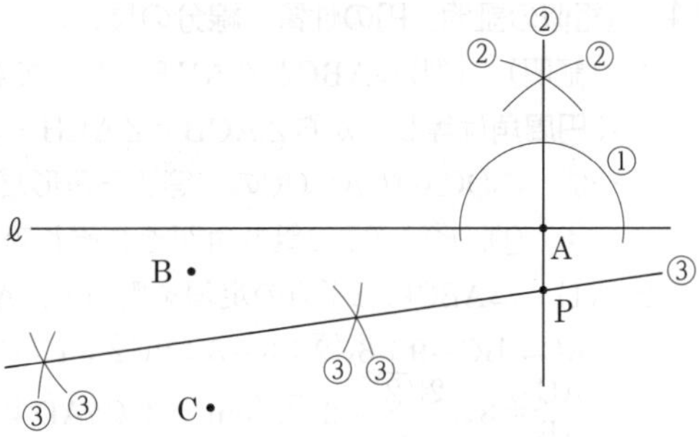

3 (1) (1次方程式の例) A地区の面積を$x$km^{2}とする。$\frac{70}{100}x+\frac{90}{100}(630-x)=519$

(連立方程式の例) A地区の面積を$x$km^2，B地区の面積を$y$km^{2}とする。$\begin{cases} x+y=630 \\ \frac{70}{100}x+\frac{90}{100}y=519 \end{cases}$

(2) 1次方程式$\frac{70}{100}x+\frac{90}{100}(630-x)=519$を解く。両辺を10倍して，$7x+9(630-x)=5190$ $7x+5670-9x=5190$ $-2x=-480$ $x=240$ よって，A地区の森林面積は，A地区の面積240km^{2}の70％の$240\times\frac{70}{100}=168$(km^2)である。

4 (説明) (例)n，$n+1$，$n+6$と表される。このとき，それらの和は，$n+(n+1)+(n+6)=3n+7=3(n+2)+1$ $n+2$は整数だから，$3(n+2)+1$は，3の倍数に1を加えた数である。

3 (関数とグラフ，動点，体積，グラフの作成)

1 (1) $x=3$のとき，点Pは辺AE上にあり，AP$=1\times3=3$(cm)だから，$y=\frac{1}{3}\times$底面積$\times$高さ$=\frac{1}{3}\times\mathrm{EF}\times\mathrm{FG}\times\mathrm{PE}=\frac{1}{3}\times3\times5\times(4-3)=5$

(2) △ABEに**三平方の定理**を用いて，$\mathrm{EB}=\sqrt{\mathrm{AE}^2+\mathrm{AB}^2}=\sqrt{4^2+3^2}=5$(cm) よって，点PがAを出発してから点Eまで動くのに$4\div1=4$(秒)，点Bまで動くのに$(\mathrm{AE}+\mathrm{EB})\div1=(4+5)\div1=9$(秒)，点Cまで動くのに$(\mathrm{AE}+\mathrm{EB}+\mathrm{BC})\div1=(4+5+5)\div1=14$(秒)かかるから，$0\leqq x\leqq4$，$4\leqq x\leqq9$，$9\leqq x\leqq14$の3つの場合に分けて考える。 $0\leqq x\leqq4$のとき，点Pは辺AE上にあり，AP$=1\times x=x$(cm)だから，$y=\frac{1}{3}\times$底面積$\times$高さ$=\frac{1}{3}\times\mathrm{EF}\times\mathrm{FG}\times\mathrm{PE}=\frac{1}{3}\times3\times5\times(4-x)=-5x+20$…ア $4\leqq x\leqq9$…イのとき，点Pは線分EB上にある。点Pから辺EFへ垂線PQを引くと，EP$=1\times(x-4)=(x-4)$(cm)より，**平行線と線分の比の定理**を用いると，PQ：BF＝EP：EB $\mathrm{PQ}=\frac{\mathrm{BF}\times\mathrm{EP}}{\mathrm{EB}}=\frac{4\times(x-4)}{5}$ $y=\frac{1}{3}\times$底面積$\times$高さ$=\frac{1}{3}\times\mathrm{EF}\times\mathrm{FG}\times\mathrm{PQ}=\frac{1}{3}\times3\times5\times\frac{4\times(x-4)}{5}=4x-16$…ウ $9\leqq x\leqq14$のとき，点Pは辺BC上にあるから，$y=\frac{1}{3}\times$底面積$\times$高さ$=\frac{1}{3}\times\mathrm{EF}\times\mathrm{FG}\times\mathrm{BF}=\frac{1}{3}\times3\times5\times4=20$ 以上より，xとyの関係を表すグラフは，点(0, 20)，(4, 0)，(9, 20)，(14, 20)を線分で結んだ折れ線のグラフになる。

2 点Pが辺BC上にあるとき，$\triangle\mathrm{PFG}=\frac{1}{2}\times\mathrm{FG}\times\mathrm{BF}=\frac{1}{2}\times5\times4=10$(cm^2) これより，△PFGと△PEFの面積の比が4：3になるのは，$\triangle\mathrm{PEF}=10\times\frac{3}{4}=\frac{15}{2}$(cm^2)のときである。PF⊥EFであることを考慮すると，このとき，$\frac{1}{2}\times\mathrm{EF}\times\mathrm{PF}=\frac{15}{2}$より，$\mathrm{PF}=\frac{15}{\mathrm{EF}}=\frac{15}{3}=5$ △BFPに三平方の定理を用いて，$\mathrm{BP}=\sqrt{\mathrm{PF}^2-\mathrm{BF}^2}=\sqrt{5^2-4^2}=3$(cm) よって，点PがAを出発してから$(\mathrm{AE}+\mathrm{EB}+\mathrm{BP})\div1=(4+5+3)\div1=12$(秒後)である。

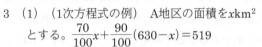

4　(相似の証明，円の性質，線分の長さ)

1　(証明)　(例)△ABCと△AHEにおいて線分ABを直径とする円Oを考えると，半円の弧に対する**円周角**は等しいから∠ACB＝∠AEH…①　OC//ADで，**錯角**は等しいから∠HAE＝∠OCA…②　△OCAはOA＝OCの二等辺三角形だから∠BAC＝∠OCA…③　②，③より∠BAC＝∠HAE…④　①，④より，2組の角がそれぞれ等しいので△ABC∽△AHE

2　(1)　△ABCに三平方の定理を用いて，AC＝$\sqrt{AB^2-BC^2}=\sqrt{9^2-3^2}=6\sqrt{2}$(cm)　よって，AB：AC：BC＝9：$6\sqrt{2}$：3＝3：$2\sqrt{2}$：1　△AHE∽△BCJより△ABC∽△BCJだから，BJ＝BC×$\frac{AC}{AB}=3\times\frac{2\sqrt{2}}{3}=2\sqrt{2}$(cm)　OC//ADより，平行線と線分の比の定理を用いると，BJ：JE＝BO：OA＝1：1　また，四角形JCDEが長方形であることを考慮すると，CD＝JE＝BJ＝$2\sqrt{2}$cm　(補足説明)△AHE∽△BCJの証明　∠AEH＝90°であることと，OC//ADより，∠AEH＝∠BJI＝∠BJC＝90°…①　弧CEに対する円周角なので，∠HAE＝∠CBJ…②　①，②より，2組の角がそれぞれ等しいから，△AHE∽△BCJ

(2)　BE＝2BJ＝2×$2\sqrt{2}=4\sqrt{2}$(cm)だから，△ABEに三平方の定理を用いて，AE＝$\sqrt{AB^2-BE^2}=\sqrt{9^2-(4\sqrt{2})^2}=7$(cm)　また，ED＝JC＝BC×$\frac{BC}{AB}=3\times\frac{1}{3}=1$(cm)より，AF＝AD×$\frac{AF}{AD}$＝(AE＋ED)×$\frac{AF}{AD}=(7+1)\times\frac{5}{5+3}=5$(cm)　IC＝OC－OI＝$\frac{AB}{2}-\frac{AF}{2}=\frac{9}{2}-\frac{5}{2}=2$(cm)　GI：GF＝IC：AF＝2：5　△BFEに三平方の定理を用いて，BF＝$\sqrt{BE^2+FE^2}=\sqrt{BE^2+(AE-AF)^2}=\sqrt{(4\sqrt{2})^2+(7-5)^2}=6$(cm)　よって，GI＝IF×$\frac{GI}{IF}=\frac{BF}{2}\times\frac{GI}{IF}=\frac{6}{2}\times\frac{2}{2+5}=\frac{6}{7}$(cm)

＜英語解答＞

1　1　No. 1　ウ　No. 2　ア　2　ア　10　イ　病院　ウ　動物　3　No. 1　イ　No. 2　エ　4　(I will) enjoy drawing a picture of these flowers(.)

2　1　(1)　or　(2)　umbrella　(3)　instead　2　(1)　イ　(2)　エ
3　(1)　X　ア　Y　エ　Z　オ　(2)　X　ウ　Y　オ　Z　ア

3　1　X　オーストラリア　Y　カナダ　Z　イタリア　2　(例)新しい友達を作ったり，違った文化を学んだりできること。　3　イ，オ

4　1　ウ　2　B　3　(例)英語で書かれた本を読むこと。　4　(1)　(例)He went there by bus.　(2)　(例)No, he didn't.　5　オ→イ→エ→ア→ウ　6　Ⅰ　(She learned about it when she) (例) joined a special program (at a university.)
Ⅱ　(Please come to the contest) (例) to see my presentation(next year.)

5　(例)I do my homework in the morning. At night, I become very sleepy and cannot study. So I get up early in the morning. I can do my homework better because it is very quiet.

＜英語解説＞

1　(リスニング)

放送台本の和訳は，46ページに掲載。

2 (会話文問題：語句の問題，文の挿入，語句の並べ換え，比較，未来，助動詞，接続詞，現在完了，関係代名詞，間接疑問文)

1 (1) 「ルミ：コーヒーとお茶のどちらがより好きですか？／ハリー：お茶の方が好きです。私はいつもミルクと一緒にそれを飲みます。」**Which do you like better, A or B ?**「AあるいはBのどちらがより好きですか」**better ← good／well** の比較級「もっとよい[よく]」

(2) 「イサム：今日，雨が降るでしょう。出かけるときには，傘[umbrella]を持って行って。／フレディ：青いのを持って行きます。開かないので，赤いのは使えません。」<**will** +動詞の原形>未来　one(同じ種類のもののうちの)「一つ，(～の)もの」

(3) 「女性：ごめんなさい，オカダさんは明日の会議に来られません。／男性：えっ，本当ですか？　あのー，彼の代わりに，誰か会議に来て欲しいのですが。」<**cannot** +動詞の原形>「～できない」「～の代わりに」instead of ～

2 (1) 「キャシー：こんにちは，ヒロシ。あなたは，今日，疲れているみたいですね。／ヒロシ：少しね。昨日，私の家族は横浜の叔母のところへ行きました。／キャシー：そこはここから少し遠いですね。イいつ家に戻りましたか？／ヒロシ：およそ午後9時です。それから，お風呂に入って，寝ました。」空所の質問に対して，「およそ午後9時です。お風呂に入って寝ました」と帰宅時間を答えていることから考える。他の選択肢は次の通り。　ア「なぜ彼女はそこに住んでいたのですか」　ウ「何時に彼女は家を出ましたか」**What time ～ ?**「何時に～しましたか」　エ「どのくらい時間がかかりましたか」**How long ～ ?**「どのくらい時間がかかるか」

(2) 「ジャック：ケイコ，あなたはテニスが上手ですね。／ケイコ：ありがとう。でも，私たちの学校ではナナコが一番上手いです。／ジャック：本当ですか？　彼女はあなたよりも上手いのですか？／ケイコ：エ「はい」とは答えたくありませんが，そうせざるを得ません。この前の試合では，彼女は素晴らしかったです。」<**have[has]**+ **to**不定詞>「～しなければならない」**better ← good／well** の比較級「もっとよい[よく]」他の選択肢は次の通り。いずれも，空所後のせりふにつながらない。　ア「あなたは間違っていると思います。ですから，『いいえ』と答えます」**～, so**……「～だ，だから[それで]……である」　イ「『いいえ』と言えます，というのは，彼女は上手くないからです」　ウ「『はい』とは言えませんが，そうしたいです」

3 (1) (I) have been looking for the book which(I borrowed.)　(全訳)「マサキ：私が借りた本を探しています。見かけませんでしたか？／リリ：いいえ。あなたが探すのを手伝いましょう。」<**have been + -ing**>現在完了進行形「～し続けている」(動作動詞の継続) look for「～を探す」the book which I borrowed ← <先行詞＋目的格の関係代名詞 **which** ＋主語＋動詞>「～［主語］が……［動詞］する先行詞」

(2) Do you think your father can use(this computer ?)　(全訳)「ヨシエ：あなたのお父さんはこのコンピューターを使うことができると思いますか？／デヴィッド：はい。彼はそれでしばしば電子メールを書いています。」Can your father use this computer ? ← 間接疑問文(疑問文が他の文に組み込まれた形)<主語＋動詞>の語順になる。

3 (会話文問題：絵・図・表・グラフなどを用いた問題，日本語で答える問題，内容真偽，比較，接続詞，前置詞)

(全訳)　千恵(以下C)：先週，あるイベントで多くの外国の人々と会って，私の市には，世界にいくつかの姉妹友好都市があるということを耳にしました。それらの1つがアメリカのあなたの市です。私は姉妹友好都市についてもっと知りたかったので，イベントの後に，グラフを作りました。／ビル(以下B)：うわっ！　日本にはとても多くの姉妹友好都市提携があるのですね。その数は増えています。／C：私も驚きました。表を見てください。あなたの国には多くの姉妹友好都市がありますね。日本では，イタリアとよりも，カナダとの姉妹友好都市提携の方がより多いです。／B：その通りです。／C：山形県では，アメリカとは8つの姉妹友好都市提携が，オーストラリアとは2つの姉妹友好都市提携があります。／B：イタリアとも1つの姉妹友好都市提携があります。千恵，図は何を私たちに示していますか？／C：姉妹友好都市間の交流を示しています。例えば，多くの都市が学生を姉妹友好都市へ派遣しています。アメリカのあなたの市は私の市と交流があるので，あなたは日本へやってきたわけです。①あなたにとって，交流には多くの利点があるわけですよね？／B：ええ。新しい友人ができ，異なった文化を学ぶことができます。／C：それは良いですね。私もあなたから多くのことを学びました。

1　千恵の第2・3番目のせりふ「日本では，イタリアとよりも，カナダとの姉妹友好都市提携が多い。山形では，～オーストラリアとは2つの姉妹友好都市提携がある」及び，ビルの第3番目のせりふ「(山形では)イタリアとは1つの姉妹友好提携がある」を参考にすること。**more ← many／much** の比較級「もっと多く(の)」

2　下線部①を受けた以下のビルの応答に注目すること。I can make new friends and learn a different culture.

3　ア「千恵は友好都市について外国の人々に話したかったので，イベントの前にグラフをつくった」(×)　千恵がグラフを作りたかった理由は，もっと姉妹友好都市について知りたかったからで，イベントの後に作成した(第1番目の千恵のせりふ)。**～, so** ……「～である，だから[それで]……だ」**more ← many／much** の比較級「もっと多く(の)」　イ「日本の姉妹友好都市提携の数は2千を超えていないことをグラフは示している」(○)　グラフによると，2021年の姉妹友好都市提携数は1,781都市である。**over**「～を超えて」　ウ「山形県では，中国とよりも，アメリカとの方が，姉妹友好都市提携が多い」(×)　表によると，中国が9都市で，アメリカは8都市である。**more ← many／much** の比較級「もっと多く(の)」　エ「姉妹友好都市間では，スポーツのためのいかなる交流も存在しないことを，図は示している」(×)　図には，スポーツ選手やチームの交流が例として挙げられている。　オ「アメリカのビルの都市は，千恵の市の姉妹友好都市で，互いの市同士で交流がある」(○)　第1・4番目の千恵のせりふに一致。

4　**(長文読解問題・エッセイ：語句の解釈，文の挿入，日本語で答える問題，英問英答・記述，文の並べ換え，要約文などを用いた問題，助動詞，間接疑問文，比較，受け身，分詞の形容詞的用法，進行形，不定詞，関係代名詞)**

(全訳)　先生が生徒に研究所への校外学習について話した時に，陽太はとてもうれしかった。彼は理科に非常に興味があった。将来の夢について尋ねられると，彼は常に「数学と理科が好きなので科学者になりたい」と答えた。

校外学習の日に，陽太はとてもワクワクしていた。彼の学校から研究所までは，バスでおよそ15分かかった。研究所では彼のクラスはいくつかのグループに分かれた。研究者の一人であるエミリーが彼のグループを案内した。「私たちは医学を研究しています。あなた方に私たちの研究についてお話ししましょう」と彼女は言った。研究所を見回すと，陽太はエミリーに「なぜあなたは医学を勉強し始めたのですか？」と尋ねた。「私が子どもだった頃，父が私に世界の援助が必要な子どもたちについて話をしました。それで，私は医学を学ぼうと考えたのです」とエミリーは言った。また，彼女は陽太に彼女の研究についてと，どのようにそのことが子どもたちを手助けすることができるかについて，話をした。エミリーは「将来，何になりたいですか」と尋ねた。陽太は「科学者になりたいです」と答えた。彼女は「それはすばらしいですね。なぜですか？」と言った。「①えーと，私は理科が好きで，それから……，」陽太は弱々しい声で言った。エミリーの話を聞いた後で，彼は彼の答えが彼女のものほど，優れていないと感じた。エミリーは陽太を見て，「ここで発表コンテストが開かれて，多くの高校生が彼らの研究を発表します。見に来てください」と言った。

2週間後，陽太はコンテストを見るために，研究所を訪れた。B彼は玄関で発表のリストをもらった。それには発表者の名前と共に50の発表のタイトルが書かれていた。ある少女が最初の発表を行った。彼女は多くのエネルギーを節約することができる灯りについて話をした。彼女は「私の町には大学があります。そこで発明された新しい技術がこの灯りには使われています」と言った。彼女は大学の特別プログラムに参加する機会を得た，と言った。それは科学に興味がある高校生を対象にしたものだった。そのプログラムで，彼女は初めてその技術について学んだ。陽太はそのことを聞いて，興奮した。他のいくつかの発表を見た後に，陽太はエミリーに会った。彼は言った。「発表はとても素晴らしかったです。彼らの研究がいかに私たちの生活をよくするかを示してくれました。私も彼らのようになりたいです。どうしたらあのような素晴らしい考えが思いつくのでしょうか」「心配しなくていいわ。何か新しいことを学び続けなさい。まもなく独自の考えを思いつくでしょう。それは少しずつ明らかになってきます」とエミリーは言った。「そうします，ありがとうございました」陽太は言った。「陽太，英語も科学者には必要です。私たちは英語で書かれた本を読みます」とエミリーは言った。「わあっ！　②それをするのは大変です」と陽太は言った。「少しずつ」とエミリーは彼を再び励ました。

その晩，陽太は彼の母親に，発表がどのようなものであったか，話をした。「来年，発表者として，コンテストに参加したいと思う。そのためには，やるべきことがたくさんあるんだ」と彼は言った。陽太の母親はそれを聞いてうれしかった。「あなたはできるわ。応援するわね」彼女は優しく微笑んで言った。

1　後続の文で「弱々しい声で言った。／彼の答えは彼女のものほど，優れていないと感じた」とあるので，参考にすること。正解は，ウ「エミリーのようにより良い理由で，将来何になりたいか言うべきだ」。**should**「～すべきである，するはずだ」I should say what I want to be in the future ～ ← What do I want to be ～？ 間接疑問文(疑問文が他の文に組み込まれた形)<疑問詞＋主語＋動詞>の語順になる。**better ← good／well** の比較級「もっとよい[よく]」<**A not as ～ as B**>「AはBほど～でない」他の選択肢は次の通り。
ア 「私は数学と理科がとても好きだが，医学に興味がなかった」医学に興味がないとは述べていない。<**be動詞＋ interested in**>「～に興味がある」 イ 「世界中の人々を助けたいので，留学したい」言及なし。all over「～じゅう(に)」 エ 「なぜエミリーが私に将来についてのその質問をしたのか，理解できない」質問の意図が理解できなかったわけではない。I can't understand why Emily asked me the question ～ ← Why did Emily ask me ～？ 間接疑問文(疑問文が他の文に組み込まれた形)<疑問詞＋主語＋動詞>の語順になる。

2　「2週間後，陽太はコンテストを見るために，研究所を訪れた」→ B彼は玄関で発表のリストをもらった」→「それには発表者の名前と共に50の発表のタイトルが書かれていた」<There ＋ be動詞＋ S ＋場所>「Sが～にある／いる」

3　直前の We read books written in it[English]. を指している。<名詞＋過去分詞＋他の語句>「～された名詞」過去分詞の形容詞的用法

4　(1)　質問：「校外学習の日に陽太はどのようにして研究所へ行ったか」第2段落2文に It took about fifteen minutes from his school to the laboratory by bus. とある。<by ＋

乗り物＞交通手段　(2)　質問：「陽太は発表を見ている時に，発表者のような偉大な考えを(陽太は)抱いたか」陽太はエミリーに「自分も発表者のようになりたい。どうしたらあのような素晴らしい考えを抱くことができるのか」(第3段落第12文)と述べていることから考える。陽太自身は，そのような考えが思いつかなかったのである。否定で答えること。

5　オ「陽太は研究所へ行く校外学習の日を待っていた」→ イ「エミリーはあるグループに加わり，研究者が何を研究しているのか告げた」→ エ「エミリーは陽太に高校生による発表を見るように言った」→ ア「発表コンテストを見るために研究所にいるときに，陽太はエミリーを見かけた」→ ウ「陽太は彼が見た発表について彼の母親に話をした」was waiting ← 進行形＜**be動詞+ -ing**＞「〜しているところだ」told what the researchers were studying ← What were the researchers studying？ 間接疑問文(疑問文が他の文に組み込まれた形)＜疑問詞＋主語＋動詞＞の語順になる。不定詞の副詞的用法(目的)「〜するために」the presentations ▼ he saw ← ＜先行詞(＋目的格の関係代名詞)＋主語＋動詞＞「〜［主語］が〜［動詞］する先行詞」目的格の関係代名詞の省略

6（全訳）陽太：最初の発表者はある少女で，新しい技術について，私たちに話してくれました。彼女は大学の Ⅰ 特別授業に参加した時に，そのことについて学びました。私も新しいことを学ぶ機会を見つけるべきだと思いました。さて，皆さんはこのコンテストに興味がありますか？それは毎年開かれます。どうか来年 Ⅱ 私の発表を見に，コンテストに来てください。／サラ：へーえ，あなたは発表者になるということですかね？それは素晴らしいです！

Ⅰ　第3段落第5文〜8文を参考にすること。　Ⅱ　第4段落第2文，あるいは，サラ先生の応答文から当てはまる英語を推測すること。

5　(自由・条件英作文)

（全訳）「宿題をやるのによい時間を探し出すのは大切です。私が学生だった時に，私はそれを朝しました。私の友人は夕食の前にしました。あなたはいつも，いつ宿題をしますか？そして，その理由は？」

（解答例訳）「私は朝，宿題をします。夜は，とても眠くなって，勉強ができません。そこで，私は朝，早く起きます。とても静かなので，宿題がはかどります」

宿題をいつするのか，そして，その理由を4文以上の英語で表わす英作文問題。

2022年度英語　リスニングテスト

〔放送台本〕

これから，No. 1とNo. 2，それぞれの場面の対話文を読みます。それぞれの場面の対話文を読んだあと，クエスチョンと言って質問します。その質問の答えとして最もふさわしいものを，ア，イ，ウ，エの中から一つずつ選び，記号で答えなさい。英文は2回読みます。

No. 1 (*Mother*): Have you finished your homework? Please help me cook dinner.

(*Boy*): Sure. Mom, I will wash the vegetables.

(*Mother*): I've already done it. Can you go to the store to buy eggs?

(*Boy*): OK.

Question: What is the boy going to do to help his mother?

No. 2 (*John*): We had four basketball games, and I played in all of them.

(*Aya*): You were playing very well, John. How many games did your class win?

(*John*): Two. Your class won more games than my class, Aya. The members of your class played very hard.

(*Aya*): Yes. But I wanted my class to win all of the games.

Question: Which is Aya's class?

〔英文の訳〕

No.1 母　：宿題終わった？　夕食を調理するのを手伝って。

少年：もちろんです。お母さん，僕は野菜を洗います。

母　：それは既にやったわ。卵を買いに店に行くことはできる？

少年：わかりました。

質問：少年は彼の母親を手伝うのに何をしますか？／正解は，店で卵を買っているイラストのウ。

No.2 ジョン：4試合バスケットボールの試合があって，私はそれらのすべてに参加しました。

アヤ　：ジョン，あなたはとても上手にプレイしていました。あなたのクラスは何試合に勝ったのですか？

ジョン：2試合です。アヤ，あなたのクラスは私のクラスよりももっと多くの試合に勝ちました。あなたのクラスのメンバーはとても頑張りました。

アヤ　：ええ。でも，私のクラスには全部の試合に勝って欲しかったです。

質問　：どれがアヤのクラスですか。／正解は，3勝1敗のア。

〔放送台本〕

まず最初に，そこにある「史織さんが使っているホワイトボード」をよく見てください。これから，中学生の史織(Shiori)さん，真奈(Mana)さん，そして留学生のウィリアム(William)さんが話し合いをします。これを聞いて，「史織さんが使っているホワイトボード」の，ア，イ，ウに，それぞれあてはまる数字や日本語を書きなさい。英文は2回読みます。

(*Shiori*): We are going to do a volunteer activity in October. What can we do, Mana?

(*Mana*): The park near the hospital is used by many people, so it's a good idea to clean it. How about you, William?

(*William*): I want to read books together with little children at the library.

(*Shiori*): Interesting. I think books about animals are good for children.

〔英文の訳〕

史織：10月に私たちはボランティア活動をすることになっています。真奈，何が私たちにはできますか？

真奈：病院の近くの公園は多くの人々により使用されているので，それを清掃するのは良い考えです。ウィリアム，あなたはどうですか？

ウィリアム：私は図書館で小さな子供たちと一緒に本を読みたいです。

史織：興味深いですね。動物に関する本は子供たちには良いと思います。

〔設問〕＜史織さんが使っているホワイトボード＞

ア10月のボランティア活動案

イ病院の近くの公園を掃除する

図書館で子供たちと本を読む←ウ動物についての本がいいのでは？

〔放送台本〕

中学生の結花(Yuka)さんは，留学生のエマ(Emma)さんに電話し，メッセージを残しました。メッセージのあと，クエスチョンズと言って二つの質問をします。それぞれの質問の答えとして最もふさわしいものを，ア，イ，ウ，エの中から一つずつ選び，記号で答えなさい。英文は2回読みます。

Hi, this is Yuka. I'm calling you because I have sad news about our ALT, Tom. He will go back to his country soon. I heard about that from my classmates. We thought we should do something for Tom. I'm sure that our English teacher will agree. So, let's talk about it with our classmates if you are free after school on Monday. See you.

Questions: No.1 Who told Yuka the sad news?

No.2 What does Yuka want to do after school on Monday?

〔英文の訳〕

こんにちは，結花です。私が電話をしているのは，私たちの外国語指導助手であるトム先生に関して，悲しい知らせがあるからです。彼はまもなく祖国へ戻ります。そのことをクラスメイトから聞きました。私たちはトム先生へ何かをするべきだと，私たちは考えました。きっと私たちの英語の先生も同じ意見でしょう。そこで，月曜日の放課後，時間があれば，クラスメイトと一緒にそのことについて話しましょう。それでは。

質問：No.1　誰が結花に悲しい知らせを話しましたか？

〔選択肢の訳〕

ア　彼女の妹[姉]。　㋑　彼女のクラスメイト。　ウ　外国語指導助手。　エ　英語の先生。

質問：No.2　月曜日の放課後，結花は何をしたいのですか？

〔選択肢の訳〕

ア　彼女は外国語指導助手と一緒にクラスメイトのためにパーティーを計画したい。

イ　彼女は学校を後にして，自宅で自由な時間を過ごしたい。

ウ　彼女は学校を去る外国語指導助手のために何かを買いたい。

㋓　彼女はクラスメイトと，外国語指導助手のために何をするか話したい。

〔放送台本〕

これから，英語による対話文を2回読みます。(　)のところの英語を聞き取り，書きなさい。

(*Greg*): Look at this garden.

(*Mika*): It's wonderful. I will enjoy drawing a picture of these flowers.

〔英文の訳〕

グレッグ：この庭を見て下さい。

ミカ　　：素晴らしいです。これらの花の絵を描いて，楽しみましょう。

<理科解答>

1 1 (1) a 根毛　b (例)接する面積が広くなる
(2) ウ　2 (1) A　(2) ア

2 1 0.27秒　2 (1) a 感覚　b 中枢
(2) (例)脳に伝わる前に，運動神経に伝わる。

3 1 断層　2 エ　3 (1) カ　(2) X 126 km
Y 22時22分55秒

4 1 感星　2 エ　3 ウ　4 (例)1年で，地球は約1周公転するのに対して，金星は約1.6周公転するため。
5 冬

5 1 (例)液体が急に沸とうするのを防ぐため。　2 蒸留
3 (1) a イ　b オ　(2) オ　4 (例)温度が変わらない

6 1 質量保存(の法則)　2 CO_2　3 右図1　4 イ

7 1 (力の)合成　2 右図2　3 a ア　b ウ
4 5.0 N

8 1 電磁誘導　2 9000J　3 イ　磁界[磁場]

図1
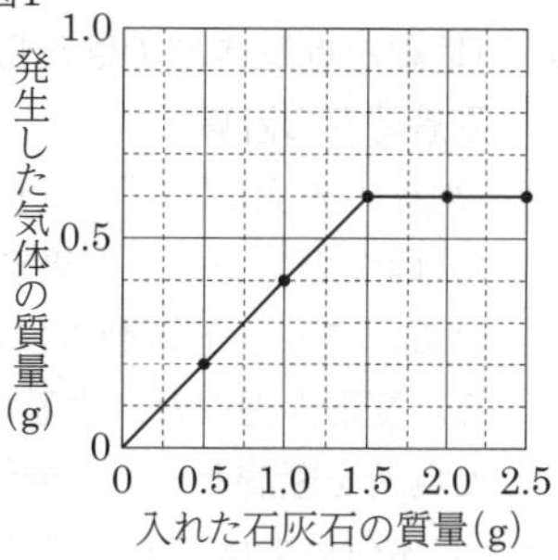

図2
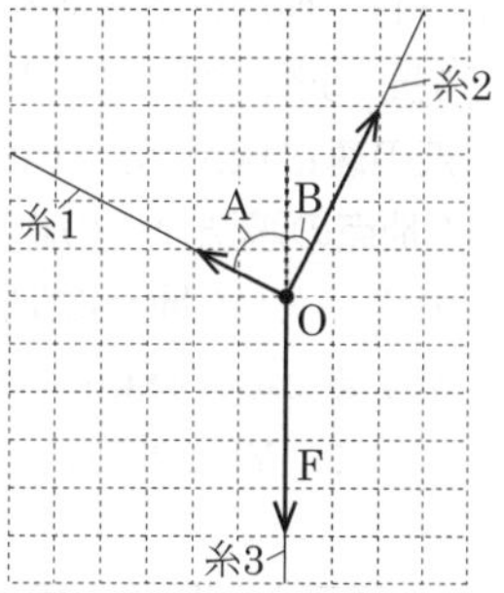

<理科解説>

1 **(生物の成長と生殖：成長・体細胞分裂の観察，植物の体のつくりとはたらき：根毛)**

1 (1) 発芽した根の先端近くには，根毛とよばれるとても細い突起が数多く見られる。根は，**根毛があることで土と接する面積が広くなる**ため，水分や肥料を効率良く吸収できる。
(2) 根は先端近くの細胞が分かれて数をふやし，さらにそれらの細胞が体積を大きくすることによって成長する。そのため，先端近くが伸び，アより印の間隔が広くなっているウが正しい。

2 (1) 成長している根の細胞が，分裂するときの変化を観察するには観察する材料を細かくくずす必要があり，**細胞と細胞を離れやすくするために，うすい塩酸に5分間つけて**，水洗いする。　(2) 体細胞分裂において，**染色体が複製されるのは分裂を始める前**であり，それぞれ染色体が複製され，2本ずつくっついた状態になるが，まだ染色体の形は細くて長いため見えないので，図3ではアが適切である。

2 **(動物の体のつくりとはたらき：刺激と反応)**

1 陽菜さんは悠斗と手をつなぐと同時にストップウオッチを押しているので，刺激の伝達にかかった時間の**1人目は悠斗さんであり，陽菜さんは最後に刺激を受け取って，判断し，ストップウオッチを押しているので，10人目**である。よって，1人あたりにかかった時間＝(2.75＋2.73＋2.65＋2.71＋2.66)[s]÷5÷10＝0.27[s]，である。

2 (1) 皮膚などの**感覚器官**で受けとられた外界からの刺激は，電気的な信号として**感覚神経**に伝えられる。信号はそのあと，脳やせきずいからなる**中枢神経**に伝えられる。中枢神経は，伝えられた信号に応じて，どのように反応するかを**運動神経**を通して筋肉などの**運動器官**に命令する。　(2) 熱いものにさわってしまったとき，とっさに手を引っこめるような，意識とは無関係に起こる反応を反射という。**反射の場合は，信号が脳に伝わる前に運動神経に伝わる**ので，時

間がかからない。

3 (地震と地球内部のはたらき：プレートと地震発生のしくみ・震度・震源地からの距離とS波の到着時刻の計算)

1　地球の表面は，**プレート**とよばれる厚さ100kmほどの板状の岩盤でおおわれている。日本付近には4つのプレートが集まっている。それぞれのプレートはさまざまな方向にゆっくりと動いている。プレートの動きにともない，地下の岩盤には非常に大きな力がはたらき，岩盤が変化する。変形が進むと，岩盤が変形にたえきれず破壊され，割れてずれが生じる。割れてずれが生じた場所を**断層**という。**岩盤が割れてずれが生じるときに，地震が発生する。**

2　日本付近では，太平洋プレートが，北アメリカプレートの下に沈み込んでいるため，エである。

3　(1)　地震によるゆれの大きさは，震度で表され，現在，日本では，震度0，1，2，3，4，5弱，5強，6弱，6強，7の**10段階**に分けられている。　(2)　C地点の震源からの距離Xを求める。**P波の速さ〔km/s〕**＝(36km－18km)÷(22時22分26秒－22時22分23秒)＝6〔km/s〕，であるため，**C地点の震源からの距離X**＝36〔km〕＋6〔km/s〕×(22時22分41秒－22時22分26秒)＝126km，である。次に**C地点にS波が到着した時刻Y**を求める。**初期微動継続時間は震源地からの距離に比例する**ため，18km：126km＝(22時22分25秒－22時22分23秒)：(Y－22時22分41秒)，である。よって，Y＝22時22分55秒，である。

4 (太陽系と恒星：金星の動きと見え方，天体の動きと地球の自転・公転：季節による満月の南中高度)

1　星座をつくる星とは違った動きをして見える，恒星のまわりを公転している天体を惑星という。

2　図1のように夕方の西の空に見えた金星は，星の日周運動により，**東から上って東から西に向かって回転し，西へ沈んで見えるため，**エの向きに動いて見える。

3　図2の金星の位置関係から，太陽に照らされた側だけが反射してかがやいて見えるため，右側が丸に近く見えるが，**望遠鏡で見ると，上下左右が逆に見える**ため，ウのように見える。

4　1年で，地球は約1周公転するのに対して，金星は，1÷0.62≒1.6，より**約1.6周公転**するため，図2の1年後には，地球では現在の位置であり，金星は，360°×0.6＝216°，現在の位置より公転しているので，明け方に見える位置になる。

5　地球の地軸が公転面に垂直な方向に対して約23.4°傾いたまま，自転しながら公転しているため，**満月の南中は真夜中であるため，北半球では，冬は北極側が満月の方向に傾くことにより，満月の南中高度が最も高い季節は冬である。**

5 (状態変化：蒸留実験・蒸留で得た物質の成分を密度で考察・沸点，身のまわりの物質とその性質：密度と物質の区別)

1　ガスバーナーで加熱する液体を入れた太い試験管に**沸騰石を入れるのは，液体が急に沸とうするのを防ぐためである。**

2　液体を沸とうさせて気体にし，それを冷やして再び液体としてとり出すことを**蒸留**という。

3　(1)　エタノールの密度は0.79$\mathrm{g/cm^3}$＜液体Xの密度は0.83$\mathrm{g/cm^3}$＜液体Yの密度は0.90$\mathrm{g/cm^3}$＜水の密度は1.00$\mathrm{g/cm^3}$であるため，液体Xは大部分がエタノールで，少量の水が含まれている。また，**液体Yの密度は，エタノールの密度と水の密度の約平均値であるため，エタノールと水が約半分ずつ含まれている。**　(2)　プラスチックの密度〔$\mathrm{g/cm^3}$〕＝0.12〔g〕÷0.13〔$\mathrm{cm^3}$〕≒0.92〔$\mathrm{g/cm^3}$〕である。よって，このプラスチックが浮くのはプラスチックより密度が大きい液体Zである。プラスチックが沈むのは，プラスチックより密度が小さい液体Xと液体Yである。

4　一郎が，「太い試験管に残った液体は，純粋な物質といえる」と考察しているため，実験結果から，液体が沸とうしている間は，温度が変わらないということがわかった。このことから，実験結果の表より，密度が1.00g/cm^{3}の液体Zを最後にとり出した後の，エタノールと水の混合物が入っていた太い試験管に残った液体は，水の方がエタノールより沸点が高く，沸点が一定であることから，純粋な水であると考察できる。

6 (化学変化と物質の質量：質量保存の法則・質量変化の規則性すなわち反応する物質の質量の比が一定，化学変化：化学式，気体の発生とその性質)

1　化学変化の前後で物質全体の質量が変化しないことを質量保存の法則という。

2　うすい塩酸に石灰石を加えたときに起きる化学変化を化学反応式で表すと，$2HCl+CaCO_3 \rightarrow CaCl_2+H_2O+CO_2$，より発生する気体は二酸化炭素で，化学式は$CO_2$である。

3　うすい塩酸12cm^{3}に0.5gの石灰石を加えたとき発生した二酸化炭素の質量は，59.0g+0.5g−59.3g=0.2g，である。同様に計算し，グラフ上に(入れた石灰石の質量〔g〕，発生した気体の質量〔g〕)(0，0)，(0.5，0.2)，(1.0，0.4)，(1.5，0.6)，(2.0，0.6)，(2.0，0.6)の各点を記入する。原点から，入れた石灰石の質量が1.5gまでは比例の直線を引き，1.5gから2.0gまでは発生した気体の質量が0.6gの一定の直線を引く。

4　図2のグラフから，うすい塩酸12cm^{3}と過不足なく反応する石灰石の質量は1.5gであり，発生する二酸化炭素の質量は0.6gである。よって，うすい塩酸18cm^{3}と過不足なく反応する石灰石の質量は，1.5g×(18cm^3÷12cm^3)=2.25g，であり，加えた石灰石の粉末3.0gのうち2.25gだけが使われ，0.75gは反応しないでのこる。うすい塩酸18cm^{3}と石灰石の粉末2.25gが反応したとき発生する二酸化炭素の質量をxgとすると，1.5g：2.25g=0.6g：xg，xg=0.9g，より発生する二酸化炭素の質量は0.9gである。

7 (力の規則性：3力のつり合いにおける合力と分力の作図と応用問題)

1　複数の力を同じはたらきをする一つの力で表すことを，力の合成という。

2　物体Xにつけた糸3が点Oを引く力Fと同じ大きさで，同一作用線上にある点Oを上向きに引く力，すなわち点Oを作用点とする5つのマスの長さの矢印をかく。この点Oを上向きに引く力が，糸1が点Oを引く力と糸2が点Oを引く力の合力である。図2の糸の方向への力の分解は，この合力が対角線になるような，糸1と糸2の方向をとなりあった2辺とする平行四辺形をかき，各辺の長さの矢印をかく。糸1と糸2の各辺の矢印が，それぞれ，糸1が点Oを引く力である分力と糸2が点Oを引く力である分力を表す。

3　糸1，2が点Oを引く力の合力は，糸3が点Oを引く力Fとつり合う力であり，その力の大きさは物体Xにはたらく重力と等しいため，変わらない。問2のように，図2において，A，Bの角度を大きくして作図し，分力である糸1，2が点Oを引く力の大きさを求めると，分力は大きくなるため，ばねばかり1，2がそれぞれ示す値は大きくなる。

4　A，Bの角度の大きさがそれぞれ60°のとき，図2に作図すると，平行四辺形は正三角形を組み合わせたものである。よって，分力である糸1，2が点Oを引く力は，糸1，2が点Oを引く力の合力に等しく，合力は物体Xの重力とつり合いの関係にあるため，ばねばかり1が示す値は，5.0Nである。

8 (電流と磁界：電磁誘導，電流：電力量，力と物体の運動：重力がはたらく磁石の落下，科学技

術の発展)

1　コイルと磁石が近づいたり遠ざかったりして，コイルの中の**磁界が変化する**と，その変化に応じた**電圧が生じて，コイルに誘導電流が流れる現象を電磁誘導**という。

2　消費する電力量[J]＝5[W]×30×60[s]＝9000[J]である。

3　静かに磁石から手をはなし，磁石がコイルに触れないように，磁石のN極は下向きのままで，コイルの中を通過させると，**磁石には下向きに一定の重力がはたらき続けるため，磁石が落下する速さは大きくなっていく。磁石を速く動かす(コイルの中の磁界を速く変化させる)ほど，誘導電流は大きくなる。レンツの法則**により，磁石のN極をコイルに近づけると，下向きの磁界が強くなるのを妨ぐ向き，つまりコイルの中に上向きの磁界ができるような向きに誘導電流が流れる。磁石がコイルの中を通過して磁石のS極をコイルから遠ざけると，下向きの磁界が弱くなるのを妨ぐ向き，つまりコイルの中に下向きの磁界ができるような向きに誘導電流が流れる。**右手の4本の指を誘導電流の向きに合わせたとき、親指の向きがコイルの中の磁界の向きと一致する**。よって，このときのオシロスコープの画面は，誘導電流の向きが＋から逆向きの－に変わり，－の向きのときには重力により磁石が落下する速さが大きくなっていくため，誘導電流が大きくなるイが最も適切である。

4　カードリーダーからは，変化する磁界が発生している。**ICカード**の内部には電源はないが，カードをカードリーダーに近づけると，**電磁誘導により**，変化する磁界によって，カードのコイルに**誘導電流が流れてICチップが作動し**，カードリーダーはICチップの情報を読みとることができる。

＜社会解答＞

1　1　B(国)　2　イ　3　(1)　(例)南半球に位置している　(2)　(記号)　ウ
(気候帯)　温帯　4　内陸国　5　エ　6　(例)緯線と経線が利用され，直線的である

2　1　ア，エ　2　イ　3　(例)原油の輸入に便利な，臨海部に立地している。
4　(1)　促成栽培　(2)　(例)供給量が少なく，価格が高くなっている
5　(記号)　エ　(県名)　徳島(県)　6　ウ

3　1　(1)　(例)戸籍に登録された人々に口分田　(2)　ア　2　承久の乱
3　(1)　石高　(2)　ウ　4　(1)　徳川慶喜　(2)　イギリス

4　1　ウ→ア→エ→イ　2　五・四運動　3　(例)満州国を国として認めないこと。[満州の占領地から日本の軍隊を引きあげること]　4　エ　5　(1)　イ　(2)　非核三原則

5　1　(1)　最高裁判所[最高裁]　(2)　エ　(3)　(例)一票の価値に大きな差が出ない
2　2000人以上　3　(1)　民主主義　(2)　ア

6　1　(1)　X　団結　Y　(例)労働条件について交渉する[労働時間や賃金などについて交渉する]　(2)　ア　2　(1)　南南問題　(2)　ODA　(3)　イ

＜社会解説＞

1　**(地理的分野―世界地理－地形・気候・産業・人口)**

1　略地図Ⅱは**正距方位図**であるから，東京からの距離と方角が正しく示されている。上が北，右が東，下が南，左が西である。東京からみた首都の方角が東にあたるのは③である。③はアルゼ

ンチンを示しており，略地図ⅠのB国である。

2 ア 大西洋とインド洋に面しているのは，アフリカ州である。 ウ 6つの州の中で最も面積が大きいのは，アジア州である。 エ 流域面積が世界最大の河川であるアマゾン川が流れているのは，南アメリカ州である。 ア・ウ・エのどれも別の州の説明であり，A国のある北アメリカ州の説明としては，イが正しい。**グレートプレーンズ**は，北アメリカ中西部を占める大平原の呼称であり，**ロッキー山脈**の東側で，カナダからメキシコ国境にまで及ぶ。牛・馬の放牧と小麦・トウモロコシを産出する農牧業地帯である。

3 (1) 日本が**北半球**に位置するのに対し，B国は**南半球**に位置している。 (2) 記号 B国はアルゼンチンであり，その首都はブエノスアイレスである。ブエノスアイレスは**南半球**に位置するため，12月・1月・2月の気温が高く，6月・7月・8月の気温が低い。また一年を通じて雨が多めである。**雨温図**のウがあてはまる。 気候帯 ブエノスアイレスには**四季**があり，日本と同じ**温帯**である。

4 国土を海に囲まれた国のことを島国というのに対し，陸に囲まれて海岸を持たない国を**内陸国**という。無沿岸国ともいう。

5 最初に国を確定する。Aはメキシコ，Bはアルゼンチン，Cはスイス，Dはエジプトである。4国の中で，小麦の生産量が最も多いのはアルゼンチン，次に多いのがエジプトである。また，エジプトは，**少子高齢化**が進んでおらず，0～14歳の人口が，65歳以上の高齢者の人口の10倍近くある。エがエジプトである。

6 D国の南部や西部の国境線は**緯線**や**経線**がそのまま利用され，直線的である。このような趣旨のことを簡潔に解答すればよい。なお，こうした直線的な国境線は，第二次世界大戦後に独立したアフリカ州の国に多い。

2 (地理的分野―日本地理－地形・工業・農林水産業・人口・気候)

1 **瀬戸内**地域には，山口県・広島県・岡山県・愛媛県・香川県がふくまれる。**山陰**地域には，島根県・鳥取県がふくまれる。**中国・四国**地方の県をふくむ地域区分は，瀬戸内と山陰である。

2 河川が運んできた土砂の堆積により河口部にできるのが，**三角州**である。山地から平野や盆地に移る所などに見られる，河川が運んできた土砂の堆積によりできる**扇状地**との区別が必要である。

3 日本は，**石油化学コンビナート**で使用される**原油**を海外からの輸入に依存しており，原油の輸入に便利な海に面したところに，石油化学コンビナートの多くが立地している。こうした趣旨のことを簡潔に記せばよい。

4 (1) ④は高知県である。高知県では，冬でも温暖な気候を利用して，なすなどをビニールハウスで育てる**促成栽培**を行っている。 (2) 資料Ⅳに見られるように，他の都道府県からの出荷があまりなく，供給量が少なく価格が高い冬から初夏に出荷量を増やすことが行われている。

5 ①は島根県，②は広島県，③は岡山県，④は高知県，⑤は徳島県である。 記号 徳島県では面積の4分の3が森林で，その約半分でスギの木が植えられており，**林業**が5県の中で最も盛んである。**県庁所在地**の人口が最も少ないのが全国45位の山口県であり，2番目に少ないのは全国41位の徳島県である。以上から，⑤の県にあたるのは，エである。 県名 上記のように，⑤の県は徳島県である。

6 農林漁業者が生産するのが，第1次産業である。農林漁業者が農産物や水産物を加工するのが，第2次産業である。農林漁業者が地域ブランドとして販売するのが，第3次産業である。こうした取り組みのことを，**6次産業化**という。農林漁業者が生産だけでなく加工や販売も行うことにより，利益が増える。また，**地産地消**につながるので，消費地まで輸送する手間が省け，輸送の距離が短いため，**エネルギー消費量**と**二酸化炭素排出量**の削減につながる効果もある。

3　**(歴史的分野―日本史時代別－古墳時代から平安時代・鎌倉時代から室町時代・安土桃山時代から江戸時代，―日本史テーマ別－社会史・経済史・政治史・外交史)**

1　(1)　**律令制度**の下の**班田収授法**では，**戸籍**に記載された6歳以上の男女に**口分田**を貸し与えた。良民男子2段，女子はその3分の2とされ，賤民は良民の3分の1とされていた。死後は収公された。　(2)　奈良時代から平安時代に，外交・防衛および九州を総管するために，律令国家が筑前国においた役所が**大宰府**である。古くから大陸との交通の要地を占め，**白村江の戦い**で唐と新羅の水軍に敗れた日本が，大陸に対する防衛基地として整備した。イの**多賀城**は，724年に**蝦夷**に対する前線基地として置かれたものである。ウの**問注所**は，鎌倉幕府が訴訟に関わる役所として1184年に創設したものであり，室町幕府でも同じ名前の役所が置かれた。エの**開拓使**は，**戊辰戦争**が終わった1869年に，北海道の開発のために設置されたものである。

2　鎌倉幕府が成立して以後，政治の実権は幕府にあったため，**後鳥羽上皇**は政治の実権を朝廷に取り戻すために1221年に挙兵し，幕府を倒そうとした。これが**承久の乱**である。承久の乱に敗れた後鳥羽上皇は，**隠岐**に流された。乱後は，それまで東日本中心だった幕府の支配が，西日本にまで及ぶようになった。

3　(1)　**太閤検地**後，土地の収穫量は**石高**で表されるようになり，農民が年貢を納めたり，武士が軍役を果たしたりする際の基準となった。　(2)　**豊臣秀吉**は，1587年にキリスト教の宣教師を「**伴天連追放令**」によって国外に追放するよう命じた。しかし，貿易は禁止されず，多くのスペイン人・ポルトガル人が来航したため，キリスト教徒は増加し続けた。

4　(1)　江戸幕府の15代将軍は，**徳川慶喜**である。**徳川斉昭**の子として**水戸藩**に生まれ，**一橋家**を継ぎ，その後将軍となり，**大政奉還**を行った。　(2)　清国は1842年に**アヘン戦争**でイギリスに敗れ，**南京条約**を締結させられ，イギリスによる植民地化が始まった。1862年に横浜郊外で起こった**生麦事件**でイギリス人が4名殺傷された。その報復として，翌1863年にイギリスが**薩摩藩**を砲撃し，薩摩藩が応戦する**薩英戦争**が起こった。

4　**(歴史的分野―日本史時代別－明治時代から現代，―日本史テーマ別－政治史・社会史・外交史，―世界史－政治史)**

1　ア　**大日本帝国憲法**が**欽定憲法**として発布されたのは，1889年のことである。　イ　**日露戦争**の講和条約として**ポーツマス条約**が結ばれたのは，1905年のことである。　ウ　**立憲改進党**が結成され，**大隈重信**が党首となったのは，1882年のことである。　エ　**日清戦争**の講和条約として，**下関条約**が結ばれたのは，1895年のことである。したがって，時代の古い順に並べると，ウ→ア→エ→イとなる。

2　1919年に北京で起こった反帝国主義運動が，**五・四運動**である。5月4日に始まったので，五・四運動という。**第一次世界大戦**後の**パリ講和会議**で，ドイツから日本に引き継がれた，**山東半島**の利権返還などの中国の要求が通らなかったこと，また，日本の**二十一か条要求**に対する反発から，学生デモを契機とし，**反日運動**として全国的規模に発展した。

3　1931年に，**関東軍**は**柳条湖**で**南満州鉄道**の線路を爆破し，これをきっかけに中国の東北部にあたる**満州**で軍事行動を展開して，満州の大部分を占領した。これが**満州事変**である。日本は翌1932年に，ここに**満州国**を建国した。日本は，満州国が独立した国であると主張したが，**国際連盟**の総会はこれを承認せず，日本軍の撤退を決議し，日本は**連盟を脱退**した。

4　日本は，1951年に**サンフランシスコ平和条約**を結んだが，**ソ連**との講和は成立しなかったため，**国連安全保障理事会**の**常任理事国**であるソ連の反対で，**国際連合**への加盟はできなかった。1956年に**日ソ共同宣言**が成立し，ソ連との国交が回復して，日本は国際連合への加盟が実現した。

5　(1)　ア　**朝鮮戦争**は，1950年に起こった。　ウ　**湾岸戦争**は，1990年に起こった。　エ　**イラク戦争**は，2003年に起こった。どれも別の時代の戦争であり，1960年代に激化したのは，イの**ベトナム戦争**である。　(2)　1967年に国会で佐藤栄作首相は「**核兵器を持たず，作らず，持ち込ませず**」という方針を表明した。これが**非核三原則**と呼ばれるものである。なお，持ちこませずというのは，**在日米軍基地**に核兵器を持ちこませないという意味である。1972年の**沖縄返還**にあたっては，この非核三原則が国の方針とされた。

5　(公民的分野―三権分立・国の政治の仕組み・地方自治)

1　(1)　**日本国憲法**第81条に「**最高裁判所**は，一切の法律，命令，規則又は処分が憲法に適合するかしないかを決定する権限を有する**終審裁判所**である。」との規定がある。法律や政令が憲法に違反しているかどうかについて最終的に判断を下すことから，「**憲法の番人**」とされるのが，最高裁判所である。**最高裁**でも正解とされる。　(2)　**内閣不信任**の決議を行うことができるのは**衆議院**のみである。**参議院**が決議できるのは，政府や大臣の責任を問うための**問責決議案**である。衆議院の不信任決議案と異なり，可決されても法的拘束力はない。　(3)　人口の多い都市部は選挙区を狭くして，人口の少ない農村部では選挙区を広くして，**一票の価値**に大きな差が出ないようにしている。**一票の格差**が大きくならないようにするのは，**法の下の平等**のためである。

2　**地方自治**における**直接請求**では，**条例**の制定・改廃を求める場合は，**有権者数**の**50分の1**以上の署名を，**首長**に提出することになっている。有権者10万人の市で，新しい条例の制定を求めるには，その50分の1である2000人以上の有権者の署名が必要となる。

3　(1)　**地方自治体**では，都道府県知事・市区町村長と，都道府県議会議員・市区町村議会議員をそれぞれ直接選挙で選ぶ。これを**二元代表制**と呼ぶ。さらに**直接請求**の制度があり，国民が自分に密接なかかわりのある問題について，自分の意思を地方自治に反映させ，**民主主義**を実践する場であるから，地方自治は「**民主主義の学校**」と呼ばれるのである。　(2)　2015年に，国会で選挙権年齢の引き下げが全会一致で可決され，2016年実施の参議院議員選挙から，**選挙権年齢**が**満18歳**以上となった。被選挙権は衆議院議員の場合満25歳以上，参議院議員の場合は満30歳以上である。

6　(公民的分野―経済一般・国際社会との関わり，地理的分野―環境問題)

1　(1)　X　**日本国憲法**第28条に「勤労者の団結する権利及び団体交渉その他の団体行動をする権利は，これを保障する。」との規定がある。労働者が**労働組合**を結成する権利を，**団結権**という。Y　団結した労働者は，労働時間や賃金などの**労働条件**について，経営者と対等な立場で交渉することができる。　(2)　例えば1ドル108円が，1ドル104円になることを**円高**になるという。円高になると，外国で日本からの輸入品を購入する人は，円高でない時よりも多くお金を必要とする。このため，日本企業が物を売りにくくなり，輸出するときに競争上不利になる。

2　(1)　**先進工業国**と**発展途上国**の間の経済格差のことを**南北問題**という。これに加えて現在では，発展途上国間の経済格差が問題となっており，**南南問題**といわれている。　(2)　発展途上国の経済・社会の発展や福祉の向上を支援するために，先進工業国の政府が行う資金や技術面での援助を，**政府開発援助**(ODA＝Official Development Assistance)という。2021年現在，日本のODAは金額では世界第4位であるが，国民総所得に占める割合は低い。　(3)　**気候変動**の影響による自然災害の被害を回避・軽減するには，**ハザードマップ**の作成・確認が必要である。ハザードマップとは，自然災害による被害の軽減や防災対策に使用する目的で，被災想定区域や避難場所・避難経路などの防災関係施設の位置などを表示した地図のことをいう。

＜国語解答＞

一　問一　a　かんたん　　b　あわ　　問二　ア　　問三　(例)想いを活かせる場所であることを「お母さん」に伝えよう　　問四　ウ　　問五　(例)やわらげる[ほぐす]
問六　Ⅰ　思い描く幸せ　　Ⅱ　(例)味方してくれている[同意してくれた]　　問七　イ

二　問一　a　ひっす　　b　と　　問二　ア　　問三　エ　　問四　Ⅰ　生活の基盤
Ⅱ　(例)子孫の代まで維持する必要　　問五　(例)自分や家族が使用するモノを自分たちで作るという労働から，食品や必要なモノを購入するために他の人に雇われて賃金を受け取るという労働に変化した。　　問六　イ　　問七　ウ

三　問一　いたる　　問二　B，D　　問三　ウ　　問四　天より人間
問五　(例)尊い考えにすっかり感心した[尊い考えに非常に感服した]

四　問一　1　肺　　2　貸　　3　倉庫　　4　盟約　　5　推測　　問二　エ

五　(例)　大きな変化は，表記に用いる漢字，文章の表現力や構成力といった「書く力」が必要だという認識が弱まり，相手や場面の認識力の必要性が強まっている点だ。
　たしかに言葉を適切に用いて他者とコミュニケーションを取るためには，状況把握の力が欠かせない。しかし用いる言葉自体がやせ細ってしまっては困る。豊かな日本語を守り，用いていきたい。日本人として必要な言語知識や表現をしっかりと身につけ，その上で自分の考えや意見を外部に発信する力を養っていくべきだ。

＜国語解説＞

一　**(小説―情景・心情，内容吟味，文脈把握，脱文・脱語補充，漢字の読み，語句の意味，表現技法・形式)**

問一　a　感心して褒めること。　b　「慌」の訓読みは「あわ・てる」。送り仮名に注意する。

問二　**驚きや緊張などで一瞬息をするのも忘れたようになる**こと。

問三　「私」にとって『ゆうつづ堂』は「私は，お客さんの背中を押す雑貨を作りたい。誰かの支えになりたい。その想いを活かせる場所」だと述べている。説明文の文脈に合わせて重複する部分を整理すると**「『ゆうつづ堂』が……自分の想いを活かせる場所」という要素**を補えばよいことがわかる。そして意を決したのだから，**母親にそのことを伝えようと決めた**のだ。

問四　母親は「また，そんな夢心地な……」とあきれた様子を見せている。楽しいから，好きだからというだけでは現実ではやっていけないのに，そうしたことを語る娘にあきれているのだ。

問五　間延びした声のおかげで「私」と母とのやりとりで張り詰めていた居間の空気が和んだ。父の声は雰囲気を，**なごませる・やわらげる**という働きをしたのだ。

問六　母親と私で異なるものは「お母さんの思い描く幸せが〝安定〟であるように，私にとっては，店を最優先するのが幸せなのだ」とあることから，「思い描く幸せ」だと導け，［Ⅰ］に入る。また，私は母親に感じたのは「味方してくれて，ありがとう」という言葉から，母は自分の味方であるという実感だ。［Ⅱ］**の文脈に合うように**，「味方してくれている」「同意してくれている」

などの表現にしてまとめよう。

問七　本文中に「お母さん」の描写は丁寧に施されている。かたくなに反対する母親の様子を「ため息を吹きかける」「驚いた顔」「青い顔」「絶句する」「遠慮がち」と細やかに描くと，**こうした母親にひるまず，強い決意をもって向き合う「私」を印象づける**ことができる。アは私が理想と現実の間で悩んでいるとする点，ウは神秘的な出来事が描かれているとする点，エはいらだちが強調されているとする点が不適切。

二　(論説文ー大意・要旨，文脈把握，段落・文章構成，脱文・脱語補充，漢字の読み，品詞・用法)

問一　a　どうしても必要なこと。　b「とる」はいろいろな漢字が当てられるが，動物や動くものをつかまえるのは「捕る」。

問二　受身。ルールの決定を生活者は受け入れているのだ。

問三　前段落の内容を指す。**食品や食材をスーパーなどで購入して食生活を営んでいる現状**のことだ。

問四　同段落内に，「自然環境とは共有財産」とあるが，4字なので字数が足りない。言い換えた表現を探すと「だからこそ，この生活の基盤を守る……」という記述があるので，Ⅰに「生活の基盤」を補うことができる。Ⅱには，環境維持が次世代のために必要だという内容が入る。「子孫の代まで維持できるよう」という記述をふまえ，文脈に合うように表現を変える。

問五　かつての労働については「かつて世界の……」で始まる段落に「労働とは**自分や家族が使用するモノを自分で作ること。**」とある。変化後の労働は「ところが二〇〇～」で始まる段落に「つまり賃金を得るために労働して，そのお金で，食べたり，着たり，使ったりするモノを購入する」とあるので，**生活に必要なモノを購入するためのお金としての賃金を得るという目的で行う労働**ということになる。この変化を指定字数でまとめればよい。必須の三つの言葉を用いることに注意して書いていく。

問六　傍線部の前の内容を把握する。食料を供給する**農業は「売るための『商品作物』を生産する産業」となった**こと，そして製造業・流通・小売業・外食産業・商社や金融業などの**さまざまな産業と絡み合って私たちに食料を提供していること**が述べられている。こうした「資本主義的食料システム」をおさえて，選択肢を選ぶ。

問七　本文は，**身近な食品購入の例を示して導入部**としている。次に労働と食料生産の内容が時代と共に変化しているその**変遷を説明**している。そして現在において，**資本主義的経済の仕組み(カラクリ)について論**を進めて解明している。

三　(古文ー大意・要旨，内容吟味，文脈把握，脱文・脱語補充，仮名遣い)

【現代語訳】　中国の禅僧である雲門大師が，門前の川で大根の茎を洗っていたところ，間違って大根の葉を一枚流してしまった。大師は流れに沿ってそれを追いかけ，やっと拾い上げたところ，傍で立ち止まって一部始終を見ていた村の長はこれを不思議に思い，「天下の名僧とも言われる雲門大師が，どうしてこのようなけちな振る舞いをなさるのだろう」と責めた。大師は不可思議そうな顔をしながら，拾い上げた一葉を指さして，「大根の大きい茎もわずかな一葉も，等しく天から人間を養ってくださろうとして生育なされた賜り物です。だから一枚を何の役にも立たないと考えて，これを流したりこれを捨てたりして気にとめないのは，天の恩恵を忘れ人の道に背く行為です。」と，拾い上げた一枚を捧げ奉って恭しく天に拝礼した。大師は振り返って村の長に向かい合い，「どうしてあなたはこのように思わないのですか。」と尋ねられたので，村の長は返答する言葉もなく，心の中に深くまでその尊い考えに感服し，その後は大師の教訓を受けたということだ。

問一　歴史的仮名遣いでの「ゐ」は「い」,「ゑ」は「え」となる。

問二　A 「詰りけり」の主語は庄屋，B 「指さして」の主語は大師，C 「養ひくだされん」の主語は天，D 「問はれし」の主語は大師である。

問三　「之」は，**庄屋が眺めゐたる一部始終**を指す。大師が大根の葉を走って追いかける様子のことだ。

問四　大師は**大根の一葉を天からの賜りものだと考えている**。「一茎の大なるも……」という大師の言葉の中から抜き出せる。

問五　理由は傍線部の前に述べられている。「心中深くその知識達徳に感服し」たのである。ここの部分の訳を用いてまとめればよい。

四 (漢字の書き取り，会話)

問一　1 「肺」の偏は，にくづき。　2 「貸す」の対義語は「借りる」。　3 「倉」の8画以降は「口」。「日」にしない。　4 重大な決意のもとに，約束すること。　5 「推」の偏は，てへん。「測」の偏は，さんずい。

問二　西さんは，活動内容と目的について，図書委員会としてしての考えを聞いた後，視点を変えて，本を読む意義について，林さんはどのように考えているのかを聞いた。

五 (作文)

二段落構成の条件，その他の指示に従って書くように心がける。第一段落は**資料の読み取り**が求められている。平成14年の調査と29年の調査で大きく変化している部分に注目して，まとめよう。次に，第二段落では，作文のテーマとなっている**「これからの自分に必要な言葉の知識や能力」について，自分の考え**をまとめる。第一段落で着目した差異をふまえ，変化が起こった原因や，変化したことで現れた状況にふれたりと，**問題点となるようなポイントを明確に示せる**とよい。今後の言語活動に必要であり大切だと考えることに説得力を持たせることができよう。

山形県公立高等学校

2021年度

★★★★★★★★★★★★★★★★★★★★★★

入　試　問　題

2021
年
度

●くわしい解説……41ページ

＜数学＞

時間　50分　　満点　100点

1　次の問いに答えなさい。

1　次の式を計算しなさい。

⑴　$2-(3-8)$

⑵　$\left(\frac{1}{3}-\frac{3}{4}\right)\div\frac{5}{6}$

⑶　$(-4x)^2\div 12xy\times 9xy^2$

⑷　$\sqrt{18}-\frac{10}{\sqrt{2}}$

2　2次方程式 $(x-4)(3x+2)=-8x-5$ を解きなさい。解き方も書くこと。

3　右の図のように，底面が直角三角形で，側面がすべて長方形の三角柱があり，AB＝6㎝，BE＝4㎝，∠ABC＝30°，∠ACB＝90°である。この三角柱の体積を求めなさい。

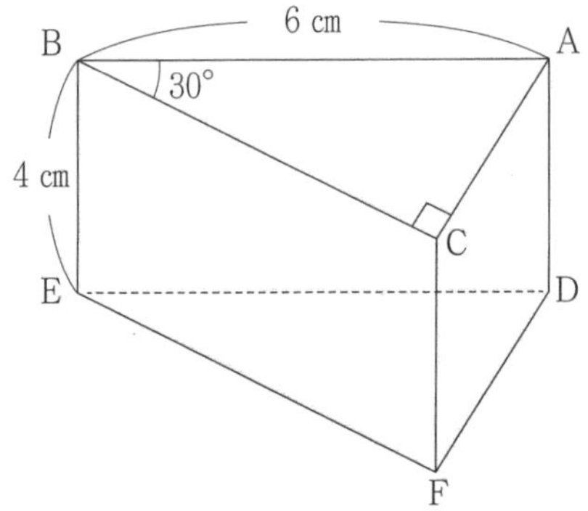

4　下の図のように，Aの箱の中には，1から3までの数字を1つずつ書いた3個の玉，Bの箱の中には，4から6までの数字を1つずつ書いた3個の玉，Cの箱の中には，7から10までの数字を1つずつ書いた4個の玉が，それぞれ入っている。

A，B，Cそれぞれの箱において，箱から同時に2個の玉を取り出すとき，取り出した2個の玉に書かれた数の和が偶数になることの起こりやすさについて述べた文として適切なものを，あとのア～エから1つ選び，記号で答えなさい。

ただし，それぞれの箱において，どの玉が取り出されることも同様に確からしいものとする。

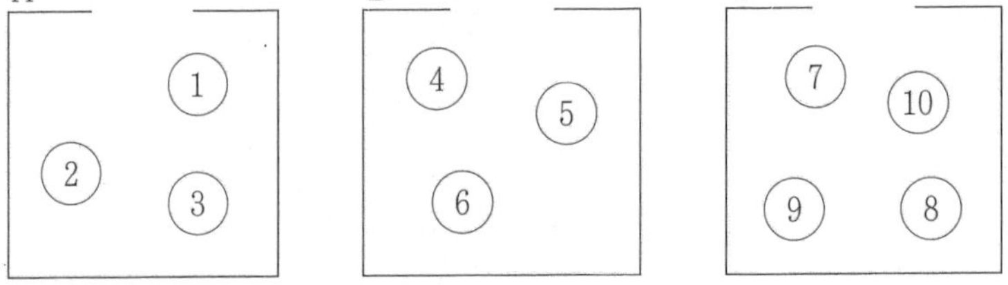

ア　Aの箱のほうが，B，Cの箱より起こりやすい。
イ　Bの箱のほうが，C，Aの箱より起こりやすい。
ウ　Cの箱のほうが，A，Bの箱より起こりやすい。
エ　起こりやすさはどの箱も同じである。

5　空間内にある平面Pと，異なる2直線 ℓ，m の位置関係について，つねに正しいものを，次の**ア**～**エ**から1つ選び，記号で答えなさい。

ア　直線 ℓ と直線 m が，それぞれ平面Pと交わるならば，直線 ℓ と直線 m は交わる。

イ　直線 ℓ と直線 m が，それぞれ平面Pと平行であるならば，直線 ℓ と直線 m は平行である。

ウ　平面Pと交わる直線 ℓ が，平面P上にある直線 m と垂直であるならば，平面Pと直線 ℓ は垂直である。

エ　平面Pと交わる直線 ℓ が，平面P上にある直線 m と交わらないならば，直線 ℓ と直線 m はねじれの位置にある。

2　次の問いに答えなさい。

1　右の図において，①は関数 $y=-\frac{1}{2}x^2$ のグラフ，②は反比例のグラフである。

①と②は点Aで交わっていて，点Aの x 座標は－2である。また，②のグラフ上に x 座標が1である点Bをとる。このとき，次の問いに答えなさい。

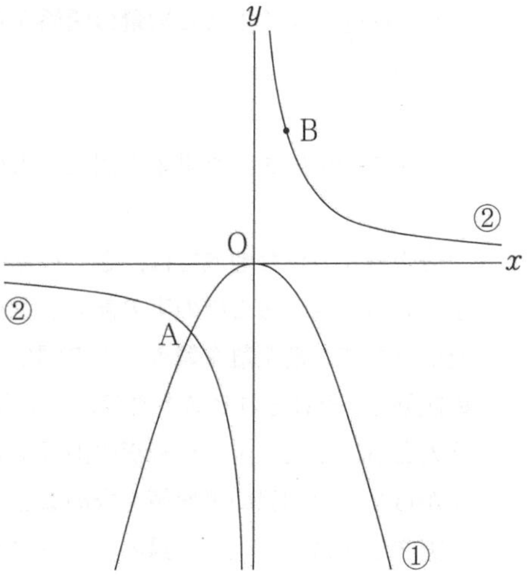

(1)　関数 $y=-\frac{1}{2}x^2$ について，x の変域が $-2 \leqq x \leqq 4$ のときの y の変域を求めなさい。

(2)　x 軸上に点Pをとる。線分APと線分BPの長さの和が最も小さくなるとき，点Pの x 座標を求めなさい。

2　あとの図のように，△ABCがある。下の【条件】の①，②をともにみたす点Pを，定規とコンパスを使って作図しなさい。

ただし，作図に使った線は残しておくこと。

【条件】

① 点Pは，直線ACと直線BCから等しい距離にある。
② 点Pは，△ABCの外部にあり，∠APB＝90°である。

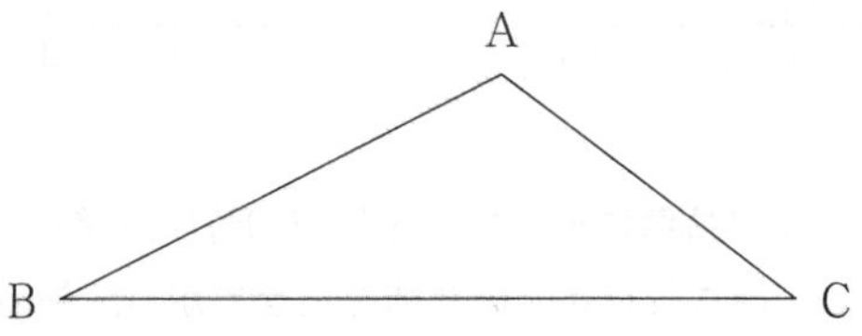

3　次の問題について，あとの問いに答えなさい。

〔問題〕
かごの中にあった里芋を，大きい袋と小さい袋，合わせて50枚の袋に入れることにしました。大きい袋に８個ずつ，小さい袋に５個ずつ入れたところ，すべての袋を使いましたが，袋に入らなかった里芋が67個残りました。そこで，大きい袋には10個ずつ，小さい袋には６個ずつとなるように，残っていた里芋を袋に追加したところ，里芋はすべて袋に入りました。このとき，大きい袋はすべて10個ずつになりましたが，小さい袋は２袋だけ５個のままでした。かごの中にあった里芋は何個ですか。

(1)　この問題を解くのに，方程式を利用することが考えられる。どの数量を文字で表すかを示し，問題にふくまれる数量の関係から，１次方程式または連立方程式のいずれかをつくりなさい。

(2)　かごの中にあった里芋の個数を求めなさい。

4　美咲さんの住む地域では，さくらんぼの種飛ばし大会が行われている。この大会では，台の上に立ち，さくらんぼの実の部分を食べ，口から種を吹き飛ばして，台から最初に種が着地した地点までの飛距離を競う。下の図は，知也さんと公太さんが種飛ばしの練習を20回したときの記録を，それぞれヒストグラムに表したものである。これらのヒストグラムから，たとえば，２人とも，１m以上２m未満の階級に入る記録は１回であることがわかる。また，ヒストグラムから２人の記録の平均値を求めると，ともに５mで同じであることがわかる。

美咲さんは，２人の記録のヒストグラムから，本番では知也さんのほうが公太さんよりも種を遠くに飛ばすと予想した。美咲さんがそのように予想した理由を，平均値，中央値，最頻値のいずれか１つを用い，数値を示しながら説明しなさい。

知也さんの分布

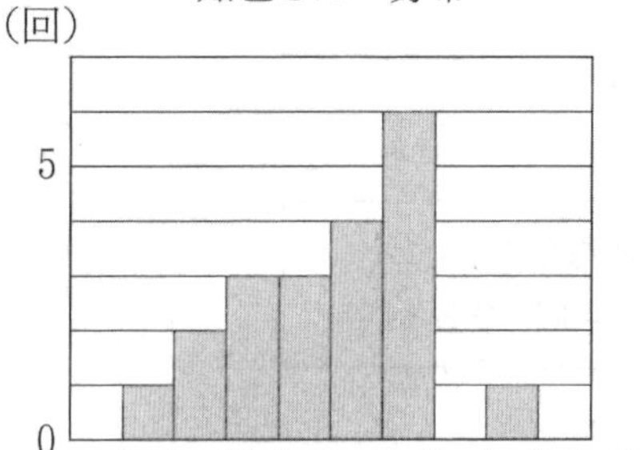

公太さんの分布

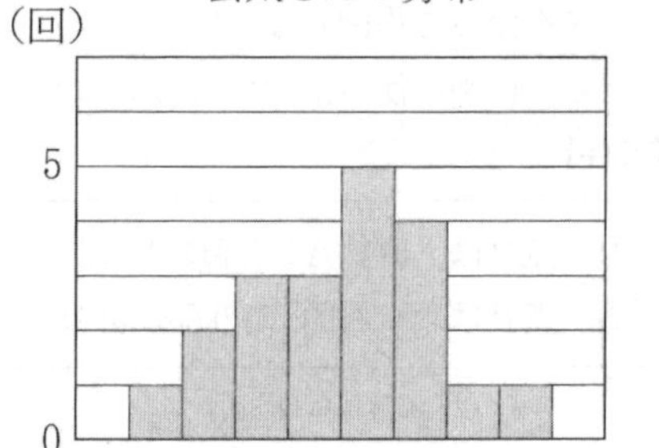

3　明美さんは，父の運転する自動車に乗って駅を午前10時に出発し，午前10時12分に公園に到着したあと，自動車をとめて，待ちあわせていた姉を乗せてから，午前10時18分に公園を出発して空港に向かった。駅から公園を通って空港まで行く道のりは18kmであり，駅から公園までの自動車の速さと，公園から空港までの自動車の速さは，それぞれ時速30km，40kmで一定であるとする。このとき，あとの問いに答えなさい。

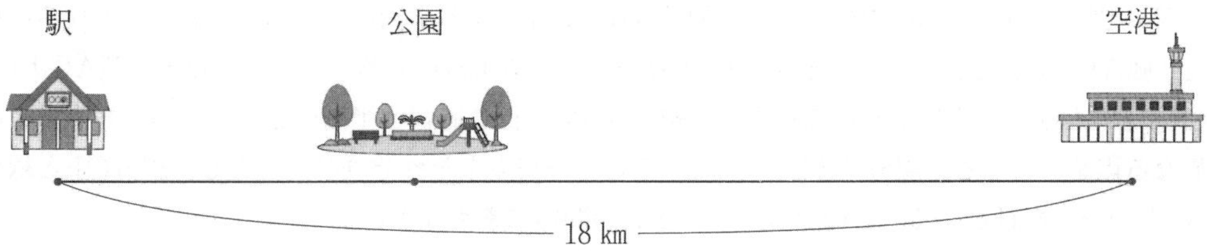

1　午前10時から x 分後の，駅から自動車までの道のりを $y$km とする。自動車が駅を出発してから公園に到着するまでの x と y の関係をグラフに表したところ，図のようになった。あとの問いに答えなさい。

図

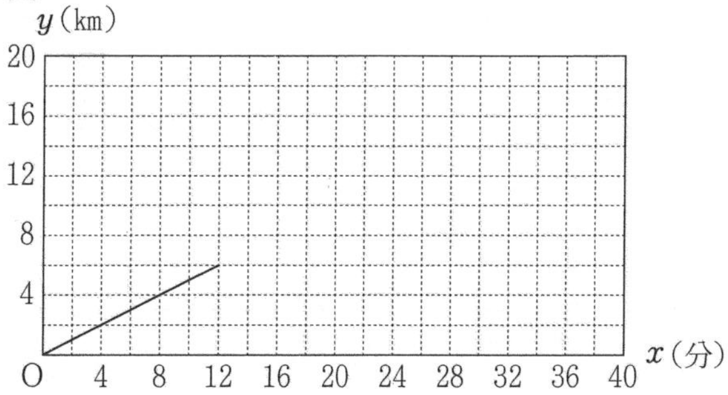

(1)　自動車が駅から 4 kmの地点を通過する時刻は午前何時何分か，答えなさい。

(2)　表は，自動車が駅を出発してから空港に到着するまでの x と y の関係を式に表したものである。［ア］～［ウ］にあてはまる数または式を，それぞれ書きなさい。

また，このときの x と y の関係を表すグラフを，図にかき加えなさい。

表

x の変域	式
$0 \leqq x \leqq 12$	$y =$ ［ア］
$12 \leqq x \leqq 18$	$y = 6$
$18 \leqq x \leqq$ ［イ］	$y =$ ［ウ］

2　明美さんを乗せた自動車が通った道と同じ道を走るバスは，午前10時 6 分に駅を出発し，公園でとまらずに空港に向かった。バスは，自動車が公園でとまっている間に自動車を追いこしたが，空港に到着する前に追いこされた。次は，このバスの，駅から空港までの速さのとりうる値について表したものである。［エ］，［オ］にあてはまる数を，それぞれ書きなさい。

ただし，バスの速さは，駅から空港まで一定であるとする。

バスの速さは，時速［エ］km よりは速く，時速［オ］km よりは遅い。

4　下の図のように，点Oを中心とし，線分ABを直径とする半円Oがある。点Aとは異なる点Cを，弧AB上に，∠AOCの大きさが90°より小さくなるようにとる。また，点Dを，弧AC上に，OD∥BCとなるようにとる。点Dを通り線分ABに平行な直線と半円Oとの交点のうち点Dとは異なる点をEとする。線分DEと線分OC，BCとの交点をそれぞれF，Gとし，線分OEと線分BCとの交点をHとする。このとき，それぞれの問いに答えなさい。

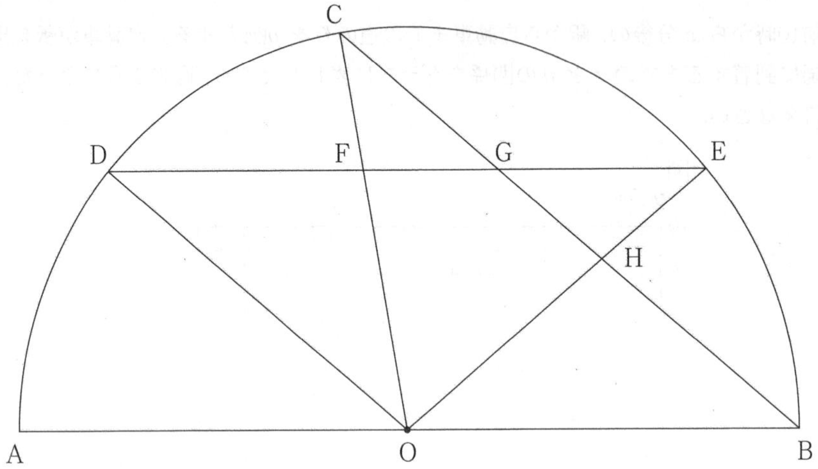

1　∠BGE＝40°であるとき，∠AOCの大きさを求めなさい。

2　△OCH≡△OEFであることを証明しなさい。

3　AB＝8㎝，DE＝6㎝であるとき，△CFGの面積を求めなさい。

＜英語＞　時間　50分　　満点　100点

1　これはリスニングテストです。放送の指示に従って答えなさい。

1

No. 1

ア　　イ　　ウ　　エ

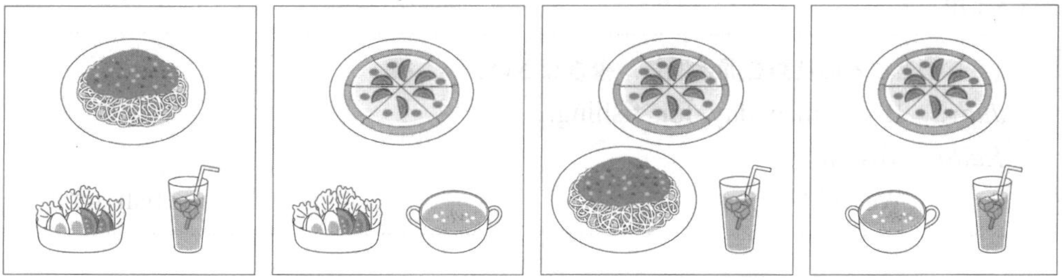

No. 2

SachiさんとTomさんが見ている写真

2

＜良《りょう》太《た》さんのメモ＞

この町に住んでいる期間：（　ア　）

この町の好きなところ

・多くの場所で（　イ　）を楽しむことができる

　→　例えば、美しい（　ウ　）など

3 No.1 ア Newspapers. イ Their dictionaries.
ウ An English test. エ Some English words.

No.2 ア She is going to give another newspaper to the students.
イ She is going to give fifteen minutes to watch a news program.
ウ She is going to ask the students some questions.
エ She is going to ask a teacher how to improve his English.

4 答えは，解答用紙に書きなさい。

（メモ用）

（ ）のところの英語を聞き取り，書きなさい。

Judy: It's a nice day for fishing.

Keita: Yes, it is.
We will （ ） fish today.

2 次の問いに答えなさい。

1 次の対話文の（ ）の中に最も適する英語を，それぞれ１語ずつ書きなさい。

(1) *Ichiro:* In Japan, we have four （ ）, and I like spring.
Dave: I like winter because I can go skiing.

(2) *Paul:* Please tell me （ ） to carry this table.
Nanami: To the room on the third floor.

(3) *Student:* I learned a new word. If a child is a boy, he is a 'son' to his father and mother.
Teacher: Yes. If a child is a girl, she is a '（ ）'.

2 次の対話文の（ ）の中に最も適するものを，あとのア～エからそれぞれ一つずつ選び，記号で答えなさい。

(1) *Student:* Mr. Kato, we want to choose a song which our class will sing at the chorus contest.
Mr. Kato: OK. Please make groups of four students and talk about it.
Student: But there are thirty-three students in our class.
Mr. Kato: （ ）

ア Then, let's sing some of the songs.
イ Then, let's make ideas in the groups.
ウ Then, let's listen to thirty-three songs.
エ Then, let's make one group of five students.

(2) *Haruka:* Did you read the e-mail about the New Year's party?
Brian: Yes, I did. Thank you for sending me the e-mail. I will go to the party.
Haruka: Great. I really want to join it, too. （ ）
Brian: I hope you can come.

ア　I couldn't write the e-mail because my computer was very old.

イ　I didn't send you the e-mail because I was so busy.

ウ　I couldn't go to the party last year because I was sick.

エ　I didn't invite you to the party because you had homework to do.

3　次の対話文の下線部について，あとのア～カの語句を並べかえて正しい英文を完成させ，（X），（Y），（Z）にあてはまる語句を，それぞれ記号で答えなさい。

(1)　*Ted:* I went to Kyoto, Osaka and Hiroshima last month.

Masato: Did you? I think Kyoto (　　)(X)(　　)(Y)(　　)(Z) cities.

ア three　イ the most　ウ of　エ is　オ the　カ popular

(2)　*Kevin:* Have you ever been to the city library?

Takuma: No. We (　　)(X)(　　)(Y)(　　)(Z) this city.

ア of　イ can't　ウ a map　エ there　オ get　カ without

3　中学生の亜希（Aki）さんは，ピクトグラム（pictogram）と呼ばれる案内用図記号について調べ，図（chart）A，Bにまとめました。次は，図を見ている，亜希さんと留学生のフレッド（Fred）さんの対話です。図および対話について，あとの問いに答えなさい。

図A　ピクトグラムについて

・（ X ）で見つけたピクトグラム

・ピクトグラムは，（ Y ）に頼らずに理解することができる。日本の（ Z ）を知っていると，理解しやすいものもあるかもしれない。

図B　わかりやすいピクトグラムとして選ばれた割合

	乗り継ぎ		手荷物受取所	
日本人	27.9%	72.1%	21.7%	78.3%
外国人	30.9%	69.1%	27.8%	72.2%

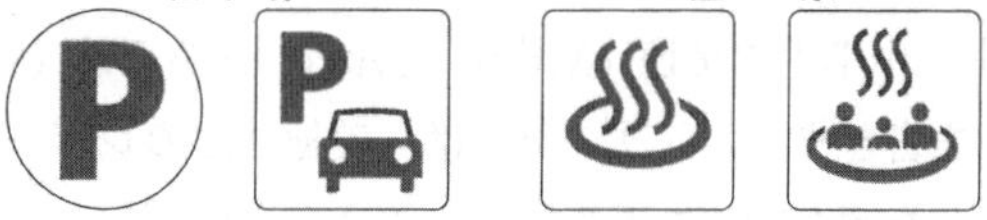

	駐車場		温　泉	
日本人	31.9%	68.1%	62.9%	37.1%
外国人	29.2%	70.8%	29.0%	71.0%

経済産業省資料などから作成

Aki: I found the pictogram in chart A at a temple.

Fred: Oh, really? What did you write on chart A? Please tell me.

Aki: Sure. Pictograms are useful because we don't have to depend on languages to understand them. If people know the Japanese way of life, it may be easier to understand some of them.

Fred: I see. I think so, too. The pictogram in chart A is one example. I think it means 'Take off your shoes'. I can guess what it means because Japanese people do it when they go into houses.

Aki: You are right. Look at chart B. It shows four pairs of pictograms. Both Japanese people and foreign people were asked, "Two pictograms

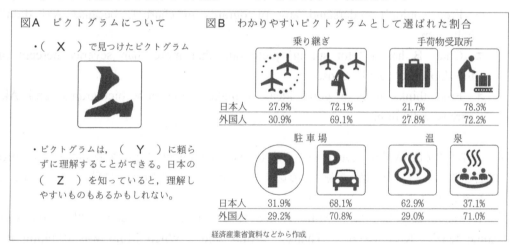

in each pair mean the same thing. Choose one which you can understand better from each pair.”

Fred: Interesting. In one of the pictograms, a person with a bag is walking between two planes.

Aki: Yes. About seventy percent of the foreign people chose ①the pictogram.

Fred: I could understand it easily, too. Aki, I want to make some new pictograms that will help people. Shall we try it?

Aki: Yes, let’s do it.

1 図A中の（X），（Y），（Z）のそれぞれにあてはまる適切な言葉を，対話の内容に即して日本語で書きなさい。

2 下線部①には，どのような様子が描かれていますか。対話の内容に即して日本語で答えなさい。

3 図および対話の内容に合うものを，次のア～オから二つ選び，記号で答えなさい。

ア Fred knows that Japanese people take off their shoes when they go into houses.

イ In every pictogram in chart B, there are some people who are doing something.

ウ Fred couldn’t understand any pictograms in chart B because Aki didn’t help him.

エ Chart B has a ‘Hot spring’ pictogram that more than seventy percent of the Japanese people chose.

オ Fred thinks it is a good idea to make some new pictograms, and Aki agrees with him.

4 中学生の美穂 (Miho) さんは，ある石碑 (stone monument) についてのレポート (report) を書きました。次の英文は，美穂さんのレポートに関連する出来事について描いたものです。これを読んで，あとの問いに答えなさい。

It was a very hot day. Miho visited Risa, one of her friends. “Do you want some tea?” Risa asked. “Thanks,” Miho said. When Miho was drinking the tea, she found some pieces of paper on Risa’s desk. “Is that your report? Did you finish writing it?” Miho asked. “Yes, I did. I wrote about *local food. What is the *topic of your report?” Risa said. Miho said, “I haven’t decided it yet.” “Well, ① you have to do that first. You will soon find a good one,” Risa said to Miho.

After a while, Miho left Risa’s house. She was going home by bike. The sun was still in the sky and the mountains were beautiful. “What should I write about?” she thought again. Near a shrine, she found a beautiful bird. It was singing on a big *stone. When she came near the stone, the bird looked at her and flew away. She looked at the stone. It was as tall as Miho, and she could see some *letters on it. "What is this stone for?" she wondered.

When Miho was eating dinner that evening, she talked about the stone to her grandfather. "That is a stone monument which has a long history," he said. Miho told him about her report. （ A ） "I think it is a good idea to write about it. I have a friend who knows about it very well. His name is Jiro. You can see him at the *community center," he said. "That's nice. I want to see him," Miho said.

The next day, Miho went to see Jiro. He was waiting for her at the community center. "Your grandfather called me. I am glad that you are interested in the stone monument," Jiro said. （ B ） "We have more stone monuments around here. The one you saw was built about two hundred years ago. People around here thought that trees have *souls. But they had to cut and use the trees for their own lives. They made the stone monuments to thank the trees," Jiro said. He showed her some books about the stone monuments. "We should live with *nature. However, we sometimes forget that important thing. When we see the stone monuments, we can remember that," he said. "This is a part of our local culture, and young people like me have to learn about this," Miho thought. After talking with Jiro, she went home. （ C ）

The summer vacation finished and Miho's school started again. In the classroom, Risa came to Miho and said, "What is the topic of your report?" "The stone monument I found after visiting you," Miho said. "That's interesting. I want to read it later," Risa said. Miho met her homeroom teacher after school. "Your report was great. You worked hard to write it," he said. （ D ） His words made her so happy.

The next Saturday, Miho had a club activity and was riding her bike to school. When she looked up, she saw the beautiful bird flying in the sky, and she remembered the hot summer day. ②"Thank you for telling me," Miho said to the bird.

（注） local　地元の　　topic　題材　　stone　石　　letter(s)　文字　　community center　公民館
soul(s)　魂　　nature　自然

1　下線部①について，理沙（Risa）さんが，しなければならないと言ったのは，だれが何をすることですか。本文に即して日本語で書きなさい。

2　次の英文を，本文の流れに合うように入れるとすれば，どこに入れるのが最も適切ですか。（A）～（D）から一つ選び，記号で答えなさい。

She did her best to finish her report that evening.

3　下線部②と言ったのは，美穂さんがどのような思いをもっていたからですか。美穂さんの思いに最も近いものを，次のア～エから一つ選び，記号で答えなさい。

ア　My grandfather told me about many animals living in the mountains.

イ　You showed me the stone monument, and I got a chance to learn about it.

ウ　My homeroom teacher taught me a lot about the stone monument at school.

エ　I was surprised because you were flying in the sky and were looking at me.

4　本文に即して，次の問いに英語で答えなさい。

(1)　Did Miho think about her report when she was going home after visiting Risa?

(2)　When was the stone monument near the shrine built?

5　次の英文ア～オは，それぞれ本文の内容の一部です。ア～オを，本文の流れに合うように並べかえ，記号で答えなさい。

ア　Miho listened to many important things at the community center.

イ　Miho was glad that her teacher knew her effort after reading her report.

ウ　Miho saw a beautiful bird when she was going home by bike.

エ　Miho spent time at her friend's house, and talked about their report.

オ　Miho heard about a man who knew a lot about the stone monument.

6　美穂さんは，美穂さんのレポートに興味をもったALTのサム（Sam）さんに，レポートの内容を説明しました。次は，美穂さんとサムさんの対話の一部です。対話の［ I ］，［ II ］に入る適切な英語を，文脈に合うように，それぞれ**4語以上**で書きなさい。

Sam: You wrote a wonderful report.　［ I ］ take to write it?

Miho: It took about three hours.　But I enjoyed writing it.

Sam: That's good.　What message did you get from your grandfather's friend?

Miho: He thinks it's important for ［ II ］ nature.　He said we should not forget that.

5　あなたは，カナダに住む友人のエリック（Eric）さんと，コンピュータを使って次のようなやりとりをしています。やりとりの中のエリックさんへの返答として，［　］に入る英文を，まとまりのある内容になるように，**4文以上**で書きなさい。

エリックさんとあなたのやりとり

Eric

Hi, ○○○.　How are you?

○○○

I'm good, thanks.　How about you?

Eric

I'm good, too.　I have a question for you.

○○○

What is it?

Eric

We have a Japanese student in our school. He came to Canada last week. I think he is nervous, so I want to do something for him. What should I do? And why? Give me an idea.

○○○

Eric

That's a nice idea. Thank you.

○○○

You're welcome.

（注） やりとりの中の，○○○のところにはあなたの名前が入る。

＜理科＞

時間 50分 満点 100点

1 七海さんは，通学路に咲いているさまざまな花に興味をもち，いくつかの花について調べた。次の問いに答えなさい。

1 七海さんは，花のつくりについて詳しく調べるため，エンドウとツツジの花を分解し，スケッチした。図1の**ア**～**カ**はエンドウの花の各部分，**キ**～**コ**はツツジの花の各部分をスケッチしたものである。あとの問いに答えなさい。

図1

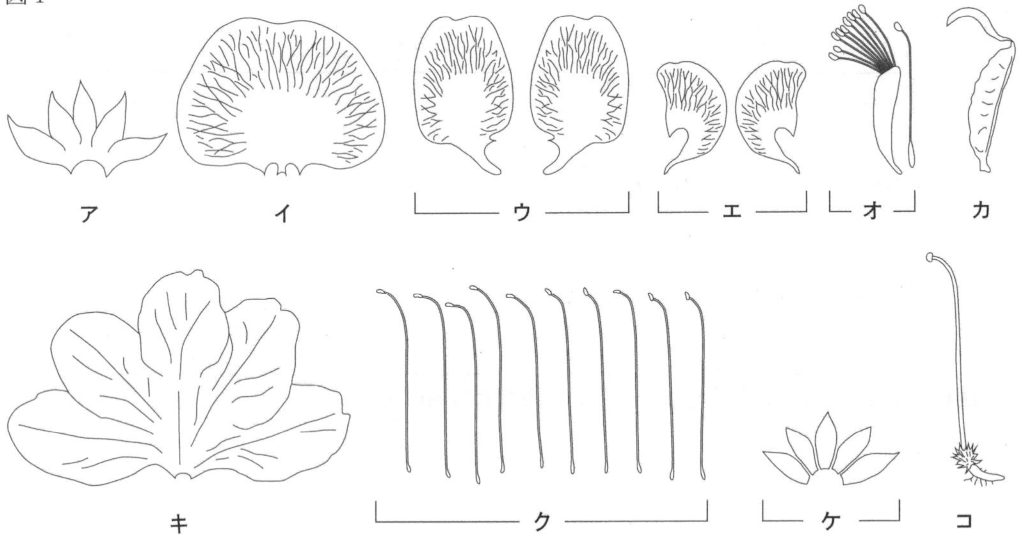

(1) エンドウの花の**オ**とツツジの花の**ク**は，共通のはたらきをもつため，同じ名称でよばれる。その名称を書きなさい。

(2) 花弁が1枚ずつ分かれているエンドウに対し，ツツジは花弁が1枚につながっている。花弁のつき方の違いに注目した分類において，ツツジのような花を何というか，書きなさい。

(3) エンドウの花のつくりは，外側から**ア→イ→ウ→エ→オ→カ**の順になっている。ツツジの花の**キ**～**コ**を，花のつくりの外側から適切な順に並べかえ，記号で答えなさい。

2 七海さんは，花粉が柱頭についてから，花粉がどのように変化していくかを調べるため，花弁のつき方がエンドウと同じであるホウセンカを用いて，次の①～④の手順で実験を行った。あとの問いに答えなさい。

【実験】

① スライドガラスにスポイトでショ糖水溶液を1滴落とした。

② ショ糖水溶液におしべの花粉を落として，カバーガラスをかぶせ，プレパラートをつくった。

③ 顕微鏡を用い，100倍の倍率で一定時間ごとに花粉を観察した。観察しないときは，図2のように，プレパラートを

図2

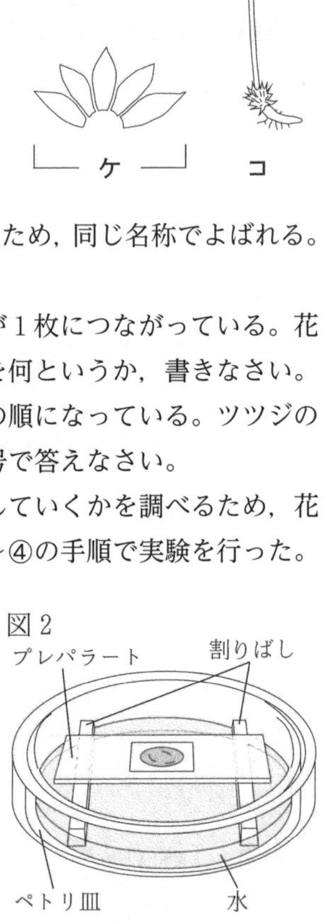

ペトリ皿に入れ，ふたをした。

④　花粉管が十分伸びた花粉を染色し，観察した。

(1)　下線部について，プレパラートをペトリ皿に入れ，ふたをする理由を，簡潔に書きなさい。

(2)　図3は，④で観察した花粉のスケッチであるが，精細胞は省略されている。精細胞は何個観察できるか，書きなさい。

図3

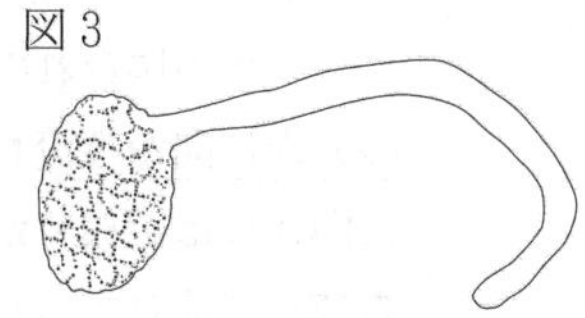

2　県内の河川の水質調査に協力していた大輝さんは，水生生物が水の汚れの程度を知る手がかりとなることを学び，水生生物を詳しく調べた。図1は，大輝さんが，採取した水生生物をスケッチし，それぞれの特徴をまとめたものである。あとの問いに答えなさい。

図1

	体の色は，茶色，濃い灰色，黒色をしていた。体には節がなく，石の上をすべるように移動した。	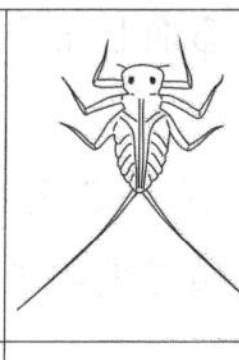	足のつめは1本で，尾は長く2本あり，目が上についていた。腹の両側に木の葉状の大きなえらがあった。
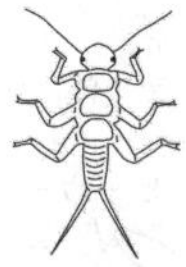	尾は2本で，胸の下面や腹の末端にふさ状のえらがあった。足のつめは2本あり，流れがゆるやかで落葉などがたまっているところにいた。		体はこげ茶色で，腹の後方が太かった。流れの速い川底の石の表面や草にしっかりとついていた。

1　環境省による全国水生生物調査では，水質を4つに区分している。表は，それぞれの区分の指標となる水生生物の一部を示している。あとの問いに答えなさい。

表

A　きれいな水	B　少しきたない水	C　きたない水	D　大変きたない水
ウズムシ類 カワゲラ類 ナガレトビケラ類 ヒラタカゲロウ類 ブユ類	コガタシマトビケラ カワニナ ゲンジボタル ヒラタドロムシ ヤマトシジミ	タニシ ヒル ミズカマキリ ミズムシ タイコウチ	①アメリカザリガニ サカマキガイ セスジユスリカ チョウバエ エラミミズ

(1)　大輝さんが水生生物を採取した地点の水質として最も適切なものを，表のA～Dから一つ選び，記号で答えなさい。

(2)　下線部①は，もともとその地域には生息せず，人間によってほかの地域から持ちこまれて野生化し，子孫を残すようになった。このような生物を外来種という。外来種がおよぼす影響を，**在来種**，**つり合い**の二つの語を用いて，書きなさい。

2　大輝さんは，水質調査の際にメダカを採取し，図2のように，顕微鏡を用いてメダカを詳しく観察した。次のページの□は，大輝さんが観察の結果をまとめたものである。あとの問いに答えなさい。

図2

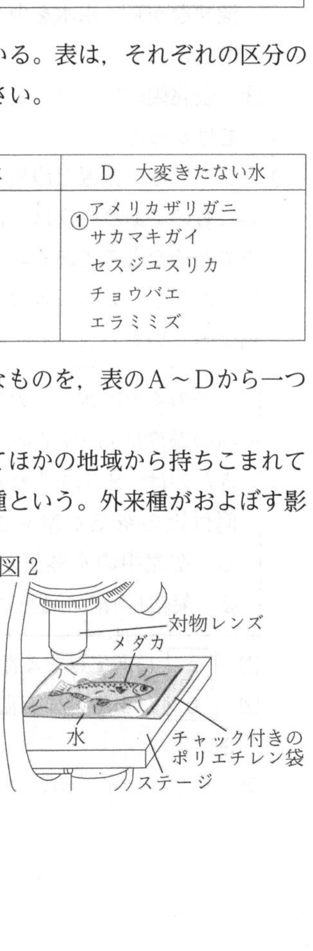

メダカの尾びれの血管には小さな粒がたくさん見られた。血液の流れには，②尾びれの先端に向かう流れと，その逆向きの流れの，２つの向きの流れがあった。血管は先端に向かうほど枝分かれして細くなっていき，③ごく細い血管では，粒は同じ向きに一定の速さで流れていた。

⑴　下線部②の向きに流れているような血液を何というか，書きなさい。

⑵　下線部③は毛細血管という。ヒトの毛細血管について述べた文として**適切でないもの**を，次の**ア**～**エ**から一つ選び，記号で答えなさい。

ア　小腸の毛細血管では，脂肪酸やモノグリセリドなどを取りこんでいる。
イ　じん臓の毛細血管では，水分などをこし出している。
ウ　肺胞の毛細血管では，酸素と二酸化炭素の交換を行っている。
エ　毛細血管からしみ出してくる血しょうは，組織液として細胞をひたしている。

3　哲也さんは，窓ガラスが水滴でくもることに興味をもち，水滴ができるしくみを調べるために，理科室の中で，次の①～③の手順で実験を行った。あとの問いに答えなさい。

【実験】

①　金属製のコップの中にくみ置きの水を入れ，水の温度をはかった。また，理科室内の湿度をはかった。

②　図１のように，金属製のコップの中の水をガラス棒でかき混ぜながら，氷水を少しずつ入れ，コップの表面の様子を観察した。

③　金属製のコップの表面に水滴がつき始めたときの水の温度をはかった。

図１

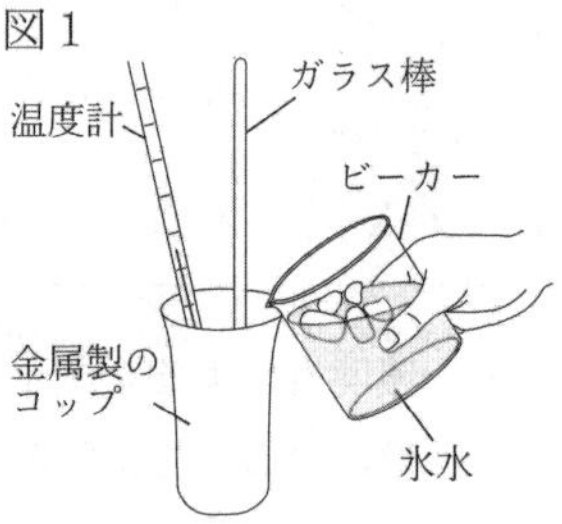

1　グラフは，気温と飽和水蒸気量との関係を表したものであり，次は，哲也さんが実験の結果をまとめたものである。あとの問いに答えなさい。ただし，くみ置きの水の温度と理科室の室温は等しいものとする。

グラフ

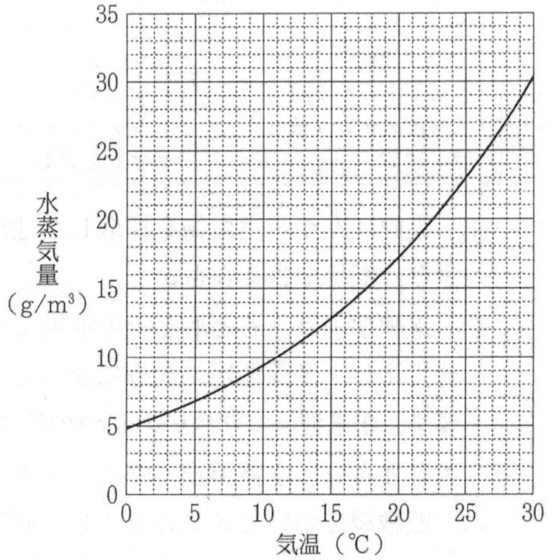

①のくみ置きの水の温度は25℃，理科室内の湿度は43.3%であった。③で水滴ができたのは，氷水を入れたことでコップの表面付近の空気が冷やされて［ a ］に達し，空気中の水蒸気が凝結したためである。凝結し始めた温度は［ b ］であった。

⑴　［ a ］にあてはまる語を書きなさい。

⑵　［ b ］にあてはまる温度として最も適切なものを，次の**ア**～**カ**から一つ選び，記号で答えなさい。

ア　9℃　　**イ**　10℃　　**ウ**　11℃　　**エ**　12℃　　**オ**　13℃　　**カ**　14℃

(3)　次の日，室温が25℃の理科室の中で同じ実験を行ったところ，前の日と比べて，コップの表面に水滴がつき始める温度が低くなった。水滴がつき始める温度が低くなったのは，前の日と比べて，何がどのように変化したためか，書きなさい。

2　水の蒸発と凝結は，地球上の水の循環に関係している。次は，哲也さんが，地球上の水の循環について調べたことをまとめたものである。[c] ～ [e] にあてはまるものの組み合わせとして最も適切なものを，あとの**ア**～**カ**から一つ選び，記号で答えなさい。

地球上の水は，図2のように，絶えず海と陸地と大気の間を循環している。地上や海面から蒸発した水は，水蒸気となり大気中に送りこまれる。水蒸気はやがて凝結して雲をつくり，雨や雪などの降水となって地上や海面に戻ってくる。地上の水の一部は，河川となったり地下水となったりして，最後は海に流れこむ。このように，地球上の水を循環させたり，大気を動かしたりしているのは，[c] のエネルギーである。

図2

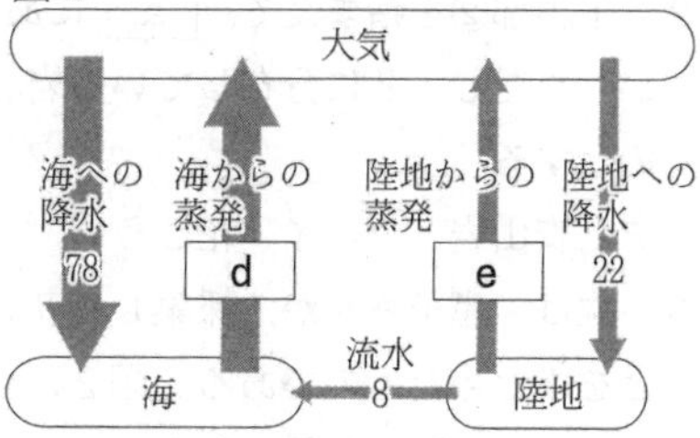

注：図中の数字は地球全体の1年間の降水量を100としたときの値

	c	d	e		c	d	e
ア	太陽	70	30	**イ**	地球内部	70	30
ウ	太陽	78	22	**エ**	地球内部	78	22
オ	太陽	86	14	**カ**	地球内部	86	14

4　恵子さんは，身近な岩石に興味をもち，川原の岩石について調べた。次は，恵子さんがまとめたものである。あとの問いに答えなさい。

【岩石の採集と観察】

山形県内の川原で岩石を採集し，ルーペなどを使って岩石の種類を調べた。

図1は，岩石を採集したA～Dの4地点と，川周辺の地下に分布する地層や岩石をⅠ～Ⅲの3種類に分けて示したものである。Ⅰには火成岩，Ⅱには [a] ，Ⅲには Ⅰ，Ⅱ以外の岩石や堆積物が分布している。

図1

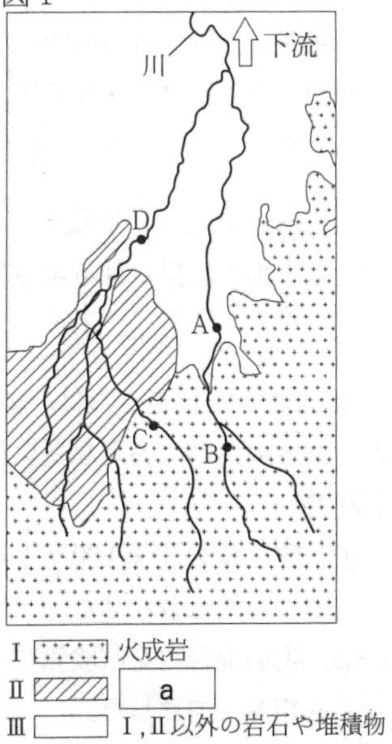

【観察の結果】

次のページの表は，各地点の川原で採集した岩石の主な種類を示している。採集した地点によって，岩石の種類が異なっていた。

AとDのように，地下に火成岩が分布していない地点の川原でも，火成岩が採集された。

【結果から考えたこと】

川の上流に分布する岩石などが，①長い年月のうちに，気温の変化や雨水などのはたらきによってもろくなり，流水によって上流から下流に運ばれてきた。このため，地下に火成岩が分布していない地点でも，地上で火成岩が採集されたと考えられる。②川の上流の地下に分布する地層や岩石の違いによって，各地点の地上で採集される岩石の種類が異なるといえる。

表

地点	採集した岩石
A	安山岩 花こう岩 流紋岩
B	安山岩 流紋岩
C	安山岩 花こう岩
D	安山岩 花こう岩 泥岩

1 下線部①の現象を何というか，書きなさい。

2 下線部②を踏まえて，[a] にあてはまる岩石を，次の**ア**～**エ**から一つ選び，記号で答えなさい。ただし，Ⅱに分布している岩石は，Ⅱのみに分布し，ほかの場所の地下には分布しないものとする。

ア 安山岩　**イ** 花こう岩　**ウ** 流紋岩　**エ** 泥岩

3 次は，恵子さんが，採集した花こう岩について，観察し，調べたことをまとめたものである。図2は，花こう岩をスケッチしたものである。あとの問いに答えなさい。

図2

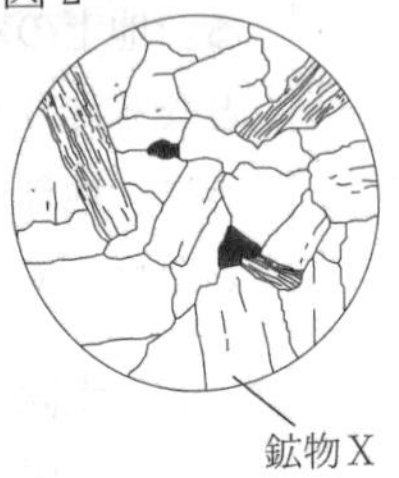

花こう岩は肉眼で見える大きさの鉱物でできており，白っぽい鉱物が多く，その間に黒っぽい鉱物が見られる。また，図2中の鉱物Xは，白色の柱状の結晶で，決まった方向に割れる性質をもっている。

(1) 鉱物Xを，次の**ア**～**カ**から一つ選び，記号で答えなさい。

ア カクセン石　**イ** カンラン石　**ウ** キ石
エ クロウンモ　**オ** セキエイ　**カ** チョウ石

(2) 花こう岩のでき方を，できた場所と冷え方に着目し，「マグマが」のあとに続けて書きなさい。

4 恵子さんは，Ⅲの場所についてさらに調べたところ，Ⅲの場所がかつて海底であったことがわかった。次は，海底でできた地層が地上で見られる理由について，恵子さんが調べたことをまとめたものである。[b] にあてはまる語を，**漢字2字**で書きなさい。

海底で土砂が堆積して地層ができたあと，しゅう曲や断層を形成しながら [b] して，地上で見られるようになった。

5 里奈さんと慎也さんは，酸化と還元について調べるために，次の①～⑤の手順で実験を行った。あとの問いに答えなさい。

【実験】

① 酸化銅の粉末4.00gと炭素粉末0.10gを乳鉢でよく混ぜ合わせた。

② ①の混合物を試験管に入れ，図のような装置を組み，加熱した。

③ 気体が発生しなくなったら，石灰水からガラ

図

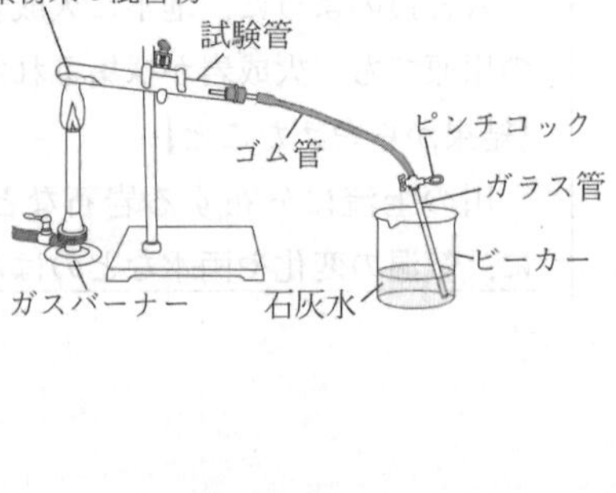

ス管をとり出したあとに加熱をやめ，ピンチコックでゴム管を閉じて試験管を冷ました。

④　試験管内に残った固体をとり出し，質量をはかった。

⑤　炭素粉末の質量を0.20 g，0.30 g，0.40 g，0.50 g にして，①～④と同様のことをそれぞれ行った。

グラフ

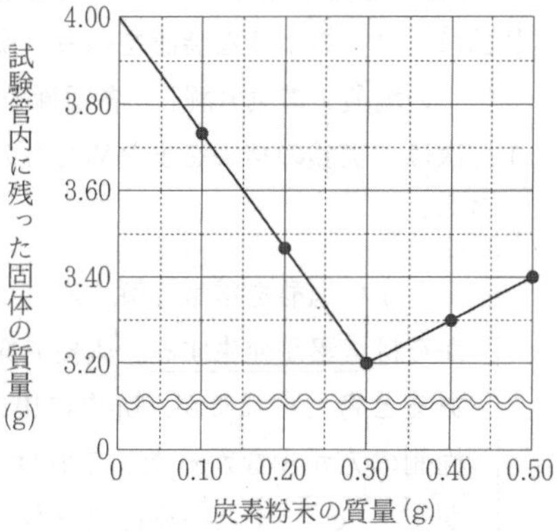

1　下線部について，加熱をやめる前に石灰水からガラス管をとり出すのはなぜか，簡潔に書きなさい。

2　グラフは，実験結果をまとめたものであり，次は，実験後の里奈さんと慎也さんの対話である。あとの問いに答えなさい。

里奈：炭素粉末の質量がそれぞれどんな場合でも，加熱後の試験管には赤色の固体が観察できて，石灰水は発生した気体によって白くにごったよ。

慎也：そうすると，試験管内で起こった化学変化は，$2CuO + C \rightarrow$ [a] の化学反応式で表すことができるね。

里奈：炭素が [b] され，酸化銅が [c] されたんだね。

慎也：銅と炭素では，[d] の方が酸素と結びつきやすいといえるね。

里奈：それから，炭素粉末が [e] g のとき，反応後の試験管内に残った固体は銅だけだったね。

慎也：そうだったね。グラフからは，反応によって発生する気体の質量が求められるよ。炭素粉末の質量が0.15 g のとき，反応によって発生する気体の質量は [f] g と考えられるね。

(1)　[a] に適切な化学式や数字，記号を書き，化学反応式を完成させなさい。

(2)　[b] ～ [d] にあてはまる語の組み合わせとして適切なものを，次の**ア**～**エ**から一つ選び，記号で答えなさい。

ア　b　酸化　c　還元　d　炭素
イ　b　酸化　c　還元　d　銅
ウ　b　還元　c　酸化　d　炭素
エ　b　還元　c　酸化　d　銅

(3)　[e]，[f] にあてはまる数値の組み合わせとして最も適切なものを，次の**ア**～**カ**から一つ選び，記号で答えなさい。

ア　e　0.30　f　0.40　　**イ**　e　0.30　f　0.55
ウ　e　0.30　f　0.70　　**エ**　e　0.40　f　0.40
オ　e　0.40　f　0.55　　**カ**　e　0.40　f　0.70

3　実験結果から，酸化銅に含まれる，銅の質量と酸素の質量の比を，最も簡単な整数比で書きなさい。

6 塩酸の電気分解について調べるために，次の実験を行った。あとの問いに答えなさい。

【実験】 図1のような装置を組み，炭素棒を電極として用いてうすい塩酸を電気分解し，各電極で起こる変化の様子を観察した。

図1

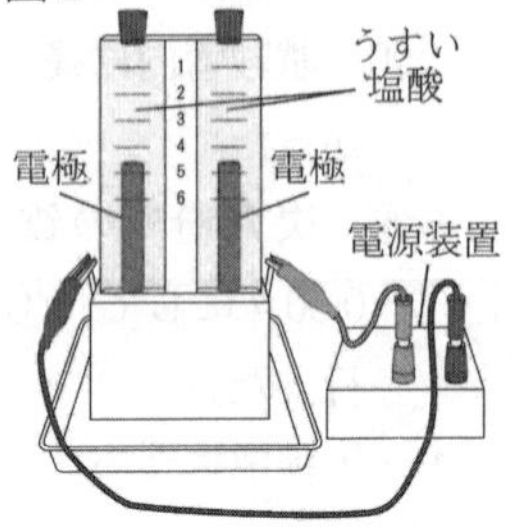

1　次は，実験の結果をまとめたものである。あとの問いに答えなさい。

> うすい塩酸を電気分解すると，陰極からは［ a ］，陽極からは<u>塩素が発生する</u>。両極で発生する気体の体積は同じであると考えられるが，実際に集まった気体の体積は［ b ］極側の方が少なかった。これは，［ b ］極で発生した気体が［ c ］という性質をもつためである。

(1)［ a ］，［ b ］にあてはまる語の組み合わせとして適切なものを，次の**ア**～**カ**から一つ選び，記号で答えなさい。

ア a 水素	b 陰	**イ** a 窒素	b 陰	**ウ** a 酸素	b 陰
エ a 水素	b 陽	**オ** a 窒素	b 陽	**カ** a 酸素	b 陽

(2)［ c ］にあてはまる言葉を書きなさい。

(3) 下線部について，陽極から塩素が発生するのは，うすい塩酸の中に，あるイオンが存在するためである。そのイオンとは何か，イオン式で答えなさい。

図2

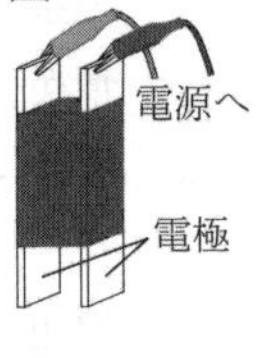

2　次の**ア**～**オ**の物質に，図2のような電極を用いて電圧をかけたとき，電流が流れるものはどれか。**ア**～**オ**からすべて選び，記号で答えなさい。

ア　エタノール　　**イ**　塩化銅水溶液　　**ウ**　砂糖
エ　食塩　　**オ**　鉄

7 優太さんは，水そうの中にあるものの見え方に興味をもち，光の進み方を調べるために，次の①，②の手順で実験を行った。あとの問いに答えなさい。

【実験】

① 図1のように，目の位置の点Oから，容器のふちの点Pと容器の内側の点Qが重なるように，点Qを見た。

② 次に，容器に水を少しずつ入れていき，<u>見え方の変化</u>を観察した。

図1

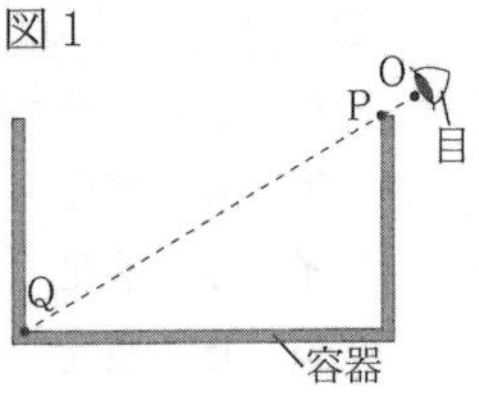

1　下線部について，図2で表した水面の高さまで水を入れると，容器の底の点Aがはじめて見えた。次は，優太さんが考えたことをまとめたものである。あとの問いに答えなさい。

図2

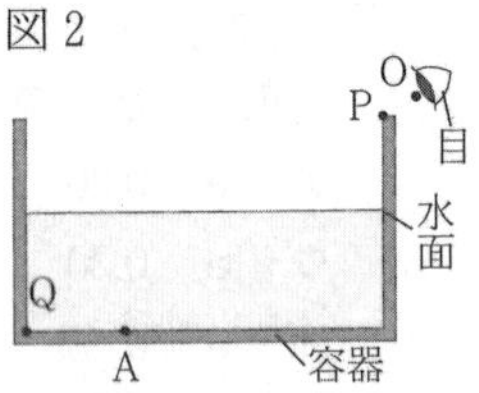

> 点Aから出た光の多くは水面で屈折して空気中を進むが，光の一部は水面で［ a ］して空気中には出ない。また，入射角と屈折角の大小関係は［ b ］となるため，屈折した光が目に届き，点Aが見えるようになった。

(1)［ a ］にあてはまる語を書きなさい。

⑵ b にあてはまるものとして適切なものを，次の**ア**～**ウ**から一つ選び，記号で答えなさい。

ア　入射角＞屈折角　　**イ**　入射角＝屈折角　　**ウ**　入射角＜屈折角

⑶ 点Aから出た光が目に届くまでに進む道すじを，図2にかきなさい。

2　光の屈折を利用したものに虫めがねがある。虫めがねの凸レンズを通して物体を見ると，実物よりも大きな像が見える。このとき，物体と凸レンズの位置関係はどのようになっているか，**焦点**という語を用いて書きなさい。

8　物体の運動について調べるために，次の実験1，2を行った。あとの問いに答えなさい。ただし，台車や滑車および記録タイマーの摩擦，テープおよび糸の重さや伸び，空気の抵抗は，無視できるものとする。

【実験1】

図1のように，水平な台と記録タイマーを用いた装置を組み，台車を手で押さえて止めたまま，糸をおもりXの上面の中心につないだ。台車から静かに手をはなすと，台車は車止めに向かってまっすぐ進み，おもりが床に達したあともそのまま進み続け，車止めに当たった。台車から手をはなしたあとの台車の運動を，1秒間に50回打点する記録タイマーで記録した。

図1

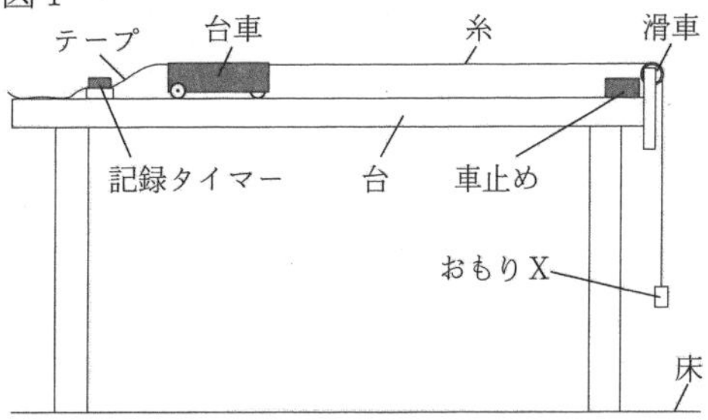

図2は，テープを基準点から0.1秒ごとに切り取り，グラフ用紙に貼りつけたものである。

【実験2】

おもりXよりも重いおもりYにとりかえ，実験1と同様のことを行った。

図3は，テープを基準点から0.1秒ごとに切り取り，グラフ用紙に貼りつけたものである。

図2

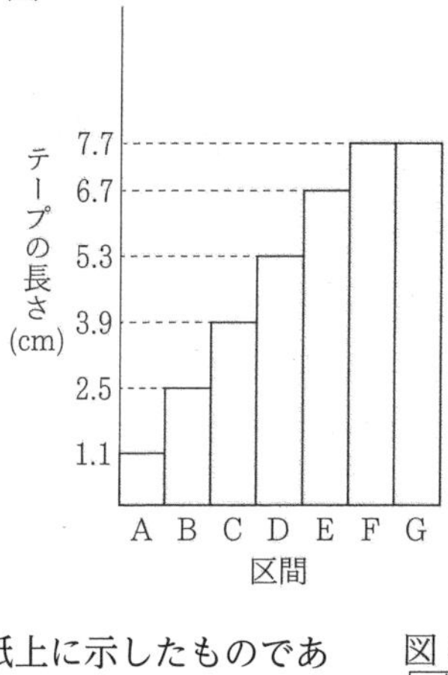

図3

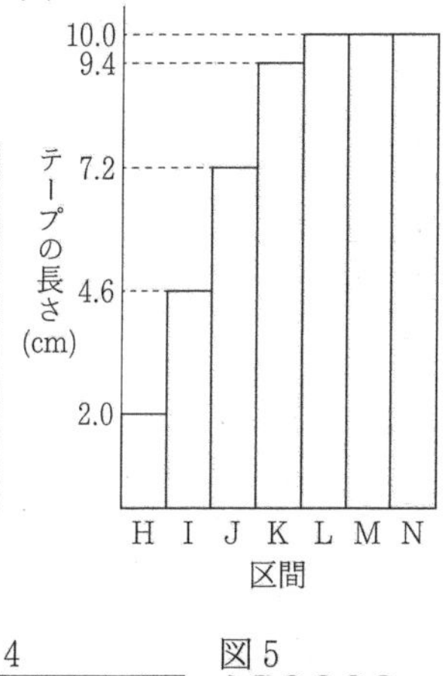

1　図4は，台車から手をはなす前の，おもりにはたらく重力を，方眼紙上に示したものである。おもりにはたらく重力とつり合っている力を，重力の記入のしかたにならって，図4にかきなさい。

2　実験1について，次の問いに答えなさい。

⑴ 図5は，テープと打点を表している。基準点から0.1秒の区間を切り取る場合，どの位置で切り取ればよいか，適切なものを図5中の**ア**～**カ**から一つ選び，記号で答えなさい。

図4

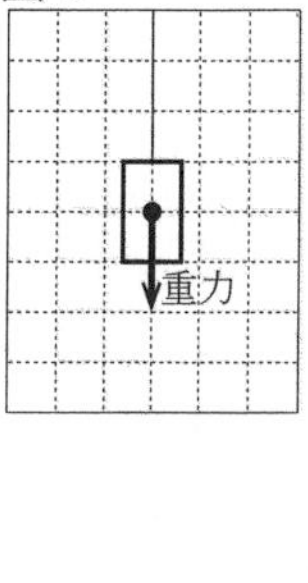

図5

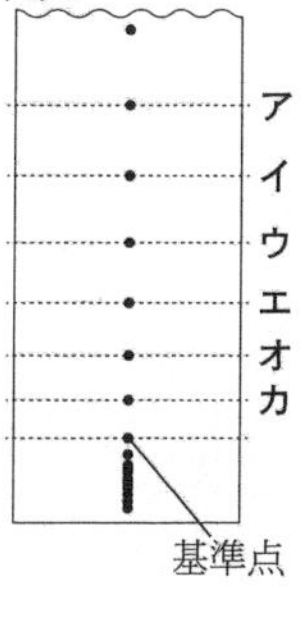

(2) 区間Cの台車の平均の速さに比べて，区間Dの台車の平均の速さは，何cm/s 変化したか，書きなさい。

3 次は，実験1，2の結果をもとにまとめたものである。[a]，[b] にあてはまるものの組み合わせとして適切なものを，あとの**ア**～**カ**から一つ選び，記号で答えなさい。

> 運動の向きに一定の力がはたらく場合，物体の速さは一定の割合で変化する。また，物体にはたらく力が大きいほど，速さの変化の割合は [a] なる。
> また，実験2では，区間 [b] でおもりが床につき，それ以降は物体を水平方向に引く力がはたらかなくなり，物体にはたらく力がつり合うため，物体の速さは一定になる。

ア a 小さく b J　**イ** a 小さく b K
ウ a 小さく b L　**エ** a 大きく b J
オ a 大きく b K　**カ** a 大きく b L

＜社会＞

時間　50分　　満点　100点

1　拓哉さんは，世界のさまざまな地域を学習する授業で，略地図中のＡ国～Ｄ国について，地図や資料を使って調べました。あとの問いに答えなさい。

【略地図】

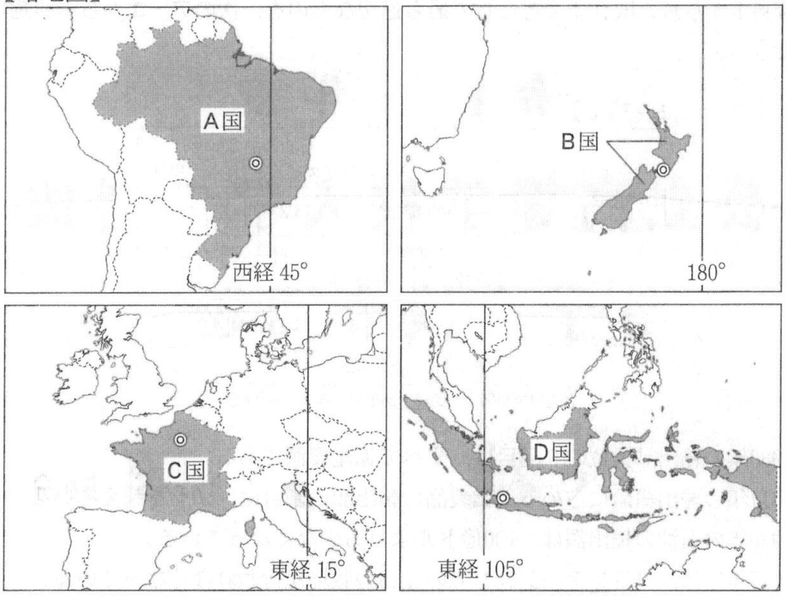

注１：略地図中の◎は，首都の位置を示している。　注２：各地図の縮尺は同じではない。
注３：略地図中の経線は，各国の首都における標準時の基準となる経線を示している。

1　略地図中のＡ国～Ｄ国の首都を，2021年１月１日の午前０時を迎えるのが早い順に並べ，国の記号Ａ～Ｄで答えなさい。

2　略地図中のＡ国では，さとうきびの栽培がさかんです。さとうきびなど大気中の二酸化炭素を吸収して光合成する植物が原料であるため，燃やしても計算上は大気中の二酸化炭素が増加せず，環境にやさしい燃料のことを何というか，書きなさい。

3　拓哉さんは，略地図中のＢ国とオーストラリアについて学んだとき，国旗をテーマに取り上げ，調べたことをまとめました。次は，そのときまとめたものの一部です。［X］にあてはまる言葉を書きなさい。

Ｂ国の国旗とオーストラリアの国旗には，それぞれ左上にイギリスの国旗がえがかれている。どちらの国も，かつてイギリスの植民地であり，おもにイギリスからの移民によって国づくりが進められた。現在，Ｂ国ではマオリ，オーストラリアでは［X］という先住民の権利や文化が尊重され，多様な民族が共存する多文化社会が形成されている。

Ｂ国の国旗

オーストラリアの国旗

4　前のページの略地図中のＣ国は，EUに加盟しています。1990年代から2000年代にかけて，西ヨーロッパだけでなく，東ヨーロッパへEU加盟国が拡大するなかで，Ｃ国などの西ヨーロッパの国々の企業が，東ヨーロッパの国々に工場を移転するようになりました。西ヨーロッパの国々の企業が，東ヨーロッパの国々に工場を移転するようになった理由を，**賃金**という語を用いて書きなさい。

5　略地図中のＤ国について，次の問いに答えなさい。

(1)　資料Ⅰは，1980年と2017年における，Ｄ国の輸出総額とおもな輸出品の割合を表しています。資料Ⅰから読み取れることとして最も適切なものを，次の**ア**～**エ**から一つ選び，記号で答えなさい。

【資料Ⅰ】

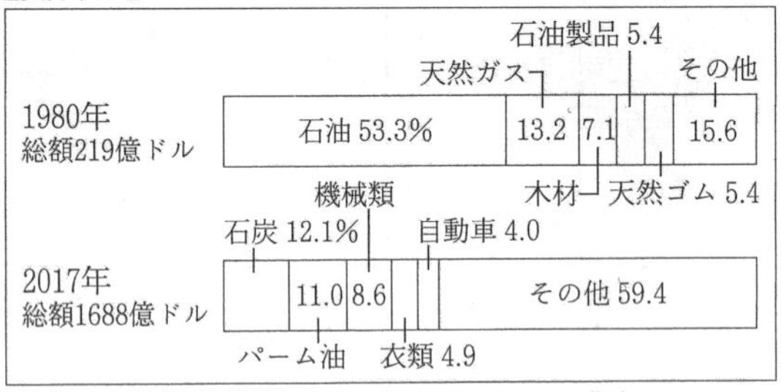

（『世界国勢図会　2019／20年版』などから作成）

ア　1980年の輸出品上位の５品目は，すべて鉱産資源である。
イ　2017年の輸出総額に占める工業製品の輸出額の割合は，10%を超えている。
ウ　1980年の石油の輸出額は，100億ドルよりも少なくなっている。
エ　2017年には，プランテーションでの作物の栽培が行われなくなっている。

(2)　資料Ⅱは，Ｄ国でみられる，特徴的な住居の様子です。資料Ⅱの住居のように，高床で風通しをよくしている理由を，熱帯の気候の特徴に着目して書きなさい。

【資料Ⅱ】

6　資料Ⅲは，略地図中のＡ国～Ｄ国を比較するために，人口密度や国土面積に占める農地の割合などについてまとめたものです。**ア**～**エ**は，Ａ国～Ｄ国のいずれかです。Ｃ国にあたるものを，**ア**～**エ**から一つ選び，記号で答えなさい。

【資料Ⅲ】　（2017年）

	人口密度（人／km²）	国土面積に占める農地の割合（%）	羊の頭数（千頭）	100人あたりの自動車保有台数（台）
ア	118	52.3	6,935	60.7
イ	18	39.8	27,527	86.6
ウ	25	33.3	17,976	21.0
エ	138	29.8	16,462	8.9

（『世界国勢図会　2019／20年版』などから作成）
注：国土面積に占める農地の割合は2016年のものである。

2 太郎さんは，山形県を含む五つの県について調べました。資料は，そのときまとめたものです。あとの問いに答えなさい。

【略地図】

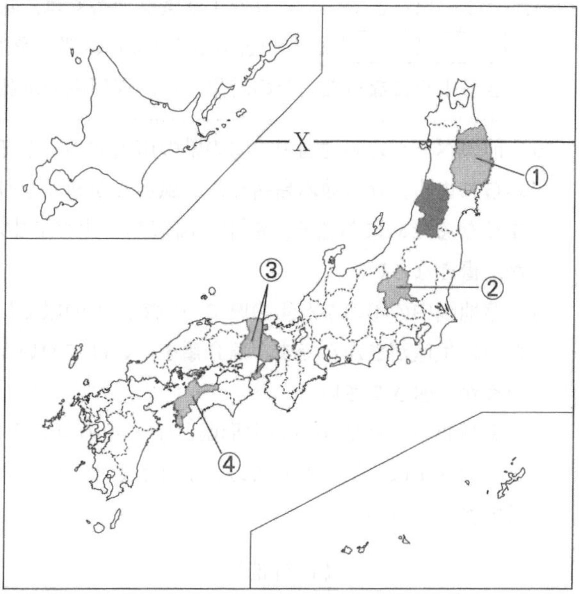

1　略地図中のXの線は，ある緯線を示しています。Xの線が示している緯線はどれか，次の**ア**～**エ**から一つ選び，記号で答えなさい。

ア　北緯20度の緯線
イ　北緯30度の緯線
ウ　北緯40度の緯線
エ　北緯50度の緯線

2　略地図中の①～④の県について，それぞれの県と県庁所在地名の組み合わせとして**適切でないもの**を，次の**ア**～**エ**から一つ選び，記号で答えなさい。

ア　①の県と盛岡市　　**イ**　②の県と前橋市　　**ウ**　③の県と明石市　　**エ**　④の県と松山市

3　次は，太郎さんが，略地図中の①の県の産業について調べたことをまとめたものの一部です。［Y］にあてはまる言葉を，**漢字6字**で書きなさい。

資料Ⅰは，①の県でつくられている鉄瓶であり，南部鉄器の一つである。南部鉄器は，国から［Y］に指定されている。京都府の西陣織や京友禅，山形県の天童将棋駒なども，［Y］に指定されている。

【資料Ⅰ】

4　略地図中の②の県に関連して，資料Ⅱは，関東地方を通る高速道路の一部と，全線開通した年をまとめたものです。グラフは，茨城県にある常陸那珂《ひたちなか》港（茨城港の常陸那珂港区）の取扱貨物量の推移を示しています。次のページの［　　］は，太郎さんが，資料Ⅱとグラフをふまえて，常陸那珂港の取扱貨物量が増えた理由をまとめたものです。適切なまとめになるように，［Z］にあてはまる言葉を書きなさい。

【資料Ⅱ】

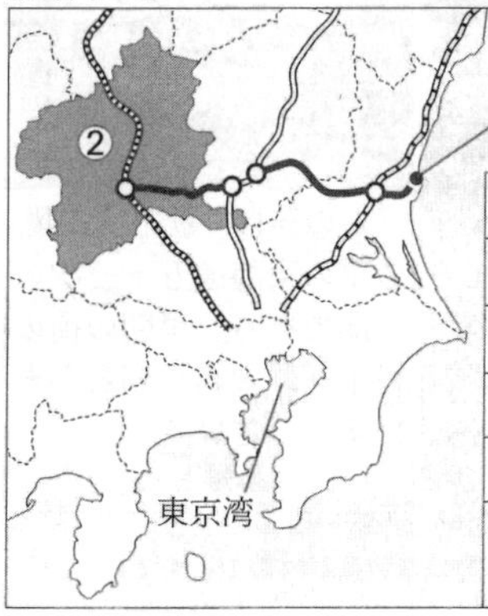

線の種類	自動車道の名称	全線開通年
(線記号)	関越自動車道	1985年
(線記号)	東北自動車道	1987年
(線記号)	北関東自動車道	2011年
(線記号)	常磐自動車道	2015年

○はジャンクション（高速道路相互を直接接続する施設）を表す。

（NEXCO東日本のホームページなどから作成）

【グラフ】

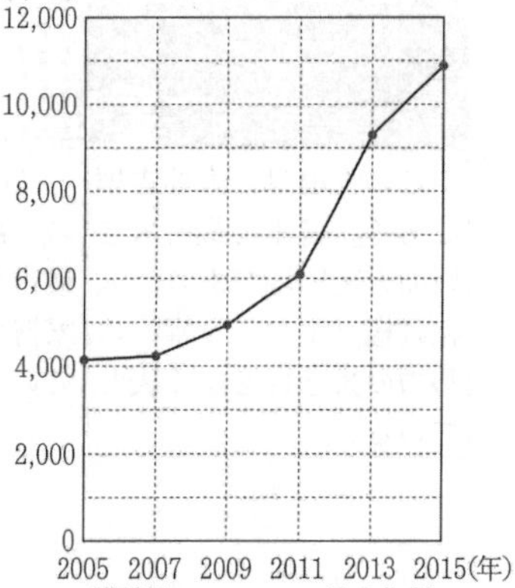

（茨城県のホームページから作成）

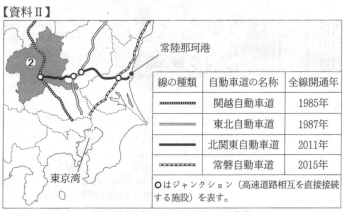

②の県などでつくられた工業製品の多くは，東京湾岸の貿易港から輸出されていたが，[Z]ため，交通渋滞の激しい都心を通らずに，常陸那珂港から効率よく輸出できるようになった。その結果，常陸那珂港の取扱貨物量が2011年を境に大幅に増えた。

5 前のページの略地図中の③の県の市街地の一部では，都市化の進展にともなう環境の変化がみられます。立ち並ぶ高層ビルで風通しが悪くなり，自動車やエアコンなどの排熱がこもりやすくなるためにおこる，都市の周辺部と比べて中心部の気温が上がる現象のことを何というか，書きなさい。

6 略地図中の①の県と④の県について，①の県では，かき，わかめの生産が，④の県では，まだいの生産がさかんです。魚介類を，いけすやいかだなどで，出荷するまで育てる漁業を何というか，書きなさい。

7 資料Ⅲは，略地図中の山形県と①～④の県の人口や耕地面積などについてまとめたものです。**ア**～**エ**は，①～④の県のいずれかです。②の県にあたるものを，**ア**～**エ**から一つ選び，記号で答えなさい。

【資料Ⅲ】 (2017年)

	人口（千人）	耕地面積（ha）	畑の面積（ha）	果実の産出額（億円）	畜産の産出額（億円）
ア	5,503	74,200	6,400	37	627
イ	1,960	69,500	43,100	96	1,123
ウ	1,255	150,500	56,200	99	1,670
エ	1,364	49,400	26,600	537	261
山形県	1,102	118,400	24,800	705	367

(『データでみる県勢　2020年版』などから作成)

3 礼子さんは，古代から近世までの，いくつかの文化について調べたことをカードA～Dにまとめ，左から年代の古い順に並べました。あとの問いに答えなさい。

カードA

この古墳は，大仙古墳である。日本で最も大きい前方後円墳であり，大和政権（ヤマト王権）の勢力の大きさをよく表している。

カードB

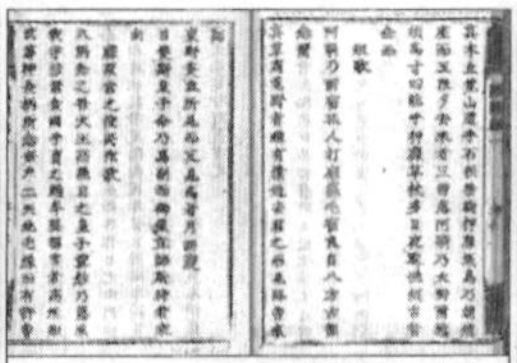

この資料は，『[X]』の一部である。現存する最古の歌集であり，大伴家持がまとめたといわれている。

カードC

この屏風は，狩野永徳の唐獅子図屏風の一部である。唐獅子が歩く姿がえがかれており，力強く，豪華な気風を表している。

カードD

この絵は，歌川（安藤）広重の東海道五十三次の一部である。早朝の街の様子を，大名行列とともにえがいている。

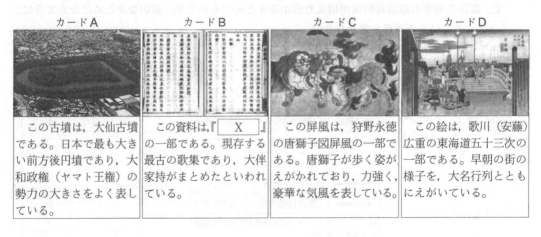

1　カードAに関連して，次の問いに答えなさい。

【資料Ⅰ】

【資料Ⅱ】

⑴　資料Ⅰと資料Ⅱは，それぞれ古墳から出土した焼き物を示しています。このような，古墳に置かれたさまざまな形の焼き物のことを何というか，書きなさい。

⑵　日本には，渡来人によってさまざまなものが伝えられました。古墳がつくられた3世紀後半から6世紀ごろに伝えられたものについて述べた文として最も適切なものを，次のア～エから一つ選び，記号で答えなさい。

ア　火薬が伝えられ，戦い方が大きく変わった。

イ　稲作が伝えられ，水田の近くにむらがつくられるようになった。

ウ　青銅器が伝えられ，豊作を神にいのる祭りの道具として使われるようになった。

エ　機織《はたおり》の技術が伝えられ，上質な絹織物をつくることができるようになった。

2　カードBについて，［X］には，柿本人麻呂などの歌人，天皇や貴族，防人，農民によってよまれた歌がおさめられた歌集の名称が入ります。あてはまる名称を書きなさい。

3　カードCに関連して，この作品がつくられた時代には，豪商などの経済力を反映した壮大で豪華な文化が生まれました。その背景の一つには，楽市・楽座などの政策による商業の発展があります。楽市・楽座では，商業の発展をうながすために，どのようなことが行われたか，書きなさい。

4　カードDについて，次の問いに答えなさい。

⑴　この絵は，錦絵とよばれる多色刷りの版画です。錦絵を含む，東洲斎写楽の役者絵や喜多川歌麿の美人画に代表される絵は何とよばれるか，書きなさい。

⑵　街道の整備による，交通や商業の発達は，都市を発展させました。次は，礼子さんが，大阪についてまとめたものです。［Y］にあてはまる言葉を，**藩**という語を用いて書きなさい。

大阪は，商業の中心地として「天下の台所」とよばれた。米や特産物を取り引きするために，全国から大阪に集められた大量の年貢米や特産物は，［　Y　］に運びこまれた。

5　礼子さんは，他の文化についても調べ，カードEを加えることにしました。カードA～Eを左から年代の古い順に並べるとき，カードEをどこに並べるとよいか，次のア～オから一つ選び，記号で答えなさい。

カードE

この建物は，銀閣である。京都の東山につくられ，書院造の様式を取り入れている。

ア　Aの左

イ　AとBの間

ウ　BとCの間

エ　CとDの間

オ　Dの右

4　次の表は，近現代における，わが国の動きと世界のおもなできごとをまとめたものです。あとの問いに答えなさい。

【表】

時代	わが国の動き	年	世界のおもなできごと
明治	1872年に太陰暦を廃止し，①太陽暦の採用を決めるなど，新政府は，日本の近代化を推し進めた。1889年には大日本帝国憲法が発布され，翌年に第一回帝国議会が開かれた。	1891 1911	シベリア鉄道の建設が始まる 辛亥革命がおこる
大正	1912年に②護憲運動がおこるなど，国民の政治意識が高まった。また，吉野作造がとなえた民本主義は，多くの人々に影響を与えた。	1914 1921	第一次世界大戦が始まる ③ワシントン会議が開かれる
昭和	1930年に，世界恐慌の影響が日本にもおよび，深刻な不況となった。1945年に④ポツダム宣言を受け入れて降伏することを決めた。	1929 1945	世界恐慌がおこる 国際連合が発足する
平成	1997年に［X］が採択され，日本でも，地球温暖化防止に向けた取り組みが進められた。	1989 1992	⑤マルタ会談が開かれる 地球サミットが開かれる

1　表中の下線部①に関連して，近代化を目指す政策を進めるうえで欧米の文化がさかんに取り入れられ，洋服を着たり牛肉を食べたりするなど，人々の生活が変化し始めました。このような，人々の生活の変化を何というか，**漢字4字**で書きなさい。

2　表中の下線部②がおこるきっかけとなったできごととして最も適切なものを，次の**ア**～**エ**から一つ選び，記号で答えなさい。

ア　藩閥に支持された桂太郎内閣が成立した。

イ　シベリア出兵を見こして，米の買いしめが行われた。

ウ　板垣退助らが，民撰議院設立建白書を政府に提出した。

エ　ポーツマス条約が結ばれ，ロシアから賠償金が得られないことになった。

3　表中の下線部③について，この会議において，日本が1902年に結んだ同盟が解消されました。このとき解消された同盟の名称を書きなさい。

4　表中の下線部④に関連して，ポツダム宣言を受け入れたあと，民主化が進められました。資料は，1928年と1946年の衆議院議員の選挙における有権者数を比較したものです。1946年の有権者数に大きな変化がみられるのは，1945年に選挙制度がどのように改正されたからか，年齢と性別に着目して書きなさい。

5　表中の［X］にあてはまる，温室効果ガスの排出削減の数値目標などを定めた文書を何というか，書きなさい。

6　表中の下線部⑤について，マルタ会談では，二つの国の首脳が冷戦の終結を宣言しました。この二つの国の組み合わせとして適切なものを，次のページの**ア**～**カ**から一つ選び，記号で答えなさい。

【資料】

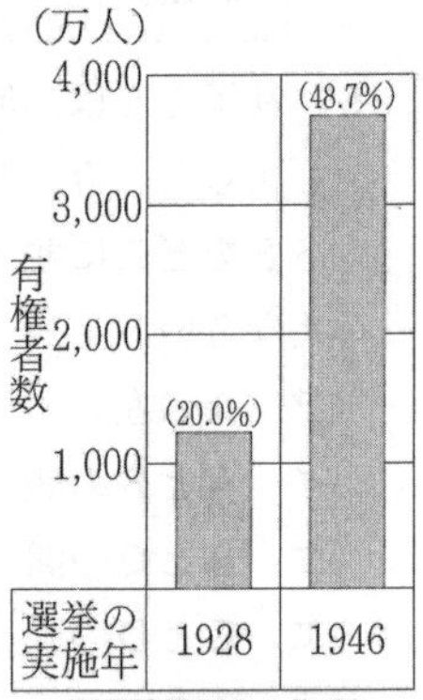

（総務省資料から作成）

注：グラフ中の（　）内は全人口に対する有権者の割合を示す。

ア　アメリカ，中国　　イ　アメリカ，ソ連　　ウ　アメリカ，イギリス
エ　イギリス，中国　　オ　イギリス，ソ連　　カ　中国，ソ連

5　勇樹さんは，民主政治について，テーマを設定して調べました。表は，そのときまとめたものの一部です。あとの問いに答えなさい。

【表】	A	B	C
テーマ	民主政治と日本国憲法	民主政治のしくみ	身近な民主政治
まとめ	民主政治を行うためには，自由権などの①基本的人権の保障が不可欠である。日本国憲法第12条では，国民の自由や権利は「常に［X］のためにこれを利用する責任を負ふ」と定められている。	国民の自由や権利を守るために，日本の政治は，立法権を持つ②国会，行政権を持つ③内閣，司法権を持つ裁判所を中心に行われている。より良い政治を目指して，さまざまな④改革が進められている。	若者の力によるまちづくりを目指し，中学生や高校生による少年議会などを設置している地方公共団体がある。少年議会での提言が，地方公共団体の政策に反映されることもある。

1　Aについて，次の問いに答えなさい。

⑴　下線部①について，基本的人権のうち，生存権や教育を受ける権利など，人間らしく生きるための権利は何とよばれるか，書きなさい。

⑵　［X］には，社会全体の利益を意味する言葉が入ります。あてはまる言葉を書きなさい。

2　Bについて，次の問いに答えなさい。

⑴　下線部②について，国会の仕事として**適切でないもの**を，次の**ア**～**エ**から一つ選び，記号で答えなさい。

ア　条例の制定　　**イ**　予算の議決　　**ウ**　弾劾裁判所の設置　　**エ**　条約の承認

⑵　下線部③に関連して，資料Ⅰは，国民と国会および内閣の関係について模式的に表したものです。議院内閣制とはどのような制度か，a，bのそれぞれの矢印が示す内容をふまえて，**信任**，**責任**という二つの語を用いて書きなさい。

【資料Ⅰ】

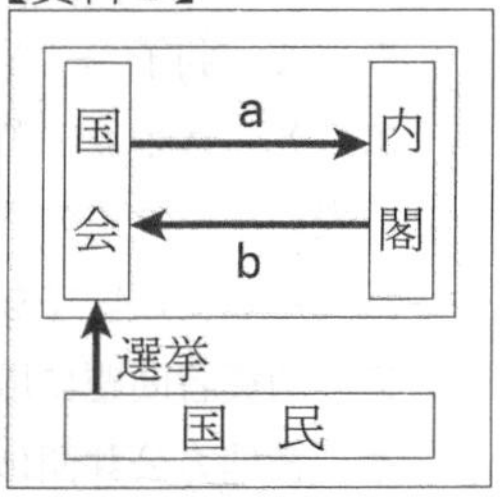

⑶　下線部④に関連して，司法制度改革によって，日本司法支援センター(法テラス)が設立されました。日本司法支援センターの役割について述べた内容として最も適切なものを，次の**ア**～**エ**から一つ選び，記号で答えなさい。

ア　独占禁止法を運用して，市場を監視する。

イ　検察官が起訴しなかった事件について，起訴すべきかどうかを判断する。

ウ　国会が制定する法律が，憲法に違反していないかどうかを審査する。

エ　法律の制度や手続きについての案内や，相談窓口の紹介などを行う。

3　Cについて，資料Ⅱは，遊佐町の少年議会の様子です。次は，勇樹さんが，若者の政治参加についてまとめたものです。［Y］にあてはまる言葉を，**漢字5字**で書きなさい。

(資料Ⅱ，まとめたものは次のページにあります。)

日本では，合計特殊出生率の低下と平均寿命ののびによる，[Y] という課題があります。社会の変化にともない，育児や介護などにおいて，地域社会の役割がますます大切になっています。若者が，地域社会の一員として，地域の課題について主体的に考え，社会づくりに参画していくことが大切です。

【資料Ⅱ】

6 彩佳さんのクラスでは，「私たちの暮らしと経済」について，図を使ったり，テーマを設定したりして学習しました。次の図と表は，そのときのものです。あとの問いに答えなさい。

【図】

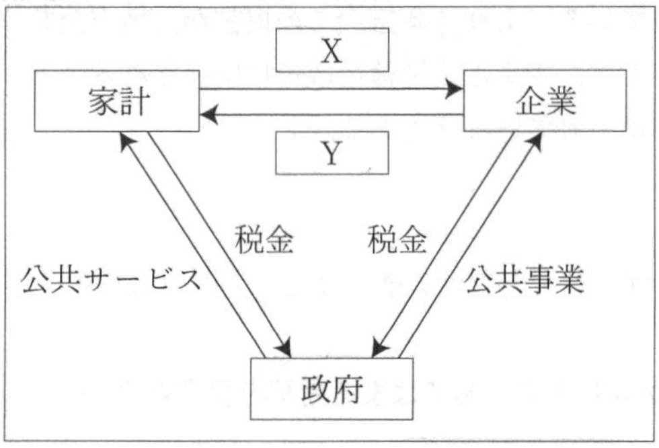

【表】

テーマⅠ	家計	家計における収入と支出から，①消費と貯蓄について，考えてみよう。
テーマⅡ	政府	家計や企業から集めた②税金を，どのようなことに使っているのか，考えてみよう。
テーマⅢ	企業	商品を生産するにあたって，どのような③研究や開発を行っているのか，考えてみよう。

1　図は，国民経済のしくみを表したものです。図中の [X]，[Y] にあてはまる言葉の組み合わせとして最も適切なものを，次の**ア**～**エ**から一つ選び，記号で答えなさい。

ア　X　株式　　Y　資本

イ　X　配当　　Y　資金

ウ　X　利子　　Y　預金

エ　X　代金　　Y　モノ（財）やサービス

2　表のテーマⅠの下線部①に関連して，立法や行政の，消費者に関する取り組みについて述べた文として**適切でないもの**を，次の**ア**～**エ**から一つ選び，記号で答えなさい。

ア　消費者問題に取り組む組織として，消費者庁を設置した。

イ　各地方公共団体に，消費者相談や情報提供を行う消費生活センターを設置した。

ウ　事実と異なる説明があった場合に消費者が契約を取り消すことができる，製造物責任法を制定した。

エ　消費者基本法で，消費者の権利を守るための，国や地方公共団体の責務を定めた。

3　表のテーマⅡの下線部②に関連して，次の問いに答えなさい。

(1)　国や地方公共団体は，税金などを財源として，道路，港湾，下水道などの施設を整備しています。このような，国民生活や産業活動の基盤となる公共施設は何とよばれるか，書きなさい。

(2)　税金には，直接税と間接税があります。間接税とはどのような税か，**税を納める人**，**税を負担する人**という二つの言葉を使って書きなさい。

4　表のテーマⅢについて，次の問いに答えなさい。

⑴　企業は，人々に働く場を提供しています。1985年に制定され，法改正を経ながら，職場での男女平等，労働者の募集や昇進などでの男女差別の禁止を定めた法律は何か，書きなさい。

⑵　下線部③に関連して，彩佳さんは，山形県産品ブランドマークがあることを知り，メモにまとめました。さらに，県内の企業について調べるなかで，高い技術を持って，世界的なシェアを誇る商品を生産する企業や，今までにない製品を開発している企業があることを知りました。新しい技術や高度な知識で，新たな事業に挑戦する企業のことを何というか，書きなさい。

【メモ】

> 山形県産品ブランドマーク
> 「創造の山　理想の形」
> 　多種多様ないいものが創造され続け，生産者や職人の理想，想いがいいものとして形になる山形県のものづくりを表現している。

資料A

（環境省ホームページから作成）

資料B

（経済産業省ホームページから作成）

注：資料B中の左の吹き出しはきれいな海の様子を、右の吹き出しはレジ袋の浮いた汚れた海の様子を表している。

エ　明詮が非常に優れているという評判が世間に広まったということ。

四　次の問いに答えなさい。

問一　次の**1**～**5**の＝＝部のカタカナの部分を、漢字で書きなさい。なお、楷書で丁寧に書くこと。

1　発表を終えて肩のニが下りる。
2　信頼をヨせる。
3　ゲンミツに審査する。
4　優勝コウホの筆頭。
5　会場をセツエイする。

問二　次は、国語の授業で、緑さんと翼さんが、「ボランティア活動は全員参加にすべきかどうか」というテーマで話し合いを行っている場面です。この話し合いにおいて、緑さんが相手に意見をよりよく伝えるためには、緑さんは、伝え方をどのように改善するとよいですか。改善点として最も適切なものを、あとの**ア**～**エ**から一つ選び、記号で答えなさい。

緑さん　ボランティア活動は全員参加にすべきだと思います。私は、参加することに大きな意味があると思います。

翼さん　確かに、体験しないと実感できないことがあるので、その点は賛成です。ただ、私は希望者が参加して、参加者の自主性を大切にする方がいいと思いますが、どう考えますか。

緑さん　私もその点は大事だと思いますが、どんなことがきっかけでも、まずは参加することが大事です。とにかく一度体験してみれば、次からは自ら進んで参加するようになるはずです。

翼さん　参加したことがない人にとっては、よいきっかけになると思いますが、ボランティアは仕事や義務ではありません。ボランティアの本来の意義を考えると、希望者で行うべきだと思います。

ア　平易な言葉に言い換えて、相手の理解を深めるとよい。
イ　相手と同じ意見を述べて、相手の考えを尊重するとよい。
ウ　適切な根拠を示して、自分の主張に説得力をもたせるとよい。
エ　主張を繰り返し述べて、自分の立場を明確にするとよい。

五　次のページの資料**A**、**B**は、いずれも廃棄物に関する課題の解決に向けて、人々の理解や関心を深めるために作成されたものです。

これらの資料をもとに、まとまりのある二段落構成の文章を書きなさい。第一段落には、**二つの資料について**、どのようなことを訴えているかを、訴えている内容を効果的に伝えるための表現の工夫に触れながら書きなさい。それをふまえ、第二段落には、あなたがこれからの生活で心がけたいことを、自身の体験や見聞きしたことを含めて書きなさい。

ただし、次の**《注意》**に従うこと。

《注意》
◇「題名」は書かないこと。
◇二段落構成とすること。
◇二〇〇字以上、二四〇字以内で書くこと。
◇文字は、正しく、整えて書くこと。

図書館で本を探したり、調べものをしたりすることで、求めていた情報とは別の興味深い事例を発見したり、□を見つけたりする可能性が生まれるというよさ。

問七　本文全体を通して、筆者は、「知識」をどのようなものだと考えていますか。次の三つの言葉を使って、六十字以内で書きなさい。なお、三つの言葉はどのような順序で使ってもかまいません。

情報　　要素　　全体

三　次の文章を読んで、あとの問いに答えなさい。

いにしへ、元興寺《ぐわんごうじ》の明詮《みやうせん》といへる名知識は、三十有余《よ》の晩年よりつとめて、1朝夕のおこたりなかりければ、後は比類もなき碩学《せきがく》（学をきわめた人）にA至りて、慈恵《じゑ》僧正《そうじやう》とも法問（仏法についての問答）せられ侍《はべ》り、仏家の文（仏教の書物）、ことごとくあきらめられける（見極め　明らかになさった）とぞ。

そのむかし、ある殿閣《でんかく》（宮殿）の軒の下にて、B雨やどりせられけるに、屋の棟よりCあつまり、軒よりおつる雫《しづく》にて、下の石くぼみて侍るをみて、悟られ侍るは、雨水といふ物、よろづにあたりて砕くるやわらかなる物なり。されど、功をつめば、此《こ》の雫にて、かたき石をもくぼめしむ。われおろかなりといふとも、まめやかに（まじめに）つとめば、などか（どうして）至らざるべきと、思ひ取り、此のこころDおこたらずして、終《つひ》に2其《そ》の名を四海（天下）にひろめたまへりとぞ。

（『塵塚』による）

問一　～～部「いにしへ」を現代かなづかいに直し、すべてひらがなで書きなさい。

問二　＝＝部A～Dの中から、主語が異なるものを一つ選び、記号で答えなさい。

問三　――部1「朝夕のおこたりなかりければ」とは、どのようなことですか。その説明として最も適切なものを、次のア～エから一つ選び、記号で答えなさい。

ア　一晩中慈恵僧正と仏法について問答を続けたということ。
イ　いつも怠けずに仏教の学問に打ち込んできたということ。
ウ　朝と夕方に仏教について熱心な指導を行ったということ。
エ　一日中手を抜かずに明詮と修行に励んでいたということ。

問四　「明詮」が悟ったことを、次のような形で説明したとき、□に入る適切な言葉を、現代語で書きなさい。

軒から落ちる雫が石をくぼませるように、自分が未熟であったとしても、まじめに□ことができるということ。

問五　――部2「其の名を四海にひろめたまへり」とは、どのようなことですか。その説明として最も適切なものを、次のア～エから一つ選び、記号で答えなさい。

ア　明詮を育て上げた慈恵僧正の評価が一気に高まったということ。
イ　明詮が仏教の修行を行った建物がひときわ有名になったということ。
ウ　明詮の書いた仏教の書物が人々によって広く読まれたということ。

こにある知識の構造を読み取ることができます。調べものをしていて、なかなか最初に求めていた情報に行きつかなくても、自分が考えを進めるにはもっと興味深い事例があるのを読書を通じて発見するかもしれません。それに図書館まで行って本を探していたならば、その目当ての本の近くには、関連するいろいろな本が並んでいて、そのなかの一冊に手を伸ばすことから研究を大発展させるきっかけが見つかるかもしれません。このように様々な要素が構造的に結びつき、さらに外に対して体系が開かれているのが知識の特徴です。ネット検索では、このような知識の構造には至らない。なぜなら検索システムは、そもそも知識を断片化し、情報として扱うことによって大量の迅速処理を可能にしているからです。

（吉見俊哉『知的創造の条件』による。一部省略がある。）

〔注〕＊　コペルニクス＝ポーランドの天文学者。
＊　地動説＝地球が太陽の周りを公転しているとする説。

問一　＝＝部a、bの漢字の読み方を、ひらがなで書きなさい。

問二　〰〰部「いくら」の品詞として最も適切なものを、次のア～エから一つ選び、記号で答えなさい。

ア　名詞　イ　連体詞　ウ　副詞　エ　接続詞

問三　――部1について、筆者が「コペルニクスの地動説」を取り上げた意図として最も適切なものを、次のア～エから一つ選び、記号で答えなさい。

ア　情報と知識は質的に異なるものであるという自らの主張の裏付けとする意図。
イ　情報の集まりが必然的に知識になるという自らの主張の裏付けとする意図。
ウ　情報と知識を区別するのは間違いであるという自らの主張を明確にする意図。
エ　情報技術の進歩が知識の形成には不可欠であるという自らの主張を明確にする意図。

問四　――部2について、次の(1)、(2)の問いに答えなさい。

(1)　「その魔法」という表現は、何の、どのような特徴をたとえたものですか。本文中の言葉を使って、三十五字以内で書きなさい。

(2)　「リンゴが実っている樹の幹」という表現は、何をたとえたものですか。――部2と同じ段落の本文中から十六字でさがし、その最初の五字を、抜き出して書きなさい。

問五　――部3「これとは対照的な経験」とは、どのような経験ですか。次のような形で説明したとき、［Ⅰ］、［Ⅱ］に入る言葉の組み合わせとして最も適切なものを、あとのア～エから一つ選び、記号で答えなさい。

［　Ⅰ　］を結びつけて全体の論述に至る［　Ⅱ　］を読者が読み取り、著者の理論的な個性に触れる経験。

ア　Ⅰ　本に書かれた情報　Ⅱ　文学的な表現
イ　Ⅰ　事実に関する記述　Ⅱ　論理的な展開
ウ　Ⅰ　文学的な表現　Ⅱ　本に書かれた情報
エ　Ⅰ　論理的な展開　Ⅱ　事実に関する記述

問六　――部4について、筆者は、図書館に行ったり、本を借りて読んだりすることに、どのようなよさがあると考えていますか。次のページのような形で説明したとき、［　］に入る適切な言葉を、本文中から十三字でさがし、その最初の五字を、抜き出して書きなさい。

いてのニュースを得たとき、それは少なくとも情報ですが、知識と言えるかどうかはまだわかりません。その情報が、既存の情報や知識と結びついて、ある状況を解釈するための体系的な仕組みとなったとき、そのニュースは初めて知識の一部となるのです。

1よく知られた古典的な例として、*コペルニクスの*地動説があります。一五世紀半ば以降の印刷革命によって、コペルニクスは身の周りに多数の印刷された天文学上のデータを集めておくことができるようになっていました。つまり、彼は活版印刷以前の時代とは比べものにならないほどの情報にアクセスできたのです。しかしそのこと自体は、まだ知識ではありません。コペルニクス自身が彼のいくつかの仮説に基づいてこれらの情報を選別し、比較し、数式と結びつけて仮説を検証していくことで、やがて地動説に至る考えにまとめ上げていったとき、単なる要素としての情報は体系としての知識に転化したのです。

このように、知識というのはバラバラな情報やデータの集まりではなく、様々な概念や事象の記述が相互に結びつき、全体として体系をなす状態を指します。いくら葉や実や枝を大量に集めても、それらは情報の山にすぎず、知識ではありません。情報だけでは、そこから新しい樹木が育ってくることはできないのです。そしてインターネットの検索システムの最大のリスクは、この情報と知識の質的な違いをa曖昧にしてしまうことにあると私は考えています。

というのもインターネット検索の場合、社会的に蓄積されてきた知識の構造やその中での個々の要素の位置関係など知らなくても、つまり樹木の幹と枝の関係など何もわからなくても、知りたい情報を瞬時に得ることができるわけです。つまり、ネットのユーザーは、その森のどのあたりがリンゴの樹《き》の群生地で、その中のどんな樹においしいリンゴの実がなっていることが多いかを知らなくても、瞬時にちょうどいい具合のリンゴの実が手に入る魔法を手に入れているようなものです。それで、2その魔法の使用に慣れてしまうと、いつもリンゴの実ばかりを集めていて、そのリンゴが実っている樹の幹を見定めたり、そこから出ているいくつもの枝の関係を見極めたりすることができなくなってしまうのです。

本を読んだり書いたりすることが可能にするのは、3これとは対照的な経験です。文学については言明を差し控えますが、少なくとも哲学や社会学などの本に関する限り、それらの読書で最も重要なのは、そこに書かれている情報を手に入れることではありません。その本の中には様々な事実についての記述が含まれていると思いますが、重要なのはそれらの記述自体ではなく、著者がそれらの記述をどのように結びつけ、いかなる論理に基づいて全体の論述に展開しているのかを読みながら見つけ出していくことなのです。この要素を体系化していく方法に、それぞれの著者の理論的な個性が現れます。

今のところ、必要な情報を即座に得るためならば、ネット検索よりも優れた仕組みはありません。わざわざ4図書館まで行って、関係のありそうな本を何冊も借りて一生懸命読んでみても、知りたかった情報に行き当《あた》らないというのはよくある経験です。見当違いの本を選んでしまったのかもしれません。借りてきた本をb隅から隅まで読んでも、肝心なことは書かれていなかったということも起こり得ます。しかしネット検索ならば、はるかに短時間で、関係のありそうな本を読むよりもかなり高い確率で求めていた情報には行き当ります。したがって、ある単一の情報を得るには、ネット検索のほうが読書よりも優れているとも言えるのです。

それでも、本の読者は一般的な検索システムよりもはるかに深くそ

問四　――部2は、「望音」のどのような様子を表していますか。最も適切なものを、次の**ア**～**エ**から一つ選び、記号で答えなさい。

ア　「太郎」からいきなり大声で注意されて、動揺し怖がっている様子。
イ　「太郎」に本心を理解してもらえなくて、平静を失っている様子。
ウ　「太郎」の絵に対する熱意に押されて、自信をなくしている様子。
エ　「太郎」から予想外の反応が返ってきて、驚き戸惑っている様子。

問五　――部3について、「太郎」は「大輪の花を咲かせる」とはどのようなことだと考えていますか。本文中の「太郎」の発言をふまえて、三十字以内で書きなさい。

問六　本文の表現の工夫とその効果を説明したものとして最も適切なものを、次の**ア**～**エ**から一つ選び、記号で答えなさい。

ア　「望音」が過去の自分を顧みる場面を織り交ぜることで、揺れ動く「望音」の心情が印象的に描かれている。
イ　ロンドンの街の明るい情景を差し挟むことで、希望に胸を膨らませる「望音」の姿が象徴的に描かれている。
ウ　視線を上げる「太郎」の動作を示すことで、自らの絵に誇りを抱く「太郎」の心情が客観的に描かれている。
エ　「太郎」の発言に擬人法を用いることで、豊かな表現で理想を語る「太郎」の姿が魅力的に描かれている。

問七　絵を描くことに対する「望音」の心情の変化について、国語の授業で次のような話し合いが行われました。［Ⅰ］に入る適切な言葉を、二十五字以内で書き、［Ⅱ］に入る適切な言葉を、本文中から十四字で抜き出して書きなさい。

Aさん　イギリスから帰国して以来、絵を描くことへの迷いが消えずにいた「望音」を動かしたのは、「太郎」の言葉だね。
Bさん　確かに。留学したあとの「望音」の絵を見たいという「太郎」の言葉がきっかけで、「望音」は「もう島から出て行かなくちゃ」と思っているね。これはどういうことかな。
Cさん　「望音」は、絵に対するかつての向き合い方を思い出したことで、［Ⅰ］自分を変えなくてはならないと考えたんだと思うよ。
Bさん　なるほど、自分を変えようとする決意の表れだったんだね。
Aさん　他にも、「太郎」から［Ⅱ］で、「望音」は勇気づけられ、絵を描きたいという気持ちが広がっていったんだね。

二　次の文章を読んで、あとの問いに答えなさい。

筆者は、「知的創造の条件」について考察する中で、インターネット検索と図書館での調べものの間には、いくつかの違いがあると論じている。次は、筆者が両者の「構造性」における違いについて述べている部分である。

構造性における違いですが、これを説明するためには、「情報」と「知識」の決定的な違いを確認しておく必要があります。一言でいうならば、「情報」とは要素であり、「知識」とはそれらの要素が集まって形作られる体系です。たとえば、私たちが何か知らない出来事につ

でもいつのまにか、熟知した世界ばかり描くようになっていた。描くことは冒険であり旅のはずなのに、安心するために、自分を守るために、自分の殻に＊籠城《ろうじょう》してただただ描きやすいものばかり選んでいた。

　この美大に来てから、少しずつ島にいた頃の自分には描けなかったものも描けるようになったのに、卒業制作のプランは、それ以前の自分の自己模倣でしかなかった。

　もう島から出て行かなくちゃ。

　もっと広くて未知の世界に足を踏み入れなくちゃ。

　望音さ、と太郎は天を仰いだ。

「へこんでる場合じゃないよ。目の前に広がってる可能性に比べたら、どれもちっぽけなことじゃん。望音が本当にいいと思う絵を描いていれば、望音が望音じゃなくなるわけないよ。だって望音には、才能があるもん。」

　太郎は自分の言葉に納得したようにつづける。

「うん、才能だよ。運や努力も関係するんだろうけど、生まれつき途方もない才能があるやつって、世の中にはごく稀《まれ》にいると思うんだ。そういうやつは放っておいても、回り道しても、いつか絶対に花ひらく。まわりには想像もつかなかったような、3大輪の花を咲かせるんだよ。」

　才能という、実体のない言葉が望音にはずっと苦手だった。

　母をはじめ周囲の口から出るたび、ぴんと来なくて信じられなかった。

　自分に才能があるのかどうかは分からない。でもこうして誰かに才能があると信じてもらうことが、こんなにも勇気になるのだと望音ははじめて知った。太郎の言葉が、強力なおまじないのように望音に勇気を与える。その勇気が指先に伝わり、絵を描きたいという気持ちが広がっていく。

「俺さ、望音が咲かせるその花を、いつか見られるのを今から楽しみにしてるんだ。だってその花は本人への贈り物だけじゃなくて、結果的にはまわりへの贈り物でもあって、他の大勢の人の心に必ず残るものだから。」

　太郎は絵画棟を見上げながら言った。

（一色さゆり『ピカソになれない私たち』による。一部省略がある。）

〔注〕＊　名だたる＝名高い。

＊　ビジョン＝将来の見通し。構想。

＊　喧騒＝人声や物音でさわがしい状態。

＊　ゼミ＝大学などで、少人数の学生や生徒が、教師の指導のもとで特定のテーマについて研究し、発表・討論を行う形式の授業。

＊　籠城＝ある場所に閉じこもって、外に出ないこと。

問一　══部a、bの漢字の読み方を、ひらがなで書きなさい。

問二　〰〰部における「ぴんと来なくて」の意味として最も適切なものを、次の**ア**～**エ**から一つ選び、記号で答えなさい。

ア　状況の判断がつかなくて　　**イ**　自分の感覚と合わなくて

ウ　瞬時の対応ができなくて　　**エ**　相手の立場になれなくて

問三　──部1について、「望音」が答えられなかった理由を、次のような形で説明したとき、□に入る適切な言葉を、本文に即して十五字以内で書きなさい。

　英語でうまく伝えられなかったことに加え、□を持っておらず、留学することへの覚悟も決まっていなかったから。

〈国語〉

時間　五〇分　満点　一〇〇点

一　次の文章を読んで、あとの問いに答えなさい。

「望音《もね》」と「太郎《たろう》」は、東京の美術大学で絵画を学ぶ大学四年生である。次は、イギリス王立芸術院「ロイヤル・アカデミー」（「ロイアカ」）への留学を勧められている「望音」が、「太郎」と会話する中で、見学のため渡英したときのことを思い出す場面である。

三月上旬、ロイヤル・アカデミーの教授から、望音は一通のメールを受け取った。望音は誘われるままに、春休みを利用して、ロンドンを訪れた。

王立芸術院、英名でロイヤル・アカデミー・オブ・アーツは古めかしくて歴史を感じさせる外観でありながら、開放的で明るい雰囲気だった。美術館には豊富なコレクションの一部が無料で公開され、毎年*名だたる現代アーティストも参加する「夏季展覧会」は、ロンドンの夏の風物詩として有名らしい。さらに美術館の奥には、個性的な服装の若者たちが制作している建物があった。

印象に残ったのは、付属の小さなスペースで展示されていた学生たちの作品である。どれも素晴らしい絵ばかりで、望音はa圧倒された。

教授から大学院生を紹介され、アカデミー内を案内してもらいながら、彼らがしっかりと自作を説明し、確固たる*ビジョンを持って制作をしていることに驚かされた。

――で、あなたはここで、どんな絵を描きたいの？

そう訊《たず》ねられ、1望音はろくに答えられなかった。

その理由は、英語だったからだけではない。

望音はロンドンの*喧騒《けんそう》を行き先も決めずに彷徨《さまよ》った。明るい未来がこの街に広がっているはずなのに、頭のなかを不安がb塗りつぶす。離島出身で美術のことも日本のこともなにも知らなくて、東京でだって精一杯なのに、さまざまな人種や言語の行き交う、当たり前に自己主張を求められる大都会で、本当に自分はやっていけるのか。

とりあえず語学が留学の必要条件だったので、帰国後は参考書やオンライン英会話で勉強したけれど、根本的な迷いは消えなかった。覚悟がいまだに決まらないまま、また誰にも打ち明けられないまま、ここまで来てしまっていた。

「この美大に来たのも、本当はうちの意志じゃなかったんよ。うちはただ、絵が描ければそれでいいっていう気持ちがあって。それは島にいても、東京にいても、どこにいても同じじゃ。だったら、わざわざ海外に行く必要なんてない気もして――」

「なに言ってんの？」

いきなり太郎に一喝されて、望音は顔を上げた。

「ロイアカだよ？　マジですごいじゃん！　俺、望音が海外に行って勉強したあと、どんな絵を描くのか、めちゃくちゃ見てみたいよ。」

「見てみたい？」

望音は2目をぱちぱちさせながら太郎を見る。

「そう、たぶん俺だけじゃないよ。*ゼミのみんなだって、今の話を聞いたら、望音の絵がどんな風になるか知りたいって答えると思うよ。望音だって見てみたいと思わないの？　海外に身を置くことで『自分の絵』がどんな風に変わっていくのか。」

そう言われて、はじめて望音は思い出す。

絵は自分にとって「見たい世界」を描くものだった。

MEMO

大切なことはメモしておこうネ！

2021年度

解　答　と　解　説

《2021年度の配点は解答用紙集の後に掲載してあります。》

＜数学解答＞

1　1　(1)　7　　(2)　$-\frac{1}{2}$　　(3)　$12x^2y$　　(4)　$-2\sqrt{2}$　　2　$x=\frac{1\pm\sqrt{10}}{3}$(解き方は解説参照)　3　$18\sqrt{3}\ \mathrm{cm}^3$　　4　エ　　5　エ

2　1　(1)　$-8\leqq y\leqq 0$　　(2)　-1　　2　下図1　　3　(1)　解説参照　　(2)　374個
4　解説参照

3　1　(1)　午前10時8分　　(2)　ア　$y=\frac{1}{2}x$　　イ　36　　ウ　$y=\frac{2}{3}x-6$(グラフは下図2)
2　エ　30　　オ　36

4　1　80°　　2　解説参照　　3　$\frac{\sqrt{7}}{3}\mathrm{cm}^2$

図1

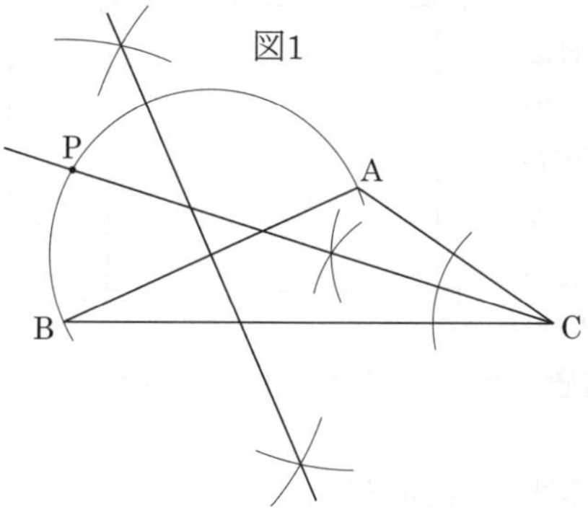

図2

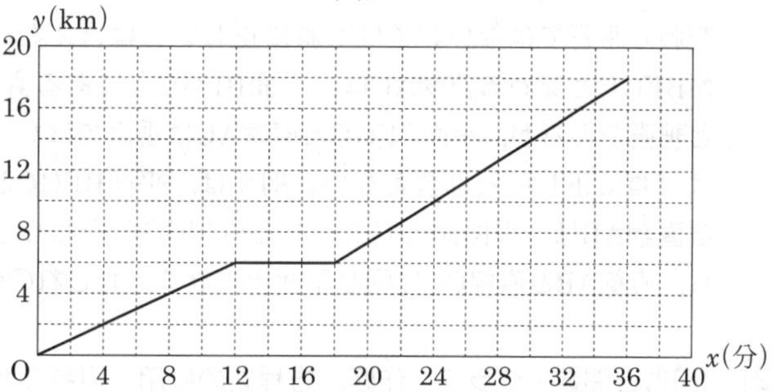

＜数学解説＞

1　(数・式の計算，平方根，二次方程式，三角柱の体積，確率，空間内の直線と平面の位置関係)

1　(1)　$2-(3-8)=2-3+8=2+8-3=10-3=7$

(2)　分配法則を使って，$\left(\frac{1}{3}-\frac{3}{4}\right)\div\frac{5}{6}=\left(\frac{1}{3}-\frac{3}{4}\right)\times\frac{6}{5}=\frac{1}{3}\times\frac{6}{5}-\frac{3}{4}\times\frac{6}{5}=\frac{2}{5}-\frac{9}{10}=\frac{4}{10}-\frac{9}{10}=$ $\frac{4-9}{10}=-\frac{5}{10}=-\frac{1}{2}$

(3)　$(-4x)^2=(-4x)\times(-4x)=16x^2$だから，$(-4x)^2\div 12xy\times 9xy^2=16x^2\times\frac{1}{12xy}\times 9xy^2=$ $\frac{16x^2\times 9xy^2}{12xy}=12x^2y$

(4)　$\sqrt{18}=\sqrt{2\times 3^2}=3\sqrt{2}$，$\frac{10}{\sqrt{2}}=\frac{10\times\sqrt{2}}{\sqrt{2}\times\sqrt{2}}=\frac{10\sqrt{2}}{2}=5\sqrt{2}$ だから，$\sqrt{18}-\frac{10}{\sqrt{2}}=3\sqrt{2}-5\sqrt{2}=$ $(3-5)\sqrt{2}=-2\sqrt{2}$

2　(解き方)(例)$3x^2+2x-12x-8=-8x-5$　$3x^2-2x-3=0$　$x=\frac{-(-2)\pm\sqrt{(-2)^2-4\times 3\times(-3)}}{2\times 3}$ $=\frac{2\pm\sqrt{40}}{6}=\frac{2\pm 2\sqrt{10}}{6}=\frac{1\pm\sqrt{10}}{3}$

3　$\triangle$ABCは30°，60°，90°の直角三角形で，3辺の比は2：1：$\sqrt{3}$ だから，AC$=\frac{1}{2}$AB$=\frac{1}{2}\times 6=$

3(cm)，BC=$\sqrt{3}$AC=$\sqrt{3}\times3=3\sqrt{3}$(cm)　よって，求める三角柱の体積は，△ABC×BE=$\frac{1}{2}$×AC×BC×BE=$\frac{1}{2}\times3\times3\sqrt{3}\times4=18\sqrt{3}$ (cm^3)

4　取り出した2個の玉に書かれた数の和が偶数になるのは，書かれた数が2個とも偶数のときか，奇数のときである。Aの箱の中から，同時に2個の玉を取り出すときの取り出し方は全部で，(①，②)，(①，③)，(②，③)の3通り。このうち，取り出した2個の玉に書かれた数の和が偶数になるのは____を付けた1通りだから，その確率は$\frac{1}{3}$。Bの箱の中から，同時に2個の玉を取り出すときの取り出し方は全部で，(④，⑤)，(④，⑥)，(⑤，⑥)の3通り。このうち，取り出した2個の玉に書かれた数の和が偶数になるのは____を付けた1通りだから，その確率は$\frac{1}{3}$。Cの箱の中から，同時に2個の玉を取り出すときの取り出し方は全部で，(⑦，⑧)，(⑦，⑨)，(⑦，⑩)，(⑧，⑨)，(⑧，⑩)，(⑨，⑩)の6通り。このうち，取り出した2個の玉に書かれた数の和が偶数になるのは____を付けた2通りだから，その確率は$\frac{2}{6}=\frac{1}{3}$。以上より，取り出した2個の玉に書かれた数の和が偶数になることの起こりやすさは，どの箱も同じである。

5　右図の直方体で考える。直線ABと直線CDは，それぞれ平面BFGCと交わるが，直線ABと直線CDは平行で交わらない。アはつねに正しいとは言えない。直線ADと直線DHは，それぞれ平面BFGCと平行であるが，直線ADと直線DHは交わり平行ではない。イはつねに正しいとは言えない。平面BFGCと交わる直線ACは，平面BFGC上にある直線CGと垂直であるが，平面BFGCと直線ACは垂直ではない。ウはつねに正しいとは言えない。例えば，平面BFGCと交わる直線ABは，平面BFGC上にある直線CGと交わらないから，直線ABと直線CGは同じ平面上になく，**ねじれの位置**にある。エはつねに正しいと言える。

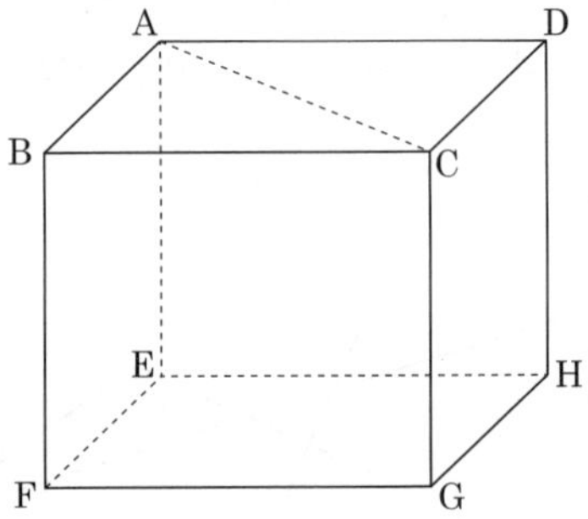

2　(図形と関数・グラフ，作図，方程式の応用，資料の散らばり・代表値)

1　(1)　xの**変域**に0が含まれているから，yの**最大値**は0。$x=-2$のとき，$y=-\frac{1}{2}\times(-2)^2=-2$　$x=4$のとき，$y=-\frac{1}{2}\times4^2=-8$　よって，yの**最小値**は-8　yの変域は，$-8\leqq y\leqq0$

(2)　前問(1)より，点Aの座標はA$(-2,\ -2)$　問題のグラフ②は**反比例**のグラフであるから，$y=\frac{a}{x}$と表せ，点Aを通るから　$-2=\frac{a}{-2}$より，$a=4$　②のxとyの関係は，$y=\frac{4}{x}$と表せる。点Bは$y=\frac{4}{x}$上にあるから，そのy座標は，$y=\frac{4}{1}=4$　よって，B(1，4)　x軸上に点Pをとるとき，AP+BPが最も小さくなるのは，点Pが直線AB上にあるとき。2点A，Bを通る直線の式は，傾きが$\frac{4-(-2)}{1-(-2)}=2$なので，$y=2x+b$とおいて点Bの座標を代入すると，$4=2\times1+b$　$b=2$　よって，直線ABの式は，$y=2x+2$…③　以上より，直線ABとx軸との交点のx座標，すなわち，点Pのx座標は，③に$y=0$を代入して，$0=2x+2$　$x=-1$

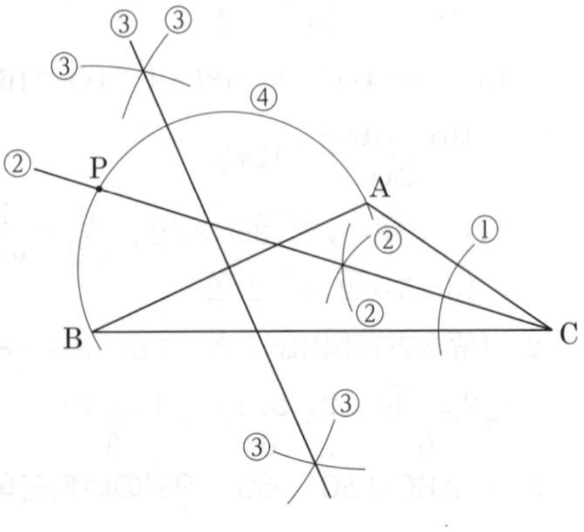

2　(着眼点)**角をつくる2辺から距離が等しい点は，角の二等分線上にある**から，点Pは∠ACBの二等分線上にある。また，**直径に対する円周角は90°**だから，

点Pは辺ABを直径とする円の円周上にある。 (作図手順)次の①～④の手順で作図する。 ① 点Cを中心とした円を描き，辺AC，BC上に交点をつくる。 ② ①でつくったそれぞれの交点を中心として，交わるように半径の等しい円を描き，その交点と点Cを通る直線(∠ACBの二等分線)を引く。 ③ 点A，Bをそれぞれ中心として，交わるように半径の等しい円を描き，その交点を通る直線(辺ABの垂直二等分線)を引く。 ④ 辺ABの垂直二等分線と辺ABとの交点を中心として，辺ABを直径とする円を描き，∠ACBの二等分線との交点をPとする。

3 (1) (1次方程式の例)大きい袋の枚数をx枚とする。$8x+5(50-x)+67=10x+6(50-x-2)+5\times2$ (連立方程式の例) 大きい袋の枚数をx枚，小さい袋の枚数をy枚とする。

$$\begin{cases} x+y=50 \\ 8x+5y+67=10x+6(y-2)+5\times2 \end{cases}$$

(2) 1次方程式$8x+5(50-x)+67=10x+6(50-x-2)+5\times2$を解く。両辺を整理して，$3x+317=4x+298$　$x=19$　よって，大きい袋の枚数は19枚だから，かごの中にあった里芋の個数は，$8\times19+5(50-19)+67=374$(個)

4 (理由)(例)**最頻値**を比べると，知也さんは6.5m，公太さんは5.5mであり，知也さんのほうが大きいから。

3 **(関数とグラフ，グラフの作成)**

1 (1) 問題のグラフより，駅から4kmの地点は，駅から公園の間にある。駅から公園までの自動車の速さは，時速30km=分速$\frac{30}{60}$km=分速$\frac{1}{2}$kmだから，**(時間)=(道のり)÷(速さ)**より，自動車が駅から4kmの地点を通過する時刻は，午前10時の$4\div\frac{1}{2}=8$(分後)より，午前10時8分である。

(2) $0\leqq x\leqq12$のとき，自動車は駅から公園の間にあり，駅から公園までの自動車の速さは分速$\frac{1}{2}$kmだから，xとyの関係は**(道のり)=(速さ)×(時間)**より，$y$km=分速$\frac{1}{2}$km×x分　つまり，$y=\frac{1}{2}x$…ア　である。駅から公園までの道のりは，$\frac{1}{2}\times12=6$(km)だから，公園から空港までの道のりは，$18-6=12$(km)である。公園から空港までの自動車の速さは，時速40km=分速$\frac{40}{60}$km=分速$\frac{2}{3}$kmだから，自動車が空港に到着する時刻は，公園を出発した午前10時18分の$12\div\frac{2}{3}=18$(分後)の，午前10時(18+18)分=午前10時36分である。よって，$18\leqq x\leqq36$…イのとき，自動車は公園から空港の間にあり，xとyの関係は，$y=6+\frac{2}{3}(x-18)$　つまり，$y=\frac{2}{3}x-6$…ウ　である。以上より，xとyの関係を表すグラフは，点(12，6)，(18，6)，(36，18)を線分で結んだグラフになる。

2 右図は，午前10時からx分後の，駅からバスまでの道のりを$y$kmとして，バスのxとyの関係を表すグラフを，問題のグラフに重ねて表したものである。ここで，グラフ①は，問題の条件(バスは，自動車が公園でとまっている間に自動車を追いこしたが，空港に到着する前に追いこされた。)を満足する中で，バスの速さが最も遅い場合であり，点(18，6)を通る(自転車が公園を出発したときに，バスが自転車を追いこす)グラフである。また，グラフ②は，問題の条件を満足する中で，バス

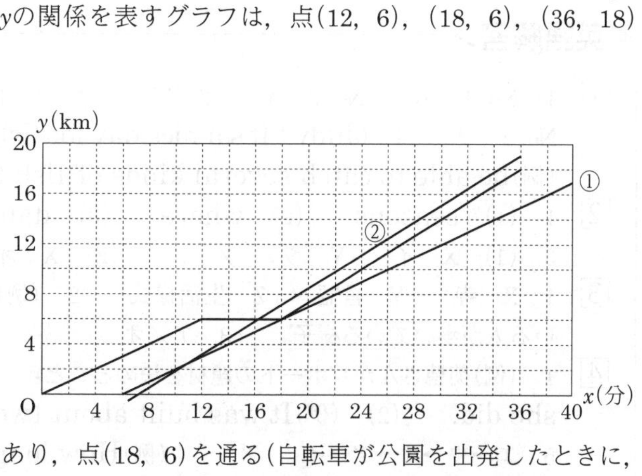

の速さが最も早い場合であり，点(36，18)を通る(自転車とバスが同時に空港に到着する)グラフである。それぞれの**グラフの傾きがバスの速さを表す**から，バスの速さは，グラフ①の傾きより，$\frac{6-0}{18-6}$(km/分)＝$\frac{1}{2}$(km/分)＝$\frac{1}{2}$×60(km/時)＝30(km/時)…エ　よりは速く，グラフ②の傾きより，$\frac{18-0}{36-6}$(km/分)＝$\frac{3}{5}$(km/分)＝$\frac{3}{5}$×60(km/時)＝36(km/時)…オ　よりは遅い。

[4]　(円の性質，三平方の定理，角度，合同の証明，面積)

1　**平行線の錯角は等しい**から，∠ABC＝∠BGE＝40°　$\overset{\frown}{AC}$に対する**中心角と円周角の関係**から，∠AOC＝2∠ABC＝2×40°＝80°

2　(証明)(例)△OCHと△OEFにおいて，共通だから∠COH＝∠EOF…①　半円Oの半径だから，OC＝OE…②　△OCBはOC＝OBの二等辺三角形だから，∠OCH＝∠OBC…③　仮定より四角形OBGDは平行四辺形であり，**平行四辺形の対角は等しい**から，∠OBC＝∠ODE…④　△ODEはOD＝OEの二等辺三角形だから，∠ODE＝∠OEF…⑤　③，④，⑤より，∠OCH＝∠OEF…⑥　①，②，⑥より，1組の辺とその両端の角がそれぞれ等しいので　△OCH≡△OEF

3　点Oから線分DEへ垂線OPを引くと，△DOEはOD＝OEの二等辺三角形で，**二等辺三角形の頂角からの垂線は底辺を2等分する**から，DP＝$\frac{1}{2}$DE＝3(cm)　△ODPに**三平方の定理**を用いると，OP＝$\sqrt{OD^2-DP^2}$＝$\sqrt{4^2-3^2}$＝$\sqrt{7}$(cm)　△DOE≡△COBより，CB＝DE＝6cm　四角形OBGDは平行四辺形だから，BG＝OD＝4(cm)　△DOE∽△CFGで，**相似比**はDE：CG＝DE：(CB－BG)＝6：(6－4)＝3：1　**相似な図形では，面積比は相似比の2乗に等しい**から，△DOE：△CFG＝3^2：1^2＝9：1　以上より，△CFG＝$\frac{1}{9}$△DOE＝$\frac{1}{9}\times\left(\frac{1}{2}\times DE\times OP\right)=\frac{1}{9}\times\left(\frac{1}{2}\times6\times\sqrt{7}\right)=\frac{\sqrt{7}}{3}$($cm^2$)

(補足説明1)△DOE≡△COBの証明　△DOEと△COBで，OD＝OC…①　OE＝OB…②　平行線の錯角は等しいから，∠DOF＝∠OCH…③　∠BOH＝∠OEF…④　△OCH≡△OEFより，∠OCH＝∠OEF…⑤　③，④，⑤より，∠DOF＝∠BOH…⑥　∠DOE＝∠DOF＋∠FOH…⑦　∠COB＝∠BOH＋∠FOH…⑧　⑥，⑦，⑧より，∠DOE＝∠COB…⑨　①，②，⑨より，2組の辺とその間の角がそれぞれ等しいので，△DOE≡△COB

(補足説明2)△DOE∽△CFGの証明　FG//OBより，△CFG∽△COB…⑩　また，△DOE≡△COB…⑪だから，⑩，⑪より，△DOE∽△CFG

＜英語解答＞

[1]　1　No. 1　エ　　No. 2　イ　　2　ア　8か月　　イ　観光　　ウ　湖　　3　No. 1　イ
No. 2　ウ　　4　(Judy : It's a nice day for fishing.　Keita : Yes, it is.　We will)
(例)be able to catch several kinds of(fish today.)

[2]　1　(1)　seasons　　(2)　where　　(3)　daughter　　2　(1)　エ　　(2)　ウ
3　(1)　X　イ　　Y　ウ　　Z　ア　　(2)　X　オ　　Y　カ　　Z　ア

[3]　1　X　寺　　Y　言語　　Z　生活様式　　2　(例)二つの飛行機の間を，かばんを持っている人が歩いている様子。　3　ア／オ

[4]　1　(例)美穂さんがレポートの題材を決めること。　2　C　　3　イ　　4　(1)　(例)Yes, she did.　　(2)　(例)It was built about two hundred years ago.
5　エ→ウ→オ→ア→イ　　6　Ⅰ　(例)How long did it(take to write it ?)
Ⅱ　(He thinks it's important for)　(例)us to live with (nature.)

5 (例)You should talk to him, and ask what sports he likes. If he likes soccer, you can talk about favorite players. You can also play it together. I am sure that you can be his friend, and help him.

＜英語解説＞

1 **(リスニング)**

放送台本の和訳は，49ページに掲載。

2 **(会話文問題：語句の問題，語句の補充・記述，文の挿入，語句の並べ換え，不定詞，接続詞，助動詞，比較，現在完了，前置詞)**

1 (1) 「イチロウ：日本では，4つの季節がありますが，私は春が好きです。／デーブ：スキーに行けるので，私は冬が好きです」文脈から，「季節」に相当する seasons が当てはまる。「四季」なので複数形にすること。 (2) 「ポール：このテーブルをどこに運んだらよいかを私に言ってください。／ナナミ：3階の部屋までです」**「どこへ～するか」＜where + 不定詞＞** (3) 「生徒：私は新しい語を学びました。もし子供が少年なら，彼は彼の父や母にとって‘息子[son]’です。／先生：そうですね。もし子供が少女なら，彼女は‘娘’ですね」文脈から「娘」に該当する daughter が正解。

2 (1) 「生徒：カトウ先生，合唱コンテストで我がクラスが歌う歌を，私たちは選びたいのですが。／カトウ先生：なるほど。4人の生徒でグループを作って，そのことについて話し合って下さい。／生徒：でも，我が組には33名の生徒がいます。／カトウ先生：エでは，5名の生徒から構成される1組を作りましょう」33名のクラスなので，4名で8グループをつくっても1名余ってしまう(4×8+1=33)ことに注目すること。**＜Let's + 原形＞「～しよう」**他の選択肢は次の通りだが，いずれも直前のクラスの人数への言及につながらないので，不可。ア「それでは一緒に何曲か歌を歌いましょう」 イ「それでは，グループで考えを出し合いましょう」 ウ「それでは，33曲を聞きましょう」 (2) 「ハルカ：新年のパーティーに関する電子メールを読みましたか。／ブライアン：うん，読みましたよ。僕に電子メールを送ってくれてありがとう。僕はパーティーに参加するつもりです。／ハルカ：いいわね。私もパーティーには是非参加したいの。ウ病気で，昨年は行くことができなかったので。／ブライアン：(今回は)行くことができれば良いね」空所の直前で「パーティーに参加したい」と述べているので，その理由としてふさわしいものを選ぶこと。**because「～なので」**理由を表す接続詞 couldn't「できなかった」← cannotの過去形 他の選択肢は次の通りだが，いずれもハルカ自身がパーティーに参加したい理由としてはふさわしくない。ア「私のコンピューターが非常に古いので，電子メールを書くことができなかった」 イ「私はとても忙しかったので，あなたに電子メールを送らなかった」 エ「やらなければならない宿題があなたにはあったので，あなたをパーティーに招待しなかった」 homework to do ← **＜名詞 + 不定詞[to + 原形]＞「～するための[するべき]名詞」不定詞の形容詞的用法**

3 (1) (I think Kyoto) is the most popular of the three (cities.) (全訳)「テッド：私は先月京都，大阪，そして，広島へ行きました。／マサト：そうなのですか。3都市の中で，京都が，最も人気があると思います」 **＜最上級[規則変化：原級 + -est] + of + 複数名詞[in + 単数名詞]＞「…の中で最も～」** the most popular「最も人気がある」← **長い語の最上級＜most + 原級＞** (2) (We) can't get there without a map of (this city.) (全訳)

「ケヴィン：市立図書館へ行ったことがありますか。／タクマ：いいえ，ありません。この町の地図がなければ，そこへ行くことができません」<**have[has]been to**>「～へ行ったことがある」(現在完了・経験)　get there ← <get ＋ to ＋場所>「～へ着く」 without「～なしで」

3 (会話文問題：絵・図・表を用いた問題，日本語で答える問題，語句の解釈，内容真偽，助動詞，不定詞，比較，現在進行形，間接疑問文，関係代名詞)

(全訳)亜希(以下A)：神社で図Aのピクトグラム[案内用図記号]を私は見つけました。／フレッド(以下F)：あっ，本当ですか？　図Aには，何と書かれていますか[書いたのですか]。私に教えてください。／A：もちろんです。ピクトグラムは便利です。というのは，それらを理解するためには，特定の言語に依存する必要はないからです。もし日本の生活様式に精通していれば，ピクトグラムの中には，理解するのが比較的平易なものがあるかもしれません。／F：なるほど。僕もそう思います。図Aのピクトグラムはひとつの例ですね。これは『靴を脱いで下さい』という意味ではないかと思います。それが，何を意味するかを私が推測できるのは，日本人が家に入る際，そうするからです。／A：正解です。図Bを見て下さい。4対のピクトグラムを示しています。日本人と外国人の双方に以下の質問がなされました。「各組の2つのピクトグラムは同じものを表しています。各組より，より良く理解できる方を選びなさい」／F：興味深いですね。ピクトグラムの内1つにおいては，かばんを持ったある人が2つの飛行機の間を歩いています。／A：ええ。外国の人々のおよそ70％が，①そちらのピクトグラムを選択しました。／F：私もそれは簡単に理解することができました。亜希，僕は人々の手助けとなるようないくつかの新しいピクトグラムを作りたいと思います。一緒にやってみませんか。／A：ええ，やりましょう。

1　X　亜希の最初のせりふから，寺で[at a temple]見つけたことがわかる。　Y　亜希の2番目のせりふ we don't have to depend on languages to understand them[pictograms]「ピクトグラムを理解するためには言語に頼る必要はない」を参考にすること。<**have[has]**＋不定詞[**to** ＋ 原形]の否定形>「～する必要はない」 depend on「～に依存する，を頼りにする」　Z　亜希の2番目のせりふ If people know the Japanese way of life, it may be easier to understand some of them[pictograms]「もし日本の生活様式に精通していれば，ピクトグラムの中には，理解するのが比較的平易なものがあるかもしれない」を参考にすること。**may**「～かもしもしれない／してもよい」 <**It is** ＋ 形容詞 ＋ 不定詞[**to** ＋ 原形]>「～ [不定詞]するのは…… [形容詞]だ」 easier「より易しい」← easyの比較級　規則変化の比較級 <原形 ＋ **-er**> 語尾が<子音 ＋ **y**>の際には，**y**を**i**に変えて，**-er**をつける。

2　下線部①を含む文は「約70％の外国人がこのピクトグラムを選択した」の意。下線部①を含む亜希のせりふの前のフレッドの発言中の a person with a bag is walking between two planes が，この時に2人が話題にしているピクトグラムである。<**be**動詞 ＋ 現在分詞[原形 ＋ **-ing**]>「～しているところだ」進行形　between「(2つのもの[者])の間に」

3　ア「日本人が家に入る時に，靴を脱ぐということを，フレッドは知っている」(○)　フレッドの2番目の発言より，一致していると判断できる。take off「～を脱ぐ，取り除く，離陸する」 I can guess what it means ～「私はそれが何を意味するかを推測できる」疑問文が他の文中に入る場合[間接疑問文]に<疑問詞 ＋ 主語 ＋ 動詞>の語順になる。　イ「図Bの各ピクトグラムにおいては，何かをしている人々がいる」(×)　人が描かれていない図も含まれている。<**There be**動詞 ＋ **S**>「Sがいる」 people who are doing something「何かをしている人々」← <先行詞(人)＋ **who** ＋ 動詞>「～する人」先行詞が人の主格の関係代名詞

who　ウ「亜希の手助けがなかったので，図Bのどのピクトグラムもフレッドは理解できなかった」(×)　フレッドの最後から2つのせりふで，図Bの1つのピクトグラムのことが理解できていることが，明らかである。couldn't「できなかった」　エ「図Bには，日本人の70％以上が選んだ温泉のピクトグラムが含まれている」(×)　温泉マークで日本人が7割を超えて選択したものは存在しない。'Hot spring' pictogram that Japanese people chose「日本人が選んだ温泉のピクトグラム」← **<先行詞 + that + 主語 + 動詞>「〜[主語]が……[動詞]する先行詞」目的格の関係代名詞 that**　more than「〜以上」　オ「いくつかの新しいピクトグラムを作ることが良いことである，とフレッドは考えて，亜希はそれに賛成した」(○)　フレッドと亜希の最後のやりとりに一致。it is a good idea to make「〜を作るのは良い考えだ」← **<It is + 形容詞 + 不定詞[to + 原形]>「〜 [不定詞]することは…… [形容詞]だ」<agree with + 人>「〜に同意する」<Shall we 〜 ?>「〜しようか」= <Let's + 原形>「〜しよう」**

4 (長文読解問題・エッセイ：日本語で答える問題，語句の解釈・指示語，文の挿入・文の並べ換え，英問英答・記述，要約文などを用いた問題，助動詞，現在完了，不定詞，分詞の形容詞的用法，受け身，進行形，関係代名詞，前置詞，動名詞)

(全訳)　暑い日のことだった。美穂は彼女の友人の1人であるリサ宅を訪れた。「お茶が飲みたい？」リサは尋ねた。「ありがとう」と美穂が答えた。美穂がお茶を飲んでいると，リサの机の上に何枚かの紙を見つけた。「あれはあなたのレポート？　書き終えたの？」美穂は尋ねた。「ええ，終わったわ。私は地元の食べ物について書いたの。あなたのレポートの題材は何かしら」リサは言った。美穂は「いいえ，まだ決まってないの」と答えた。「そうね，まず①あなたはそのことをしなければ[レポートの題材を決めなければ]ならないわね。すぐに良い題材が見つかるわ」とリサは美穂に告げた。

しばらくして，美穂はリサの家を後にした。彼女は自転車で自宅へ向かおうとしていた。太陽はまだ上空にあり，山々が奇麗だった。「何について書くべきだろうか」彼女は再び考えた。神社の近くで，彼女は1羽の美しい鳥を見かけた。それは大きな石の上でさえずっていた。彼女が石の近くに近づくと，鳥は彼女を見るやいなや，飛び去ってしまった。彼女はその石を見た。それは美穂(の背丈)と同じくらいの高さで，その上にはいくつかの文字が書かれているのが確認できた。「この石は何のため(にあるの)だろう」彼女は不思議に思った。

その晩，美穂は夕食を食べている際，例の石について祖父へ話をした。「これは長い歴史を有する石碑なんだ」と彼は言った。美穂はレポートの件を彼に話した。「そのことに関して書くのは良い考えだと思う。その石について，非常に詳しい友人がいるよ。彼の名前はジロウ。公民館で彼に会えるよ」と彼は答えた。「それは素晴らしいわ。彼に会いたいと思います」と美穂は言った。

翌日，美穂はジロウに会いに行った。彼は公民館で彼女のことを待っていた。「あなたのおじいさんが私に電話をしてきました。あなたが石碑に興味をもってくれていることを，うれしく思っています」とジロウは述べた。「この周辺には，もっと多くの石碑があります。あなたが見たものはおよそ200年前に作られました。この地域の人々は，木に魂が宿っていると考えていました。でも，彼らは自身の生活のために，それらの木々を伐採して，使わざるをえなかったのです。彼らは石碑を作り，木々に感謝の意を表しました」とジロウは話してくれた。彼は彼女に石碑に関する本を何冊か紹介した。「私たちは自然と共存するべきなのです。しかしながら，時々，私たちはその重要な点を忘れてしまうことがあります。石碑を見れば，私たちはそのことについて思い出すことが可能となります」と彼は言った。「このことが我が地元文化の一部で，私のような若者は，そのことについて学ばなければならないのだわ」と美穂は思った。ジロウと話した後に，彼女は帰宅した。Cその晩に，彼女は自分のレポートを終えるために最善を尽くした。

夏休みは終わり，美穂の学校が再開した。教室では，リサが美穂のもとへやって来て尋ねた。「あなたのレポートの題材は何？」「あなたのところを訪れた後に，私が見つけた石碑に関してよ」と美穂は答えた。「それは興味深いわ。後で，それを読みたいと思うわ」とリサは言った。放課後，美穂は彼女の担任と出会った。「あなたのレポートは素晴らしかった。仕上げるのに，頑張ったのだね」と彼は言った。彼の言葉を聞き，彼女はとてもうれしかった。

翌土曜日に，美穂はクラブ活動があり，学校へ自転車に乗って向かっていた。彼女が上空を見上げると，空にあの美しい鳥が飛んでいるのを見かけて，あの暑い日のことを思い出した。「②私に告げてくれて，ありがとう」と美穂はその鳥に向けて話しかけた。

1　下線部①の直前で，リサからレポートの題材に関して尋ねられて，美穂の I haven't decided it yet.「まだ決めていない」との応答に対して，①you have to do that first「まずそれをしなければならない」と応えているので，下線部①の that は「レポートの題材を決定すること」を指していることから考えること。<**have[has]**＋ 不定詞[**to** ＋ 原形]>「～しなければならない／に違いない」 <**have[has]**＋ **not** ＋ 過去分詞 ～ ＋ **yet**>「まだ～していない」現在完了の否定形(完了・継続・経験・結果)

2　挿入文は「その晩，レポートを終えるために，彼女は最善を尽くした」の意。第4段落まで，レポートの題材が決まっていないこと，及び，第5段落で，提出済みのレポートのことに言及されているので，(C)に挿入されるのがふさわしい。<do one's best>「最善を尽くす」 to finish her report「彼女のレポートを終えるために」← 不定詞[**to** ＋ 原形]の理由を表す不定詞の副詞的用法「～するために」

3　第2場面で，鳥によって石碑の存在を知るに至った経緯が書かれており，鳥のおかげでレポートのテーマが決定したという事実から考えること。正解はイ「あなたがあの石碑を私に示してくれて，そのことについて学ぶ機会を得ました」。got a chance to learn ← <名詞 ＋ 不定詞[**to** ＋ 原形]>「～するための……[名詞]」不定詞の形容詞的用法　他の選択肢は次の通り。ア「私の祖父が山に住む多くの動物について私に話してくれた」(×)　記述なし。animals living in「～に住んでいる動物」← <名詞 ＋ 現在分詞[原形 ＋ **-ing**]＋ 他の語句>「～している……[名詞]」現在分詞の形容詞的用法　ウ「私の担任は学校でその石碑について多くのことを教えてくれた」(×)　記述なし。　エ「あなたが空を飛び，私を見ているので，私は驚いた」(×)　下線部② "Thank you for telling me."で，感謝の理由として「私に告げてくれたこと」という事由を挙げているが，選択肢エには告知する箇所がないので不適。<**be**動詞 ＋ **surprised**>「驚いて」 were flying／were looking ← <**be**動詞 ＋ 現在分詞[原形 ＋ **-ing**]> 進行形「～しているところだ」

4　(1)　質問「リサを訪問した後に帰宅している際に，美穂は彼女のレポートについて考えたか」リサ宅からの帰路の出来事は第2段落に記されているが，そこには，美穂の What should I write about ? という心情文が記されているので，肯定で答えること。was going home ← <**be**動詞 ＋ 現在分詞[原形 ＋ **-ing**]> 進行形「～しているところだ」　(2)　質問「神社の近くの石碑はいつ建てられたのか」第4段落で，美穂の祖父の友人が石碑の由来を The one [stone monument]you saw was built about two hundred years ago. と述べている。one 一(同じもののうちの)ひとつ ＝ <a[an]＋ 単数名詞>　the one ▼ you saw ← <先行詞(＋目的格の関係代名詞)＋ 主語 ＋ 動詞>「～ [主語]が… [動詞]する先行詞」目的格の関係代名詞の省略　was built「建てられた」← <**be**動詞 ＋ 過去分詞>「～される」受け身

5　エ「美穂は彼女の友人宅で過ごして，彼らのレポートに関して話をした」(第1段落)→　ウ「美穂が自転車で自宅へ向かう際に，美しい鳥を見た」(第2段落)→　オ「石碑について詳しい男性がいることを知った」(第3段落)→　ア「美穂は公民館で多くの重要なことを聞いた」(第4段落)→　イ「レポートを読み，美穂の努力を先生は認めてくれたので，彼女はうれしかった」(第5段落)　was going ← <**be**動詞 ＋ 現在分詞[原形 ＋ **-ing**]> 進行形「～しているところだ」　by bike「自転車で」← <by ＋ 乗り物>「～で」　a man who knew ← <先行詞(人)＋主格の関係代名詞 **who** ＋ 動詞>「～する人」　<感情を表す語 ＋ **that** ＋ 主語 ＋ 動詞>「～［主語］が…［動詞］して，ある種の感情がわきあがる」　after reading ← <前置詞 ＋ 動名詞[原形＋ -ing]>

6　(全訳)「サム：あなたは素晴らしいレポートを書きましたね。[I]それを書くのにどのくらいかかりましたか。／美穂：約3時間かかりました。でも，それを書くのは楽しかったです。／サム：それは良かったです。あなたの祖父の友人から，どのようなメッセージを得たのですか。／美穂：[II]自然と共に生きることが大切だと彼は考えています。そのことを私たちが忘れてはいけないと，彼は言っていました」　[I]　空所Ｉの問いを聞き，所要時間を答えていることから考えること。How long did it(take to write it ?)← <**How long does[did] it take ～ ?**> 所要時間を尋ねる表現　[II]　与えられている語(nature)をキーワードとして，祖父の友人が美穂へ与えたメッセージを本文より探すこと。第4段落で We should live with nature. と述べられている。(～ it's important for) us to live with (nature.) **should**「～すべきだ／するはずだ」　<**It is** ＋ 形容詞 ＋ **for** ＋ **S** ＋ 不定詞[**to** ＋ 原形]>「Sにとって～［不定詞］することは…［形容詞］だ」

5　(条件英作文)

(全訳)　エリック：こんにちは，〇〇〇。お元気ですか。／〇〇〇：元気です，ありがとう。あなたは元気ですか。／エリック：私も元気です。質問があります。／〇〇〇：それは何ですか。／エリック：私たちの学校には日本人学生がいます。先週彼はカナダに来ました。彼は緊張をしているのではないかと思うので，彼のために何かをしてあげたいと私は考えています。何をするべきでしょうか。そして，その理由は何でしょうか。何か良い考えはありませんか。

〇〇〇：(解答例の和訳)彼に話しかけて，何のスポーツが好きかを尋ねてみるべきです。もし彼がサッカーを好きなら，好きな選手について話すことができます。一緒にサッカーをすることも可能です。きっとあなたは彼の友達になって，彼の手助けをすることができるでしょう。／エリック：それは良い考えですね。ありがとう。／〇〇〇：どういたしまして。

緊張している留学生に対して何をすべきか，理由を添えて，空所に4文以上の英語を入れる条件英作文。

2021年度英語　リスニングテスト

〔放送台本〕

これから，No.1 と No.2 ，それぞれの場面の対話文を読みます。それぞれの場面の対話文を読んだあと，クエスチョンと言って質問します。その質問の答えとして最も適切なものを，ア，イ，ウ，エの中から一つずつ選び，記号で答えなさい。英文は2回読みます。

No. 1 (*Daniel*): In this restaurant, pizza and spaghetti are very popular. I will have a tomato pizza. How about you, Kyoko?
(*Kyoko*): I'd like the same one and orange juice.
(*Daniel*): All right. Do you want soup or salad?
(*Kyoko*): I will have soup.
Question: What is Kyoko going to have?

No. 2 (*Tom*): Sachi, you are wearing a nice cap in this picture. Who is the girl holding the dog?
(*Sachi*): That's Kumi. She is one of my friends.
(*Tom*): I see. Is this girl Aya? I heard she was a member of the tennis club.
(*Sachi*): Oh, that's Aya's friend. Aya is sitting on the chair.
Question: Which girl is Aya?

〔英文の訳〕

No.1　ダニエル：このレストランでは，ピザとスパゲッティがとても人気があります。私はトマトピザを頂きます。キョウコ，あなたはどうしますか。／キョウコ：同じものとオレンジジュースをもらいます。／ダニエル：わかりました。スープ，あるいは，サラダは欲しいですか。／キョウコ：スープを頂きます。／質問：キョウコは何を食べますか。正解は，ピザ，オレンジジュース，スープのイラストのエ。

No.2　トム：サチ，あなたはこの写真で素敵な帽子をかぶっていますね。犬を抱いている少女は誰ですか。／サチ：それはクミです。彼女は私の友人の1人です。／トム：なるほど。この少女はアヤですか。彼女はテニス部の部員だそうですね。／サチ：あっ，この人はアヤの友人です。アヤは椅子に座っています。／質問：どの少女がアヤですか。正解は，椅子に座っていて，帽子をかぶっていない人物イがアヤ。

〔放送台本〕

まず最初に，そこにある「良太さんのメモ」をよく見てください。これから，中学生の良太(Ryota)さんが，良太さんの町に住んでいるアメリカ人のソフィア(Sophia)さんに質問をします。これを聞いて，「良太さんのメモ」の，ア，イ，ウに，それぞれあてはまる日本語を書きなさい。英文は2回読みます。

(*Ryota*): Sophia, you know about this town well. When did you start living here?
(*Sophia*): I came to Japan three years ago and began to live in this town eight months ago.
(*Ryota*): I see. What do you like about this town?
(*Sophia*): We can enjoy sightseeing in many places. For example, there is a beautiful lake in this town.

〔英文の訳〕

良太：ソフィア，あなたはこの町について良く知っていますよね。いつあなたはここに住み始めたのですか。／ソフィア：私は3年前に来日して，この町には8か月前に住み始めました。／良太：なるほど。あなたはこの町の何が好きですか。／ソフィア：多くの場所で観光を楽しむことができますよね。例えば，この町に美しい湖があります。

〔設問〕 ＜良太さんのメモ＞

この町に住んでいる期間：ア8か月

この町の好きなところ

・多くの場所でイ観光を楽しむことができる　→　例えば，美しいウ湖など

〔放送台本〕

これから，ALTのルーシー(Lucy)さんが，生徒に英語で連絡をします。連絡のあと，クエスチョンズと言って二つの質問をします。それぞれの質問の答えとして最もふさわしいものを，ア，イ，ウ，エの中から一つずつ選び，記号で答えなさい。英文は2回読みます。

In the next class, you are going to read a newspaper written in English. You haven't learned some words in it, so please bring your dictionaries. I will give you the newspaper, and you will have fifteen minutes to read it. After that, I will give you some questions about it. It's fun, and you can improve your English.

Questions: No. 1 What do the students have to bring to the next class?

No. 2 What is Lucy going to do after the students read the newspaper?

〔英文の訳〕

次の授業では，みなさんは英語で書かれた新聞を読むことになります。その中にはまだ習っていない語があるので，自分の辞書を持参して下さい。私がみなさんに新聞を用意します。みなさんがそれを読む時間は15分です。その後に，私がその記事に関する質問をします。この活動は面白くて，みなさんの英語は上達することでしょう。

質問：No.1「生徒は次の授業に何を持って来なければならないか」

〔設問の訳〕 ア　新聞。　㋑　彼らの辞書。　ウ　英語の試験。　エ　英単語。

質問：No.2「生徒が新聞を読んだ後に，ルーシ―は何をすることになっているか」

〔設問の訳〕 ア　彼女は生徒に別の新聞を与える。

イ　彼女はニュース番組を見るために，15分間(生徒に)与える。

㋒　彼女は生徒にいくつかの質問を尋ねる。

エ　彼女は英語を上達させる方法を先生に尋ねる。

〔放送台本〕

これから，英語による対話文を2回読みます。(　　)のところの英語を聞き取り，書きなさい。

(*Judy*): It's a nice day for fishing.

(*Keita*): Yes, it is. We will be able to catch several kinds of fish today.

〔英文の訳〕

ジュディ：魚釣りには良い日ですね。／ケイタ：はい，そうですね。今日は，いくつかの種類の魚を釣ることができるでしょう。

<理科解答>

[1]　1 (1) おしべ　(2) 合弁花[合弁花類]　(3) ケ→キ→ク→コ
2 (1) (例)試料を乾燥させないようにするため。　(2) 2個

[2]　1 (1) A　(2) (例)在来種の生存をおびやかし，自然のつり合いをくずす。　2 (1) 動脈血　(2) ア

[3]　1 (1) 露点　(2) ウ　(3) (例)空気中の水蒸気の量が減ったため。[湿度が低くなったため。]　2 オ

[4]　1 風化　2 エ　3 (1) カ　(2) (例)(マグマが)地下深くでゆっくりと冷えてできた。　4 隆起

[5]　1 (例)石灰水が試験管の中に逆流するのを防ぐため。
2 (1) $2Cu+CO_2$　(2) ア　(3) イ　3 銅：酸素＝4：1

[6]　1 (1) エ　(2) (例)水に溶けやすい　(3) Cl^-
2 イ，オ

[7]　1 (1) 反射　(2) ウ　(3) 右図1
2 (例)物体が凸レンズと焦点の間にある。

[8]　1 右図2　2 (1) イ　(2) 14cm/s　3 オ

図1

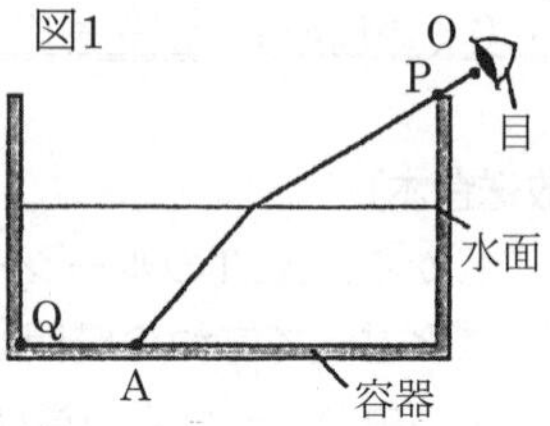

図2

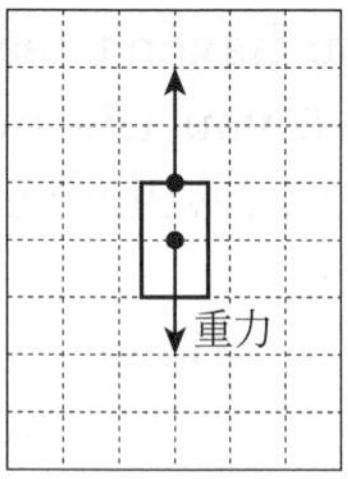

<理科解説>

[1] **(生物の成長と生殖，植物の体のつくりとはたらき，植物の分類)**

1 (1) エンドウの花のオとツツジの花のクはおしべで，先端には花粉が入っているやくがある。　(2) ツツジやアサガオのように，花弁が1枚につながっているものを合弁花という。　(3) キは花弁，クはおしべ，ケはがく，コはめしべである。よって，外側からケ→キ→ク→コである。

2 (1) 観察しないときには，プレパラートをペトリ皿に入れ，ふたをした理由は，試料を乾燥させないようにするためである。　(2) 被子植物では，花粉がめしべの柱頭につくと(受粉)，花粉から柱頭の内部へと花粉管がのびる。花粉管の中には2個の精細胞がある。**実験結果図3の花粉管にも2個の精細胞**がある。

[2] **(自然環境の調査と環境保全：水生生物による水質調査，自然界のつり合い，動物の体のつくりとはたらき：血液の循環・小腸のはたらき)**

1 (1) **図1の水質調査の指標になる水生生物は，ウズムシ(プラナリア)類，ヒラタカゲロウ類，カワゲラ類，ブユ類**と思われ，川の，これらを採取した地点の水質は，表よりAのきれいな水である。　(2) アメリカザリガニのような外来種は，在来種の生存をおびやかし，自然のつり合いをくずす。

2 (1) メダカの尾びれの先端に向かう流れは，えらで酸素をとり入れて二酸化炭素を放出するので，酸素を多くふくむ動脈血である。　(2) **脂肪酸とモノグリセリドは，**小腸の柔毛の表面から吸収された後，再び脂肪となってリンパ管に入る。**小腸の毛細血管では取りこまれない。**

[3] **(天気の変化：露点の測定実験・空気中の水蒸気量・地球上の水の循環)**

1 (1) ③で金属製のコップの表面に水滴がつき始めたのは，氷水を入れたことでコップの表面付近の空気が冷やされて露点に達し，空気中の水蒸気が凝結したためである。　(2) 凝結し始

めた温度をもとめる。グラフから**25℃における飽和水蒸気量は23g/m^3である。湿度が43.3%である理科室内の空気1m^3中にふくまれている水蒸気量は，23〔g/m^3〕×0.433≒10〔g/m^3〕である。約10g/m^3が露点になる気温は，11℃である。**　(3)　室温が25℃の理科室の中で同じ実験を行ったところ，前の日と比べて露点が低くなったのは，空気中の水蒸気量が減少し，湿度が低くなったためである。

2　地球上の水を循環させたり，大気を動かしたりしているのは，太陽のエネルギーである。海からの蒸発＝海への降水＋流水であり，78＋8＝86である。陸地からの蒸発＝陸地への降水－流水であり，22－8＝14である。

4　**(地層の重なりと過去の様子：川原の岩石調査からの考察，火山活動と火成岩：花こう岩，地震と地球内部のはたらき：大地の変動)**

1　長い年月のうちに，気温の変化や雨水などのはたらきによってもろくなることを風化という。

2　Ⅱの地域の地上では，上流のC地点の地下に分布する安山岩や花こう岩が採集される可能性があるが，**Ⅱのみに分布し，ほかの場所の地下には分布しないものという条件があるので，川の上流から運ばれる火成岩ではなく，堆積岩であると考えられる。Ⅱの地域の下流のD地点で泥岩が採取されていることからも，aは泥岩であることがわかる。**

3　(1)　花こう岩は，深成岩であり，岩石のつくりは等粒状組織である。花こう岩にふくまれる主な鉱物は，クロウンモ，チョウ石，セキエイである。図2の鉱物Xは，**白色の柱状の結晶で，決まった方向に割れる性質をもっているので，チョウ石**である。　(2)　花こう岩のつくりが図2のような等粒状組織であるのは，マグマが地下深くでゆっくりと冷えてできたためである。

4　海底でできた地層が地上で見られるのは，海底で土砂が堆積して地層ができたあと，しゅう曲や断層を形成しながら隆起したためである。

5　**(化学変化と物質の質量：化学変化と質量の保存・質量変化の規則性，化学変化：酸化・還元・化学反応式)**

1　石灰水からガラス管を取り出した後，酸化銅の粉末と炭素の粉末の混合物が入っている試験管の加熱をやめるのは，**試験管が冷えて内部の気圧が大気圧より下がることにより**，石灰水が混合物の入っている試験管に**逆流するのを防ぐため**である。

2　(1)　酸化銅と炭素の混合物を加熱すると，酸化銅の還元が起きる。その化学反応式は，**$2CuO + C \rightarrow 2Cu + CO_2$**である。　(2)　(1)の化学反応式は，炭素が酸化され，酸化銅が還元されたことを表している。実験結果から，銅と炭素では炭素の方が酸素と結びつきやすいといえる。　(3)　酸化銅に加える炭素の質量が小さいときは，炭素はすべて酸化銅の還元に使われ，CO_2の気体になるので，試験管内に残った固体の質量は，還元された金属の銅と炭素が足りないために還元されずに残った酸化銅の粉末であり，この混合物の質量は4.00gより小さい。酸化銅に加える炭素の粉末の質量を増やしていくと，**0.30gのとき試験管内に残った固体の質量は最小になり，酸化銅と炭素は過不足なく反応し，試験管内には金属の銅のみが残った。**酸化銅に加える炭素の質量を0.30gより大きくすると，酸化銅はすべて銅になっているため炭素と反応する酸化銅はないので，試験管内に残った固体の質量は，銅の質量3.20gに未反応の炭素の質量が加わり増加する。炭素粉末の質量が0.15gのとき，反応によって発生する気体の質量をx〔g〕とすると，**質量保存の法則**より，4.00〔g〕＋0.15〔g〕＝3.60〔g〕＋x〔g〕，x〔g〕＝0.55〔g〕である。

3　**酸化銅4.00gに炭素0.30gが過不足無く反応したとき試験管に残った銅の金属が3.20gだったことから，酸化銅に含まれる銅と酸素の質量比は，銅の質量：酸素の質量＝3.20〔g〕：0.80**

〔g〕＝4：1である。

6 (水溶液とイオン，電解質の電気分解，気体の発生と性質，身のまわりの物質とその性質：金属)

1 (1) 塩酸の電離を化学式とイオン式で表すと，$HCl \rightarrow H^{+} + Cl^{-}$である。よって，陰極へ移動するのは陽イオンの水素イオンH^{+}であるため，陰極からは水素が発生する。両極で発生する気体の体積は同じであるが，**実際に集まる気体の体積は陽極側の方が少ない。** (2) 両極で発生する気体の体積は同じであるのに，実際に集まる気体の体積は陽極側の方が少ない理由は，陽極から発生する**塩素が水に溶けやすい**ためである。 (3) 陽極から塩素が発生するのは，(1)より，うすい塩酸の中に，塩化物イオンCl^{-}が存在するからである。

2 **電流が流れるのは，イオンが存在している塩化銅水溶液と金属の鉄である。**食塩は，水溶液ではないので，図2の電極をおいても電流は流れない。

7 (光と音：水面での光の反射と屈折・凸レンズによる虚像)

1 (1) 点Aから出た光の多くは水面で屈折して空気中を進むが，光の一部は水面で反射して空気中には出ない。 (2) 光が水中から空気中に進むときは，屈折角は入射角より大きくなる。
(3) 点Qから点Pを通って点Oまで破線で直線をかき，**水面との交点をRとする。**点Aから出た光は交点Rで屈折して目に入る。よって，点Aと点Rを実線で結び点Rに向かう矢印をかいて光の向きを表す。次に，点Rと目の位置の点Oを実線で結び点Oに向かう矢印をかいて光の向きを表す。

2 **物体が凸レンズと焦点の間にあるとき，凸レンズを通して物体より大きな虚像が物体と同じ向きに見える。**

8 (力と物体の運動：力がはたらく物体の運動・慣性の法則，力の規則性：力のつり合い)

1 おもりにはたらく重力とつり合っている力は，糸がおもりを引く力であり，重力と同一直線上にある。おもりの上面の中央を作用点として，重力とは反対向きの，2目盛りの長さの矢印をかく。

2 (1) 1秒間に50回打点しているので，0.1秒間には5回打点する。よって，基準点から0.1秒の区間は5打点目のイである。 (2) 区間Cの台車の平均の速さ〔cm/s〕＝$\frac{3.9\text{〔cm〕}}{0.1\text{〔s〕}}$＝39〔cm/s〕である。区間Dの台車の平均の速さ〔cm/s〕＝$\frac{5.3\text{〔cm〕}}{0.1\text{〔s〕}}$＝53〔cm/s〕である。よって，53〔cm/s〕－39〔cm/s〕＝14〔cm/s〕である。

3 運動の向きに一定の力がはたらく場合，物体の速さは一定の割合で変化する。**物体にはたらく力が大きいほど，速さの変化の割合は大きくなる。**おもりが床につく瞬間に，台車に対して水平方向に引く力が，はたらかなくなるので，台車の速さは増加しなくなる(慣性の法則)。**台車の速さは区間Kから増加の割合は減少している。よって，おもりが床につく瞬間の台車の運動が記録されたものは区間Kである。**

＜社会解答＞

1 1 B→D→C→A　2 バイオ燃料[バイオエタノール]　3 アボリジニ
4 (例)東ヨーロッパの国々は，賃金が安いから。　5 (1) イ　(2) (例)雨が多く，1年を通して気温が高いから。　6 ア

2 1 ウ　2 ウ　3 伝統的工芸品　4 (例)北関東自動車道が全線開通した

5 ヒートアイランド現象　6 養殖　7 イ

3 1 (1) 埴輪　(2) エ　2 万葉集　3 (例)市場の税を免除すること。[座の特権を廃止すること。]　4 (1) 浮世絵　(2) (例)藩が置いた蔵屋敷　5 ウ

4 1 文明開化　2 ア　3 日英同盟　4 (例)20歳以上の男女に選挙権が与えられるようになったから。　5 京都議定書　6 イ

5 1 (1) 社会権　(2) 公共の福祉　2 (1) ア　(2) (例)内閣が，国会の信任にもとづいて成り立ち，国会に対して連帯して責任を負う制度。　(3) エ　3 少子高齢化

6 1 エ　2 ウ　3 (1) 社会資本　(2) (例)税を納める人と税を負担する人が異なる税。　4 (1) 男女雇用機会均等法　(2) ベンチャー企業

<社会解説>

1 **(地理的分野―世界地理－地形・資源・産業・貿易・人々のくらし・気候)**

1 A国はブラジルであり，首都はブラジリアである。B国はニュージーランドであり，首都はウェリントンである。C国はフランスであり，首都はパリである。D国はインドネシアであり，首都はジャカルタである。**東経**の大きい順に，続いて**西経**の小さい順に，新しい日付を迎えるから，B→D→C→Aとなる。

2 とうもろこし・さとうきびなど植物由来の燃料が，**バイオ燃料**である。バイオ燃料は，原料の供給が容易なため，石油・石炭・天然ガスなどの有限な**化石燃料**と異なり，**再生可能なエネルギー源**とみなされている。バイオ燃料は**バイオエタノール**でもよい。バイオ燃料は，石油・石炭・天然ガスなどの化石燃料とは異なり，大気中の**二酸化炭素**の総量は増えないことが特徴である。**地球温暖化**が問題視される中で，バイオ燃料は注目されている。

3 4万年以上前にアジアからオーストラリアに渡ってきたオーストラリア大陸の先住民を，**アボリジニ**という。アボリジニは，1967年に市民権が与えられた。伝統的に狩猟・採集生活を営み，自然と調和して独自の文化を築き上げてきた。オーストラリアでは，アボリジニの文化の価値が認められ，それと共存する多**文化社会**が実現されている。

4 東ヨーロッパの国々は，西ヨーロッパの国々に比べて**賃金**が安く，**生産コスト**を下げられるからであることを簡潔に書けばよい。

5 (1) ア　1980年では，5位に**鉱産資源**でない天然ゴムが入っている。　ウ　1980年の石油の輸出額は，100億ドルよりも多い。　エ　パーム油は，アブラヤシの果実から得られる植物油であり，**プランテーション栽培**で収穫されている。ア・ウ・エのどれも誤りであり，イが正しい。
(2) インドネシアは降雨量が多く，1年を通して高温多湿であるから，過ごしやすいように高床で風通しを良くしている。

6 ブラジル・ニュージーランドは**人口密度**が低く，世界の150位以下であるため，イ・ウのどちらかにあたる。残るア・エのうちインドネシアの方が人口密度は高く，エがインドネシア，アがフランスである。羊の飼育頭数の世界ランキングでは，4か国はニュージーランド・ブラジル・インドネシア・フランスの順であり，フランスはアである。フランスはヨーロッパの中で最大の農業国であり，国土に占める農地の割合が，50％を超えている。

2 **(地理的分野―日本地理－地形・都市・工業・農林水産業・気候・交通・人口)**

1 秋田県を通るXの緯線は，北緯40度線である。北緯40度線の通る主な都市はリスボン(ポルトガル)・マドリード(スペイン)・ナポリ(イタリア)・アンカラ(トルコ)・北京(中国)・ピョンヤン

(北朝鮮)・サンフランシスコ・ワシントン(アメリカ)などである。

2　ア　①は岩手県であり，**県庁所在地**は盛岡市である。　イ　②は群馬県であり，県庁所在地は前橋市である。　エ　④は愛媛県であり，県庁所在地は松山市である。ア・イ・エのどれも適切な組み合わせである。適切でないのはウである。③は兵庫県であり，県庁所在地は神戸市である。

3　1974年に制定された「伝統的工芸品産業の振興に関する法律」による指定工芸品を，**伝統的工芸品**という。主として日常生活に使われるもの，製造過程の主な部分が手工業的・伝統的な技術技法によるものが指定される。

4　2011年に**北関東自動車道**が全線開通したことにより，群馬県などでつくられた工業製品の多くが，東京都心を通ることなく，常陸那珂港まで輸送され輸出されるようになった。以上をZにあてはまるようにまとめればよい。

5　都市の気温が周辺の郊外に比べて高くなる現象を，**ヒートアイランド現象**という。地表面の人工化や人工排熱の増加などが原因と考えられている。都市部におけるヒートアイランド現象では，中心部の気温が周辺部より高い。東京都心部では，過去100年間に，約3℃気温が上昇している。

6　水産生物を比較的狭い水域で，人工的かつ計画的に繁殖・飼育し，出荷サイズになるまで水槽やいけすで育てることを**養殖**という。養殖で生産されている魚種はブリ・マダイなどである。これと似ているのが**栽培漁業**である。栽培漁業とは，卵から稚魚になるまでの一番弱い期間を人間が手を貸して守り育てたのち，その魚介類が成長するのに適した海に放流し，自然の海で成長したものを漁獲することである。栽培漁業は，マダイ・クルマエビ・アワビなどで行われている。

7　ア　4県中で一番人口の多いアは，人口が全国で第7位の兵庫県である。　ウ　4県中で耕地面積が最も広いウは，全国で第5位の岩手県である。　エ　果実の産出額が山形県に次いで多いエは，全国で第6位の愛媛県である。残るイが，②の群馬県である。

3　**(歴史的分野─日本史時代別－古墳時代から平安時代・鎌倉時代から室町時代・安土桃山時代から江戸時代，─日本史テーマ別－社会史・経済史・文化史)**

1　(1)　素焼きの焼き物で，古墳時代に**古墳**の上に並べて置かれたのが**埴輪**である。埴輪は3世紀後半から6世紀後半にかけて作られ，聖域を示すために並べたり，古墳の土が崩れないように置かれたといわれている。埴輪は，**円筒埴輪**と**形象埴輪**に二分される。形象埴輪には，人物埴輪(特に武人埴輪)・家形埴輪・器財埴輪・動物埴輪などがあり，当時の衣服・髪型・農具や建築様式などを見てとることができる。　(2)　ア　**火薬**が伝えられたのは，戦国時代のことである。イ　**稲作**によって水田の近くにむらがつくられるようになったのは，弥生時代のことである。ウ　**青銅器**が伝えられたのは，弥生時代のことである。ア・イ・ウとも別の時代のことであり，エが正しい。**機織り**の技術が伝えられたのは，古墳時代のことである。**鉄器**の生産や，**須恵器**と呼ばれる新しい焼き物の生産の技術が伝えられたのも，古墳時代である。また，**儒教・仏教**も古墳時代末期に伝えられた。

2　奈良時代の中期に，**大伴家持**らが編纂した歌集が**万葉集**である。天皇から庶民までの歌が集められた。漢字の音を借りて，国語の音を表記する**万葉仮名**を用いた点が特徴である。

3　市での商人の特権や独占を否定し，自由な営業や税を免除する戦国大名の商業政策を，**楽市・楽座**という。座とは，特定地域での営業権を与えられた商人の組合である。織田信長の楽市・楽座が有名だが，戦国大名の間で，おもに城下町・港町の建設と発展に際し，広く行われていた。なお，「楽」とは，規制が緩和されて自由な状態となったことを表す言葉である。簡潔に解答するには，市場の税を免除することが記されていればよい。

4 (1) 江戸時代に成立した絵画のジャンルを**浮世絵**という。「浮世」という言葉には「現代風」「当世」という意味もあり，本来，当代の風俗を描く風俗画である。**役者画**・**風景画**などが発展した。 (2) 江戸時代に，諸藩が年貢米や特産物を売りさばくために設けた，倉庫と取引所を兼ねたものが**蔵屋敷**である。藩が置いた蔵屋敷には，全国から年貢米や特産物が集積された。大阪のものが代表的であるが，江戸・京都・長崎などにもあった。

5 カードEは，室町時代のことを説明している。カードBは，奈良時代のことをまとめている。カードCは，安土桃山時代のことをまとめている。したがって，カードEは，BとCの間に入る。

4 **(歴史的分野―日本史時代別－明治時代から現代，―日本史テーマ別－政治史・社会史・外交史，―世界史－政治史)**

1 明治初期の都市で起こった，衣食住のみならず，あらゆる方面で欧米の文化を取り入れる風潮は，**文明開化**と呼ばれた。

2 イは**米騒動**の説明である。ウは**自由民権運動**の説明である。エは**ポーツマス条約**が**日比谷焼き討ち事件**のきっかけとなったことに関する説明である。イ・ウ・エのどれも別の事柄に関するものであり，アが正しい。長州陸軍閥の**桂太郎**が第三次の組閣をすると，**政友会**などの政党勢力が，民衆の支持を背景に，**「憲政擁護」「閥族打破」**をスローガンとして**第一次護憲運動**を展開した。

3 ロシアの南下を警戒するイギリスと，ロシアの満州・朝鮮への進出を抑えようとする日本の利害の一致から，1902年に**日英同盟**が締結された。日英同盟は，1922年に日本・アメリカ・イギリス・フランスの間で結ばれた**四か国条約**により破棄された。

4 それまで，25歳以上の男子にのみ与えられていた選挙権が，1945年の法改正により，**20歳以上の男女**に与えられるようになったからであることを指摘すればよい。

5 1997年に京都市で開かれた**地球温暖化防止会議**で採択されたのが，**京都議定書**である。議定書では，先進工業国に**二酸化炭素**など**温室効果ガス**の排出量を削減することを義務づけ，その第一約束期間(2008年～2012年)における目標を初めて数値で定めた。

6 1989年の**マルタ会談**は，**アメリカ合衆国**大統領ジョージ・ブッシュと**ソビエト連邦**最高会議議長兼ソビエト連邦共産党書記長ミハイル・ゴルバチョフによる首脳会談で，第二次世界大戦末期に始まった**冷戦**の終結を宣言した。

5 **(公民的分野―憲法の原理・国の政治の仕組み・地方自治・三権分立・国民生活と社会保障)**

1 (1) 人間らしい最低限の生活を国に保障してもらう権利が，**社会権**である。**生存権・教育を受ける権利・労働基本権**の3つに分けられる。生存権とは，人間らしい最低限度の生活を国に保障してもらう権利である。**第一次世界大戦後**のドイツで，**ワイマール憲法**に初めて規定された。(2) 日本国憲法第12条に「この憲法が国民に保障する**自由**及び**権利**は，国民の不断の努力によつて，これを保持しなければならない。又，国民は，これを**濫用してはならない**のであつて，常に**公共の福祉**のためにこれを利用する責任を負ふ。」と明記されている。さらに，日本国憲法第13条は「すべて国民は，個人として尊重される。**生命**，**自由**及び**幸福追求に対する国民の権利**については，公共の福祉に反しない限り，立法その他の国政の上で，最大の尊重を必要とする。」と定めている。

2 (1) 憲法第94条に「**地方公共団体**は，その財産を管理し，事務を処理し，及び行政を執行する権能を有し，法律の範囲内で**条例**を制定することができる。」とあり，条例を議決・制定することができるのは，国会ではなく地方公共団体である。 (2) 内閣が国会の信任にもとづいて成立し，国会に対して連帯して責任を負い，その存立が国会の信任に依存する制度を**議院内閣制**

という。議院内閣制の特徴は，議会の多数派が内閣を形成し，政権の座につくことにより，立法と行政との間に協力関係が築かれることである。　(3)　アは**公正取引委員会**の仕事である。イは**検察審査会**の仕事である。ウは**最高裁判所**の仕事である。ア・イ・ウのどれも別の機関についての説明である。エが正しい。2006年に業務を開始した**日本司法支援センター**は，全国のどこにおいても，法的トラブルを解決するための情報やサービスを受けられることを目的としている。日本司法支援センターの愛称が**「法テラス」**である。

3　日本では，非婚化・晩婚化の進行と，結婚している女性の**出生率低下**，及び**平均寿命**ののびによって，他国に例のないほどの**少子高齢化**が進んでいる。なお，**合計特殊出生率**とは，「15歳から49歳までの女性の年齢別出生率を合計したもの」である。「一人の女性が一生の間に生む子供の数」と考えればよい。

6　(公民的分野―経済一般・消費生活・財政)

1　**家計**は，**企業**の提供するものや**サービス**を消費し，代金を支払う。

2　事実と異なる説明があった場合に，消費者が契約を取り消すことができるのを定めているのは，**製造物責任法**ではなく，**消費者契約法**である。

3　(1)　道路・港湾・上下水道・公園・公営住宅・病院・学校など，**国**や**地方公共団体**が提供する産業や**生活の基盤となる公共施設**のことを**社会資本**という。　(2)　税を納める人と税を負担する人が異なる税を**間接税**という。例えば**消費税**は間接税であり，商品を買った**消費者**が税を負担し，売った**事業者**が税を納入する。

4　(1)　1985年に制定され，職場における**男女の差別**を禁止し，募集・採用・昇給・昇進・教育訓練・定年・退職・解雇などの面で，男女とも平等に扱うことを定めたのが，**男女雇用機会均等法**である。制定後何度も改正され，現在に至っている。　(2)　新技術や高度な知識を軸に，大企業では実施しにくい創造的・革新的な経営を展開する中小企業を**ベンチャー企業**という。ベンチャーとは「冒険的な企て」の意である。

＜国語解答＞

一　問一　a　あっとう　b　ぬ　問二　イ　問三　(例)描きたい絵についてのビジョン
問四　エ　問五　(例)生まれもった才能を発揮して，他の人の心に残る作品を生むこと。
問六　ア　問七　Ⅰ　(例)安心するために，描きやすいものばかり選んでいた
Ⅱ　才能があると信じてもらうこと

二　問一　a　あいまい　b　すみ　問二　ウ　問三　ア　問四　(1)　(例)インターネット検索の，知りたい情報を瞬時に得ることができるという特徴。　(2)　社会的に蓄
問五　イ　問六　研究を大発　問七　(例)単なる要素としての情報が構造的に結びつき，全体として体系をなす状態に転化したもので，外に対して開かれているもの。

三　問一　いにしえ　問二　C　問三　イ　問四　(例)努力すれば，大きな成果をあげる［がんばれば，学問をきわめる］　問五　エ

四　問一　1　荷　2　寄　3　厳密　4　候補　5　設営　問二　ウ

五　(例)　これらの資料は，資源の無駄遣いをしないことを訴えるポスターだ。親しみやすいキャラクターを描いたり，問いかける言葉を載せるなど，受け手の気を引く工夫が施されている。

最近は，予約した数だけ作って売るという形態をとる商品も増えてきた。いつでもどこでも買えるのは便利だが，環境に良くない。申し込みの手間は，面倒だが不便というわけでもない。こうした手間を，自分たちの地球を守る手間ととらえて，地球にやさしく暮らしていきたい。

＜国語解説＞

一　**(小説―情景・心情，内容吟味，文脈把握，脱文・脱語補充，漢字の読み，語句の意味，表現技巧)**

問一　a　問題にならないほど強い力で相手を負かすこと。　b　地の部分が全く見えなくなるように一面に塗る。

問二　**「ぴんと来る」は，直観的に感じる**，気づくこと。つまり自分の感覚に合うことだ。

問三　望音が答えられない質問をされたとき，望音はロイアカの大学院生たちが「しっかりと自作を説明し，確固たるビジョンを持って制作している」ことに驚いた。したがって，望音自身が持っていないと自覚したものは，**自分が描く絵に対する確固たるビジョン**だとわかる。

問四　**「目をぱちぱちする」というのは，驚きで大きく瞬きする際の擬態語**だ。太郎の「めちゃくちゃ見てみたいよ。」という返事が，思いもしないものだったので，戸惑っているとわかる。

問五　「大輪の花」は，最終段落に「他の大勢の人の心に必ず残るもの」という記述があり，文脈に当てはめれば**“大勢の人の心に残る作品”**となる。「咲かせる」という述語は，そのような作品を**“生みだす”**ということだ。さらに「大輪の花を咲かせる」ことのできるのは，**「生まれつき途方もない才能があるやつ」**だということも述べている。この三点をおさえて指定字数でまとめよう。

問六　太郎との会話を進めながら，**望音は島にいた頃や在学中の自分自身を振り返っている**。このように過去と今を交錯させて，心が揺れ動いている様子を表現したのだ。

問七　[Ⅰ]には，在学中の自分が入る。どのように絵に向き合っていたかは，「安心するために，自分を守るために，自分の殻に籠城してただただ描きやすいものばかり選んでいた」と書かれていて，これが変えたい自分であったのだ。ここから指定字数で抜き出す。次に[Ⅱ]は，太郎からどのように勇気づけられたかを確認すればよい。「こうして誰かに才能があると信じてもらうことが，こんなにも勇気になるのだ」とあるので，ここから抜き出す。

二　**(論説文―大意・要旨，文脈把握，脱文・脱語補充，漢字の読み，品詞・用法)**

問一　a　態度・物事がはっきりしないこと。　b　「隅」は，こざとへん。

問二　「いくら」は，「集めても」の文節にかかる。**用言を修飾している**ので副詞。

問三　前段落で強調していることに「『情報』と『知識』の決定的な違いを確認しておく必要」があるという事項がある。コペルニクスの地動説は，この主張を裏付けるものとして挙げたのだ。

問四　(1)　「その魔法」とは前文の「その中のどんな樹においしいリンゴの実がなっていることが多いかを知らなくても，瞬時にちょうどいい具合のリンゴの実が手に入る魔法」のことだが，これはその前の**「インターネット検索の場合……知りたい情報を瞬時に得ることができる」という特徴を例えたもの**である。したがって，ここからインターネット検索の特徴をまとめよう。

(2)　「リンゴ」は〝知りたい情報〟のことだ。前段落に，葉や実や枝は単なる「バラバラな情報」であること，さらに**「様々な概念や事象の記述が相互に結びつき，全体として体系をなす状態」になったものが知識**だという記述がある。樹木に成長するとは体系をなすということなのだ。この「体系」という状態をヒントにすると，指定された段落の中に「社会的に蓄積されてきた知識の構造」という記述があり，これが知識すなわち「リンゴが実っている樹の幹」とたとえたものだとわかる。

問五　同段落に，読書とは「その本の中には様々な……見つけ出していく」経験であると述べている。ここをヒントに空欄を補充できる。Ⅰには，**本に含まれているものを補う**ので「様々な事実についての記述」が入る。さらにⅡには，**読者が読み取るべきものを補うので，著者が「いかなる論理に基づいて全体の論述を展開しているのか」ということ**が入る。これらをふまえて同義の内容を解答すればよい。

問六　読書の長所は最終段落に述べられている。読書によって見つかるものとして「自分が考えを進めるにはもっと興味深い事例があるのを読書を通じて発見するかも」「**研究を大発展させるきっかけが見つかるかも**」しれないとある。

問七　まず，問四でも挙げたが知識は「**様々な概念や事象の記述が相互に結びつき，全体として体系をなす状態」になったもの**である。これに加えて最終段落に「**様々な要素が構造的に結びつき，さらに外に対して体系が開かれているのが知識の特徴**」とある。この抜粋した二カ所には入れるべき三つの言葉も含まれているので，これらを用いて指定字数でまとめればよい。

三　**(古文―内容吟味，文脈把握，脱文・脱語補充，仮名遣い)**

【現代語訳】　昔，元興寺という所にいる知識人が，三十何歳ほどになった晩年から勤め，朝と夕方に仏教について熱心な指導に励んでいたので，のちに肩を並べるものがいないほど学を究めた人になり，慈恵僧正とも仏法についての問答を行い，仏教の書物を，ことごとく見極め明らかになさった。

その昔，ある宮殿の軒下で，雨宿りなさっていたところ，屋敷の棟から雨粒が集まって，軒から落ちる雫で，下の石がくぼんでいますのをみて，お悟りになったことは，雨水というものは，どんなものにもあたるとくだけてしまう柔らかいものである。しかし，何度も繰り返すと，この雫で，硬い石すらくぼませてしまう。自分が愚かだと思っても，真面目に努力すれば，どうして大きな成功を修めることができないだろうか，いやできる，と思いを刻み込み，その心がけを怠ることなく過ごしたら，とうとうその名を天下にお広めになったということだ。

問一　語中・語尾の「は・ひ・ふ・へ・ほ」は，現代仮名遣いでは「ワ・イ・ウ・エ・オ」となる。

問二　それぞれの述語はA「至りて」，B「雨やどりせられけるに」，C「あつまり」，D「おこたらずして」で，そのうちCの主語は「雨」。それ以外の主語は「名知識」である。

問三　「おこたりなかりけれ」は，**怠ることがなかった**，の意。つまり，学問に勤しんでいたのである。

問四　本文の「まめやかにつとめれば，などか至らざるべき」に該当する部分を訳して応える。「つとめれば」は，**努力すれば**ということだ。「などか……べき」は，係り結びが起きていて反語で訳す。「どうして……だろうか，いや……でない。」に「至る」を当てはめた内容を簡潔に言い表すと，**成果が上がらないはずはない**，ということになる。

問五　**「名」とは，名声・よい評判**の意味。また，「四海」とは，東西南北いずれの方向にも広がった状態を示している。

四　**(漢字の書き取り，会話)**

問一　1「荷」は，くさかんむり。　2「寄」は，うかんむり＋奇。　3　抜けたところがないよう，細かな所まで気を付ける様子。　4「候補」は，三画目の縦線を忘れない。　5　ある仕事をするために必要な施設・建物を用意すること。

問二　緑さんは，**「全員参加」が良いとする根拠を述べないまま，とにかく全員参加するべきだと**

主張している。これでは説得力がない。「全員参加」が良いと考える根拠を示したい。ちなみに翼さんは「希望者参加」が良いとする理由について「自主性の尊重」という根拠を示している。

五 **(作文)**

二段落構成の条件，その他の指示に従って書くように心がける。第一段落は資料の読み取りが求められている。**Aは食品ロスの削減を求め，Bは環境に影響を及ぼすレジ袋制限**を求めた資料だ。二つの資料にどのような工夫を施しているかをおさえる。文体・文字・絵などあらゆる要素を見つめて答えを導こう。次に，第二段落では，作文のテーマとなっている**「自分が生活のなかで心がけたいこと」について，自分の考え**をまとめる。A・Bの資料をふまえ，適切な体験を具体例に挙げて述べてもよい。**例は簡潔**にまとめること。結論には，環境を守るために何をするべきか・何が必要なのかについての考えを必ず書くようにしよう。

MEMO

大切なことはメモしておこうネ！

山形県公立高等学校

2020年度

★★★★★★★★★★★★★★★★★★★★★★★

入 試 問 題

2020
年
度

●くわしい解説……45ページ

＜数学＞

時間　50分　　満点　100点

1　次の問いに答えなさい。

1　次の式を計算しなさい。

(1)　$6-9-(-2)$　　　(2)　$\left(-\frac{2}{5}+\frac{4}{3}\right)\div\frac{4}{5}$

(3)　$(-3a)^2\div 6ab\times(-16ab^2)$　　　(4)　$(\sqrt{3}+1)(\sqrt{3}+5)-\sqrt{48}$

2　2次方程式 $(2x-1)(x-4)=-4x+2$ を解きなさい。解き方も書くこと。

3　下の図のように，Aの箱の中には，赤玉1個と白玉1個，Bの箱の中には，赤玉2個と白玉1個，Cの箱の中には，赤玉1個と白玉2個が，それぞれ入っている。A，B，Cの箱から，それぞれ玉を1個ずつ取り出すとき，少なくとも1個は白玉が出る確率を求めなさい。

ただし，それぞれの箱において，どの玉が取り出されることも同様に確からしいものとする。

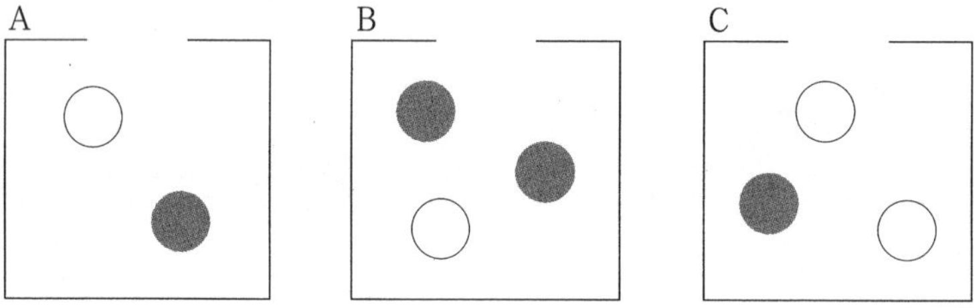

4　右の図は，線分OAを母線とする，底面の半径が5㎝，母線の長さが10㎝の円すいである。この円すいの側面を，線分OAで切って開いたとき，側面の展開図として最も適切なものを，あとの**ア**～**エ**から1つ選び，記号で答えなさい。

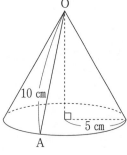

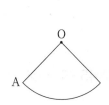

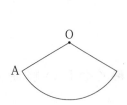

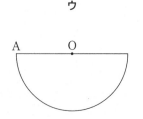

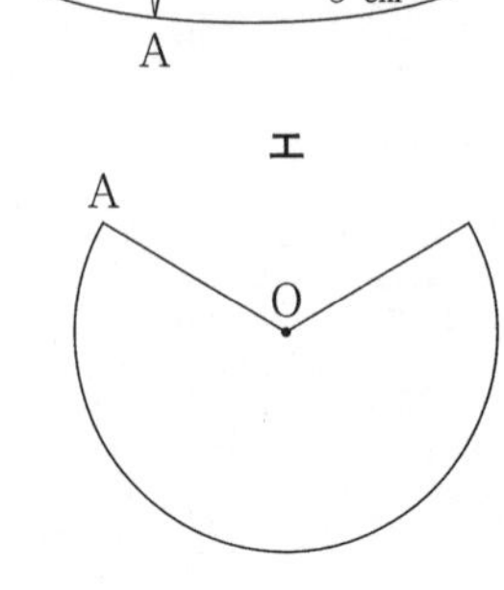

5　右の表は，ある中学校の第1学年の1組32人と2組33人の睡眠時間を，度数分布表に表したものである。この度数分布表からわかることとして適切なものを，あとの**ア**～**エ**から1つ選び，記号で答えなさい。

ア　睡眠時間の最頻値は，1組のほうが大きい。

イ　睡眠時間の中央値は，1組のほうが大きい。

ウ　睡眠時間が8時間以上の生徒の人数は，1組のほうが多い。

エ　睡眠時間が7時間以上9時間未満の生徒の割合は，1組のほうが多い。

表

階級(時間)	度数(人)	
	1 組	2 組
以上　未満		
6.0 ～ 6.5	4	4
6.5 ～ 7.0	7	5
7.0 ～ 7.5	6	6
7.5 ～ 8.0	8	7
8.0 ～ 8.5	4	5
8.5 ～ 9.0	3	3
9.0 ～ 9.5	0	3
計	32	33

2　次の問いに答えなさい。

1　右の図において，①は関数 $y=\frac{12}{x}$ のグラフ，②は関数 $y=ax^2$ のグラフである。

①と②は点Aで交わっていて，点Aの x 座標は3である。また，②のグラフ上に x 座標が－6である点Bをとる。このとき，次の問いに答えなさい。

(1)　関数 $y=\frac{12}{x}$ について，x の値が1から4まで増加するときの変化の割合を求めなさい。

(2)　2点A，B間の距離を求めなさい。

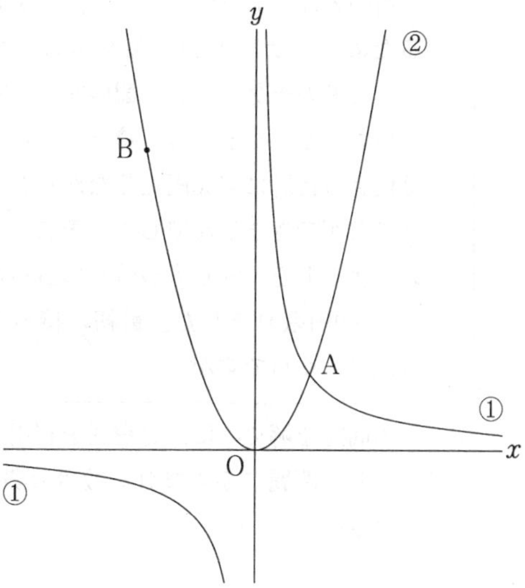

2　次は，直人さんと美里さんの会話の場面である。あとの問いに答えなさい。

＜会話の場面＞

直人：　今年は2020年だね。

美里：　2020のように，千の位の数と十の位の数，百の位の数と一の位の数が，それぞれ同じである4けたの自然数にはどんな性質があるのかな。

直人：　例えば1818や3535だね。素因数分解するとどうなるだろう。$1818=2\times3^2\times101$，$3535=5\times7\times101$ だから，どちらの数も101の倍数になるね。

美里：　2020も素因数分解してみると，$2020=2^2\times5\times101$ だよ。101の倍数になった！

直人：　このような4けたの自然数はすべて101の倍数なのか，文字式を使って確かめてみよう。

直人さんは，千の位の数と十の位の数，百の位の数と一の位の数が，それぞれ同じである4けたの自然数は，すべて101の倍数であることを，文字式を使って次のページのように説明した。□に説明のつづきを書いて，説明を完成させなさい。

＜説明＞

4けたの自然数の千の位の数と十の位の数を a，百の位の数と一の位の数を b とすると，4けたの自然数は，

したがって，千の位の数と十の位の数，百の位の数と一の位の数が，それぞれ同じである4けたの自然数は101の倍数である。

3　次の問題について，あとの問いに答えなさい。

〔問題〕

右の表は，あるサッカーの試合を観戦するためのチケットの代金を示したものです。A席のチケットを，観戦する人数分だけ買おうとしたところ，持っていた金額では代金の合計に4400円たりなかったため買うことができませんでした。そこで，B席のチケットを，同じ人数分だけ買ったところ，400円余りました。最初に持っていた金額はいくらですか。

表

チケット	代金（1人）
A席	3300円
B席	2700円

(1)　この問題を解くのに，方程式を利用することが考えられる。文字で表す数量を，単位をつけて示し，問題にふくまれる数量の関係から，1次方程式または連立方程式のいずれかをつくりなさい。

(2)　最初に持っていた金額を求めなさい。

4　下の図のように，直線 ℓ 上にある2点A，Bと，直線 ℓ 上にない点Cがある。点Aで直線 ℓ と接する円の中心であり，また，2点B，Cを通る円の中心でもある点Pを，定規とコンパスを使って作図しなさい。

ただし，作図に使った線は残しておくこと。

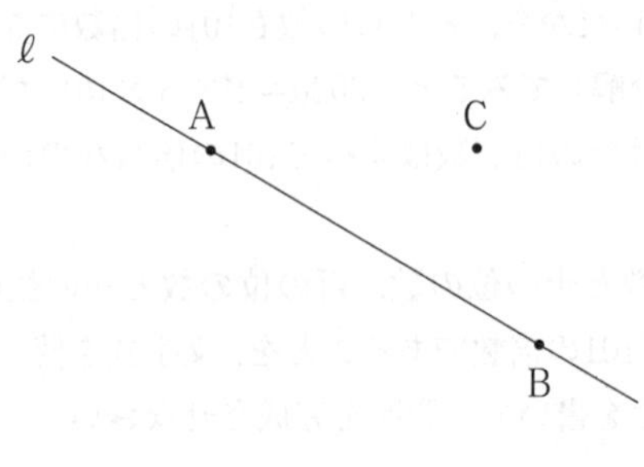

3 図1のように，1辺の長さが4㎝の正方形ABCDと，縦の長さが6㎝，横の長さが10㎝の長方形PQRSがあり，直線 ℓ と直線 m は点Oで垂直に交わっている。また，正方形ABCDの辺ADと長方形PQRSの辺QRは直線 ℓ 上にあって，頂点Aと頂点Rは点Oと同じ位置にある。いま，正方形ABCDを直線 m にそって，長方形PQRSを直線 ℓ にそって，それぞれ矢印の方向に移動する。

図2のように，正方形ABCDをOA＝ x ㎝，長方形PQRSをOR＝ x ㎝となるようにそれぞれ移動したとき，正方形ABCDと長方形PQRSが重なっている部分の面積を y ㎠とする。このとき，それぞれの問いに答えなさい。

図1

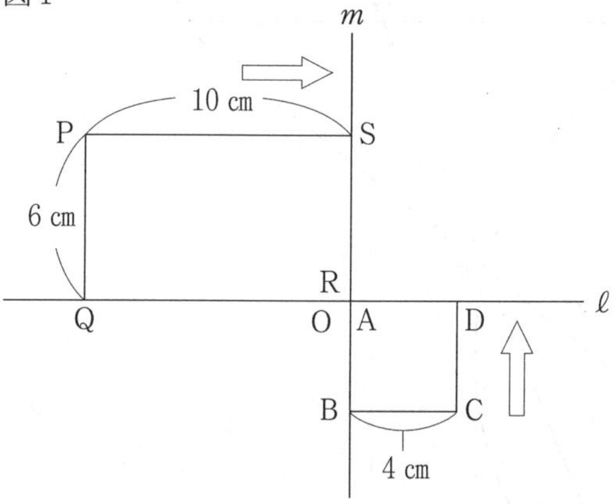

図2

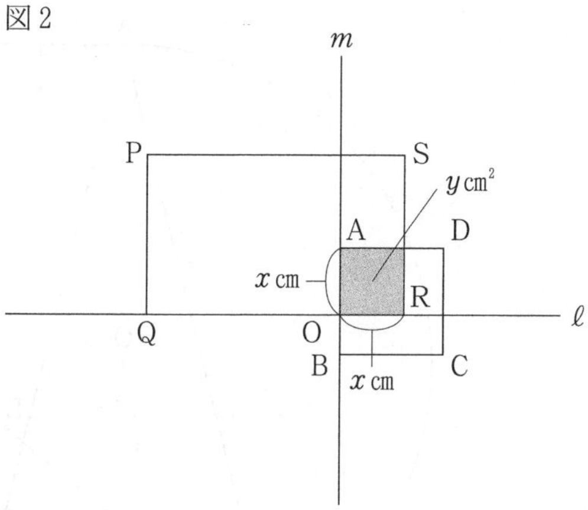

1　頂点Bと頂点Pが同じ位置にくるまでそれぞれ移動したときの x と y の関係を表にかきだしたところ，表1のようになった。次の問いに答えなさい。

(1)　$x=3$ のときの y の値を求めなさい。

(2)　表2は，頂点Bと頂点Pが同じ位置にくるまでそれぞれ移動したときの x と y の関係を式に表したものである。[ア] ～ [ウ] にあてはまる数または式を，それぞれ書きなさい。

また，このときの x と y の関係を表すグラフを，図3にかきなさい。

表1

x	0	…	4	…	10
y	0	…	16	…	0

表2

x の変域	式
$0 \leqq x \leqq 4$	$y=$ [イ]
$4 \leqq x \leqq$ [ア]	$y=16$
[ア] $\leqq x \leqq 10$	$y=$ [ウ]

図3

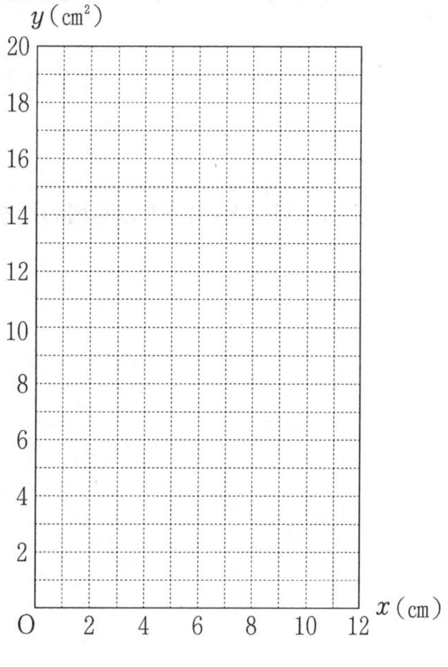

2　正方形ABCDと長方形PQRSが重なっている部分の面積が，△APQの面積と等しくなるときの x の値を求めなさい。

ただし，直線 m と辺ＰＱが重なるときは考えないものとする。

4　下の図のように，△ABCは，頂点Ａ，Ｂ，Ｃが，円Ｏの円周上にあり，AB＝ACである。点Ｄを，直線ACについて点Ｂと反対側に，AB＝AD，AD∥BCとなるようにとる。また，直線ＡＣと直線BDとの交点をＥ，円Ｏと直線BDとの交点のうち点Ｂとは異なる点をＦ，直線ADと直線CFとの交点をＧとする。このとき，あとの問いに答えなさい。

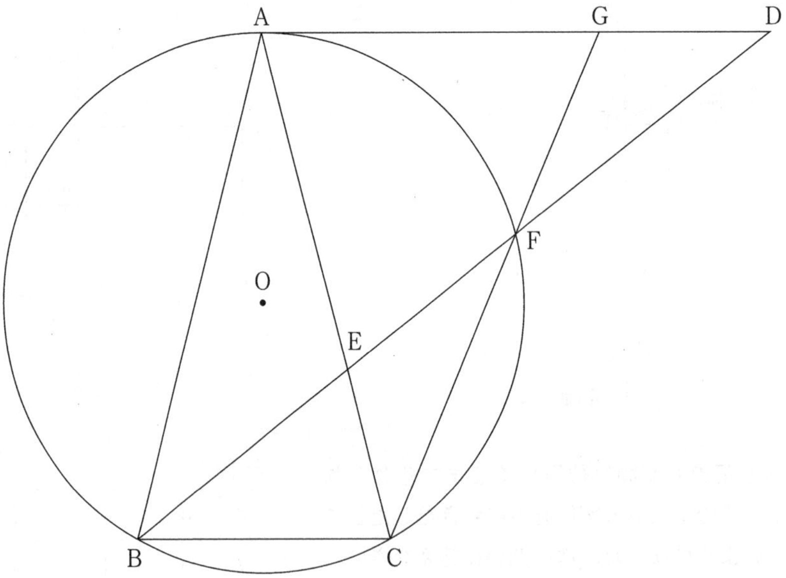

1　△ACG≡△ADEであることを証明しなさい。

2　AD＝６㎝，BC＝３㎝であるとき，次の問いに答えなさい。

(1)　AEの長さを求めなさい。

(2)　△ABEと△CEFの面積の比を求めなさい。

2

数学解答用紙

受検番号		総得点	

　の欄には何も記入しないこと。

1 (/32)

			配点
1	(1)		/3
	(2)		/4
	(3)		/4
	(4)		/4
2		$(2x-1)(x-4)=-4x+2$ 答	/5
3			/4
4			/4
5			/4

2 (/28)

			配点
1	(1)		/4
	(2)		/4
2			/5
3	(1)		/6
	(2)	円	/4
4		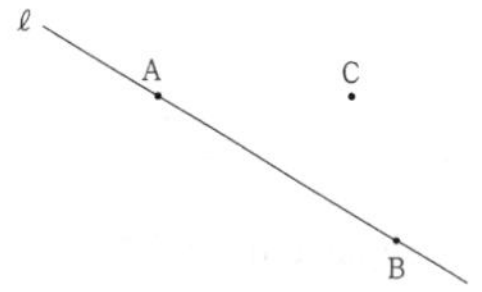	/5

3 (/20)

			配点
1	(1)		/3
	ア		/3
	イ		/3
	ウ		/3
	(2)	図3 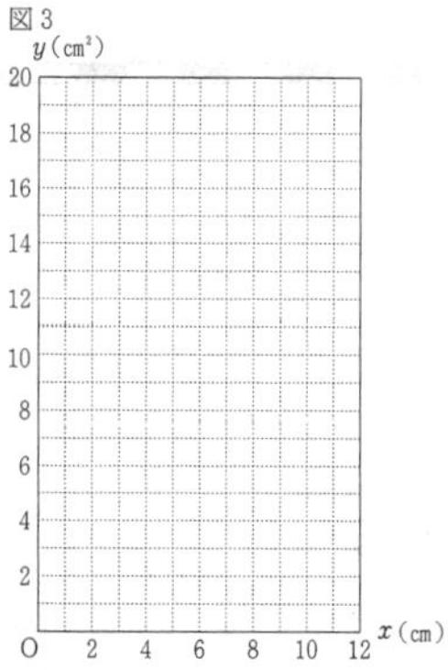	/4
2			/4

4 (/20)

			配点
1		<証明>	/10
2	(1)	cm	/5
	(2)	:	/5

※この解答用紙は200％に拡大していただきますと，実物大になります。

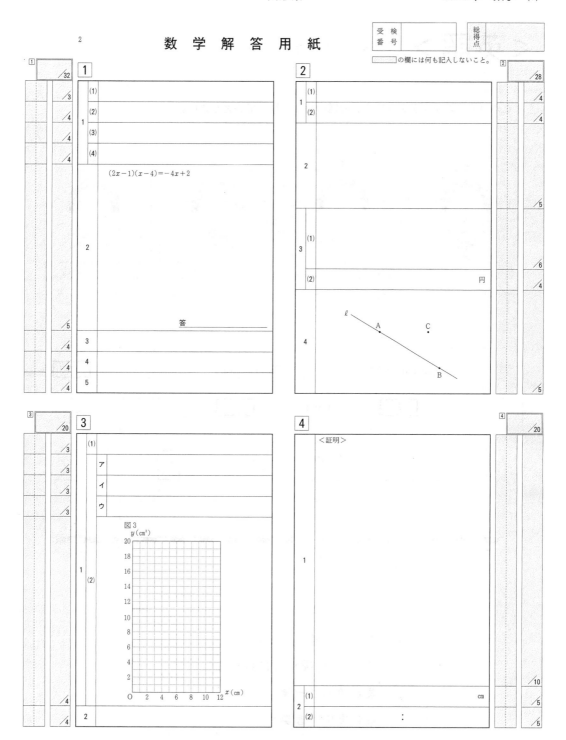

＜英語＞

時間 50分 満点 100点

1 これはリスニングテストです。放送の指示に従って答えなさい。

1

No. 1

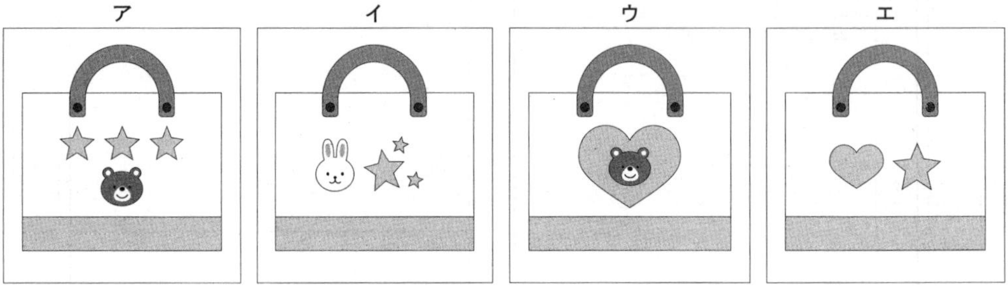

No. 2

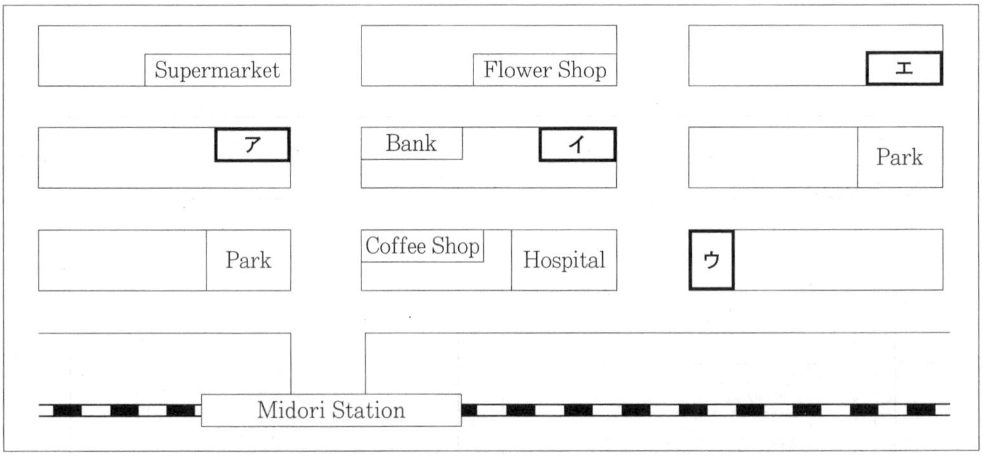

2

＜美《み》沙《さ》さんのメモ＞

祭りのダンスイベントについて

・（ ア ）曜日に行われる

・集合時刻：午後（ イ ）

・集合場所：音楽ホール

・Tシャツの色：（ ウ ）

3

No.1 ア To make groups.

イ To write a letter.

ウ To share different ideas.

エ To see many friends.

No.2 ア How she learns in her classes.

イ Which university she wants to go to.

ウ When she decided to go to America.

エ Who taught her English in Japan.

4 答えは，解答用紙に書きなさい。

（メモ用）

（　　）のところの英語を聞き取り，書きなさい。

Mary: Thank you for the present.

Seiji: Did you like it?

The ice cream (　　　　　　　　　　) this city.

2 次の問いに答えなさい。

1 次の対話文の（　）の中に最も適する英語を，それぞれ1語ずつ書きなさい。

(1) *Fred:* Whose pen is this?

Satsuki: Oh, it's (　　　). Thank you. My mother gave it to me.

(2) *Jenny:* I hear you and Ken are good friends.

Shota: Yes. I have known him (　　　) he was five years old.

(3) *Mami:* Spring will come soon. It is my favorite season in Japan.

Bob: I like winter because my birthday is in (　　　), the first month of the year.

2 次の対話文の（　）の中に最も適するものを，あとのア～エからそれぞれ一つずつ選び，記号で答えなさい。

(1) *Peter:* Did you watch the baseball game on TV last night?

Yuko: Yes, it was a nice game. I'm going to see a game at the stadium tomorrow. Why don't you come with me?

Peter: (　　　)

Yuko: OK. I'm happy to hear that. Let's enjoy it.

ア You must practice it.　イ Because I like baseball.

ウ Of course, I will.　エ Sorry, I can't do it.

(2) *Man:* Thank you for calling Mark's Cleaning Shop. May I help you?

Woman: Hello. How long does it take to clean a dress?

Man: (　　　)

Woman: Great. I want to get it today. So I'll be there at 11:30.

ア If you are at home in the afternoon, I will call you later again.
イ If you bring it before noon, I can return it to you at 6:00 p.m. today.
ウ If you can't return it this morning, you have to tell us the reason.
エ If you can't wait for three days, you should try to clean it tomorrow.

3 次の対話文の下線部について，あとのア～カの語を並べかえて正しい英文を完成させ，（X），（Y），（Z）にあてはまる語を，それぞれ記号で答えなさい。

(1) *Man:* Excuse me, which (　　)(X)(　　)(Y)(　　)(Z) Yamagata?
Girl: You can take that green train.
ア is　イ train　ウ goes　エ the　オ to　カ that

(2) *Rob:* I want to visit your house, but I don't like dogs.
Tomomi: (　　)(X)(　　)(Y)(　　)(Z). It's very small.
ア my　イ of　ウ be　エ dog　オ afraid　カ don't

3 中学生の彩（Aya）さんは，世界遺産（World Heritage Sites）に興味を持ち，ユネスコ（UNESCO）に登録されているさまざまな遺産や，各国の世界遺産の数について調べ，図（chart）と表（table）にまとめました。次は，図と表を見ている，彩さんと留学生のジャック（Jack）さんの対話です。図と表および対話について，あとの問いに答えなさい。

図 ユネスコに登録されている遺産の例

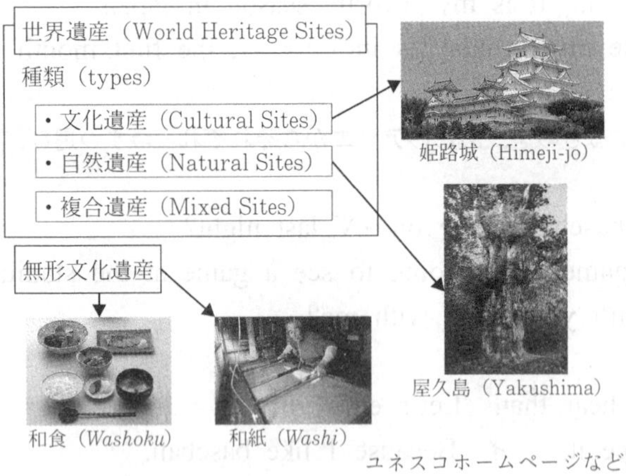

表 世界遺産リストにおける各国の文化遺産と自然遺産の数

国　名	文化遺産	自然遺産
イタリア	50	5
X	30	7
日　本	19	4
アメリカ	11	12
Y	14	7
Z	4	12

（注）表の数値は，2019年7月のものである。

ユネスコホームページなどから作成

Jack: Oh, you made an interesting chart. I didn't know that there are three types of World Heritage Sites. Why are you interested in them?

Aya: Because I learned about Yakushima in my English class. My homeroom teacher told me about them, too. Look at the table. There are 23 World

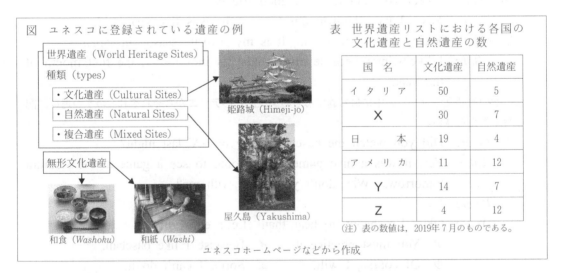

Heritage Sites in Japan.

Jack: 19 plus 4... . Do you have any Mixed Sites in Japan?

Aya: No. The number of Mixed Sites in the world is small. And, only two countries in the table have more Natural Sites than Cultural Sites. Australia is one of them.

Jack: India and Brazil have the same number of Natural Sites. Oh, Japan has more Cultural Sites than Brazil.

Aya: By the way, we can see some traditional Japanese culture on UNESCO's website.

Jack: Really? For example?

Aya: *Washoku, Washi* and many events held in Japan. I also found some events people enjoy in Yamagata-ken.

Jack: Amazing! Now I want to know more about traditional events in Yamagata-ken.

Aya: Then you should go to the library. There are books about them.

Jack: OK. ① I will go there and read the books tomorrow.

1　表中のX～Zには，インド，オーストラリア，ブラジルのいずれかの国名が入ります。対話の内容に即して，X～Zのそれぞれにあてはまる国名を，日本語で書きなさい。

2　ジャックさんが下線部①のように考えたのは，ジャックさんが何をしたいからですか。対話の内容に即して日本語で書きなさい。

3　図と表および対話の内容に合うものを，次のア～オから二つ選び，記号で答えなさい。

ア　Jack told Aya about Yakushima, so she was interested in World Heritage Sites.

イ　There are Mixed Sites in Japan, but they are not famous among people in the world.

ウ　America has more Natural Sites than Japan, but Japan has more Cultural Sites than America.

エ　Aya has visited UNESCO's website and has seen some events held in Yamagata-ken on it.

オ　The chart shows four examples of Cultural Sites in Japan with pictures of them.

4　中学生の高志（Takashi）さんの家には，留学生のジョン（John）さんがホームステイしていました。次の英文は，ジョンさんが高志さんの町に滞在している様子や，その前後の関連する出来事について描いたものです。これを読んで，あとの問いに答えなさい。

"John will come today. I'm so excited," Takashi thought. That morning, he got up earlier *than usual and took a walk. Someone said to Takashi, "Good morning." It was Ms. Sato. She was a friend of his mother and lived near his house. “Oh, Ms. Sato, good morning. What are you doing?” Takashi asked. “I’m taking care of the flowers along the street,” she said with a smile.

In the afternoon, Takashi and his father met John at the airport. John had many pictures of Takashi’s town. Takashi asked John, “[X]” John said, “My brother came to this town two years ago. He took a lot of pictures, and I brought some of them.” After they arrived at Takashi’s house, John and Takashi walked around the town. For John, everything was new and interesting. “Look! This street is very beautiful with the flowers,” John said. Takashi remembered Ms. Sato and thanked her because John felt happy.

The next day, John and Takashi went to the history museum. They saw many things there, but it was difficult for John to understand the information about them. Then, a woman came to them and said, “Shall I tell you the history of this town?” “Oh, please. Thank you very much,” John said. She said, “My name is Kumiko. Come with me.” ① She was working there as a volunteer. She tried hard to speak in English, and John listened to her carefully. Takashi asked her, “Do you enjoy your job?” She answered, “Yes. I want to help people visiting this town, so I work here.”

After John spent several days in the town, he said to Takashi, “This is my first experience abroad and I had a really good time. I *was moved by the people in this town. They were doing something for other people.” (A) Takashi thought John was right. (B) “There are a lot of kind people in my life and I didn’t *notice their *kindness before,” Takashi thought. “I want to do something nice, too,” John said. (C) So they talked about what they could do. John said, “Let’s *pick up *garbage tomorrow.” Takashi said, “That’s a good idea.” (D) They could not find much garbage, but Takashi was feeling good. “Maybe there are other good things we can do. It’s important to try to find them,” Takashi said to John.

On the last day of his stay, John said, “I want to come to this town again with my friends. I want them to feel the kindness of the people in your town.” Takashi was very happy when he heard that.

One day in winter of that year, Takashi was surprised to see a lot of snow outside. He began to walk along the *path to school. “Someone *cleared the path of snow,” Takashi thought. He decided to get up early the next morning to help them.

（注） than usual　いつもより　　(was) moved　感動した　　notice　気がつく　　kindness　親切心
pick up　拾う　　garbage　ごみ　　path　小道
cleared ～ of snow ← clear ～ of snow　～を除雪する

1　本文中の X に最も適する英文を，次のア～エから一つ選び，記号で答えなさい。

ア　What do you think about those pictures?

イ　Why do you like taking pictures?

ウ　How did you get those pictures?

エ　Which picture do you like the best?

2　久美子（Kumiko）さんが，下線部①のようなことをするのはなぜですか。本文に即して日本語で書きなさい。

3　次の英文を，本文の流れに合うように入れるとすれば，どこに入れるのが最も適切ですか。（A）～（D）から一つ選び，記号で答えなさい。

They walked around the town the next morning.

4　本文に即して，次の問いに英語で答えなさい。

(1)　Where did Takashi and his father go to meet John?

(2)　Did John come to Japan for the first time?

5　次の英文ア～オは，それぞれ本文の内容の一部です。ア～オを，本文の流れに合うように並べかえ，記号で答えなさい。

ア　John was helped by a kind woman when he was in the history museum.

イ　John and Takashi tried to find something they could do for people in the town.

ウ　John saw some beautiful flowers along the street and they made him happy.

エ　Takashi talked with a woman living near his house when he was walking in the morning.

オ　Takashi decided to get up early to help the people in his town on a snowy day.

6　次は，ジョンさんが帰国したあとの冬に交わされた，ジョンさんと友人のアレックス（Alex）さんの対話の一部です。対話の Ⅰ ， Ⅱ に入る適切な英語を，文脈に合うように，それぞれ**4語以上**で書きなさい。

John:　Takashi called me yesterday.　He is fine.

Alex:　Oh, that's good.　[Ⅰ] about?

John:　We talked about a nice thing he did.　He got up early in the morning and cleared the path of snow with the people in his town.

Alex:　That's nice.　I think people there are kind because they help each other.

John:　You are right.　I [Ⅱ] to his town with me.　You will feel their kindness.

5　あなたの学校の英語の授業で，次のページのようなプリントが配られ，ALTのマイク(Mike)さんからの質問について，あなたの考えを書くことになりました。「配られたプリント」の [　] に入る英文を，まとまりのある内容になるように，**4文以上**で書きなさい。

配られたプリント

Name ○○○

I have enjoyed studying with you for 7 months. Now I want to know more about you. You study many subjects in school. What is your favorite subject? And why? I am waiting for your answers.

(Your answer)

(注)プリントの中の，○○○のところにはあなたの名前が入る。

2

英 語 解 答 用 紙

受検番号		総得点	

□の欄には何も記入しないこと。

1

1 /26

			配点
1	No.1		/3
	No.2		/3
2	ア		/3
	イ		/3
	ウ		/3
3	No.1		/3
	No.2		/3
4	*Mary:* Thank you for the present. *Seiji:* Did you like it? The ice cream ( ) this city.		/5

2

2 /18

					配点
1	(1)				/2
	(2)				/2
	(3)				/2
2	(1)				/3
	(2)				/3
3	(1)	X	Y	Z	/3
	(2)	X	Y	Z	/3

3

3 /16

			配点
1	X		/2
	Y		/2
	Z		/2
2			/4
3			/3
			/3

4

4 /30

			配点
1			/3
2			/4
3		( )	/4
4	(1)		/3
	(2)		/3
5		→ → → →	/5
6	I	( ) about?	/4
	II	I ( ) to his town with me.	/4

5

5 /10

		配点
(1)	A A B B C C D D	/8
(2)	A A B B C C	/2

※この解答用紙は200%に拡大していただきますと，実物大になります。

＜理科＞

時間　50分　満点　100点

[1] 美咲さんは，ワラビの生産量において，山形県が全国第一位であることを知ったことから，シダ植物のワラビに興味をもち，植物の特徴や生育する場所について調べた。次の問いに答えなさい。

1　図1は，ワラビの葉のスケッチであり，次は，美咲さんが調べたことをまとめたものである。[a]，[b] にあてはまる語をそれぞれ書きなさい。

> ワラビの葉が緑色をしているのは葉の細胞に [a] があるからである。光合成は [a] で行われている。また，ワラビの葉の裏側にはつぶ状のものの集まりがあり，つぶ状のものの中に [b] が入っている。ワラビなどのシダ植物は，[b] によって子孫をふやす。

図1

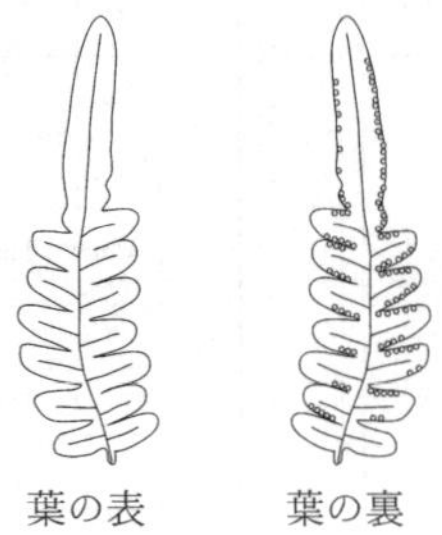

2　ワラビなどのシダ植物とサクランボなどの被子植物は，子孫をふやす方法は異なるが，からだのつくりなどに共通する特徴をもつ。シダ植物と被子植物に共通する特徴を，次の**ア**～**エ**からすべて選び，記号で答えなさい。

ア　師管をもつ　　**イ**　根，茎，葉の区別がある　　**ウ**　胚珠がある　　**エ**　花がさく

3　美咲さんは，ワラビなどのさまざまな植物が生育している場所の土の特徴を調べるため，次の①～⑤の手順で実験をした。表は，実験結果である。

【実験】

① さまざまな植物が生育している場所から採取した土3gをビーカーにとり，水50mLを加えてよくかき混ぜ，ろ過し，ろ液を得た。

② ①のろ液の半分を別のビーカーにとり，それを十分に加熱した。

③ 図2のように，容器A，Bそれぞれに，0.1％デンプン溶液9mLを入れ，容器Aには①の加熱していないろ液1mLを加え，容器Bには②の十分に加熱したろ液1mLを加えた。

④ 容器A，Bにふたをして，室温で1週間保存した。

⑤ ④のあと，容器A，Bにヨウ素液を加えて，色の変化を観察した。

図2

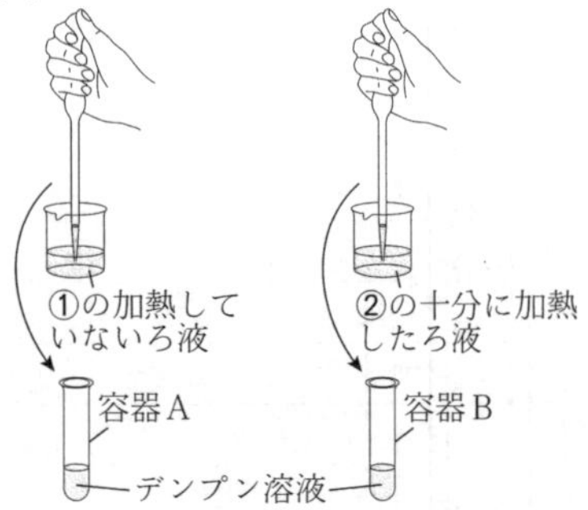

表

容器	ヨウ素液との反応
A	反応しなかった。
B	青紫色になった。

次は，美咲さんが，実験結果から考えたことをまとめたものである。あとの問いに答えなさい。

容器A内でヨウ素デンプン反応がみられないことから，さまざまな植物が生育している場所の土に含まれていた微生物がデンプンを分解したと考えられる。容器B内でヨウ素デンプン反応がみられたのは，ろ液を十分に加熱したことで，[c] ためと考えられる。
さまざまな植物が生育している場所には落ち葉などがあり，微生物は，[d] によって，落ち葉に含まれるデンプンなどの [e] 物を，[f] 物に分解する。植物はこの [f] 物を養分として生育に利用している。これらのことから，微生物のはたらきが植物の生育に役立っていると考えられる。

(1) [c] にあてはまる言葉を書きなさい。

(2) [d] ～ [f] にあてはまる語の組み合わせとして適切なものを，次の**ア**～**カ**から一つ選び，記号で答えなさい。

ア	d	排出	e	無機	f	有機
イ	d	排出	e	有機	f	無機
ウ	d	呼吸	e	無機	f	有機
エ	d	呼吸	e	有機	f	無機
オ	d	消化	e	無機	f	有機
カ	d	消化	e	有機	f	無機

2 悠斗さんは，夏休みに訪れた水族館で，イカの泳ぎ方に興味をもち，動物のからだのつくりや特徴について調べた。次は，悠斗さんがまとめたものの一部である。あとの問いに答えなさい。

【イカのからだのつくり】
図は，イカのからだの模式図である。イカのからだはさまざまな器官からなりたっている。

【調べたこと】
・ ろうとから水をはき出して泳いでいる。
・ からだに，節や①背骨をもたない。
・ 肝臓，えら，②心臓，胃などの器官をもつ。
・ 内臓を包みこんでいる膜を外とう膜という。

【さらに知りたいこと】
水族館内の③他の動物との違いや共通点はどんなものがあるか。

図

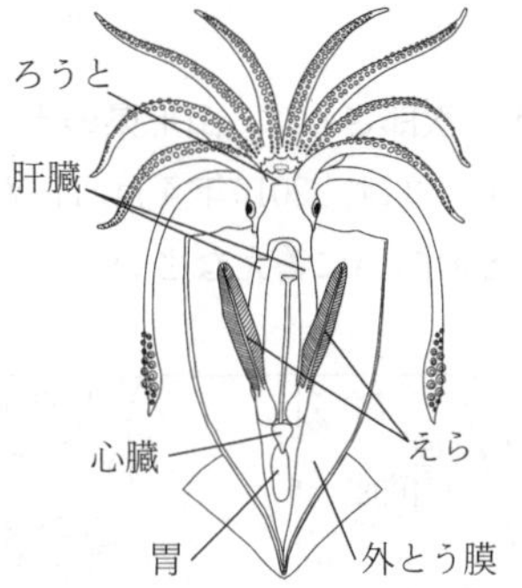

1 下線部①について，次は，悠斗さんが，無セキツイ動物について調べたことをまとめたものである。[a]，[b] にあてはまる語を書きなさい。

イカと貝は，一見すると異なって見えるが，からだに節がなく，外とう膜が内臓を包んでいるという共通点をもち，無セキツイ動物のなかでも [a] 動物に分類される。
カニなどの甲殻類やミズカマキリなどの昆虫類は，からだに節があり，からだの外側が [b] というかたい殻でおおわれている。

2 下線部②に関連して，次は，悠斗さんが，ヒトの心臓と血液の流れについてまとめたものである。[c]，[d] にあてはまる語の組み合わせとして適切なものを，あとの**ア**～**カ**から一つ選び，記号で答えなさい。

心臓の［ c ］から送り出された血液は，大動脈を通って全身に送られる。送り出された血液は，全身の細胞に酸素や養分をあたえ，二酸化炭素などを受けとり，大静脈を通って心臓の［ d ］に戻る。

ア c 左心室 d 左心房　イ c 右心室 d 右心房
ウ c 左心室 d 右心室　エ c 右心室 d 左心室
オ c 左心室 d 右心房　カ c 右心室 d 左心房

3 下線部③について，表は，悠斗さんが，水族館にいる動物や身近にいる動物の特徴をまとめたものである。表の［ e ］にあてはまる言葉を書きなさい。

表

特徴＼動物名	イカ カニ	メダカ サケ	カエル イモリ	カメ ヘビ	ペンギン ハト	クジラ イルカ
有性生殖である	○	○	○	○	○	○
背骨をもつ	×	○	○	○	○	○
［ e ］	×	×	△	○	○	○
恒温動物である	×	×	×	×	○	○
胎生である	×	×	×	×	×	○

注：○は表中の特徴をもつこと，△はもつ時期ともたない時期があること，×はもたないことを表している。

3 次郎さんは，山形県の天気の変化に興味をもち，大気の動きと天気の関係について調べた。図1～3は，2019年4月27日から29日のいずれかの午前9時における日本付近の天気図である。あとの問いに答えなさい。

図1
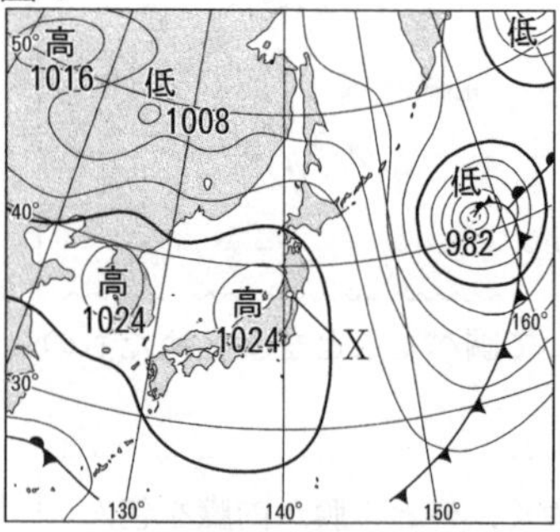

図2
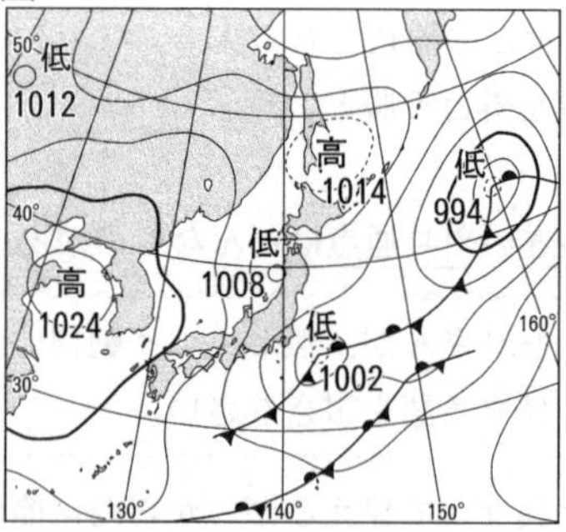

図3
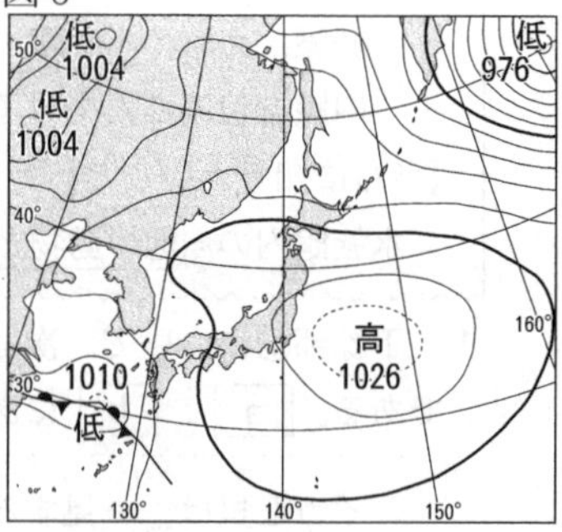

1 図1のX地点は，山形県内のある地点を示している。図1のときのX地点では，雲量は7，風向は北西の風，風力は2であった。このことを，天気図で用いる記号で表したものとして最も適切なものを，次の**ア**～**カ**から一つ選び，記号で答えなさい。

ア
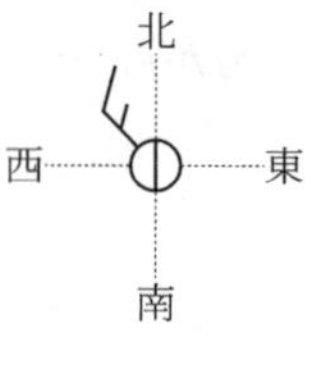

イ
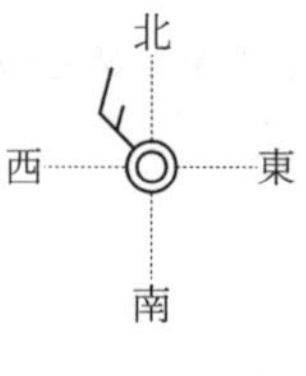

ウ
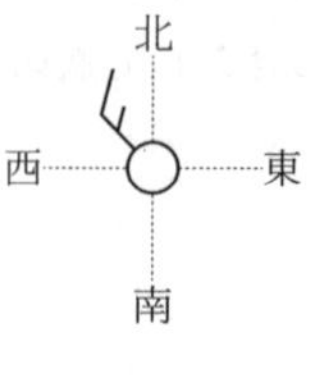

エ

オ

カ

2　次は，次郎さんが，日本の春の天気について調べたことをまとめたものである。あとの問いに答えなさい。

> 春の天気は，高気圧と低気圧が日本列島を交互に通り，晴れの日と雨の日をくり返す。これは，日本が位置する中緯度地域の上空にふく [a] という強い風が影響している。また，この風の影響により，春の天気は西から東へ変わることが多い。

(1)　[a] にあてはまる語を書きなさい。

(2)　次郎さんは，まとめたものをもとに，図1～3を日付の早い順に並べた。図1～3を日付の早い順に並べたものを，次の**ア**～**カ**から一つ選び，記号で答えなさい。

ア　図1→図2→図3　　**イ**　図1→図3→図2　　**ウ**　図2→図1→図3

エ　図2→図3→図1　　**オ**　図3→図1→図2　　**カ**　図3→図2→図1

3　次は，次郎さんが，さらに日本の冬の天気について調べたことをまとめたものである。[b] にあてはまる言葉を書きなさい。

> 日本列島はユーラシア大陸と太平洋にはさまれている。冬は大陸が冷え，海洋の方があたたかくなるので，大陸上の気圧が高く，海洋上の気圧が低くなる。このため，ユーラシア大陸から太平洋に向かって，冷たく乾燥した空気が移動する。冷たく乾燥した空気は，日本海をわたるとき，この空気より温度の高い海面上であたためられ，[b] ことによって雲ができる。その後，日本列島の山脈にあたって上昇気流となり雲が発達して，山形県を含む日本海側に雪を降らせる。

4　山形県内に住む恵子さんは，天体の運動について興味をもち，星座の観察をした。次は，恵子さんがまとめたものである。あとの問いに答えなさい。

【星座の観察】

星座の形や星座の見える位置を比べるために，2019年7月3日と8月5日の午前0時に，自宅の窓から，南の空に見える星を，デジタルカメラのタイマー機能を使って撮影した。図1，2は，撮影した星の画像をもとに，7月3日と8月5日の午前0時におけるそれぞれの南の空の星座をスケッチしたものである。

【観察の結果】

8月5日に南の空で観察できた星座の位置は，7月3日の同じ時刻に比べて西へ移っていた。また，7月3日にはさそり座の近くに①木星を観察できた。

図1

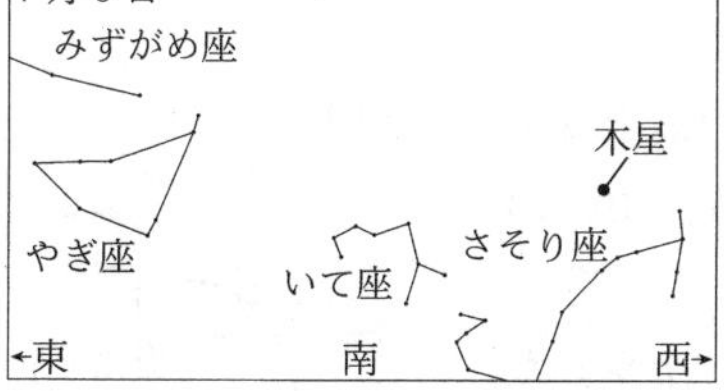

図2

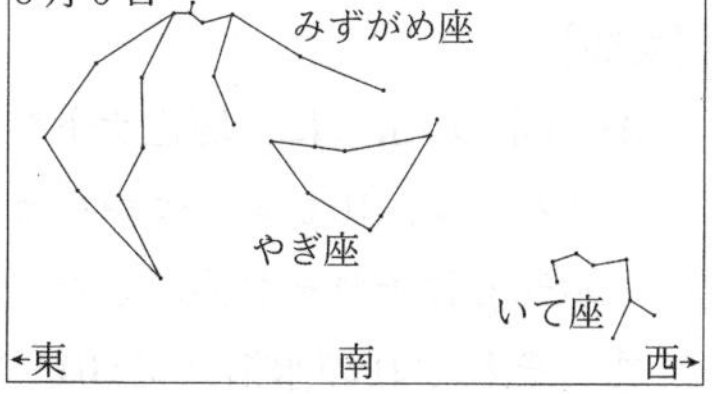

【調べたこと】

星座を形づくる星々は，太陽と同じように自ら光を出している［ a ］である。地球から星座を形づくるそれぞれの星までの距離は［ b ］ため，星は天球にはりついているように見える。同じ時刻に見える星座の位置が１年を周期として変化したり，②太陽が天球上を１年かけて動いていくように見えたりするのは，③地球が太陽のまわりを１年に１回公転しているからである。

【さらに知りたいこと】

天球上において，④太陽と星座の位置関係はどのように変化するのだろうか。

1　［ a ］，［ b ］にあてはまる言葉の組み合わせとして適切なものを，次のア～カから一つ選び，記号で答えなさい。

ア　a　衛星　　b　異なるが，とても遠い　　イ　a　衛星　　b　等しく，とても遠い
ウ　a　恒星　　b　異なるが，とても遠い　　エ　a　恒星　　b　等しく，とても遠い
オ　a　惑星　　b　異なるが，とても遠い　　カ　a　惑星　　b　等しく，とても遠い

2　下線部①について，木星は真夜中に見ることができるが，金星は明け方や夕方にしか見ることができない。金星が明け方や夕方にしか見ることができない理由を書きなさい。

3　下線部②について，天球上の太陽の通り道を何というか，書きなさい。

4　下線部③について，地球が公転の軌道上を１か月で移動する角度は何度か。最も適切なものを，次のア～エから一つ選び，記号で答えなさい。

ア　約15°　　イ　約30°　　ウ　約45°　　エ　約60°

5　下線部④について，図３は，太陽のまわりを公転する地球と，天球上の太陽の通り道にある星座の位置関係を表した模式図である。９月のはじめに，天球上に見える太陽は，何座の位置にあるか。観察の結果をもとに，最も適切なものを，模式図中の星座名で答えなさい。

図３

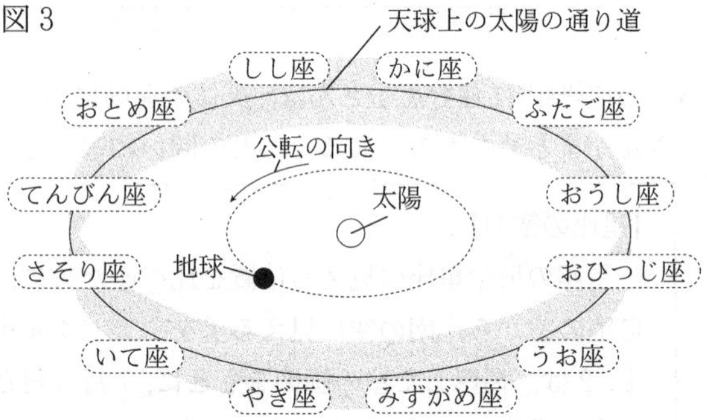

5　里奈さんは，物質の溶け方や水溶液について調べるため，次の①～③の手順で実験を行った。あとの問いに答えなさい。

【実験】

①　図１のように，塩化ナトリウムとミョウバンを，10 g ずつはかりとり，60℃ の水50 g にそれぞれ溶かした。

②　それぞれの水溶液を40℃ に冷やしたときの様子を観察した。

③　それぞれの水溶液を20℃ に冷やしたときの様子を観察した。

図１

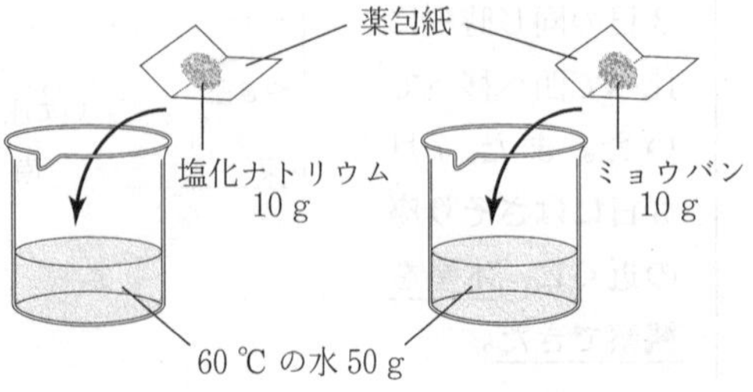

【結果】

・　水溶液の温度が40℃のとき，両方の水溶液中に変化はみられなかった。

・　水溶液の温度が20℃のとき，片方の水溶液中に固体が出てきた。

1　①の水のように，物質を溶かす液体を何というか，書きなさい。

2　③において，固体が出なかった方の水溶液の体積を，100mLのメスシリンダーを用いてはかった。液面を真横から水平に見ると，図2のようであった。この水溶液の密度は何g/cm^{3}か。式と答えを書きなさい。答えは，小数第2位を四捨五入して，小数第1位まで求めなさい。なお，1mL＝1cm^{3}であり，途中の計算は書かなくてよい。

図2

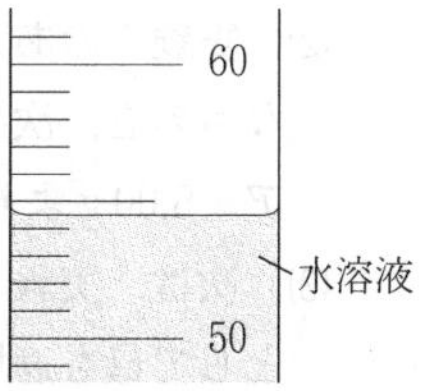

3　表は，水100gに溶けるそれぞれの物質の最大の質量を表している。次は，里奈さんが考えたことをまとめたものである。あとの問いに答えなさい。

表

	20 ℃	40 ℃	60 ℃
塩化ナトリウムの質量(g)	35.8	36.3	37.1
ミョウバンの質量(g)	11.4	23.8	57.4

> 固体をいったん水に溶かし，冷やして，もう一度固体をとり出すことを［a］という。表をもとにすると，実験では，［b］の固体が［c］g出てきたと考えられる。出てきた固体を観察すると，いくつかの平面で囲まれた規則正しい形をしていた。

(1)　［a］にあてはまる語を書きなさい。

(2)　［b］，［c］にあてはまるものの組み合わせとして適切なものを，次のア～カから一つ選び，記号で答えなさい。

ア　b　塩化ナトリウム　c　1.4　　イ　b　ミョウバン　c　1.4

ウ　b　塩化ナトリウム　c　4.3　　エ　b　ミョウバン　c　4.3

オ　b　塩化ナトリウム　c　6.2　　カ　b　ミョウバン　c　6.2

4　次は，里奈さんが，中和によっても塩化ナトリウム水溶液ができることを知り，調べたことをまとめたものである。［d］に適切な化学式や記号を書き，化学反応式を完成させなさい。

> 酸性の水溶液とアルカリ性の水溶液を混ぜ合わせると，中和が起きて，おたがいの性質を打ち消し合う。塩酸と水酸化ナトリウム水溶液を中性になるように混ぜ合わせると，塩化ナトリウム水溶液になる。塩酸と水酸化ナトリウム水溶液の中和は，次の化学反応式で表すことができる。
>
> HCl　＋　$NaOH$　→　［d］

6　化学変化と熱の関係について調べるため，次の実験1，2を行った。表は，実験結果である。あとの問いに答えなさい。ただし，水の温度は実験の温度変化には関係しないものとする。

【実験1】　試験管に塩化アンモニウム1.00gと水酸化バリウム3.00gの混合物を入れ，その混合物の温度を測定した。その後，水1.00gを加えて，ふたをせずに，再び温度を測定した。

表

	実験1	実験2
水を加える前の温度(℃)	21.7	20.8
水を加えた後の温度(℃)	3.1	63.7

【実験２】 蒸発皿に酸化カルシウム3.00ｇの粉末を入れ，その粉末の温度を測定した。その後，水1.00ｇを加えて，ふたをせずに，再び温度を測定した。

1 実験１では，気体のアンモニアが発生し，試験管の口から特有のにおいがした。次の問いに答えなさい。

(1) アンモニアを化学式で書きなさい。

(2) 実験１のあと，試験管内の物質の質量をはかった。その質量を表したものとして最も適切なものを，次の**ア**～**ウ**から一つ選び，記号で答えなさい。

ア 5.00ｇより大きい　**イ** 5.00ｇ　**ウ** 5.00ｇより小さい

(3) 次は，実験１についてまとめたものである。[a]，[b] にあてはまる言葉の組み合わせとして最も適切なものを，あとの**ア**～**エ**から一つ選び，記号で答えなさい。

> 実験１の温度変化がみられたのは，実験１の反応が [a] 反応だからである。また，実験後の試験管にBTB溶液を加えたところ，アルカリ性であることを示す [b] 色に変化した。

ア a 周囲から熱を吸収する　b 青　**イ** a 周囲から熱を吸収する　b 緑

ウ a 周囲に熱が吸収される　b 青　**エ** a 周囲に熱が吸収される　b 緑

2 実験２の化学変化は，加熱式弁当などに利用されている。加熱式弁当に，酸化カルシウムと水のみで起こる化学変化が利用されるのは，どのような利点があるからか，あたたまるしくみに着目して，書きなさい。

7 二つの抵抗器にかかる電圧と，流れる電流の関係を調べるため，次の実験を行った。あとの問いに答えなさい。ただし，電流計と導線の電気抵抗は無視できるものとする。

【実験】 図１のように，電気抵抗の大きさが20Ωの抵抗器Aと，30Ωの抵抗器Bを直列に接続し，電源装置の電圧を調整して，電圧計と電流計のそれぞれが示す値を読みとった。表は，実験結果である。

図１

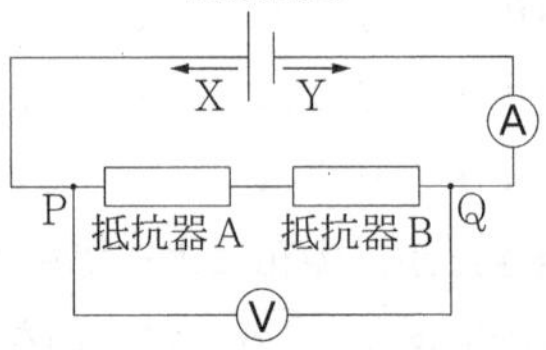

表

電圧(V)	電流(mA)
0	0
1.0	20
2.0	40
3.0	60
4.0	80
5.0	100

図２

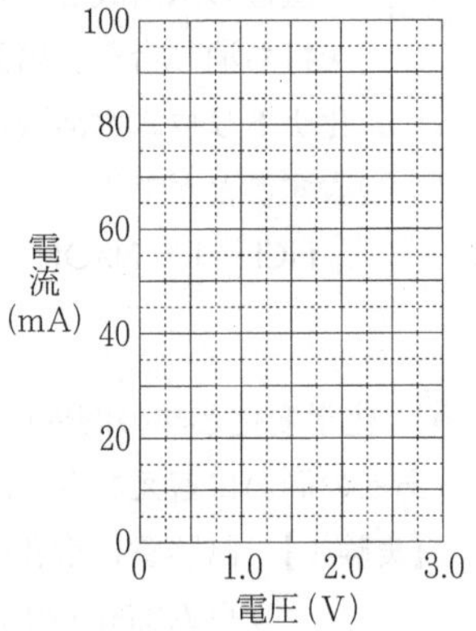

1 下線部に関連して，金属などのように，電気抵抗が小さく電流が流れやすい物質を何というか，**漢字２字**で書きなさい。

2 次は，電子の移動についてまとめたものである。[a]，[b] にあてはまるものの組み合わせとして適切なものを，あとの**ア**～**エ**から一つ選び，記号で答えなさい。

> 図１の回路に電流が流れているとき，[a] の電気をもった電子が，図１の [b] の向きに移動している。

ア a ＋　b X　**イ** a ＋　b Y

ウ a －　b X　**エ** a －　b Y

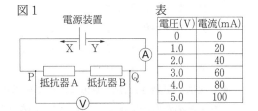

3　電圧計の示す値を０Ｖから5.0Ｖまで変化させたとき，抵抗器Ａにかかる電圧と流れる電流の関係を表すグラフを，図２にかきなさい。

4　図１のPQ間の抵抗器Ａ，Ｂをとりはずし，抵抗器Ａ，Ｂを並列につなぎかえて再びPQ間に接続した。電圧計の示す値が6.0Ｖのとき，抵抗器Ｂで消費される電力は何Ｗか，求めなさい。

8　ばねののびと力の大きさの関係を用いて，浮力について調べるため，次の実験１，２を行った。なお，質量が100ｇの物体にはたらく重力の大きさを１Ｎとする。また，糸はのび縮みせず，質量と体積は無視できるものとする。あとの問いに答えなさい。

【実験１】

図１のように，質量10ｇのおもりを１個つるした。さらに，おもりを１個ずつ増やし，５個になるまで，ばねののびをそれぞれ測定した。グラフ１はその結果を表したものである。

【実験２】

質量が100ｇで体積の異なるおもりＡ，Ｂを用意し，実験１と同じばねを用いてそれぞれつるした。その後，図２のように，台を上げながら，おもりを水に入れ，水面からおもりの下面までの深さと，そのときのばねののびをそれぞれ測定した。グラフ２は，その結果を表したものである。なお，実験は，下面までの深さが５㎝になるまで行い，おもりが容器の底につくことはなかった。

図１

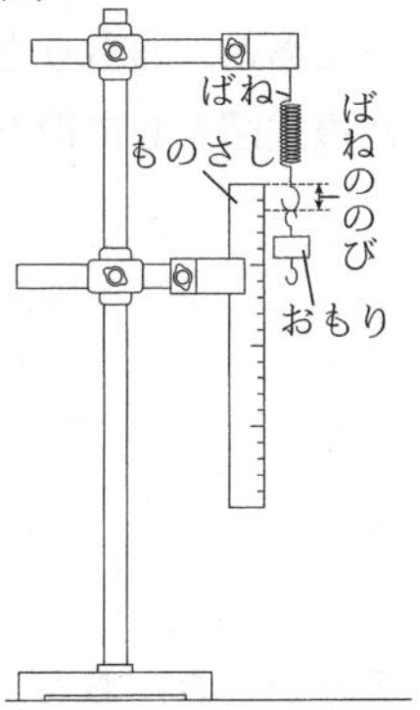

グラフ１

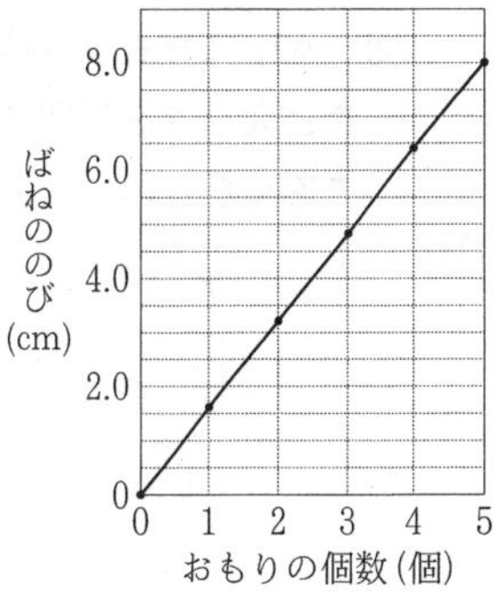

図２

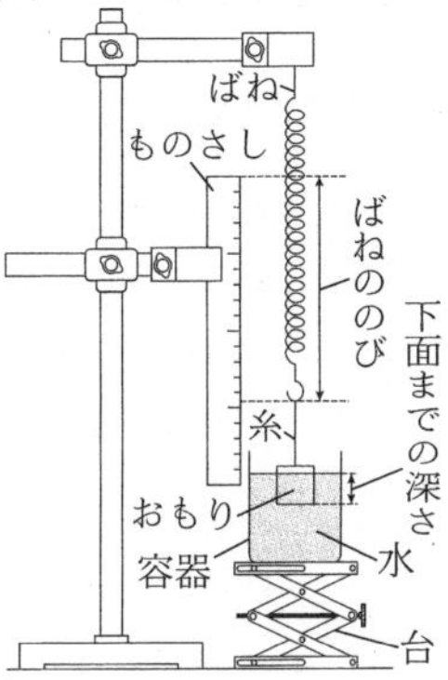

グラフ２

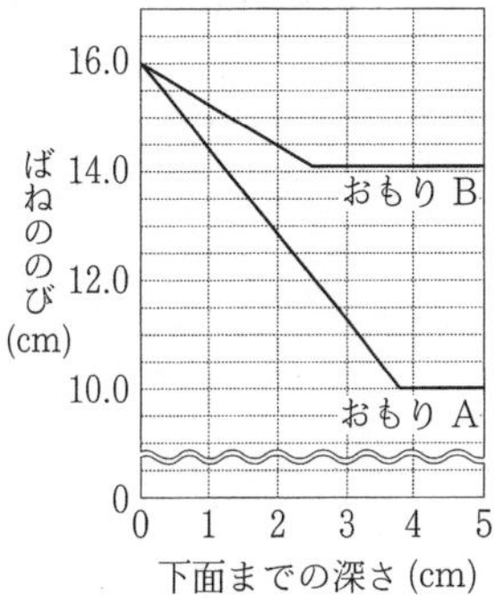

1　次は，実験１についてまとめたものである。［ａ］にあてはまる語を書きなさい。

> グラフ１より，おもりの個数が増えるほど，ばねがおもりから受ける力は大きくなり，ばねののびも大きくなる。ばねののびが，ばねが受ける力の大きさに比例する関係を［ａ］の法則という。

2　実験２について，次の問いに答えなさい。

⑴　次は，結果から考えられることをまとめたものである。［ｂ］，［ｃ］にあてはまる言葉の組み合わせとして適切なものを，あとの**ア**～**カ**から一つ選び，記号で答えなさい。

> グラフ２より，水中におもり全体が入ると，ばねののびは一定になり，このときのばねののびの違いから，おもりＡよりおもりＢの方が体積が［ｂ］ことがいえる。また，水中におもり全体が入ったあとの浮力の大きさは［ｃ］ことがいえる。

ア b 大きい c 深いほど大きくなる
イ b 小さい c 深いほど大きくなる
ウ b 大きい c 深いほど小さくなる
エ b 小さい c 深いほど小さくなる
オ b 大きい c 深さに関係しない
カ b 小さい c 深さに関係しない

(2) 水中におもり全体が入ったあと，おもりを横から見たときの，おもりにはたらく水圧の向きと大きさを矢印で表した模式図として最も適切なものを，次のア～エから一つ選び，記号で答えなさい。

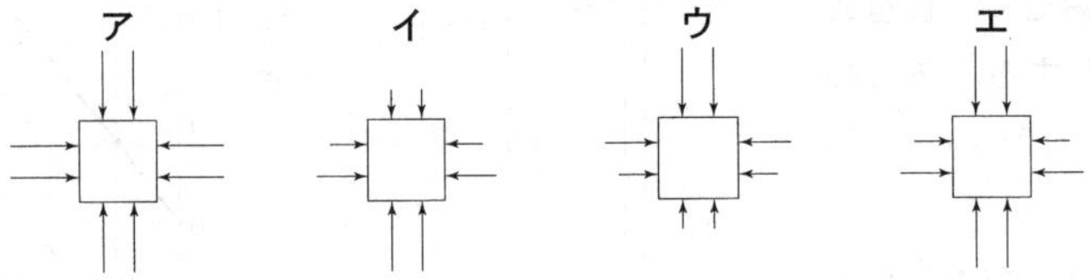

(3) 水中におもりA全体が入ったとき，おもりAにはたらく浮力の大きさは何Nか。小数第2位を四捨五入し，小数第1位まで求めなさい。

2

理科解答用紙

受検番号		総得点	

の欄には何も記入しないこと。

1 /13

1

1	a		/2
	b		/2
2			/3
3	(1)		/3
	(2)		/3

2 /12

2

1	a		/3
	b		/3
2			/3
3			/3

3 /12

3

1			/3
2	(1)		/3
	(2)		/3
3			/3

4 /13

4

1		/2
2		/3
3		/2
4		/3
5		/3

5 /13

5

1			/2
2	(式)	(答え) g/cm³	/3
3	(1)		/2
	(2)		/3
4			/3

6 /12

6

1	(1)		/2
	(2)		/3
	(3)		/3
2			/4

7 /13

7

1		/2
2		/3
3	図 2 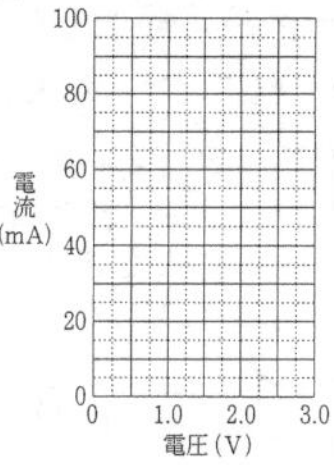	/4
4	W	/4

8 /12

8

1			/2
2	(1)		/3
	(2)		/3
	(3)	N	/4

※この解答用紙は200％に拡大していただきますと，実物大になります。

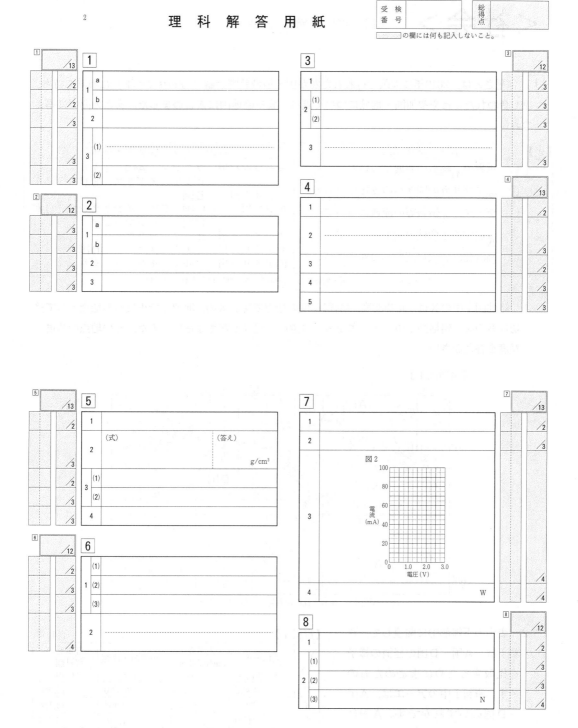

＜社会＞

時間　50分　　満点　100点

1　洋平さんは，2019年に大阪で行われた20か国・地域首脳会議（G20サミット）に興味を持ち，話し合われたことや参加国・地域について調べ，表や略地図にまとめました。あとの問いに答えなさい。

【表】	話し合われたこと	G20サミット参加国・地域
まとめ	○　世界の①経済の発展について	ヨーロッパ州　フランス　A国　イタリア ロシア　イギリス　EU
	○　②アフリカの国々への支援について	アフリカ州　B国
	○　データ，③情報等の流通について	アジア州　中国　C国　インドネシア　日本 韓国　サウジアラビア　トルコ
	○　④農業の生産性の向上について	オセアニア州　オーストラリア
	○　高齢化，⑤人口問題への対応について	北アメリカ州　カナダ　メキシコ　D国 南アメリカ州　アルゼンチン　ブラジル

注：G20サミット参加国・地域には，招待国・国際機関は含まれていない。

1　略地図Ⅰ中のXは，北緯30度，東経165度の地点です。Xの，地球上で正反対の地点として適切なものを，略地図Ⅰ中のア～エから一つ選び，記号で答えなさい。また，その地点の緯度と経度を答えなさい。

【略地図Ⅰ】

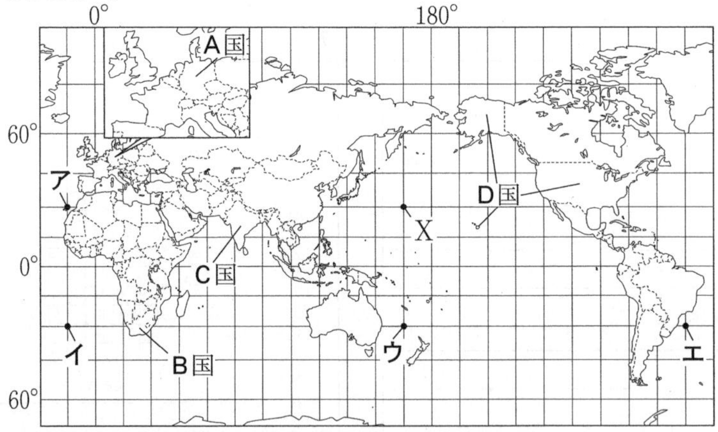

注：略地図Ⅰは緯線と経線が直角に交わる地図である。

2　表中の下線部①に関連して，資料Ⅰは，A国～D国の経済の様子を比較するためにまとめたものです。資料Ⅰ中のア～エは，A国～D国のいずれかです。A国にあたるものを，ア～エから一つ選び，記号で答えなさい。

【資料Ⅰ】　　(2016年)

	人口密度（人／km²）	1人あたりの国内総生産（ドル）	小麦の生産量（千t）	日本との貿易額（億円）
ア	403.6	1,706	93,500	13,986
イ	225.8	42,456	24,464	43,116
ウ	45.0	5,274	1,910	6,998
エ	33.0	57,808	62,859	214,650

（『世界国勢図会　2018／19年版』などから作成）

3　表中の下線部②について，洋平さんは，G20サミット参加国・地域にアフリカ州からはB国しか含まれていないことに疑問を持ち，アフリカ州のいくつかの国における，輸出総額とおもな輸出品目について調べ，資料Ⅱにまとめました。資料Ⅱから読み取れる，B国以外の2か国に共通する経済を何というか，書きなさい。

【資料Ⅱ】　(2016年)

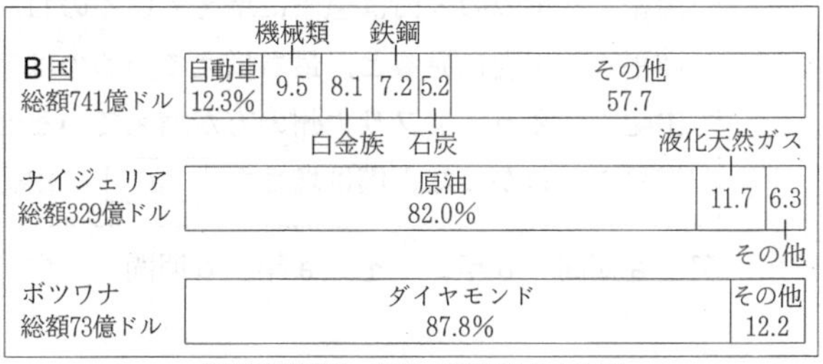

(『世界国勢図会　2018／19年版』から作成)

4　表中の下線部③に関連して，C国では情報技術産業が発展しました。その理由について，C国内のことを述べた内容として適切なものを，次のア～エから一つ選び，記号で答えなさい。

ア　南シナ海沿岸に経済特区を設け，外国の企業を受け入れたため。

イ　ASEANに加盟したことにより，周辺の国々から出かせぎ労働者が流入したため。

ウ　北緯37度より南のサンベルトとよばれる地域で，高度な技術の開発が進められたため。

エ　古くからの身分制度の影響を受けにくい新しい産業であり，人々に広く受け入れられたため。

5　表中の下線部④に関連して，D国では，適地適作とよばれる農業が行われています。略地図Ⅱは，とうもろこしと綿花のおもな栽培地域を，略地図Ⅲは，年平均気温と年降水量を示しています。略地図Ⅱと略地図Ⅲの二つの主題図から読み取れる，綿花のおもな栽培地域における気候の特徴を，とうもろこしのおもな栽培地域と比較して書きなさい。

【略地図Ⅱ】

【略地図Ⅲ】

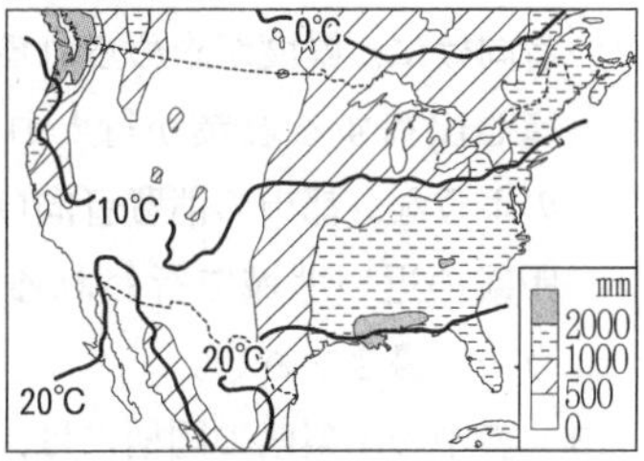

6　表中の下線部⑤に関連して，次の問いに答えなさい。

⑴　世界の人口問題における，急激な人口増加は何とよばれるか，書きなさい。

⑵　洋平さんは，世界を分ける六つの州ごとの人口の変化について調べ，資料Ⅲにまとめました。次は，そのときの洋平さんと由紀さんの対話です。 a ， b にあてはまる言葉の組み合わせとして適切なものを，あとのア～エから一つ選び，記号で答えなさい。

【資料Ⅲ】

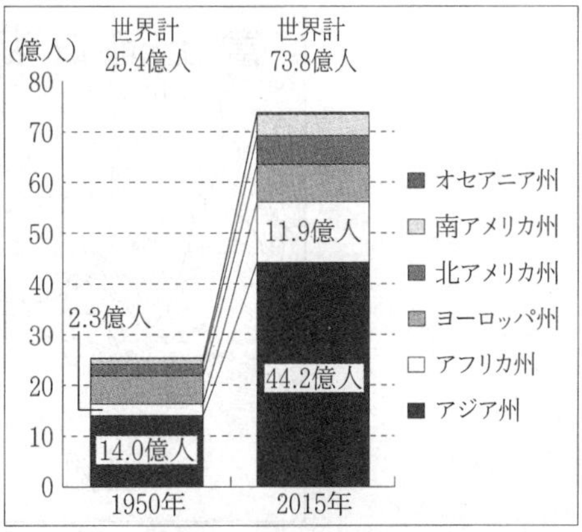

(『世界の統計　2019年版』から作成)

由紀：　世界の人口は急激に増えているのね。
洋平：　州別に見ると，最も増えているのはアジア州だといえるね。
由紀：　えっ，アフリカ州の方が増えていると思うけど…。
洋平：　わかった！僕は増えた　a　，由紀さんは増えた　b　に着目したんだね。

ア　a 期間　b 年　　イ　a 年　b 期間　　ウ　a 実数　b 割合　　エ　a 割合　b 実数

2　詩帆さんは，自動車の地方版図柄入りナンバープレートに興味を持ち，導入されているいくつかの県について調べ，表にまとめました。あとの問いに答えなさい。

【表】

滋賀県	茨城県

＜　X　＞	＜筑波山＞
山梨県	香川県

＜富士山＞	＜瀬戸内海、オリーブ＞
山形県	

＜さくらんぼの里　山形＞	＜稲穂の波と鳥海山＞

（国土交通省資料から作成）

1　表中の滋賀県の図柄には，日本最大の湖の様子が描かれています。　X　にあてはまる，この湖の名前を書きなさい。

2　表中の茨城県の図柄には，筑波山が描かれています。筑波山がある茨城県では，大消費地に近い条件を生かして，都市の消費者向けに，鮮度が求められる野菜などを生産し出荷する農業が行われています。このような，都市の消費者向けに，都市から距離の近い地域で行われる農業を何というか，書きなさい。

3　表中の山梨県の図柄には，富士山が描かれています。地形図は，富士山山麓を示しています。次の問いに答えなさい。

(1)　地形図から読み取れることとして適切なものを，あとの**ア**～**エ**から一つ選び，記号で答えなさい。

【地形図】

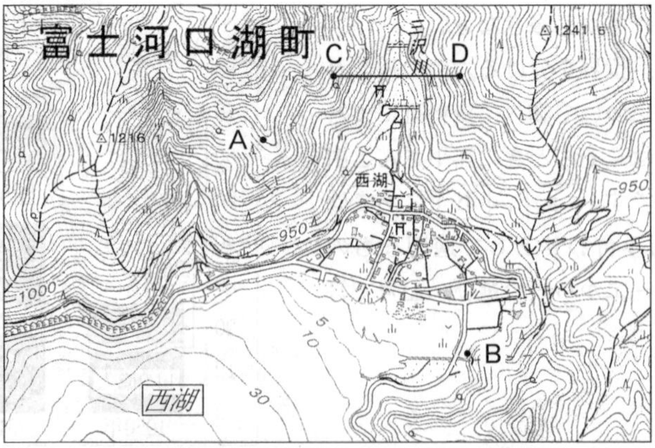

（国土地理院「1：25,000地形図　河口湖西部」から作成）

ア　A地点から見たB地点の方位は，８方位で示すと南西である。

イ　B地点から集落にある神社までの長さは，２㎝であることから，実際の直線距離は500mである。

ウ「*西湖*」という湖に沿って，鉄道がある。

エ　針葉樹林が広がっており，広葉樹林はみられない。

⑵　地形図中のC－D間の断面図として最も適切なものを，次のア～エから一つ選び，記号で答えなさい。

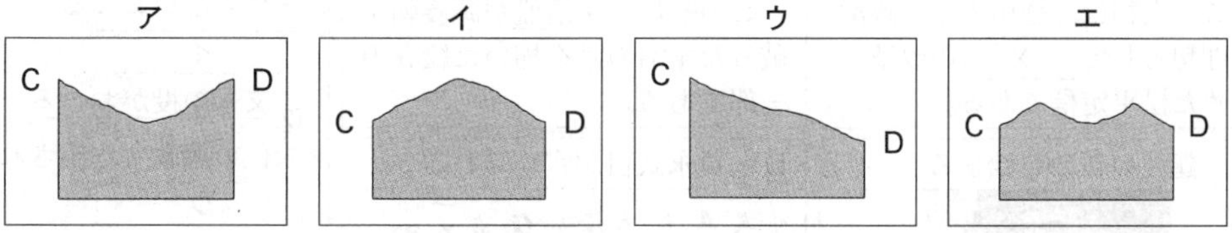

4　表中の香川県の図柄には，オリーブが描かれています。資料Ⅰは，オリーブの栽培に適した年降水量と，いくつかの都市の年降水量を示したものです。鳥取市や高知市に比べ，瀬戸内地方にある高松市の年降水量は少なく，オリーブの栽培に適していることがわかります。瀬戸内地方の年降水量が少ないのはなぜか，略地図中に示された地形をふまえて書きなさい。

【資料Ⅰ】

オリーブの栽培に適した年降水量	約 1000 mm
鳥取市年降水量	1914.0 mm
高松市年降水量	1082.3 mm
高知市年降水量	2547.5 mm

(『理科年表　平成28年』などから作成)

【略地図】

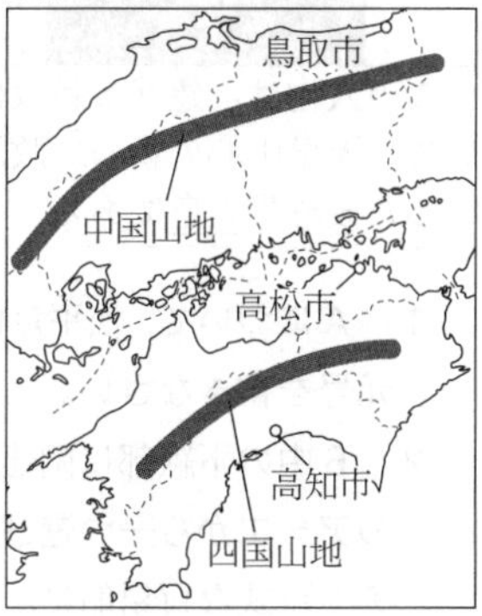

5　資料Ⅱは，表中の５つの県における，面積や果実の産出額などについてまとめたものです。資料Ⅱ中のア～エは，滋賀県，茨城県，山梨県，香川県のいずれかです。滋賀県にあたるものを，ア～エから一つ選び，記号で答えなさい，

【資料Ⅱ】　　　　(2016年)

	面積 (km²)	果実の産出額 (億円)	製造品出荷額等 (億円)	年間商品販売額 (十億円)
ア	4,465	541	22,762	1,953
イ	1,877	66	24,953	3,788
ウ	4,017	8	73,282	2,682
エ	6,097	126	112,674	7,164
山形県	9,323	690	26,875	2,588

(『データでみる県勢　2019年版』などから作成)
注：年間商品販売額の数値は2015年のものである。

6　次は，詩帆さんが，自動車の地方版図柄入りナンバープレートが導入された目的についてまとめたものです。適切なまとめになるように，［Y］にあてはまる言葉を書きなさい。

地方版図柄入りナンバープレートの導入には，地域の魅力を再認識するという目的と，全国に魅力を発信し，「やまがた百名山」の一つにもなっている鳥海山などの名所に［　　Y　　］ことや，さくらんぼや米などの特産品の販売を促進することで，地域経済の活性化に貢献するという目的がある。

3　信二さんは，元号（年号）に関連するおもなできごとを調べ，A～Dのカードと，年代の古い順に並べた表にまとめました。あとの問いに答えなさい。

【カード】

A　［X］の改革が始まる

この人物は，徳川吉宗の政治を理想として［X］の改革を始めた松平定信である。

B　平治の乱がおこる

この絵は，平清盛が源義朝を破った平治の乱を描いた絵巻の一部である。

C　建武の新政が始まる

この人物は，建武の新政において，天皇中心の新しい政治を始めた後醍醐天皇である。

D　貞永式目が定められる

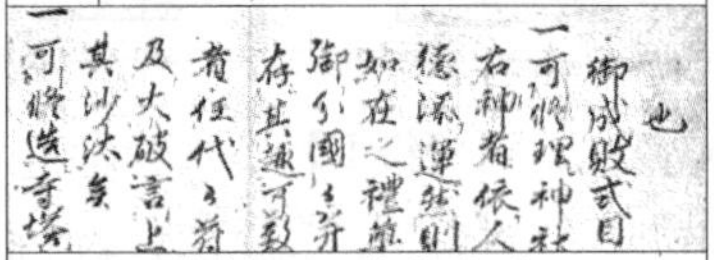

この資料は，北条泰時により定められた貞永式目（御成敗式目）の一部である。

【表】

おもなできごと
大化の改新が始まる
①大宝律令が定められる
［ア］
承久の乱がおこる
［イ］
②文永の役がおこる
永仁の徳政令が出される
［ウ］
応仁の乱がおこる
［エ］
天正遣欧使節が派遣される
［オ］
元号が③明治に改まる

1　Aについて，松平定信が始めた改革の名称には，元号が使われています。［X］にあてはまる元号を書きなさい。

2　B中の下線部に関連して，平清盛が行った貿易について述べた内容として適切なものを，次のア～エから一つ選び，記号で答えなさい。

ア　正式な貿易船に，明から与えられた勘合を持たせ，貿易を始めた。
イ　日本の商船に，渡航を許す朱印状を発行して，貿易をさかんにした。
ウ　ポルトガルやスペインの商人と，長崎や平戸で，南蛮貿易を始めた。
エ　瀬戸内海の航路を整え，港を整備し，日宋貿易をさかんにした。

3　C中の下線部について，足利尊氏が京都に新たな天皇を立て，後醍醐天皇が吉野に逃れたことで二つの朝廷に分かれて争った約60年間を何時代というか，書きなさい。

4　Dについて，資料Ⅰは，貞永式目の一部を要約したものです。次は，信二さんが，貞永式目についてまとめたものです。［Y］にあてはまる言葉を，資料Ⅰをふまえて書きなさい。

【資料Ⅰ】

一　地頭は，荘園の年貢を差しおさえてはならない。
一　二十年以上継続してその土地を支配していれば，その者に所有を認める。

> 51か条からなる貞永式目は，武士の慣習をまとめたものである。朝廷の律令とは別に，［Y］ための武士独自の法として定められた。

5　表中の下線部①，下線部③に関連して，資料Ⅱは，古代の律令国家にならって整えられた明治政府のしくみを模式的に表したものです。資料Ⅱ中の［a］にあてはまる言葉として適切なものを，次のア～エから一つ選び，記号

【資料Ⅱ】

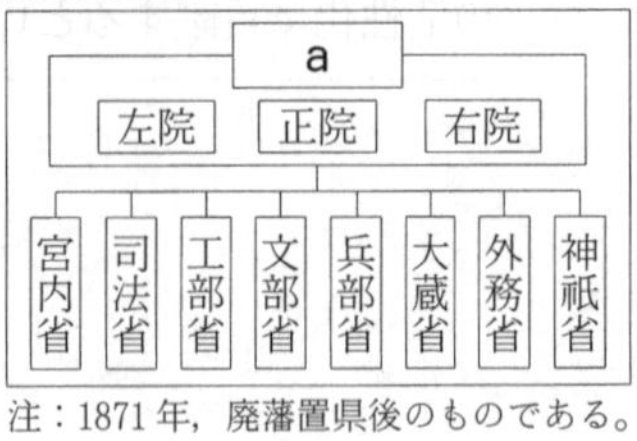

注：1871年，廃藩置県後のものである。

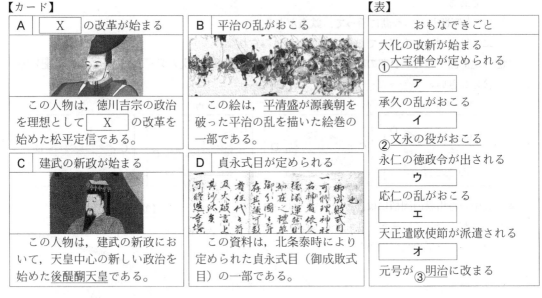

で答えなさい。

ア　太政官　　**イ**　政所　　**ウ**　摂政　　**エ**　老中

6　表中の下線部②について，このときの元《げん》の皇帝の名前を書きなさい。

7　年代が合うように**A**～**D**のカードを表にあてはめたとき，表中の**ア**～**オ**のいずれかにあてはまります。**A**～**D**のカードがあてはまるものを，**ア**～**オ**からそれぞれ一つずつ選び，記号で答えなさい。

4　次の表は，弘子さんが，近現代における社会の変容と，それに関連する山形県の資料について調べ，まとめたものです。あとの問いに答えなさい。

【表】	A	B	C	D
まとめ	X の発展	産業革命の進展	国際平和への努力	経済の民主化

	X は，板垣退助らによって始められた。この写真は，第三回山形県議会の議員を撮影したものである。	日本では，19世紀後半から産業革命が進んだ。この写真は，山形県内の模範工場の様子である。	1920年に国際連盟が設立された。この人物は，国際司法裁判所長となった山形県出身の安達峰一郎である。	第二次世界大戦後，経済の民主化が進められた。この本は，山形県における農地改革に関連するものである。

1　**A**について，X にあてはまる，国民が政治に参加する権利の確立をめざす運動を何というか，書きなさい。

【資料Ⅰ】

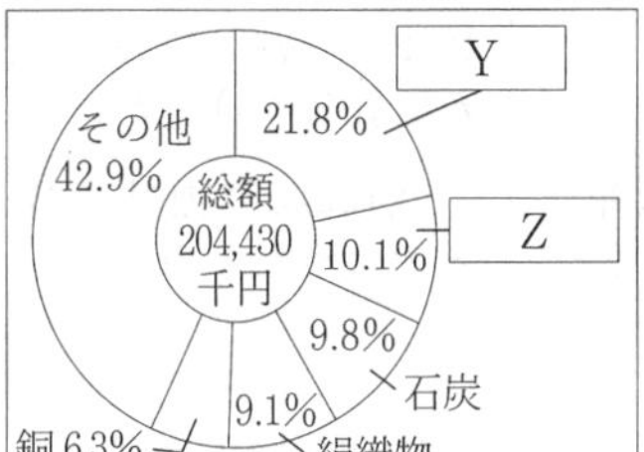

(『数字でみる日本の100年』から作成)

【メモⅠ】

・政府は1872年に富岡に官営模範工場をつくり，欧米の技術を導入して Y の増産と品質向上に努めた。
・ Z は，1890年には生産量が輸入量を上回り，日清戦争後には輸出量が輸入量を上回った。

2　**B**に関連して，弘子さんは，1900年における日本の輸出総額とおもな輸出品目について資料Ⅰにまとめ，資料Ⅰ中の，Y と Z についてメモ1にまとめました。Y と Z にあてはまる品目の組み合わせとして適切なものを，次の**ア**～**エ**から一つ選び，記号で答えなさい。

ア　Y　鉄　　Z　機械類　　**イ**　Y　生糸　Z　綿糸

ウ　Y　生糸　Z　機械類　　**エ**　Y　鉄　　Z　綿糸

【資料Ⅱ】

3　**C**の下線部について，次の問いに答えなさい。

(1)　資料Ⅱの人物は，国際連盟の設立に貢献したアメリカの大統領です。資料Ⅱの人物の名前を書きなさい。

(2)　国際連盟の設立時の状況について述べた内容として適切なものを，次の**ア**～**エ**から一つ選び，記号で答えなさい。

ア 193か国の加盟が認められた。

イ 本部は，オーストリアのウィーンに置かれた。

ウ 安全保障理事会では，5つの国に拒否権が認められた。

エ 日本はイギリス，フランス，イタリアとともに常任理事国になった。

4 Dについて，経済の民主化の一つとして農地改革が行われました。そのほかに，経済の民主化として行われたことを，一つ書きなさい。

5 弘子さんは，D以降の時期におこったできごとのうち，社会が変容するきっかけになったと考えられるものを，メモⅡにまとめました。メモⅡ中のア～エのできごとを，おこった年の古い順に並べかえ，記号で答えなさい。

【メモⅡ】

ア	冷戦の象徴であったベルリンの壁が取りこわされた。
イ	アジア・アフリカ会議が開かれ，平和共存の路線が確認された。
ウ	吉田茂内閣がサンフランシスコ平和条約を結び，日本は独立を回復した。
エ	第四次中東戦争がおこったことで石油価格が上昇し，石油危機がおこった。

5 貴志さんは，新聞の記事を読んで興味を持ったことについて調べました。次の表のA～Cは，記事の見出しなどをまとめたものの一部です。あとの問いに答えなさい。

【表】

	A	B	C
見出し	参議院議員選挙実施	裁判員制度 開始から10年	紙幣デザインを一新
記事の要旨	第25回参議院議員選挙が実施され，124議席が改選された。	司法制度改革の一環として始まった裁判員制度が，開始から10年を迎えた。	日本銀行券が，2024年から新しいデザインになることが発表された。
疑問点	参議院議員選挙と衆議院議員選挙の違いは何だろうか。	裁判員が参加する裁判とは，どのようなものだろうか。	日本銀行には，どのような役割があるのだろうか。

1 表中のAについて，資料Ⅰは，2005年以降の国会議員の選挙の実施年月を表したものです。次は，貴志さんが，参議院議員選挙についてまとめたものです。 X にあてはまる言葉を書きなさい。また， Y にはあてはまる言葉を，**解散**，**定数**という二つの語を用いて書きなさい。

【資料Ⅰ】

衆議院議員選挙	参議院議員選挙
2005年9月	2007年7月
2009年8月	2010年7月
2012年12月	2013年7月
2014年12月	2016年7月
2017年10月	2019年7月

（衆議院ホームページなどから作成）

参議院議員選挙は，1つまたは2つの都道府県を単位として代表を選ぶ選挙区制と，全国を1つの単位とした X 制で行われる。資料Ⅰのように，衆議院議員選挙とは異なり，定期的に3年ごと行われている理由は， Y からである。

2 表中のBについて，資料Ⅱは，裁判員が参加する裁判の様子を模式的に表したものです。この裁判の種類と， a ， b にあてはまる言葉の組み合わせとして適切なものを，次のア～エから一つ選び，記号で答えなさい。

ア　種類　刑事裁判　a　検察官　b　弁護人

イ　種類　刑事裁判　a　弁護人　b　検察官

ウ　種類　民事裁判　a　検察官　b　弁護人

エ　種類　民事裁判　a　弁護人　b　検察官

3　表中のCに関連して，次の問いに答えなさい。

(1)　メモは，貴志さんが日本銀行の役割についてまとめたものです。メモ中の c にあてはまる，一般の銀行とは異なる役割を果たしている銀行のことを何というか，書きなさい。

(2)　資料Ⅲは，日本銀行が景気を安定させるために行う，金融政策について模式的に表したものです。不景気のときには，日本銀行はどのような金融政策を行うか，資料Ⅲをふまえて書きなさい。

4　新聞やテレビなどから発信される情報について的確に判断・活用できる能力のことを何というか，次のア～エから一つ選び，記号で答えなさい。

ア　インフォームド・コンセント

イ　マニフェスト

ウ　メディアリテラシー

エ　リコール

【資料Ⅱ】

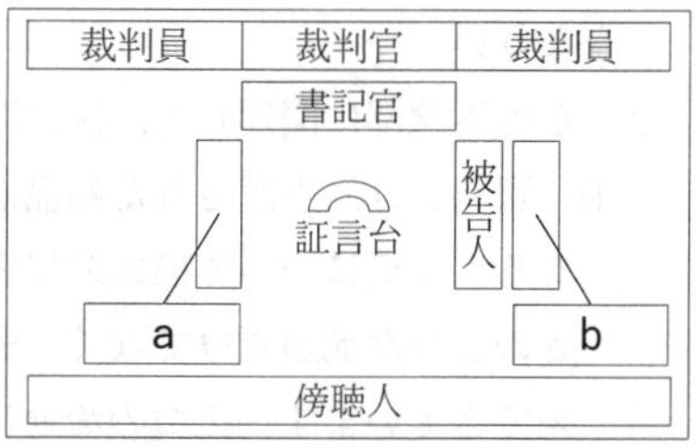

【メモ】

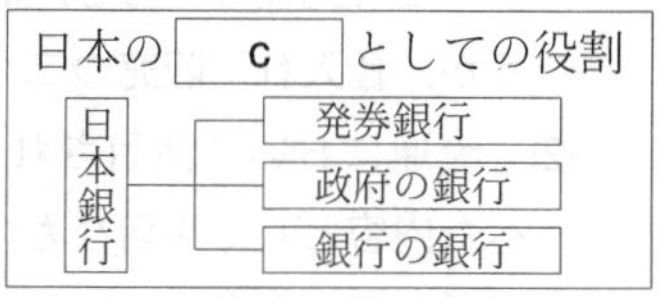

【資料Ⅲ】

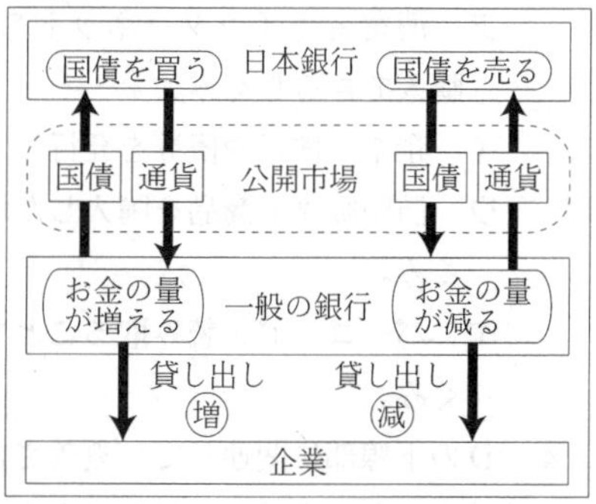

6　夏美さんは，社会科の学習のまとめとして，「より良い社会を目指して」というテーマで，2015年に国際連合が定めた，持続可能な開発目標（SDGs）の17の目標について調べました。次の表は，そのときまとめたものの一部です。あとの問いに答えなさい。

【表】	A	B	C	D
まとめ	 健康的な生活を確保し，福祉を促進する。	 持続可能な都市及び人間居住を実現する。	 持続可能な生産と消費の形態を確保する。	 持続可能な森林を経営する。

1　Aの下線部に関連して，次の問いに答えなさい。

(1)　国際連合の専門機関のうち，1948年に設立され，「全ての人に健康を」を目的とし，おもに発展途上国で，医療などの活動をしている機関を何というか，書きなさい。

(2)　日本の社会保障制度は，四つの柱から構成されています。四つの柱のうち，国民の健康増進をはかり，感染症の予防などを行うことを何というか，書きなさい。

2　Bの下線部に関連して，次のページの資料Ⅰは，床面が低く設計されているノンステップバスの様子です。障がいのある人や高齢者などが，社会の中で安全・快適に暮らせるよう，身体的，精神的，社会的な障壁を取り除くことを何というか，書きなさい。

3　Cの下線部に関連して，次の問いに答えなさい。

⑴　資料Ⅱは，生産された商品が消費者に届くまでの流れである，流通について模式的に表したものです。近年，矢印aのような流通だけでなく，矢印b，cのような流通も増えてきています。三つの流通には，それぞれ利点があります。aと比較したとき，bの流通にはどのような利点があるか，**仕入れ**，**販売**の二つの言葉を用いて書きなさい。

⑵　流通において活用されているPOSシステムについて述べた内容として適切なものを，次の**ア**～**エ**から一つ選び，記号で答えなさい。

ア　消費者がインターネットやカタログによって商品を購入できるしくみ。

イ　企業が株式や債券を発行して出資者から直接資金を集めることができるしくみ。

ウ　訪問販売で商品を購入した場合，購入後8日以内であれば無条件で契約を取り消せるしくみ。

エ　バーコードを読み取ることで，商品が売れた時間や数量などの情報を集計・管理するしくみ。

【資料Ⅰ】

【資料Ⅱ】

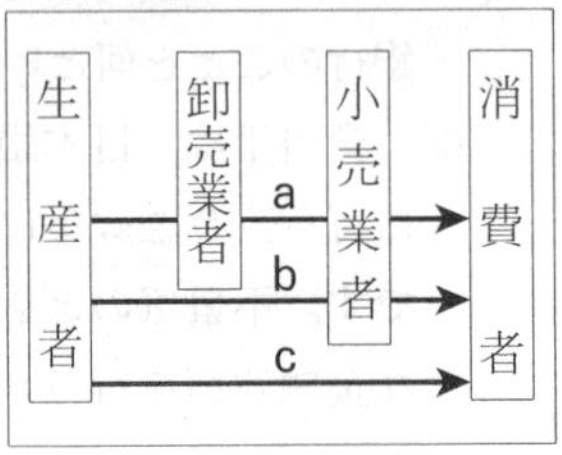

4　Dの下線部に関連して，夏美さんは「やまがた森林（モリ）ノミクス宣言」を調べ，メモにまとめました。メモ中の下線部について，森林が有する多面的機能として**適切でないもの**を，次の**ア**～**エ**から一つ選び，記号で答えなさい。

【メモ】

山形県は，県土面積の約7割が緑豊かな森林に覆われています。この森林に囲まれた里地・里山地域には，豊かな自然に育まれた「食」，「景観」，「文化」，さらには，多面的機能を有する「森林」，「農地」など，多様な資産や資源があります。

ア　二酸化炭素の吸収　　**イ**　木材の供給　　**ウ**　地熱の発生源　　**エ**　国土の保全

2

社会解答用紙

受検番号		総得点	

□の欄には何も記入しないこと。

1

1 /18

1		記号	/3
2			/3
3			/2
4			/3
5			/3
6	(1)		/2
	(2)		/2

2

2 /17

1			/2
2			/2
3	(1)		/2
	(2)		/2
4			/3
5			/3
6			/3

3

3 /18

1					/2
2					/3
3					/2
4					/3
5					/3
6					/2
7	A	B	C	D	/3

4

4 /17

1			/2
2			/3
3	(1)		/3
	(2)		/3
4			/3
5		→ → →	/3

5

5 /15

1	X		/2
	Y		/3
2			/3
3	(1)		/2
	(2)		/3
4			/2

6

6 /15

1	(1)		/2
	(2)		/3
2			/2
3	(1)		/3
	(2)		/3
4			/2

※この解答用紙は200%に拡大していただきますと，実物大になります。

2

国語解答用紙

受検番号		総得点	

□の欄には何も記入しないこと。

一

問一 a	問一 b	問二	問三	問四	問五	問六	問七 Ⅰ	問七 Ⅱ	計
/2	/2	/2	/3	/4	/4	/3	/2	/5	/27
	そう								

二

問一 a	問一 b	問二	問三	問四 Ⅰ	問四 Ⅱ	問五	問六	問七	計
/2	/2	/2	/3	/2	/4	/3	/3	/6	/27
	し								

三

問一	問二	問三	問四	問五	計
/2	/2	/3	/4	/4	/15

四

問一 1	問一 2	問一 3	問一 4	問一 5	問二	計
/2	/2	/2	/2	/2	/3	/13
	ける					

五

(1)	(2)	(3)	計
/9	/6	/3	/18
A B C D	A B C D	A B C	
A B C D	A B C D	A B C	

100字 200字 240字

※この解答用紙は192％に拡大していただきますと、実物大になります。

意味　何度繰り返し聞いても、一度実際に見ることに及ばない。

漢文　〔漢書・趙充国《ちょうじゅうこく》伝〕充国曰、百聞不如一見。兵難険度。

書き下し文　充国曰《い》はく、百聞は一見に如かず。兵険《はる》かに度《はか》り難《がた》し。

ア　百聞不㆓如㆑一見㆒

イ　百聞不㆓如一見㆒

ウ　百聞不㆑如㆓一見㆒

エ　百聞不㆑如㆑一㆒見㆓

五　次のA、Bは、いずれも人の成長について述べた言葉です。これらの言葉を読み、**「自分が成長するために」**という題で、まとまりのある二段落構成の文章を書きなさい。第一段落には、AとBの二つの言葉について、どのような考えが読み取れるか、書きなさい。それをふまえ、第二段落には、あなたの考えを、自身の体験や見聞きしたことを含めて書きなさい。
ただし、あとの**《注意》**に従うこと。

A　成長を欲《ほっ》するものはまず根を確かにおろさなくてはならぬ。上にのびる事をのみ欲するな。まず下に食い入ることを努めよ。
和辻哲郎

B　背伸びして視野をひろげているうち、背が伸びてしまうということもあり得る。それが人生のおもしろさである。
城山三郎

《注意》

◇「題名」は書かないこと。

◇二段落構成とすること。

◇二〇〇字以上、二四〇字以内で書くこと。

◇文字は、正しく、整えて書くこと。

問一 〰〰部「いひし」を現代かなづかいに直し、すべてひらがなで書きなさい。

問二 ＝＝部「蘇瓊」が話している部分は、どこからどこまでですか。最も適切なものを、次のア～エから一つ選び、記号で答えなさい。

ア 国に至る時、 ～ いかにせん。
イ 国に至る時、 ～ 迷ひかな
ウ 天下に得がたき ～ いかにせん。
エ 天下に得がたき ～ 迷ひかな

問三 ――部1とあるが、「兄弟」の争いについて説明したものとして最も適切なものを、次のア～エから一つ選び、記号で答えなさい。

ア 蘇瓊が仲裁しても、兄弟は田地の領有争いをやめようとはしなかった。
イ 蘇瓊が太守になる前から、兄弟は長年田地の領有争いを続けていた。
ウ 蘇瓊が太守になる頃には、兄弟を含む百人が田地の領有を訴えていた。
エ 蘇瓊が下した判決に対して、兄弟は証人を立てて田地の領有を訴えた。

問四 ――部2について、「兄弟」が「和睦」した理由を、次のような形で説明したとき、□に入る適切な言葉を、現代語で書きなさい。

> 手に入れやすい□ことを嘆く蘇瓊の言葉を聞いて、自分たちの誤りに気づき反省したから。

問五 本文で、筆者は、「蘇瓊」のことを、どのような人物であると考えていますか。最も適切なものを、次のア～エから一つ選び、記号で答えなさい。

ア 公正で物事の筋道を通す、道理をわきまえた人物であると考えている。
イ 公の場に私的な争いを持ち込まない、厳格な人物であると考えている。
ウ 言葉よりも実践で手本を示す、行動力のある人物であると考えている。
エ 民を大事にして寛大な判決を下す、情け深い人物であると考えている。

四 次の問いに答えなさい。

問一 次の1～5の＝＝部のカタカナの部分を、漢字で書きなさい。なお、楷書で丁寧に書くこと。

1 部長としてのカブが上がる。
2 荷物をアズける。
3 エンジュクした芸風。
4 ケイカイな曲に合わせて踊る。
5 ガイロ樹が芽吹く。

問二 次は、加奈さんが、国語の授業で「百聞は一見に如《し》かず」ということわざを紹介するために書いたカードです。加奈さんは、「百聞は一見に如かず」が中国の古典に由来することを知り、図書館で調べた漢文と書き下し文をカードに追加しました。

漢文の――部に返り点をつけるとき、最も適切なものを、あとのア～エから一つ選び、記号で答えなさい。

> 【百聞は一見に如かず】（ひゃくぶんはいっけんにしかず）

3の「対話成立のポイント」をふまえた言葉として最も適切なものを、あとの**ア**～**エ**から一つ選び、記号で答えなさい。

Aさん　国語の授業で行うスピーチのテーマはもう決まった？
Bさん　私は小さい頃から習っているピアノについて話そうと思っているよ。自分の得意なことなら、自信をもってスピーチができると思うんだ。
Aさん　テーマが決まっていいな。私は自分の趣味について話そうか、自分の将来の夢について話そうか迷っているよ。
Bさん　［　　　　　　　　］
Aさん　なるほど、それはいい考えだね。

ア　私のピアノはあくまで趣味で、将来は看護師になろうと思っているよ。
イ　私はピアノの先生の話を入れるか迷ったけれど、入れることにしたよ。
ウ　Aさんはお菓子作りが得意だから、お菓子作りについて話すといいよ。
エ　Aさんが自信をもって話せば、相手に伝わるスピーチになると思うよ。

問六　――部4を、次のような形で説明したとき、［　　］に入る適切な言葉を、本文中から六字で抜き出して書きなさい。

異なる立場の他者に納得してもらうために語ったり、交渉を重ねながら少しずつ前に進んだりする、ことばを用いた［　　　　］のための行為。

問七　本文において、筆者は、対話という活動によってどのような可能性が生まれると考えていますか。次の三つの言葉を使って、七十字以内で書きなさい。なお、三つの言葉はどのような順序で使ってもかまいません。

価値観　　**複雑さ**　　**生きること**

三　次の文章を読んで、あとの問いに答えなさい。

国を治め、民を導く人は、公《おほやけ》にして私なく、智《ち》あきらかに、理正しくこそ、あらまほしけれ《あってほしいものである》。これにつけて、古《いにしへ》の人を思ひ出しぬるに、蘇瓊《そけい》といひし人、南清河《なんせい が》の太守に除《ぢょ》せられける比《ころ》《南清河郡の長官に任ぜられた》、百姓に、1乙普明《いつふめい》といふもの兄弟、田を争ふ事侍《はべ》り。積年此事《せきねんこの》判断なくして、両方の証拠《証人たち》、百人に至れり。蘇瓊、国に至る時、兄弟を召して、さとして言へらく、天下に得がたきものは、兄弟なり。求めやすき物は、田地なり。たとひ田地を得たりとも、兄弟の心を失ふ事を、いかにせん《どうにもできない》。骨肉の親しき《親しい肉親》をすてて、田地の疎《うと》き《親しくもない田地》を求む。哀れなる迷ひかなと、涙《なみだ》を流しけるを見て、満座の者、ともになきたりければ、かの兄弟のもの、はじめて理に伏し、太守の前にひれふして、おのがすぢなき事《自分たちの行いが道理に合わないこと》をくい悲しみ、それより、2兄弟和睦して、争ひの心いささかもなかりけるとぞ。

（『飛鳥川』による）

とばの活動だといえるでしょう。

　では、このようなダイアローグとしての対話によって人は何を得ることができるのでしょうか。あるいは、今、対話について考えることは、わたしたちにとってどのような意味を持つのでしょうか。

　まずあなたは対話ということばの活動によって相手との人間関係をつくっています。その人間関係は、あなたと相手の二人だけの関係ではなく、それぞれの背負っている背景とつながっています。

　その背景は、それぞれがかかわっている*コミュニティと深い関係があります。

　相手との対話は、他者としての異なる価値観を受け止めることと同時に、コミュニティとしての社会の複数性、複雑さをともに引き受けることにつながります。

　だからこそ、このような対話の活動によって、人は社会の中で、他者とともに生きることを学ぶのです。

　このように、対話は、個人と個人が何かの話題について話し合うことだけではなく、それぞれの個人がことばを使って自由に活動できる社会の形成へという可能性にもつながっていきます。なぜなら、ことばを使って自分の考えていることを他者に伝えるという行為は、自分自身の個人的な私的領域から他者という未知の存在へ働きかける公的領域への行為だからです。

　あなたにとっての対話という活動は、あなた自身がことばを使って自由に活動できる社会の形成のための重要なカギになるといえるでしょう。

（細川英雄『対話をデザインする』による。一部省略がある。）

〔注〕＊　ダイアローグ＝もともと「演劇・小説などの対話の部分」のこと。本文では、「モノローグ」の対義語として使われている。

＊　プロセス＝過程。　＊　コミュニティ＝地域社会。共同体。

問一　═══部a、bの漢字の読み方を、ひらがなで書きなさい。

問二　〰〰部「感情的」の対義語として最も適切なものを、次のア～エから一つ選び、記号で答えなさい。

ア　理性的　　イ　意識的　　ウ　建設的　　エ　機械的

問三　――部1は、本文中でどのような効果をあげていますか。最も適切なものを、次のア～エから一つ選び、記号で答えなさい。

ア　新たな観点から問題を提起することで、次の段落でその問題の改善策を検討し、互いの意見の共通点を明確にしている。

イ　新たな観点から問題を提起することで、次の段落でその問題の改善策を提示し、自分の意見の妥当性を高めている。

ウ　自分と異なる立場や考えを想定することで、次の段落でその立場や考えをふまえ、互いの意見を生かした結論を導いている。

エ　自分と異なる立場や考えを想定することで、次の段落でその立場や考えに反論し、自分の意見に説得力をもたせている。

問四　次の表は、――部2について、「モノローグであるおしゃべり」と「ダイアローグとしての対話」の違いを、項目ごとにまとめたものです。表の［Ⅰ］に入る適切な言葉を、本文中から十字で抜き出して書き、［Ⅱ］に入る適切な言葉を、三十字以内で書きなさい。

	相手への向き合い方	話題にすること・相手への話し方
モノローグであるおしゃべり	他者としての［Ⅰ］する	自分の知っている情報について、独りよがりに感じるまま話す
ダイアローグとしての対話	他者としての相手を想定する	［Ⅱ］をしながら話す

問五　次は、同じクラスの友人である二人の中学生が、国語の授業で行うスピーチについて話している場面です。［　］に入る、――部

座等ではこんなアドバイスがあるかもしれません。そのとき、しばしば出るのは、「思ったことを感じるままに話してはダメだ」という意見ですね。思ったことを感じるままに話すと、お互いに感情的になってしまい、解決すべきことがなかなかうまく運ばない等々。

　しかし、「思ったことを感じるままに話す」ことそれ自体が悪いことだとは、わたしは決して思いません。むしろ「思ったことを感じるままに話すべき」であるとさえ思うほどです。

　ただ一つ、思ったことを感じるままに話すと、それがおしゃべりになってしまうという大きな課題があります。ここでいう「おしゃべり」とは、相手に話しているように見えながら、実際は、相手のことを考えない活動だからです。少しむずかしくいうと、他者不在の言語活動なのです。

　1でも、相手があって話をしているのだから、他者不在とはいえないのではないかという質問も出そうですね。

　たしかに、おしゃべりをしているときは、相手に向かって話しかけてはいますが、ほとんどの場合、何らかの答えや返事を求めて話しているのではなく、ただ自分の知っている情報を独りよがりに話しているだけではないでしょうか。そこでは、他者としての相手の存在をほぼ無視してしゃべっているわけです。だからこそ、思ったことを感じるままに話すことには注意が必要なのです。

　「あのことが、うれしい、悲しい、好きだ、嫌いだ」というように、自分の感覚や感情をそのままことばにして話していても、相手は、「へえー、そうですか」と相槌《あいづち》を打つだけ。今度は相手も自分の思いを語りはじめ、それぞれに感じていることや思っていることを吐き出すと、お互いなんだかすっきりして、なんとなく満足する。こういうストレス発散の点では、おしゃべりもそれなりの効果を持っていますが、その次の段階にはなかなか進めません。

　このように、いわゆるおしゃべりの多くは、かなり自己完結的な世界の話ですから、そのままでは、それ以上の発展性がないのです。その意味では、おしゃべりは、相手に向かって話しているように見えても、実際は、モノローグ（独り言）に近いわけでしょう。表面的には、ある程度、やりとりは進むように見えますが、それは、対話として成立しません。ここに2モノローグであるおしゃべりと*ダイアローグとしての対話の大きな違いがあるといえます。

　ダイアローグとしての対話は、常に他者としての相手を想定したものなのです。自分の言っていることが相手に伝わるか、伝わらないか、どうすれば伝わるか、なぜ伝わらないのか、そうしたことを常に考えつづけ、相手に伝えるための最大限の努力をする、その手続きの*プロセスが対話にはあります。

　3対話成立のポイントはむしろ、話題に関する他者の存在の有無なのではないかとわたしは考えます。実際のやりとりに他者がいるかどうかだけではなく、話題そのものについても「他者がいる話題」と「いない話題」があるということなのです。つまり、その話題は、他者にとってどのような意味を持つかということが対話の進展には重要だということです。

　したがって、ダイアローグとしての対話行為は、モノローグのおしゃべりを超えて、4他者存在としての相手の領域に大きく踏み込む行為なのです。

　言い換えれば、一つの話題をめぐって異なる立場の他者に納得してもらうために語るという行為だともいえますし、ことばによって他者をb促し交渉を重ねながら少しずつ前に進むという行為、すなわち、人間ならだれにでも日常の生活や仕事で必要な相互関係構築のためのこ

安を周囲に悟られないよう気を静めようとしている。

ウ 修復の最後の工程に向けて気持ちを集中させ、伝統的な技法への敬意を胸に作業に真剣に向き合おうとしている。

エ 修復の最後の工程を考え出した先人へ畏敬の念を抱きつつ、作業を終える喜びを一人でかみしめようとしている。

問四 ——部2の表現から、「俊彦」の確認を待つ間の「菜月」は、どのような様子であったと読み取れますか。次のような形で説明したとき、［　］に入る適切な言葉を、「菜月」の心情をふまえて二十字以内で書きなさい。

> 初めての修復作業をやり遂げて一度は安堵したものの、「俊彦」の［　］様子。

問五 ——部3について、「菜月」が項垂れた理由を、次のような形で説明したとき、［　］に入る適切な言葉を、本文に即して十五字以内で書きなさい。

> 危なっかしい場面があったことを「俊彦」から指摘され、自分の［　］気持ちになったから。

問六 本文の表現の工夫とその効果を説明したものとして最も適切なものを、次の**ア**～**エ**から一つ選び、記号で答えなさい。

ア 作業を始める前の場面に「菜月」自身の体験の回想がはさまれており、話の展開に重厚感を生んでいる。

イ 作業に関する描写に比喩が用いられており、糸で綴じる作業の様子がとらえやすくなっている。

ウ 作業を行う「菜月」の姿が「俊彦」の視点から描かれており、心情描写に客観性をもたせている。

エ 作業を終えたあとの情景描写に語り手の心情が反映されており、明るい結末を読者に印象づけている。

問七 ——部4と答えた「菜月」の心情について、国語の授業で次のような話し合いが行われました。［Ⅰ］に入る適切な言葉を、本文中から十五字で抜き出して書き、［Ⅱ］に入る適切な言葉を、二十五字以内で書きなさい。

> **Aさん** 「菜月」は随分元気に答えているみたいだね。
>
> **Bさん** それには、「俊彦」とのやりとりが関係していると思うな。「俊彦」の言葉からは、書籍修復の仕事に対する厳しさだけでなく、「菜月」に対する温かい気持ちも読み取れるよ。
>
> **Cさん** それに、「俊彦」の「［Ⅰ］」という様子から、「菜月」との心の距離が近づいているのがわかるよ。
>
> **Aさん** なるほど、「俊彦」が「菜月」を認め励ましてくれたことに気づいたから、「菜月」は「力強い笑み」を浮かべることができたんだね。「菜月」の元気な様子と、「今日学んだことを力に変え、明日はもっと先へと進んでやる」という表現をふまえると、「菜月」の最後の言葉には、［Ⅱ］が込められていると思うよ。

二

次の文章を読んで、あとの問いに答えなさい。

対話とは何かと考えると、どのように説明できるでしょうか。とても簡単にいえば、「相手と話すこと」ということになるでしょうか。

相手の目をしっかり見て、きちんと語りかけること、巷《ちまた》の話し方講a

「ああ。これにて、この本の修復は完了だ。ここまでよく頑張った。」
菜月の言葉を引き継いで、俊彦が頷《うなず》いた。
修復完了、それはつまり初めての修復を無事に乗り切れたということだ。俊彦の言葉に安心して今度こそ力が抜け切った菜月は、崩れるようにその場でへたり込んだ。
「よかった、無事に終わって……。」
「まあ、失敗とまで行かなくとも、細々したミスはいくらでもあったがな。後ろで見ていて、冷や冷やする場面がどれだけあったことか……。とはいえ、初めての修復ということを考えれば、失敗がないだけでも十分だろう。」
「あ～……、たくさん危なっかしいところを見せてしまって、すみません。」
続々と繰り出される俊彦の辛口採点に、菜月が項垂《うなだ》れる。
何とか無事に終わらせることができたが、至らない点もたくさんあった。書籍修復家への道のりは、まだまだ遠く険しいということだろう。
そんな菜月の肩を、笑顔になった俊彦が励ますように叩《たた》いた。
「そう落ち込むな。最初から完璧にできる人間なんておらん。今回できなかったことは、次の宿題にすればいい。これからも一歩ずつ着実に、たゆまず精進していけ。」
俊彦からの*檄《げき》を受けながら、菜月は思わず目を見開いてしまった。弟子入りを志願するようになってから、俊彦が菜月に向かって笑い掛けてくれたことはなかったからだ。自惚《うぬぼ》れかもしれないけど、ようやく自分も、少しだけ俊彦に受け入れてもらえたということなのだろうか。
ただ、菜月の驚いた表情で自分が笑っているのに気付いたらしく、俊彦はすぐに口元を引き締めてしまった。その表情は、どことなくバツが悪そうだ。
それでも、笑ってくれたという事実は変わらない。
だから菜月も、俊彦に向かって力強い笑みを浮かべてみせる。
たゆまず精進していけ？　言われるまでもない。今日学んだことを力に変え、明日はもっと先へと進んでやる。
言葉にはせずとも、菜月の目は雄弁にそう語っている。自らの意思を示すかのように。そして彼女は俊彦に向かって頭を下げ、もらった檄に答えた。
「はい！　これからもご指導ご*鞭撻《べんたつ》のほど、どうぞよろしくお願いいたします！」

（日野祐希『菜の花工房の書籍修復家』による。一部省略がある。）

〔注〕　＊裏打ち＝本紙の裏に別の和紙を貼り付けて補強する手法。
＊化粧断ち＝本紙からはみ出た裏打ち和紙を取り除くための裁断。
＊檄＝ここでは、元気のない者に刺激を与えて活気づけること。
＊鞭撻＝努力するように強く励ますこと。

問一　══部a、bの漢字の読み方を、ひらがなで書きなさい。

問二　〰〰部における「所作」の意味として最も適切なものを、次の**ア**～**エ**から一つ選び、記号で答えなさい。

ア　口調　**イ**　説明　**ウ**　指導　**エ**　仕草

問三　――部1について、糸綴じを開始する「菜月」の気持ちを説明したものとして最も適切なものを、次の**ア**～**エ**から一つ選び、記号で答えなさい。

ア　修復の最後の工程に向かう気持ちを高ぶらせ、歴史に名を残すことのできる作業に全力を尽くそうとしている。

イ　修復の最後の工程がうまくいくよう祈りつつ、作業に対する不

〈国語〉

時間 五〇分 満点 一〇〇点

一 次の文章を読んで、あとの問いに答えなさい。

「三峰《みつね》菜月《なつき》」は、幼い頃に絵本を直してもらった書籍修復家の「豊崎《とよさき》俊彦《としひこ》」に憧れ、高校卒業を機に修復技術を教わることになった。次は、和装本（日本風の綴《と》じ方の本）の修復を教わる「菜月」が、「糸綴《いとと》じ」という製本の工程に臨む場面である。

糸の準備ができたら、[a]早速糸綴じ開始だ。まずは裁縫と同じく、切り取った糸を針の穴に通し、尻尾を結んでコブを作る。使う針はもちろん縫い針ではなく、製本用の太い綴じ針だ。

針と糸の準備を終えた菜月は、一旦それらを作業台に置き、目を閉じた。

この本に対する最後の作業を始める前に、精神を統一していく。逸《はや》る気持ちを落ち着け、頭の中から雑念を消す。酸素が頭に行き渡り、思考が澄み渡っていくように感じた。

糸綴じの工程は、言ってしまえば糸で三次元的に行う一筆書きだ。四つの穴の間を針と糸が行き来し、最後は始めの穴に戻ってくる。その無駄のない綴じの手順に、菜月はこの技法を文字通り編み出した先人たちの偉大さを感じていた。

その技法を自分も受け継ぎ、今この本に[b]施そうとしている。和綴じ製本という歴史に自分も加わるのだという実感を持って、[1]糸綴じを開始する。

まずは裏表紙側を上にし、上から三番目の穴のところの紙を何枚か持ち上げて、そこから裏表紙へ抜けるように針を通す。糸のコブが紙に引っかかって止まったら、あとは糸が緩んだり締め過ぎたりしないよう、注意しながら進めるだけだ。そうして、まるであやとりみたいに糸がすべての穴を通って戻ってきたら、糸が緩まないよう、もう一度引き締めて結ぶ。最後に結び目を穴の中に押し込んで余った糸を切れば、糸綴じはおしまいだ。

同時に、この本に対する修復も全工程が終了した。

糸を切るのに使った和鋏《わばさみ》と綴じ針を作業台に置き、菜月は長い息を吐いた。初めての和装本修復全工程をやり遂げ、菜月は心地よい安堵《あんど》を感じていた。

ただ、修復作業は完了しても、まだ一つ、やるべきことが残っている。

「先生、この本の修復作業、全部終わりました。確認をお願いします。」

修復し終えた本を俊彦へ差し出し、出来栄《できば》えのチェックを頼む。

「……わかった。しばらく待っておれ。」

本を受け取った俊彦は、まず表紙とそれぞれの辺の断面をじっくり眺めた。次いでゆっくりとページを捲《めく》り、本紙一枚一枚の状態と糸の綴じ具合を確かめる。

「本紙の*裏打ちはよし。皺《しわ》も残っていないな。ページの順番も間違っていない。*化粧断ちは昨日も言った通り、悪くない。表紙もしっかり見返しに貼り付いているし、ページの開きも十分。糸の緩みもなし、と……。——ふむ、いいな。」

本を一通り眺め回し、チェック事項を一つ一つ潰していく。そうしてすべての検分を終えた俊彦は、丁寧な所作で本を菜月に返した。

「ご苦労だったな、菜月。」

「それじゃあ……。」

2020年度

解　答　と　解　説

《2020年度の配点は解答用紙集の後に掲載してあります。》

<数学解答>

1　1　(1)　-1　(2)　$\frac{7}{6}$　(3)　$-24a^2b$

(4)　$8+2\sqrt{3}$　2　$x=2$, $x=\frac{1}{2}$(解き方は解説参照)

3　$\frac{8}{9}$　4　ウ　5　エ

2　1　(1)　-3

(2)　15

2　解説参照

3　(1)　解説参照

(2)　22000円

4　図1

3　1　(1)　9

(2)　ア　6

イ　x^2　ウ　$-4x+40$(グラフは図2)　2　$\frac{14}{3}$

4　1　解説参照　2　(1)　4cm　(2)　5：2

図1

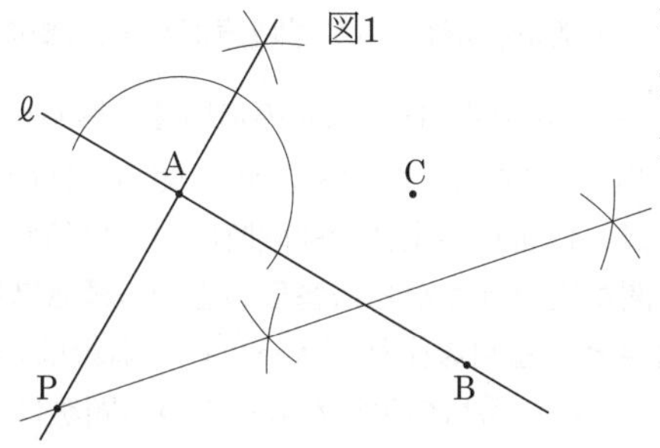

図2

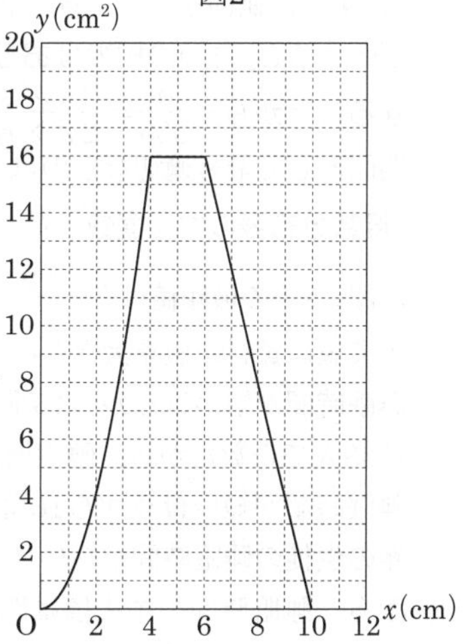

<数学解説>

1　(数・式の計算，平方根，二次方程式，確率，円すいの展開図，資料の散らばり・代表値)

1　(1)　正の数・負の数をひくには，符号を変えた数をたせばよい。$6-9-(-2)=(+6)+(-9)-(-2)=(+6)+(-9)+(+2)=(+6)+(+2)+(-9)=+(6+2)+(-9)=(+8)+(-9)=-(9-8)=-1$

(2)　分配法則を使って，$\left(-\frac{2}{5}+\frac{4}{3}\right)\div\frac{4}{5}=\left(-\frac{2}{5}+\frac{4}{3}\right)\times\frac{5}{4}=-\frac{2}{5}\times\frac{5}{4}+\frac{4}{3}\times\frac{5}{4}=-\frac{1}{2}+\frac{5}{3}=-\frac{3}{6}+\frac{10}{6}=\frac{-3+10}{6}=\frac{7}{6}$

(3)　$(-3a)^2=(-3a)\times(-3a)=9a^2$　だから，$(-3a)^2\div 6ab\times(-16ab^2)=9a^2\times\frac{1}{6ab}\times(-16ab^2)=-\frac{9a^2\times 16ab^2}{6ab}=-24a^2b$

(4)　**乗法公式$(x+a)(x+b)=x^2+(a+b)x+ab$**より，$(\sqrt{3}+1)(\sqrt{3}+5)=(\sqrt{3})^2+(1+5)\times\sqrt{3}+1\times 5=3+6\sqrt{3}+5=8+6\sqrt{3}$　また，$\sqrt{48}=\sqrt{3\times 4^2}=4\sqrt{3}$より，$(\sqrt{3}+1)(\sqrt{3}+5)-\sqrt{48}=8+6\sqrt{3}-4\sqrt{3}=8+2\sqrt{3}$

2　(解き方)　(例1)$2x^2-8x-x+4=-4x+2$　$2x^2-5x+2=0$　$x=\frac{-(-5)\pm\sqrt{(-5)^2-4\times 2\times 2}}{2\times 2}=\frac{5\pm\sqrt{9}}{4}=\frac{5\pm 3}{4}$　$x=\frac{5+3}{4}$, $x=\frac{5-3}{4}$　$x=2$, $x=\frac{1}{2}$

(例2)$(2x-1)(x-4)=-2(2x-1)$　$(2x-1)(x-4)+2(2x-1)=0$　$2x-1=$Mとおくと，$\mathrm{M}(x-4)$

$+2M=0$　$M(x-2)=0$　$(2x-1)(x-2)=0$　$x=\frac{1}{2}$，$x=2$

3　Bの箱の2個の赤玉を赤$_1$，赤$_2$，Cの箱の2個の白玉を白$_1$，白2と区別する。A，B，Cの箱から，それぞれ玉を1個ずつ取り出すとき，Aの箱からの取り出し方が，赤，白の2通り，そのそれぞれに対してBの箱からの取り出し方が，赤$_1$，赤$_2$，白の3通り，そのそれぞれに対してCの箱からの取り出し方が，赤，白$_1$，白$_2$の3通りだから，すべての取り出し方は，$2\times3\times3=18$通り　このうち，取り出した3個の玉がすべて赤玉であるのは，(A，B，C)＝(赤，赤$_1$，赤)，(赤，赤$_2$，赤)の2通りだから，取り出した3個の玉の中に，少なくとも1個は白玉が出る確率は　$\frac{18-2}{18}=\frac{8}{9}$

4　円すいの側面を切って開いたとき，側面の展開図はおうぎ形になる。このおうぎ形の中心角をa°とすると，1つの円では**おうぎ形の弧の長さ（＝底面の円周の長さ）は，中心角の大きさに比例する**ことから，$\frac{a}{360}=\frac{2\pi\times底面の半径}{2\pi\times母線の長さ}=\frac{2\pi\times5}{2\pi\times10}=\frac{1}{2}$　$a=\frac{1}{2}\times360=180$　よって，側面の展開図として最も適切なものはウである。

5　**度数分布表**の中で**度数**の最も多い**階級**の**階級値**が**最頻値**だから，1組の最頻値は$\frac{7.5+8.0}{2}=7.75$時間，2組の最頻値は$\frac{7.5+8.0}{2}=7.75$時間。1組と2組の最頻値は等しいから，アは適切ではない。中央値は資料の値を大きさの順に並べたときの中央の値。1組の生徒の人数は32人で偶数だから，睡眠時間が短いほうから16番目と17番目の生徒の睡眠時間の平均値が中央値。2組の生徒の人数は33人で奇数だから，睡眠時間が短いほうから17番目の生徒の睡眠時間が中央値。1組の生徒の睡眠時間が短いほうから16番目と17番目の生徒が入っている階級は7.0時間以上7.5時間未満，2組の生徒の睡眠時間が短いほうから17番目の生徒が入っている階級は7.5時間以上8.0時間未満だから，睡眠時間の中央値は明らかに2組のほうが大きい。イは適切ではない。睡眠時間が8時間以上の生徒の人数は，1組が$4+3+0=7$人，2組が$5+3+3=11$人で，2組のほうが多い。ウは適切ではない。睡眠時間が7時間以上9時間未満の生徒の割合は，1組が$\frac{6+8+4+3}{32}=\frac{21}{32}$，2組が$\frac{6+7+5+3}{33}=\frac{21}{33}$で，1組のほうが明らかに多い（分子が等しく，分母が1組のほうが小さいから）。エは適切である。

[2]　（図形と関数・グラフ，式による証明，方程式の応用，作図）

1　(1)　$y=\frac{12}{x}$について，$x=1$のとき$y=\frac{12}{1}=12$，$x=4$のとき$y=\frac{12}{4}=3$。よって，xの値が1から4まで増加するときの**変化の割合**は　$\frac{yの増加量}{xの増加量}=\frac{3-12}{4-1}=-3$

(2)　点Aは$y=\frac{12}{x}$上にあるから，そのy座標は　$y=\frac{12}{3}=4$　よって，A(3，4)　$y=ax^2$は点Aを通るから，$4=a\times3^2=9a$　$a=\frac{4}{9}$　点Bは$y=\frac{4}{9}x^2$上にあるから，そのy座標は　$y=\frac{4}{9}\times(-6)^2=16$　よって，B(−6，16)　以上より，(2点A，B間の距離)＝(線分ABの長さ)だから，**三平方の定理**を用いて　$\sqrt{\{3-(-6)\}^2+(4-16)^2}=\sqrt{81+144}=15$

2　（説明のつづき）　(例)$1000a+100b+10a+b$と表される。このとき，$1000a+100b+10a+b=1010a+101b=101(10a+b)$　$10a+b$は整数だから，$101(10a+b)$は，101の**倍数**である。

3　(1)　(1次方程式の例)観戦する人数をx人とする。$3300x-4400=2700x+400$　(連立方程式の例)観戦する人数をx人，最初に持っていた金額をy円とする。$\begin{cases}3300x=y+4400\\2700x=y-400\end{cases}$

(2)　1次方程式　$3300x-4400=2700x+400$　を解く。両辺を100でわって　$33x-44=27x+4$　$6x=48$　$x=8$　よって，観戦する人数は8人だから，最初に持っていた金額は　$3300\times8-4400=22000$円

4　(着眼点)**接線と接点を通る半径は垂直に交わる**から，点Aを通る直線lの垂線上に中心Pはある。また，**弦の垂直二等分線はその円の中心を通る**から，線分BCの垂直二等分線上に中心Pはある。

(作図手順)次の①～③の手順で作図する。

①　点Aを中心とした円を描き，直線ℓ上に交点を作る。　②　①で作ったそれぞれの交点を中心として，交わるように半径の等しい円を描き，その交点と点Aを通る直線(点Aを通る直線ℓの垂線)を引く。　③　点B，Cをそれぞれ中心として，交わるように半径の等しい円を描き，その交点を通る直線(線分BCの垂直二等分線)を引き，点Aを通る直線ℓの垂線との交点をPとする。

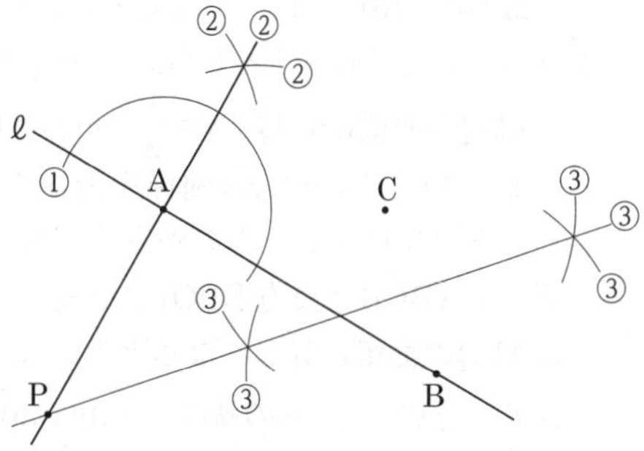

3　(関数とグラフ，グラフの作成)

1　(1)　$x=3$のとき，正方形ABCDと長方形PQRSが重なっている部分は，1辺の長さが3cmの正方形になるから，その面積$y$cm^{2}の値は　$3^2=9$

(2)　下図1～図6は各xの**変域**における正方形ABCDと長方形PQRSの移動の様子を表している。$0<x\leqq4$のとき，正方形ABCDと長方形PQRSが重なっている部分は，1辺の長さが$x$cmの正方形になるから，その面積$y$cm^{2}の値は　$y=x^2$…イ　そして，イは$0=0^2$より$x=0$でも成り立つ。$4\leqq x\leqq6$…ア　のとき，正方形ABCDと長方形PQRSが重なっている部分は，1辺の長さが4cmの正方形になるから，その面積$y$cm^{2}の値は一定で　$y=4^2=16$　$6\leqq x<10$のとき，正方形ABCDと長方形PQRSが重なっている部分は，OA$=x$cmであることから，縦の長さがAB＋PQ－OA$=4+6-x=-x+10$cm，横の長さが4cmの長方形になるから，その面積$y$cm^{2}の値は$y=(-x+10)\times4=-4x+40$…ウ　そして，ウは$0=-4\times10+40$より$x=10$でも成り立つ。以上より，xとyの関係を表すグラフは，$0\leqq x\leqq4$のとき，点(0，0)，(1，1)，(2，4)，(3，9)，(4，16)を通る放物線に，$4\leqq x\leqq6$のとき，2点(4，16)，(6，16)を結んだ直線に，$6\leqq x\leqq10$のとき，

図1
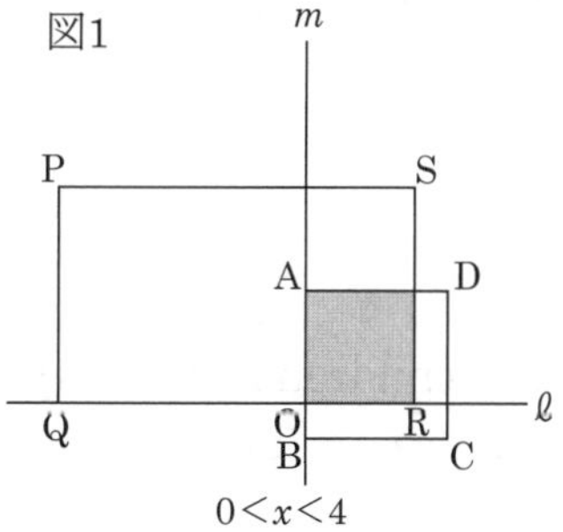

$0<x<4$

図2
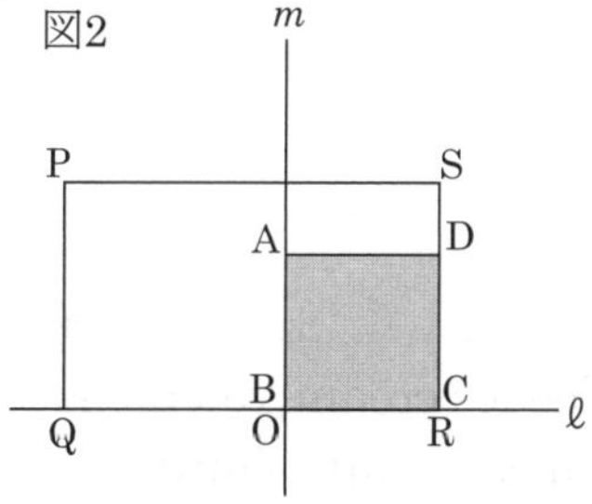

$x=4$

図3
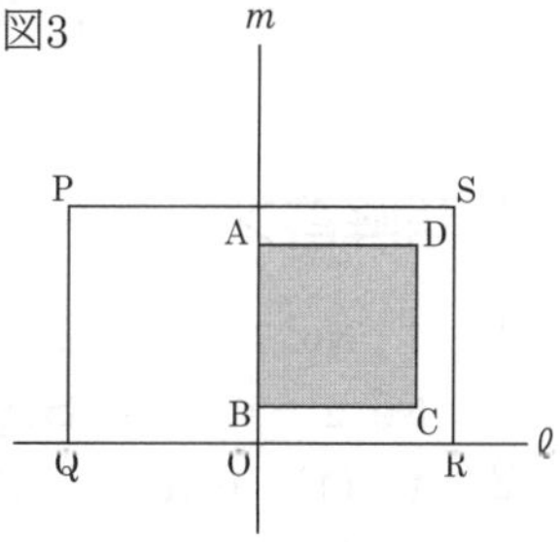

$4<x<6$

図4
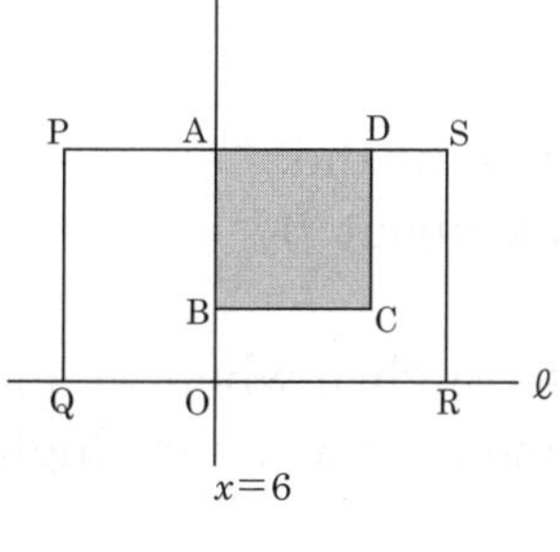

$x=6$

図5
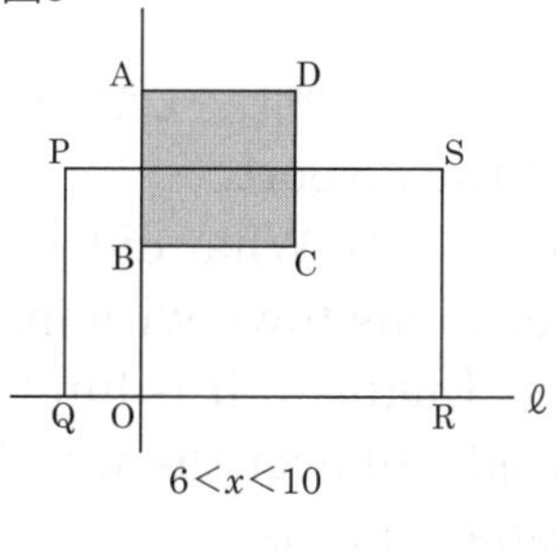

$6<x<10$

図6
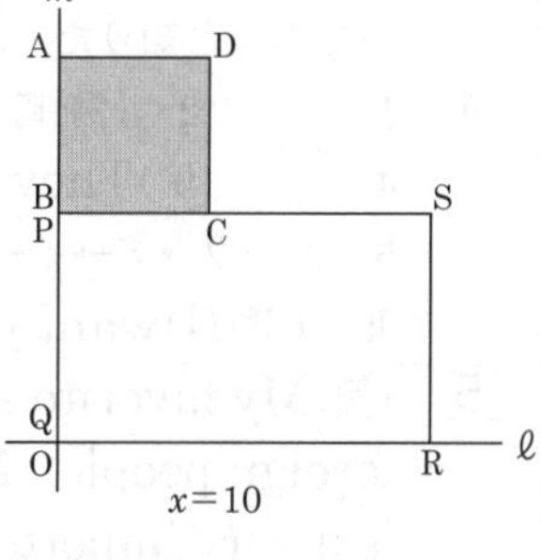

$x=10$

2点(6，16)，(10，0)を結んだ直線になる。

2　OR＝$x$cmであることから，△APQの底辺をPQと考えると，△APQの面積$y$cm^{2}は　$y=\frac{1}{2}\times\mathrm{PQ}\times\mathrm{OQ}=\frac{1}{2}\times6\times(10-x)=-3x+30$　このxとyの関係を表すグラフを，前問(2)でかいたグラフに重ねたものが右図である。右図のグラフより，正方形ABCDと長方形PQRSが重なっている部分の面積が，△APQの面積と等しくなるときの面積は16であることがわかり，そのときのxの値は　$-3x+30=16$　より，$x=\frac{14}{3}$　である。

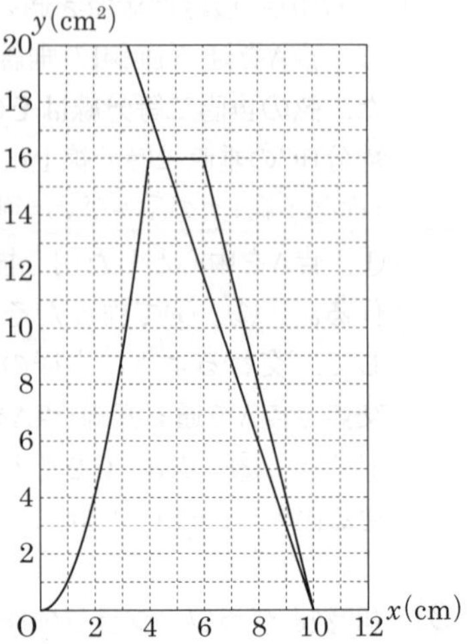

4　**（円の性質，合同の証明，線分の長さ，面積比）**

1　（証明）（例）△ACGと△ADEにおいて，共通だから　∠CAG＝∠DAE…①　仮定より，AB＝AC，AB＝ADだから　AC＝AD…②　$\overset{\frown}{\mathrm{AF}}$に対する**円周角**は等しいから　∠ACG＝∠ABF…③　△ABDはAB＝ADの二等辺三角形だから　∠ADE＝∠ABF…④　③，④より　∠ACG＝∠ADE…⑤　①，②，⑤より，1組の辺とその両端の角がそれぞれ等しいので　△ACG≡△ADE

2　(1)　AD//BCだから，**平行線と線分の比についての定理**より，AE：EC＝AD：BC＝6：3＝2：1　$\mathrm{AE}=\mathrm{AC}\times\frac{\mathrm{AE}}{\mathrm{AC}}=\mathrm{AD}\times\frac{\mathrm{AE}}{\mathrm{AC}}=6\times\frac{2}{2+1}=4$cm

(2)　前問(1)のAE：EC＝2：1と，△ABEと△BCEで，**高さが等しい三角形の面積比は，底辺の長さの比に等しい**ことから，△ABE：△BCE＝AE：EC＝2：1　△ABE＝2△BCE…①　平行線と線分の比についての定理より，DE：EB＝AD：BC＝2：1＝10：5…②　DF：FB＝GD：BC＝(AD－AG)：BC＝(AD－AE)：BC＝(6－4)：3＝2：3＝6：9…③　②，③より，DF：FE：EB＝DF：(DE－DF)：EB＝6：(10－6)：5＝6：4：5　△CEFと△BCEで，高さが等しい三角形の面積比は，底辺の長さの比に等しいことから，△CEF：△BCE＝FE：EB＝4：5　△CEF＝$\frac{4}{5}$△BCE…④　①，④より，△ABE：△CEF＝2△BCE：$\frac{4}{5}$△BCE＝5：2

＜英語解答＞

1　1　No. 1　ア　　No. 2　エ　　2　ア　土　　イ　1時30分　　ウ　青　　3　No. 1　ウ　No. 2　ア　　4　Seiji: (The ice cream) you ate is loved by children in (this city.)

2　1　(1)　mine　　(2)　since　　(3)　January　　2　(1)　ウ　　(2)　イ
3　(1)　X　エ　　Y　カ　　Z　オ　　(2)　X　ウ　　Y　イ　　Z　エ

3　1　X　インド　　Y　ブラジル　　Z　オーストラリア　　2　(例)山形県の伝統行事についてもっと知りたいから。　　3　ウ／エ

4　1　ウ　　2　(例)町を訪れている人の手助けをしたいから。　　3　D
4　(1)　(例)They went to the airport.　　(2)　(例)Yes, he did.
5　エ→ウ→ア→イ→オ　　6　Ⅰ　(例)What did you talk (about ?)
Ⅱ　(例)(I) want you to go (to his town with me.)

5　(例)My favorite subject is English. It is fun to use English when we meet foreign people. Now people all over the world come to Japan. So English is a very important language for us.

＜英語解説＞

1 (リスニング)

放送台本の和訳は，53ページに掲載。

2 (会話文問題：語句補充・記述，文の挿入，語句の並べ換え，現在完了，接続詞，不定詞，助動詞，関係代名詞)

1 (1) フレッド：これは誰の万年筆かなあ。／サツキ：あっ，それは私のものよ。ありがとう。私の母からそれをもらったのよ。　文脈上，空所には「私のもの」に相当する mine が当てはまる。

(2) ジェニー：あなたとケンは親友同士みたいね。／ショータ：その通りさ。彼が5歳の時からずっと彼のことを知っているよ。　have known「知っている」← **<have[has]+ 過去分詞> 現在完了(完了・経験・継続・結果)**　<現在完了 + since + 主語 + 過去動詞>「主語が～して以来ずっと(現在まで)……である」

(3) マミ：春がまもなく来るわ。春は日本で私が大好きな季節なの。／ボブ：僕は冬が好きだよ。僕の誕生日は，1年の最初の月，つまり，1月だからさ。　「1月」January

2 (1) ピーター：夕べ，テレビで野球の試合を見た？／ユウコ：ええ，素晴らしい試合だったわね。明日，私はスタジアムで試合を見ることになっているの。私と一緒に来ない？／ピーター：ウもちろん，行くよ。／ユウコ：了解。それを聞いてうれしいわ。(一緒にそれを)楽しみましょうね。　ユウコの「一緒に来ないか」という勧誘に対して，ピーターの空所の返答を経て，ユウコは「うれしいわ。楽しみましょう」と答えている。従って，空所には誘いを受ける表現が当てはまることになる。**<Why don't you + 原形 ～ ?>「～してはどうか／～しませんか」　<感情を表す表現 + 不定詞[to do]>「～して(ある種の)感情を抱く」　<Let's + 原形 ?>「～しよう」 of course「もちろん」**他の選択肢は次の通り。ア「あなたはそれを練習しなければならない」(×)　**must「～しなければならない／～に違いない」**／イ「私は野球が好きなので」(×)　イ・エ共に，野球観戦に誘われた際の応答としてはふさわしくない。／エ「ごめんなさい，私にはそれができません」(×)　空所を受けて，一緒に野球観戦に行けること喜ぶユウコの返答につながらない。

(2) 男性：マークス・クリーニング店にお電話をおかけいただきありがとうございます。何の御用でしょうか。／女性：もしもし。ドレスをクリーニングするにはどのくらいの時間がかかりますか。イ昼前に持って来ていただければ，今日の午後6時にお返しすることができます。／女性：それは良いわね。今日中に受け取りたいので。では，11時30分に(そこに)伺います。「クリーニングの時間がどのくらいかかるのか」という問い合わせに対して，空所の返答を受けて，条件に納得したことを表す発言[Great.]の後に，当日中にクリーニングを済ませて欲しいことや11時30分にクリーニングしてもらいたいものを持参すること，が述べられている点から判断する。　**<How long does it take + 不定詞[to do] ～ ?>「～するにはどのくらい時間がかかるか」　if** 条件を表す接続詞**「もし～ならば」**その他の選択肢は次の通り。ア「午後に家にいるのならば，後でもう一度電話をおかけします」(×)　「クリーニングにどのくらい要するか」との問い合わせに対応した応答となっていない。／ウ「もし午前中にお戻し頂けないのならば，理由を言っていただけなければなりません」(×)　クリーニング店員の客に対するせりふとしてふさわしくない。**<have[has]+ 不定詞[to do]>「～しなければならない／違いない」**／エ「3日間待てないのならば，明日それをクリーニングしようとしなければなりません」(×)　本日中にクリーニングを完了して欲しいという条件を充たさないので，不可。**should**「～するべきだ／きっと～だろう」

3 (1) (Excuse me, which)is the train that goes to(Yamagata ?)that は**主格の関係代名詞<先行詞＋主格の関係代名詞＋主語＋動詞>「主語が動詞する先行詞」**（和訳）男性：すみませんが，山形へ行く電車はどれですか。／少女：緑の電車で行くことができます。

(2) Don't be afraid of my dog(.) (It's very small.) <be動詞 + afraid of>「～がこわい」 **命令文の否定 <Don't[Never]＋動詞の原形>「～してはいけない」禁止**（和訳）ロブ：あなたの家を訪問したいですが，犬が好きではないのです。／トモミ：私の犬をこわがらないでください。とても小さいのですよ。

3 （会話文問題：絵・図・表などを用いた問題，日本語で答える問題，内容真偽，比較，不定詞，助動詞，接続詞，受け身，現在完了，分詞の形容詞的用法，関係代名詞）

（和訳） ジャック（以下J）：へえ，君は興味深い図表を作成したね。3種類の世界遺産があるということを僕は知らなかったよ。なぜ君はそれらのこと[世界遺産]に関心があるのかな？／アヤ（以下A）：英語の授業で屋久島について学んだからよ。私のクラス担任からも，それら[世界遺産]に関する話を聞いたわ。この表を見て。日本には23の世界遺産があるのよ。／J：19プラス4…。日本には，複合遺産はあるの？／A：いいえ，ないわ。世界でも複合遺産の数は少ないのよ。それから，文化遺産よりも自然遺産が多いのは，表の中で2カ国だけなの。オーストラリアはそのうちの一方だわ。／J：インドとブラジルには，同数の自然遺産があるね。あっ，日本にはブラジルよりも多くの文化遺産があるよ。／A：ところで，ユネスコのウェブサイト上では，日本の伝統文化について知ることができるのよ。／J：本当かい？ 例えば？／A：和食，和紙，そして，日本で行われる多くの行事についてよ。山形県で楽しむことができる催しもいくつか見つけたわ。／J：すごいなあ。こうしてみると，山形県の伝統行事についてもっと知りたいなあ。／A：じゃあ，図書館へ行ってみたらどうかしら。それらに関する本がそろっているわ。／J：そうだね。①明日，そこに行って，本を読むことにするよ。

1 X・Y 「インドとブラジルの自然遺産は同数」（該当国；X・Y）→「日本はブラジルよりも多くの文化遺産を有している」（第3番目のジャックのせりふ）従って，Yはブラジルで，残りのXはインドとなる。 Z 「文化遺産より自然遺産が多い国は表中2カ国しかない」（該当国；アメリカとZ）→「そのうち1つがオーストラリア」（第2番目のアヤのせりふ）従って，Zはオーストラリアとなる。**more ← good／well の比較級「より多く（の）」**

2 「山形県の伝統行事についてもっと知りたい」（ジャックの最後から第2番目のせりふ）→「図書館へ行くべき。それに関する本がそろっている」（アヤの最後のせりふ）→「①明日そこへ行って本を読もうと思う」（ジャック）という展開より，下線部①の目的を日本語でまとめること。want to know「知りたい」← **不定詞[to do]の名詞的用法「～すること」 should「～するべきである／きっと～するはずだ」**

3 ア 「ジャックは屋久島についてアヤに告げたので，彼女は世界遺産について興味をもっている」（×）屋久島に関しては，アヤ自身が英語の授業を通じて学んだ。（第1番目のアヤのせりふ） <～, so…>「～である，それで[だから]…」 **<be動詞 + interested in>「～に興味がある」** イ 「日本には複合遺産があるが，世界の人々にとっては有名とは言えない」（×） 第2番目の二人のそれぞれのやりとりから，日本に複合遺産がないことがわかる。 ウ 「アメリカでは日本よりも自然遺産は多いが，日本にはアメリカよりも文化遺産が多い」（○） 表に合致。 エ 「アヤはユネスコのウェブサイトを閲覧したことがあり，そのウェブ上にて山形県で開催された催しをいくつか見かけたことがある」（○） 第3・4番目のアヤのせりふに一致。has

visited「訪れたことがある」／has seen「見たことがある」←<**have[has]**＋ 過去分詞> **現在完了(完了・経験・継続・結果)** events held「開催された行事」← **過去分詞の形容詞的用法 <名詞 ＋ 過去分詞 ＋ 他の語句>「～された名詞」** events▼people enjoy「人々が楽しむ行事」← **目的格の関係代名詞は省略可。<先行詞 ＋(目的格の関係代名詞)＋ 主語 ＋ 動詞>**
オ 「図表は，日本の文化遺産の4つの例をその写真と共に紹介している」(×) 日本の文化遺産だけに限定されないので，不一致。

4 **(長文読解問題・紹介文：文の挿入，日本語で答える問題，英問英答・記述，文の並べ換え，語句補充・記述，比較，分詞の形容的用法，過去，不定詞，副詞，進行形，文の構造[目的語と補語]，関係代名詞)**

(和訳)「今日，ジョンが来る。僕はとても興奮しているみたい」と高志は考えた。その日の朝は，彼はいつもよりも早くから目が覚めて，散歩に出かけた。誰かが高志に話しかけてきた。「おはようございます」それはサトウさんだった。彼女は彼の母親の友人で，彼の家の近くに住んでいた。「あっ，サトウさん，おはようございます。何をされているのですか」と高志は尋ねた。「私は道沿いにある花の手入れをしているところなの」と彼女は笑顔で答えてくれた。

その日の午後，高志と彼の父親は空港までジョンを迎えに行った。ジョンは高志が住む町の多くの写真を持っていた。高志はジョンに尋ねた。「[X]ウどうやってそれらの写真を入手したの？」ジョンは答えた。「僕の兄は2年前にこの町に来たことがあって，多くの写真を撮影したので，僕はそのなかの数枚を持ってきたのさ」いったん高志の家に到着した後に，ジョンと高志は町中を歩いて回った。ジョンにとっては，すべてが新鮮で，興味深く見えた。「見て！　この通りは，花があってとてもきれいだね」とジョンが発言した。高志はサトウさんのことを思い出して，ジョンが喜んだのは，サトウさんのおかげだと思った。

翌日，ジョンとタカシは歴史博物館へ行った。彼らはそこで多くのものを見たが，ジョンにとって，それらに関する情報を理解することは困難だった。その時，一人の女性が彼らの元にやって来て語りかけてきた。「この町の歴史についてお話ししましょうか」ジョンは答えた。「えっ，是非お願いします。どうもありがとうございます」「私の名前はクミコです。私について来てください」と彼女は応じた。①彼女はボランティアとしてそこで働いていた。彼女は英語で説明をすることに努め，ジョンは彼女の話を注意深く聞いた。タカシは彼女に「あなたはこの[あなたの]仕事を楽しんでいますか」と尋ねた。彼女は答えた。「ええ。私はこの町を訪れる人々を手助けしたいと思っているので，ここで働いています」

ジョンは数日間この町に滞在した後に，高志に次のように語った。「今回が僕にとって初めての海外で過ごす経験になるけれど，実に楽しかったよ。僕はこの町の人々に感動させられた。彼らは他の人々のためになることをしているね」ジョンの言うことは正しいと高志は感じた。「自分の周囲[生活]には，多くの親切な人々がいて，これまで僕は彼らの親切心には気づいていなかったのだ」と高志は思った。ジョンは次のような発言をした。「僕も何か良いことをしたいなあ」そこで，何をすることができるかに関して彼らは語り合った。ジョンは次のように提案をした。「明日，ごみを拾わない？」高志は応じた。「それは良い考えだね」[D]翌朝，彼らは町を歩きまわった。たくさんのごみを見つけるには至らなかったが，高志は気分が良かった。高志はジョンに次のように言った。「おそらく(僕らには)他にもできることがある。それらを見つけ出そうとすることが大切なのだ」

滞在最終日に，ジョンは次のように語った。「友人と一緒にこの町を再び訪れたいなあ。君の町の人々の親切さを彼らに感じて欲しいよ」この言葉を聞いて，高志はとてもうれしくなった。

その年の冬のある日のことだった。高志は家の外に多くの雪があるのを見て驚いた。彼は学校に通じる道を歩き出そうとしていた。「誰かが道を除雪したのだ」と高志は考えた。彼らを手伝うために，彼は翌朝，早く起きることにした。

1　高志の住む町の写真をジョンが持参しているのを見て，高志が尋ねたせりふがX。そのXの発言を受けて，入手法を以下で答えていることから考えること。答えはウ「どうやってそれらの写真を入手したのか」。他の選択肢は次の通り。いずれも文脈に不適。ア「それらの写真に関してどう思うか」／イ「なぜ写真を撮るのが好きなのか」／エ「どの写真が最も好きか」**best ← good／wellの最上級「最も良い・最上の／最も良く」**

2　下線部①は「彼女はそこでボランティアとして働いていた」の意。その理由は，同段落最終文で「私はこの町を訪れる人々を手助けしたいので，ここで働いている」と述べている。people visiting this town「この町を訪れている人々」← **現在分詞の形容詞的用法。＜名詞＋現在分詞[doing]＋その他の語句＞「～している名詞」＜～, so …＞「～なので，…である」**

3　挿入文は「翌朝，彼らは町を歩いてまわった」。(D)に当てはめれば，「翌朝，ゴミ拾いをすることにしょう」→ (D)「翌朝，町を巡回」→「多くのゴミは拾えなかったが，高志の気分は爽快」となり，論旨の展開が自然になる。

4　(1)　(英問訳)「高志と彼の父はジョンに会うためにどこへ行ったか」第2段落最初の文を参照のこと。go to meet「会いに行く」**← 目的「～するために」を表す不定詞[to do]** go → went(過去形)　meet → met(過去形)　(2)　(英問訳)「ジョンは初めて日本にやって来たか」第4段落最初の文[This is my first experience abroad ～]のジョンの発言より，今回の来日がジョンにとって，外国で過ごす初めての体験であったことが分る。for the first time「初めて」 abroad「外国[海外]へ[に/で]」

5　エ「朝，散歩をしている時に，高志は彼の家の近くに住んでいる女性と話した」(第1段落)→ウ「ジョンは道に沿って美しい花があるのを見て，うれしくなった」(第2段落)→ ア「ジョンは歴史博物館にいる時に，親切な女性に助けられた」(第3段落)→ イ「町の人々に対して出来ることを，ジョンと高志は見つけ出そうとした」(第4段落)→ オ「雪の日に，町の人々を助けるために，高志は早起きする決意をした」(第6段落) woman living「～住んでいる女性」**← 現在分詞の形容詞的用法 ＜名詞 ＋現在分詞[doing]＋ 他の語句＞「～している名詞」** was walking「歩いているところだった」**← 進行形 ＜be動詞 ＋ -ing形＞「～しているところだ」** made him happy「彼をうれしい気分にした」← make A B「AをBの状態にする」 something ▼ they could do「彼らがすることができる何か」**← 目的格の関係代名詞の省略 ＜先行詞 ＋(目的格の関係代名詞)主語 ＋ 動詞＞**

6　(和訳)ジョン(以下J)：昨日，高志が僕に電話をしてきたよ。彼は元気だった。／アレックス(以下A)：へえ，それは良かったね。Ⅰ君らは何について話したの？／J：彼が行った善行について僕達は話したよ。彼は朝早く起きて，彼の町の人々と協力して，道から除雪したんだ。／A：それは素晴らしいね。互いに助け合うなんて，そこの住人は親切なのだね。／J：その通り。Ⅱ一緒に彼の住む町に行って欲しいと僕は思っている。(そうすれば)君は彼らの親切心を感じるだろうからね。

Ⅰ　空所の後では，高志とジョンの電話での会話の内容に言及されていることから考える。「何について君らは話したのか」という内容を表す英文を完成すること。What ～ about？「何について」　Ⅱ　後続文の「(そうすれば)君は彼らの親切心を感じるだろう」という文意とその条件に該当するⅡで与えられている語句[I／to his town with me]「自分と一緒に彼の町へ(　)」から完成文の内容を考えること。「自分と一緒に彼の町に行って欲しい」という文意の英文を完成させることになる。<want ＋ 人 ＋ 不定詞[to do]>「人に～してもらいたい」

5　**(文法問題：条件英作文)**

(質問文の和訳)　皆さん，こんにちは。私はマイクです。／私はこれまで7ヶ月間，皆さんと一緒に学習することを楽しんできました。さて，私はもっと皆さんのことを知りたいと思っています。皆さんは学校で多くの教科を学んでいますね。あなたの好きな科目は何でしょうか。そして，なぜでしょうか。皆さんからの返答を待っています。

(模範解答例訳)　私の好きな教科は英語です。外国の人々と会うときに，英語を使うのは楽しいです。現在，世界中の人々が日本に来ています。従って，英語は私達にとって非常に重要な言語となっています。

好きな科目をその理由と共に4文以上の英語で表す条件英作文。

2020年度英語　リスニングテスト

〔放送台本〕

これから，No.1 と No.2，それぞれの場面の対話文を読みます。それぞれの場面の対話文を読んだあと，クエスチョンと言って質問します。その質問の答えとして最も ふさわしいものを，ア，イ，ウ，エの中から一つずつ選び，記号で答えなさい。英文は2回読みます。

No. 1 (*Woman*): May I help you?
(*Boy*): Yes. I'm looking for a bag for my younger sister.
(*Woman*): How about this one with the stars?
(*Boy*): I'll take it because there is a bear on it, too.
Question: Which bag is the boy going to buy?

No. 2 (*David*): Now we are at Midori Station. Do you know how to get to Ayumi's house?
(*Naomi*): Yes. We will go straight to the bank and turn right there. Then we will walk along the street. And then we will see her house on our left.
(*David*): Shall we buy some fruit for her? There is a nice shop in front of the supermarket.
(*Naomi*): All right.
Question: Where is Ayumi's house?

〔英文の訳〕

No.1　女性(以下W)：ご用件を伺いましょうか。／少年(以下B)：はい。妹のためにカバンを探しています。／W：いくつかの星の付いたこれはいかがですか。／B：クマも描かれているので，それを購入します。
質問：どのカバンを少年は購入するか。

No.2　デビッド(以下D)：さあ，ミドリ駅に着きましたね。アユミの家への行き[着き]方がわかりますか。／ナオミ(以下N)：ええ。銀行までまっすぐに進み，そこで右折します。そして，道に沿って進みます。そうすれば，左側に彼女の家が見えます。／D：彼女に何か果物を買っていきましょうか。スーパーマーケットの前に素晴らしい店があります。／N：わかりました。
質問：アユミの家はどこか。

〔放送台本〕

まず最初に，そこにある，「美沙さんのメモ」をよく見てください。これから，中学生の美沙(Misa)さんと，留学生のスティーブ(Steve)さんの対話文を読みます。これを聞いて，「美沙さんのメモ」の，ア，イ，ウに，それぞれあてはまる日本語や時刻を書きなさい。英文は2回読みます。

(*Misa*): Steve, the festival will be held from Friday to Sunday, right?
(*Steve*): Yes. I'm going to join the dance event at the music hall on the second day.
(*Misa*): That's great! Can I join, too?
(*Steve*): Sure. It will start at 2:00 in the afternoon. Let's meet there 30 minutes before that. We will wear blue T-shirts when we dance. Do you have one?
(*Misa*): Yes, I do. I'll bring it.

〔英文の訳〕

ミサ(以下M)：スティーブ，その祭は金曜日から日曜日まで開催されるのでしょう？／スティーブ(以下S)：その通り。2日目に音楽ホールで行われるダンスイベントに，僕は参加するつもりだよ。／M：それはすごい！ 私も参加できるかしら。／S：もちろん。それは，午後2時に始まることになっているよ。その30分前にそこで会おう。踊る時には，僕らは青色のTシャツを着ることになっている。君はそれを持っているかなあ。／M：ええ，持っているわ。(それを)持参するわね。

ア 実施日は金曜日から日曜日の祭の開催期間の二日目なので，土曜日。 イ ダンスイベント開始時間が14時で，その30分前に集合するので，集合時間は午後1時30分。 ウ スティーブ達がダンスイベント着用するTシャツは青色。

〔放送台本〕

これから，アメリカの学校を訪問している中学生の桜(Sakura)さんが，短いスピーチをします。スピーチのあと，クエスチョンズと言って二つの質問をします。それぞれの質問の答えとして最もふさわしいものを，ア，イ，ウ，エの中から一つずつ選び，記号で答えなさい。英文は2回読みます。

Now I'm going to talk about my classes in Japan. We often make groups and learn a lot of things from each other. Talking with the group members is very important for us because we can share different ideas. Here in America, I want to enjoy classes. So I will try to exchange ideas with you in English.

Questions: No. 1 Why does Sakura talk in groups during her classes in Japan?
No. 2 What does Sakura want to say in her speech?

〔英文の訳〕

さて，日本での(私の)授業について話します。私達はしばしば集団を作り，相互から多くのことを学びます。集団の構成員と話しをすることは，私達にとって非常に重要です。というのは，私達は異なった考えを共有することが出来るからです。ここアメリカでは，(私は)授業を楽しみたいと考えています。ですので，英語で皆さんと意見交換をしようと思っています。

質問：No.1　日本で，なぜ桜は授業中に集団で話すのか。

〔選択肢の訳〕 ア「集団を作るため」　イ「手紙を書くため」
㋒「異なった意見を共有するため」　エ「多くの友人と会うため」

No.2　桜は彼女のスピーチで何を言いたいのか。

〔選択肢の訳〕 ㋐「彼女は授業でどのように学ぶか[彼女の授業での学習方法]」
イ「どの大学に彼女は進学したいか」
ウ「いつ彼女はアメリカに行くことを決意したか」
エ「日本で誰が彼女に英語を教えたか」

〔放送台本〕

これで，3の問題を終わり，4の問題に移ります。問題用紙2ページの4を見てください。これから，英語による対話文を2回読みます。(　　)のところの英語を聞き取り，書きなさい。

(*Mary*): Thank you for the present.
(*Seiji*): Did you like it? The ice cream you ate is loved by children in this city.

〔英文の訳〕

メアリ：贈り物をありがとう。／セイジ：(それをあなたは)気に入りましたか。あなたの食べたアイスクリームは，この町の子供達にとても好まれています。

＜理科解答＞

1　1 a 葉緑体　b 胞子　2 ア，イ　3 (1) (例)ろ液内の生きている微生物がほとんどいなくなった　(2) エ

2　1 a 軟体　b 外骨格　2 オ　3 (例)肺で呼吸する

3　1 ア　2 (1) 偏西風　(2) ウ　3 (例)海面から蒸発した水蒸気を含む

4　1 ウ　2 (例)地球より内側を公転しているから。
3 黄道　4 イ　5 しし座

5　1 溶媒　2 (式) (例)$\frac{10+50}{54.5}$(分母は54.4や54.6でもよい。)
(答え) $1.1g/cm^3$　3 (1) 再結晶　(2) エ
4 $NaCl + H_2O$

6　1 (1) NH_3　(2) ウ　(3) ア
2 (例)火や電気を使えないところでもあたためられる。

7　1 導体　2 エ　3 右図　4 1.2W

8　1 フック　2 (1) カ　(2) イ　(3) 0.4 N

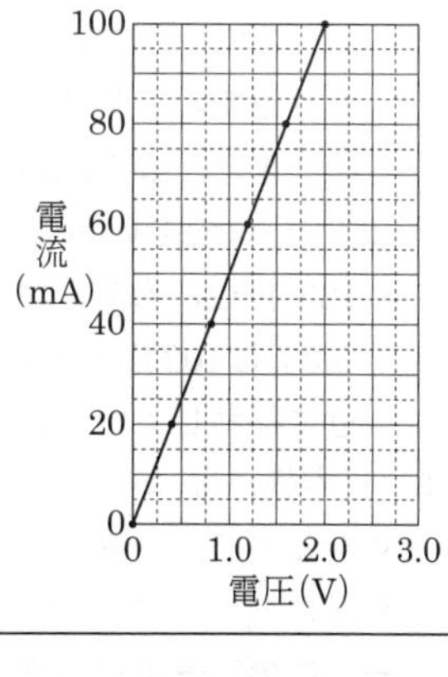

＜理科解説＞

1　(植物の体のつくりとはたらき，植物の分類，自然界のつり合い：土の中の分解者)

1　ワラビの葉が緑色をしているのは，葉の細胞に葉緑体があるからである。光合成は葉緑体で行

われている。また，ワラビの葉の裏側には胞子のうというつぶ状のものの集まりがあり，胞子のうの中に胞子が入っている。ワラビなどのシダ植物は，胞子によって子孫をふやす。

2 **シダ植物と被子植物に共通する特徴は，根，茎，葉の区別があり**，光合成によって葉でつくられた栄養分が運ばれる師管がある。しかし，子孫をふやす方法は，**胞子でふえるシダ植物**とは異なり，**被子植物では，花がさき，受粉すると，やがて子房の中の胚珠が種子となり子孫をふやす。**

3 (1) 容器A内でヨウ素デンプン反応がみられないことから，さまざまな植物が生育している場所の土に含まれていた微生物は，室温においては，デンプンを分解するはたらきをしたと考えられる。また，ろ液を十分に加熱してデンプン液に加えた場合，デンプンが分解されず，ヨウ素デンプン反応が起きたのは，ろ液内の生きている微生物がほとんどいなくなったためと考えられる。

(2) さまざまな植物が生育している場所には落ち葉などがあり，**微生物は，呼吸によって**，落ち葉に含まれるデンプンなどの**有機物を，無機物に分解する**。植物はこの無機物を養分として生育に利用している。

2 **(動物の分類と生物の進化：セキツイ動物・無セキツイ動物，動物の体のつくりとはたらき)**

1 イカと貝は，からだに節がなく，外とう膜が内蔵を包んでいるという共通点をもち，無セキツイ動物のなかでも**軟体動物**に分類される。カニなどの甲殻類やミズカマキリなどの昆虫類は，からだに節があり，からだの外側が**外骨格**というかたい殻でおおわれていて節足動物に分類される。

2 心臓の左心室から送り出された血液は，大動脈を通って全身に送られる。送り出された血液は，全身の細胞に酸素や養分をあたえ，二酸化炭素などを受けとり，大静脈を通って心臓の右心房に戻る。

3 哺乳類，鳥類，は虫類は肺呼吸であり，**両生類であるカエルとイモリは，子がえら呼吸，親が肺呼吸と皮膚呼吸である**ことから，eの欄は，肺呼吸である。

3 **(日本の気象：春の天気・冬の天気，気象観測：天気図の記号)**

1 **雲量2～8が晴れ**なので，雲量7は晴れで記号は①であり，天気記号から風が吹いてくる北西の方向に線をかき，風力2なので，はねを2本つける。

2 (1) 3月下旬になると，移動性高気圧と低気圧が日本列島を交互に通り，晴れの日と雨の日をくり返す。これは，日本が位置する中緯度地域の上空に吹く**偏西風**という強い風が影響している。また，この風の影響により，春の天気は西から東へ変わることが多い。

(2) 日付の早い順は，図2→図1→図3，である。図2において，1024hpの高気圧の中心は東経123°付近にあり，図1では1024hpの高気圧の中心は西から東に移動して東経138°付近にある。図3では1024hpの高気圧は1026hpまで発達し，中心はさらに西から東に移動して東経147°付近に移動している。

3 日本列島はユーラシア大陸と太平洋にはさまれている。冬は大陸が冷え，海洋の方があたたかくなるので，大陸上の気圧が高く，海洋上の気圧が低くなる。このため，ユーラシア大陸から太平洋に向かって，冷たく乾燥した空気が移動する。**冷たく乾燥した空気は，日本海をわたるとき，この空気より温度の高い海面上であたためられ，海面から蒸発した水蒸気を含むことによって雲ができる**。その後，日本列島の山脈にあたって上昇気流となり雲が発達して，山形県を含む日本海側に雪を降らせる。

4 **(天体の動きと地球の自転・公転：地球の公転，太陽系と恒星：恒星・金星の動きと見え方)**

1　星座を形づくる星々は，太陽と同じように自ら光を出している恒星である。地球からそれぞれの星までの距離は異なるが，とても遠いため，星は天球にはりついているように見える。

2　**金星は，地球よりも内側の太陽の近くを公転している内惑星であるため，**地球から見て太陽と反対の方向に位置することはなく，真夜中には見えない。地球から見た金星は，太陽から大きく離れることがないため，**夕方の西の空か，明け方の東の空で見られる。**

3　地球から見た太陽は，天球上の星座の星の位置を基準にすると，地球の公転によって，星座の中を動いていくように見える。この天球上の太陽の通り道を黄道という。

4　地球は太陽のまわりを1年で360°公転するので，地球が公転の軌道上を1か月で移動する角度は，360°÷12＝30°である。1か月の日数が月によって異なるので，約30°である。

5　もしも，日中に星が見えるとしたら，太陽は星座をつくる星々と重なって見えることになる。**天球上に見える太陽は，地球から真夜中に見える星座とは180°反対側の日中の太陽の方向の星座の位置にある。**9月のはじめに，天球上に見える太陽は，図2の8月5日の午前0時に南中するやぎ座から30°西から東へ移動したみずかめ座とは180°反対側の日中の太陽の方向の星座の位置である，しし座，にある。

5 **(水溶液：メスシリンダーの読み・密度・溶解度・再結晶，酸・アルカリとイオン，中和と塩：化学反応式)**

1　塩化ナトリウムを水にとかすと，食塩水ができる。この場合，塩化ナトリウムのように，溶けている物質を溶質といい，水のように，溶質を溶かす液体を溶媒という。溶質が溶媒にとけた液全体を溶液という。溶媒が水である溶液を水溶液という。

2　表は各温度における溶解度を表している。20℃の溶解度は，塩化ナトリウムのほうがミョウバンより大きいので，固体が出なかったのは塩化ナトリウム水溶液である。メスシリンダーの目盛りは，液面のへこんだ面を真横から水平に見て，最小目盛りの10分の1まで目分量で読みとる。よって，**塩化ナトリウム水溶液の密度〔g/cm3〕＝** $\frac{50[g]+10[g]}{54.5[cm^3]}$ ≒1.1〔g/cm³〕，である。

3　(1)　固体をいったん水に溶かし，冷やして，もう一度固体をとり出すことを再結晶という。

(2)　水溶液を20℃に冷やしたとき出てきた結晶は，溶解度が小さいミョウバンである。溶解度とは，ある物質を100gの水に溶かして飽和水溶液にしたときの，溶けた物質の質量である。**ミョウバンの20℃における溶解度は11.4gであり，20℃・50gの水には11.4〔g〕÷2＝5.7〔g〕まで溶ける。**よって，60℃の水50gにミョウバン10gを溶かした水溶液を冷やして20℃にしたとき，出てくる結晶の質量〔g〕＝10.0〔g〕－5.7〔g〕＝4.3〔g〕である。

4　塩酸と水酸化ナトリウム水溶液の中和を化学反応式で表すと，**$HCl + NaOH \rightarrow NaCl + H_2O$**，である。

6 **(化学変化：吸熱反応・発熱反応，物質の成り立ち：化学式，気体の発生と性質)**

1　(1)　塩化アンモニウムと水酸化バリウムを混ぜると化学変化が起きて，アンモニアが発生し温度が下がる。**アンモニアの化学式は，NH_3**である。

(2)　アンモニアは気体であり，空気中へと出て行くので，反応後の質量は反応前より小さくなる。よって，1.00〔g〕＋3.00〔g〕＋1.00〔g〕＝5.00〔g〕，より質量は小さくなる。

(3)　実験1で，化学変化後に温度が下がったのは，化学変化のときに周囲から熱を吸収する**吸熱反応**だからである。また，実験後の試験管にBTB溶液を加えたところ，アルカリ性であることを示す青色に変色した。

2　加熱式弁当は，酸化カルシウム(生石灰)と水が別々に入れてある。ひもを引くと実験2のように，これらがいっしょになり，酸化カルシウム＋水→水酸化カルシウム，という，熱を発生する**発熱反応**が起きてまわりの温度が上がるようになっているので，火や電気が使えないところでもあたためられる。

7　(電流：電流と電圧と抵抗・電力・電子)

1　金属などのように，電気抵抗が小さく電流が流れやすい物質を導体という。

2　－(マイナス)の電気をもった電子は，図1の電源の記号の短いほうの－極側の電極から出て，電源の記号の長いほうの＋極側の電極に引かれるため，Yの向きに移動する。

3　抵抗器Aと抵抗器Bは**直列回路**なので各抵抗器の**電流の大きさは同じ**である。よって，抵抗器Aにかかる電圧は，表の電流の大きさに抵抗20Ωをかけた値に等しい。**抵抗器Aを流れる電流が20mAのとき，抵抗器Aにかかる電圧〔E〕＝0.02〔A〕×20〔Ω〕＝0.4〔V〕**である。同様に計算して，抵抗器Aにかかる電圧と流れる電流の値は，(0.4V，20mA)，(0.8V，40mA)，(1.2V，60mA)，(1.6V，80mA)，(2.0V，100mA)となる。各値を点(・)でグラフに記入し，原点を通り各点の最も近くを通る直線を引く。

4　抵抗器Aと抵抗器Bは**並列回路**なので各抵抗器の**電圧の大きさは同じ**である。よって，抵抗器Bに流れる電流〔A〕$=\frac{6.0〔V〕}{30〔\Omega〕}=$0.2〔A〕である。抵抗器Bで消費される電力〔W〕＝6.0〔V〕×0.2〔A〕＝1.2〔W〕である。

8　(力と圧力：フックの法則・浮力)

1　ばねののびが，ばねが受ける力の大きさに比例する関係を**フックの法則**という。

2　(1)　グラフ2より，水中におもり全体が入ったときのばねののびは，おもりAよりおもりBの方が小さいため，おもりAよりおもりBの方が浮力が小さいことがわかる。**物体にはたらく浮力の大きさは，その物体の水中部分の体積と同じ体積の水にはたらく重力の大きさに等しい**ため，おもりAよりおもりBの方が体積が小さいことがいえる。また，**グラフが一定になっていることから，水中におもり全体が入ったあとの浮力の大きさは，深さに関係しない**ことがいえる。

(2)　おもりにはたらく水圧は，深いほど大きく，同じ深さのところでは，水圧の大きさは等しいため，イが最も適切である。

(3)　グラフ1より，おもりの個数が5個ではたらく重力の大きさは0.5Nであり，そのときばねののびは8.0cmである。グラフ2より，おもりA全体が水中に入ったときのばねののびは6.0cmであり，そのとき，おもりAにはたらいている浮力をxNとすると，フックの法則により，0.5〔N〕：x〔N〕＝8.0〔cm〕：6.0〔cm〕より，x〔N〕＝0.5〔N〕×6.0〔cm〕÷8.0〔cm〕＝0.375〔N〕≒0.4〔N〕である。

＜社会解答＞

1　1　記号　イ　　南緯30度，西経15度　　2　イ　　3　モノカルチャー経済　　4　エ

5　(例)とうもろこしの栽培地域よりも，年平均気温が高く，年降水量が多い。

6　(1)　人口爆発　　(2)　ウ

2　1　琵琶湖　2　近郊農業　3 (1)　イ　(2)　ア　4 (例)中国山地と四国山地にはさまれ，季節風が山地にさえぎられるから。　5　ウ　6 (例)観光客を呼び寄せる

3　1　寛政　2　エ　3　南北朝時代　4 (例)土地の争いなどの裁判の基準を示す　5　ア　6　フビライ　7　A　オ　B　ア　C　ウ　D　イ

4　1　自由民権運動　2　イ　3 (1)　ウィルソン　(2)　エ　4 (例)財閥が解体されたこと。　5　ウ→イ→エ→ア

5　1　X　比例代表　Y (例)解散がなく，定数の半分ずつが改選される　2　ア
3 (1)　中央銀行　(2) (例)日本銀行が国債を買うことで，一般の銀行や企業などに出まわるお金の量を増やす。　4　ウ

6　1 (1)　世界保健機関　(2)　公衆衛生　2　バリアフリー
3 (1) (例)小売業者の仕入れにかかる費用が安くなり，消費者により安く商品を販売できる。　(2)　エ　4　ウ

＜社会解説＞

1　(地理的分野―世界地理－地形・産業・資源・貿易・人口)

1　地球は24時間で360度自転するので，**経度差15度で1時間の時差**となる。**標準時子午線**とは，ロンドンの**グリニッジ天文台**を通る経線である。経線は，この標準時子午線を東経0度，西経0度とし，**東経**は東へ，**西経**は西へ，15度ごとに180度まで引かれる。X地点は，東経165度，北緯30度であるから，地球上で正反対の地点となるのは，南緯30度に位置する。また経度は180度―165度で，西経15度の地点となる。地図上の記号では，イの地点である。

2　A国はドイツ，B国は南アフリカ共和国，C国はインド，D国はアメリカ合衆国である。4国の中で，1人あたりの**国内総生産**が最も高いのはアメリカ合衆国であり，2番目がドイツである。イが，A国ドイツである。

3　ナイジェリアは原油，ボツワナはダイヤモンドの輸出に大きく依存しており，この2国のような国の経済状態を**モノカルチャー経済**という。こうした国では，単一の資源・農産物の価格や輸出量の変動に左右され，経済が不安定になりやすい。

4　C国はインドである。アの**経済特区**についての文章は，中国についての説明である。イのASEANに，インドは加盟していない。ウの**サンベルト**についての文章は，アメリカ合衆国についての説明である。インドでは，古くからの**カースト制**によって職業の貴賤が規定されているが，このカースト制度に規定のない**IT産業**が発展した。

5　略地図Ⅰに見られるように，綿花栽培地域は，とうもろこし栽培地域よりも南に位置する。このため，略地図Ⅱに見られるように，綿花栽培地域は，とうもろこし栽培地域よりも，年平均気温が高く，年降水量が多い。こうしたアメリカの農業は，**適地適作**といわれている。

6 (1)　1960年代以降，アジア・アフリカなどの発展途上国の人口増加率は，年2%を上回る水準で推移し，飛躍的な人口増加をもたらした。これを**人口爆発**という。特にアフリカでは，穀物生産量が少ないことから，人口爆発が**飢餓**などの問題を生んでいる。　(2)　65年間に，アジア州では，30.2億人人口が増え，約3倍になっている。同じ期間に，アフリカでは，9.6億人人口が増え，5倍強になっている。洋平さんは増加の実数に，由紀さんは増加の割合に着目したといえる。

2　(地理的分野―日本地理－地形・農林水産業・地形図の見方・気候・工業・交通)

1　滋賀県にある日本最大の湖は**琵琶湖**であり，古来より軍事や交通の要衝であった。琵琶湖の名

は，形が楽器の琵琶に似ているところから来ている。なお，日本第2位の面積の湖は，茨城県の霞ケ浦であり，第3位の面積の湖は，北海道のサロマ湖である。

2　大消費地となる東京・大阪・名古屋・福岡など大都市の周辺で，大都市に新鮮な農産物を通年的に供給することを目的として，野菜や花などの商品作物を栽培・出荷する農業を**近郊農業**という。関東では，出題されている茨城県のハクサイ・レンコン・ピーマンなど，群馬県のキャベツ，千葉県のネギなどの栽培が盛んである。

3　(1)　ア　A地点から見たB地点の方位は，南西ではなく南東である。　ウ 「西湖」という湖に沿っているのは，鉄道ではなく道路である。　エ　この一帯には，針葉樹林「Λ」の他，広葉樹林「Q」も見られる。ア・ウ・エのどれも誤りであり，イが正しい。これは25,000分の1**地形図**なので，地図上の2cmは，計算すれば，2cm×25000＝50000cm＝500mである。　(2)　地形図を見ると，C・Dは三沢川をはさんで，両側に斜面がある地帯に位置しているので，アが正しい。

4　瀬戸内地方は，中国山地と四国山地にはさまれて，**季節風**が山地にさえぎられて降水量が少ない**瀬戸内式気候**を利用して，オリーブが栽培されている。オリーブは，ヨーロッパでは，夏にあまり雨が降らない乾燥した地中海沿岸で栽培されている。

5　4県のうち，面積が一番広いのは，茨城県である。**製造品出荷額**が最も多いのも，茨城県であり，エが茨城県である。4県のうち最も面積が狭いのは，香川県であり，イが香川県である。残る，アとウのうち，ぶどうや桃の産地である山梨県は，アである。したがって，残るウが滋賀県である。

6　自動車の地方版図柄入りナンバープレートが導入された目的の一つとして，山形の名所に興味を持ってもらい，観光客を呼び寄せることなどがあげられることを指摘するとよい。

3　**(歴史的分野—日本史時代別－古墳時代から平安時代・鎌倉時代から室町時代・安土桃山時代から江戸時代・明治時代から現代，—日本史テーマ別－政治史・外交史・法律史，—世界史－政治史)**

1　**老中松平定信**の始めた改革の名称は，**寛政の改革**である。寛政の改革は，1787年から1793年にかけて行われた。旧里帰農令，囲い米の制など農本主義的な性格が強かったが，あまり大きな成果をあげることなく終わった。

2　ア　**勘合貿易**は，15世紀に**室町幕府**の3代将軍**足利義満**が始めた。　イ　**朱印船貿易**は，安土桃山時代から江戸時代初期にかけて行われた貿易である。　ウ　長崎・平戸での**南蛮貿易**は，16世紀半ばから17世紀前期にかけて行われ，**鎖国**で幕を閉じた。ア・イ・ウとも**平清盛**が行ったものとは別の貿易についての説明である。正解は，エである。平清盛は，**日宋貿易**のために，大規模な修築を行って**大輪田泊**(おおわだのとまり)を整備した。大輪田泊は，現在の神戸市にあった。

3　**建武の新政**の中で，**後醍醐天皇**と対立した**足利尊氏**が新たに天皇を立て，後醍醐天皇が吉野へ逃れたことで，二人の天皇が立ち，**南朝**と**北朝**の二つの朝廷が対立することになった時代を，**南北朝時代**という。1336年から1392年まで続き，室町幕府の力を背景に，北朝が南朝を取り込んで収束した。

4　**貞永式目**は**御成敗式目**ともいう。成敗とは裁判のことである。鎌倉時代の**御家人**にとって，土地の問題は死活問題であって，所領をめぐる争いが頻発していた。そのため土地をめぐる裁判の基準を示すことが必要であった。貞永式目は，1232年に**執権北条泰時**の時に定められた。

5　イ　**政所**(まんどころ)は，**鎌倉幕府**の一般政務をつかさどる機関である。　ウ　**摂政**は，天皇に代わって政治を代行する役職である。　エ　**老中**は，江戸時代の将軍の下で政務を統括する役職である。イ・ウ・エとも別の機関・役職についての説明である。アの**太政官**が正しい。明治政府は，古代の**律令国家**にならって，政治制度の一番上に太政官を置いた。太政官制度は，1885年の**内閣制度**創設まで続いた。

6　13世紀に，**モンゴル民族**が築き上げた大帝国は，**チンギス＝ハン**の孫の**フビライ**の時代に首都を大都に移し，国号を**元**と改め，東アジアの国々を服属させようとした。**執権北条時宗**は，これを拒否したため，北九州に元軍が来攻した。これが**元寇**である。1274年の元の襲来は，**文永の役**と呼ばれ，1281年の2度目の襲来は，**弘安の役**と呼ばれる。元寇の様子は，「**蒙古襲来絵詞**」(もうこしゅうらいえことば)という**絵巻物**に写実的に描かれている。

7　A　寛政の改革は，18世紀末に行われたので，オの時期に入る。　B　**平治の乱**は，1159年に起こったので，アの時期に入る。　C　建武の新政は，14世紀前期に行われたので，ウの時期に入る。　D　貞永式目は，1232年に制定されたので，イの時期に入る。

4　**(歴史的分野―日本史時代別－明治時代から現代，―日本史テーマ別－政治史・経済史・外交史，―世界史－政治史)**

1　1874年の**板垣退助**らによる**民撰議院設立建白書**の提出に始まり，**藩閥政治**に反対して国民の自由と権利を要求した政治運動が，**自由民権運動**である。**国会**の開設を要求する運動として全国的に広がった。

2　**生糸**は，江戸初期には輸入されていたが，幕末からは最大の輸出品となっていた。**綿糸**は**紡績業**が明治前期に機械化されて生産量が伸び，主要な輸出産品の一つとなった。

3　(1)　1919年から1920年まで，**第一次世界大戦**の講和会議として開催された**パリ会議**は，**アメリカ大統領ウィルソン**の十四カ条の原則の柱である**国際協調・民族自決**の精神で進められた。この国際協調の精神を具体化したものが，**国際連盟**である。国際連盟は1920年に創立されたが，アメリカは議会の上院の反対のため，加盟しなかった。　(2)　ア　193か国が加盟しているのは，現代の**国際連合**である。　イ　国際連盟の本部は，スイスのジュネーブに置かれた。
ウ　**安全保障理事会**の**常任理事国**である，アメリカ合衆国・ロシア・イギリス・フランス・中国の5か国が**拒否権**を持っているのは，国際連合である。ア・イ・ウのどれも誤りを含んでおり，エが正しい。日本は，1933年に**脱退**するまで国際連盟の常任理事国であった。常任理事国は，国際連盟発足当初は，イギリス・フランス・日本・イタリアの4か国である。なお，現代の国際連合の常任理事国には，日本は上記のとおり入っていない。

4　**第二次世界大戦**まで，日本経済を動かす推進力となっていたのが，**財閥**である。特に，**三菱・三井・住友・安田**の**四大財閥**の力が顕著であった。財閥の力は国家権力にも及び，軍国主義に加担したと考えられ，終戦後日本を占領する**GHQ**によって，日本民主化政策の一環として，財閥は解体された。

5　ア　**ベルリンの壁**が取り壊されたのは，1989年のことである。　イ　**アジア・アフリカ会議**が,バンドンで開かれたのは，1955年のことである。　ウ　**サンフランシスコ平和条約**が結ばれたのは，1951年のことである。　エ　**第四次中東戦争**が起こったことで，**石油危機**が引き起こされたのは，1973年のことである。したがって,年の古い順に並べると，ウ→イ→エ→アとなる。

5　**(公民的分野―国の政治の仕組み・三権分立・財政，その他)**

1　X　選挙において，各政党が獲得した投票数に比例して議席を配分する制度を**比例代表制**という。日本の国政選挙では，**衆議院・参議院**ともに一部に比例代表制が採り入れられている。
Y　憲法第46条に「参議院議員の任期は，六年とし，三年ごとに議員の半数を改選する。」との規定がある。また，参議院には衆議院のような解散がないため，選挙は必ず3年ごとに行なわれる。

2　この配置図には**検察官**がいるので，**刑事裁判**である。**民事裁判**の場合は，**被告・原告・弁護人**はいるが，検察官はいない。また，傍聴人から見て，左側に座るのは検察官，右側の被告人の後ろに座るのは，弁護人である。

3　(1)　国家の金融機構の中核となる機関を，**中央銀行**という。日本の場合は，**日本銀行**が中央銀行である。**銀行券**(紙幣)を発行し，**市中銀行**を相手に資金を貸し出し，**国債**を売買し，国へも資金の提供を行うのが中央銀行である。　(2)　不景気で物が売れず，物価が下がり続ける状態が**デフレーション**である。こうした場合，日本銀行は市中銀行から国債を買い上げるなどして，市場への通貨の供給量を増やし，景気を刺激して物価を上昇させ，デフレーションからの脱却をはかる。

4　ア　**インフォームド・コンセント**とは，患者が医師から，治療法などについて正しい情報を伝えられた上での合意をすることである。　イ　**マニフェスト**とは，選挙において政党が公約に掲げる要目を発表する選挙公約のことである。　エ　**リコール**の一つの意味は，設計・製造上の過誤などにより，製品に欠陥があることが判明した場合に，無償修理・交換・返金・回収などの措置を行うことである。もう一つの意味は，公職にある者を有権者の意思により解職すること，また，それを要求することである。ウの**メディアリテラシー**が，マスメディアから発信される情報について的確に判断・活用できる能力を意味する用語である。

6　**(公民的分野―国際社会との関わり・国民生活と社会保障・基本的人権・経済一般，地理的分野―環境問題)**

1　(1)　1946年にニューヨークで開かれた**国際保健会議**が採択した**世界保健憲章**(1948年発効)によって，世界中の人々の健康を実現することを目的として設立された，国際連合の専門機関が**世界保健機関**(World Health Organization，**WHO**)である。　(2)　日本の**社会保障制度**は，**社会保険・公的扶助・社会福祉・公衆衛生**の4つの柱からなっている。国民の健康増進をはかり，感染症の予防などを行うのは，公衆衛生である。

2　障壁となるものを取り除くことで，生活しやすくしようという考え方を「**バリアフリー**」という。もともとは，建築用語として，道路や建築物の入口の段差などを除去することを意味していたが，現在では，物理的な障壁以外に，社会的・制度的・心理的なバリアの除去，またはバリアのないこと，という意味で用いられている。

3　(1)　**小売業者**が**生産者**から直接商品を仕入れ，**卸売業者**を通さないことで，小売業者の仕入れにかかる費用が安くなり，**消費者**により安く商品を販売できるというメリットがあることを簡潔に指摘するとよい。　(2)　アは，**通信販売**についての説明である。イは，株式会社が資金を得る方法のうち，**直接金融**について説明したものである。ウは，**クーリングオフ制度**についての説明である。エが，**POSシステム**の説明として正しい。店舗で商品を販売するごとに商品の販売情報を記録し，集計結果を在庫管理やマーケティング材料に用いるPOSシステムにより，流通が効率化した。

4　ア　**森林**は**二酸化炭素**を吸収し，**酸素**を放出する。　イ　森林は伐採され，木材を供給する。エ　森林は雨水を一時貯めることで洪水を防ぎ，国土を保全する。ア・イ・エのどれもが，森林が有する機能について正しく説明している。適切でないのはウである。

＜国語解答＞

一　問一　a　さっそく　　b　ほどこ　　問二　エ　　問三　ウ　　問四　(例)チェックの結果が気になって緊張している　　問五　(例)技術の至らなさに対して情けない　　問六　イ
問七　Ⅰ　菜月に向かって笑い掛けてくれた　　Ⅱ　(例)修復技術の向上のため，たゆまず精進しようという決意

二　問一　a　こうざ　　b　うなが　　問二　ア　　問三　エ　　問四　Ⅰ　(例)相手の存在をほぼ無視　　Ⅱ　(例)他者にとって意味を持つ話題について，伝えるための最大限の努力
問五　ウ　　問六　相互関係構築　　問七　(例)異なる価値観や，社会の複数性，複雑さを受け入れることで，他者とともに生きることを学び，ことばを使って自由に活動できる社会を形成する可能性。

三　問一　いいし　　問二　エ　　問三　イ　　問四　(例)田地を争って得がたい兄弟を失う
問五　ア

四　問一　1　株　　2　預　　3　円熟　　4　軽快　　5　街路　　問二　ウ

五　(例)　Aの言葉は，成長には基礎が大切であり，Bは向上心を持つ大切さを示している。
基礎が大切なのは人間だけでない。建物でも基礎に欠陥があると，建物崩壊などのとんでもない大惨事を招く。不安定な基礎の上には何ものも載せることはできない。基礎を整えたうえで向上していくことが求められる。その際には目標とする憧れの人を見つけるのがよい。あの人のようになりたいと，少しでも近づく努力をしているうちに，本当に近づける。成長できるのだ。成長には基礎も向上心も必要だと私は考える。

＜国語解説＞

一　**(小説―情景・心情，内容吟味，文脈把握，脱文・脱語補充，　漢字の読み，語句の意味，表現技巧)**

問一　a「早速」は，何か事が起きてから時を置かずに対策を講じること。　b　何かの上に，それを与えること。加える。

問二　「所作」とは，立ち振る舞いと同義。

問三　前段落において，菜月が糸綴じの工程における技法に対して，「編み出した先人たちの偉大さを感じていた」とある。従って「敬意」を抱いているとした選択肢が，最も適切である。

問四　傍線2は，俊彦による「出来栄えのチェック」が済んだ後である。チェックを済ませたあと「崩れるようにその場でへたり込んだ」とあるので，**菜月がチェックを受けている間にとても緊張していたこと**が読み取れる。緊張の糸が切れて，ほっとしたからへたり込んだのである。

問五　傍線3の次段落が、項垂れた時の菜月の心中表現だ。そこに「至らない点もたくさんあった」「まだまだ遠く険しい」とある。**自分のつたない技術に落ち込んでいる様子**が伺える。したがって，**「情けない」「がっかり」といった項垂れるにふさわしい気持ち**を選んで加えよう。

問六　この場面は実際に**手綴じを行う場面**で，**菜月の視点**から描かれている。作業の様子が詳しく描かれている。特に「まずは……糸綴じはおしまいだ」の段落では，**「～よう」「～みたいに」と，比喩表現を用いて**糸綴じの作業を描いている。

問七　［Ⅰ］の様子は，菜月と俊彦との心の距離が近づいていることが分かる内容だ。それは，今まではなかった「俊彦が菜月に向かって笑い掛けてくれた」ことに他ならない。また，［Ⅱ］は，傍線4の前に示されている菜月の心中表現を参考にまとめればよい。「たゆまず精進してゆ

け？言われるまでもない。今日学んだことを力に変え，明日はもっと先へ進んでやる。」という内容から，**菜月の更なる精進への強い意欲**を感じる。**前向きな向上心**が伝わるようにまとめよう。

二 (論説文―大意・要旨，文脈把握，脱文・脱語補充，漢字の読み，同義語・対義語)

問一 a 専門領域に関する啓蒙的な講習会。 b 送り仮名に注意する。「うなが・す」だ。

問二 「感情的」の対義語は，**「理性的」**である。**感情に動かされないで，論理的に考えをまとめたり，物事を判断する**こと。

問三 筆者は，前段落の「他者不在の言語活動だ」という**自分の意見に反する**ように，ここで「他者不在とはいえないのではないか」という立場を示している。そして，次段落では，その反対意見に反論することで，**そもそもの自分の意見に対立するであろう立場の考えを否定し，自分の意見の正しさを示そう**としている。

問四 Ⅰ の，モノローグであるおしゃべりにおける，**相手との向き合い方は「他者としての相手の存在をほぼ無視してしゃべっている」という描写**から抜き出せばよい。 Ⅱ は，傍線2の次段落から答えを導き出せる。ダイアローグとしての対話における**話題は，「その話題は，他者にとってどのような意味を持つかということ」**であり，**話し方は「相手に伝えるため最大限の努力をする」ものであること**が含まれるようにまとめればよい。

問五 Bさんは「自分の得意なこと」をテーマにしている。これをふまえると，**Aさんにも自分の得意なことをスピーチするよう勧める内容**を補えば，会話が成立するだろう。

問六 傍線4の次段落は「言い換えれば」と始まり，傍線4の内容が詳しく説明されているのだ。そこに，ダイアローグとしての対話行為は「相互関係構築のためのことばの活動」とある。

問七 用いるべき**三つの言葉をキーワードにして，本文で用いる部分を探し，それをもとに「対話活動における可能性」をまとめる**のだ。三つのキーワードから，「相手との対話は，……可能性にもつながっていきます。」という部分を用いてまとめられる。まず，**対話活動は他者の異なる価値観を受け止め，社会の複数性・複雑さをも引き受けるものである**とおさえる。そして，**それが他者とともに生きることを学ぶ**ことにもなるから，**ことばを使って自由に活動できる社会の形成へという可能性につながる**のだ。こうした文脈に沿って要約しよう。

三 (古文―内容吟味，文脈把握，脱文・脱語補充，仮名遣い)

【現代語訳】 国を治め，人民を導く人は，公正であって私欲に溺れることなく，知恵があって，道理をわきまえた人であってほしいものである。こうしたことをふまえて，昔の人を思い出してみると，蘇瓊という人が，南清河群の長官に任じられた頃，百姓で，乙普明という兄弟たちが，田を奪い争うことがあった。長い間，この件に関しての判断が下されず，両方の証人たちは合わせて，百人にもなった。蘇瓊は，その国に行った時，兄弟を呼び寄せて，諭して言うことに，天下で得がたいものは，兄弟である。求めやすいものは，田地である。たとえ田地を手に入れたとしても，兄弟の心を失うことはどうにもできない。親しい肉親を捨てて，親しくもない田地を求める。これは哀れな迷いであることだなあと，涙を流したのを見て，そこにいた大勢の者たちが，一緒に泣いたので，その兄弟たちは，はじめて道理をのみ込み，長官の前にひれ伏して，自分たちの行いが道理に合わないことを悲しみ，それからは兄弟が仲直りして，争いの心は少しもなくなったということである。

問一 語中・語尾の「は・ひ・ふ・へ・ほ」は，現代仮名遣いでは「ワ・イ・ウ・エ・オ」となる。

問二 発言は，「言へらく……」から始まり，**引用の助詞「と」の直前まで**である。

問三　長官に**任じられた頃には，もう兄弟の争いは始まっていた**のだから，「太守になる前」とする選択肢が適切である。

問四　太守が涙を流すのは**「骨肉の親しきをすてて，田地の疎きを求む」から**だと本文に述べてある。

問五　本文の冒頭に，筆者の考える望ましい指導者について述べられている。「国を治め，民を導く人は……あらまほしけれ。」の部分だ。蘇瓊は，その例として挙げられた人物である。

四 （漢字の書き取り，漢文）

問一　1 「株が上がる」は，何かの結果として，そのものへの社会的評価が上がること。
2 「預」は，「予」の部分を「矛」にしない。　3 「円熟」は，芸・技術などが十分に上達し，内容が豊かになって欠点が見られなくなること。　4 明るく，心のはずむような様子。
5 「街路」は，計画的につくった町の道路。

問二　書き下した際に読む順番は、「百」→「聞」→「一」→「見」→「如」→「不」。「一見」と「如」は**二字以上返っているので一・二点**，「如」と「不」は**一字返っているのでレ点**を用いる。

五 （作文）

二段落構成の条件，その他の指示に従って書くように心がける。第一段落は**言葉の読み取り**が求められている。**Aは基礎の大切さ**を示し，**Bは前進・向上する意欲の大切さ**を示した言葉だ。二つが反対の考えを持っていることに留意する。次に，第二段落では，作文のテーマとなっている**「自分が成長するために」について，自分の考え**をまとめる。A・Bどちらかの立場で，適切な体験を具体例に挙げて述べてもよい。**例は簡潔**にまとめること。結論は「自分が成長するために」何をするべきか・何が必要なのかについての考えを，必ず書くようにしなければならない。

MEMO

大切なことはメモしておこうネ！

山形県公立高等学校

2019年度

★★★★★★★★★★★★★★★★★★★★★★★★

入　試　問　題

2019年度

●くわしい解説…… 41ページ

＜数学＞

時間　50分　　満点　100点

[1]　次の問いに答えなさい。

1　次の式を計算しなさい。

(1)　$-3-(-8)+1$

(2)　$-\frac{1}{4}+\frac{4}{9}\div\frac{2}{3}$

(3)　$(24x^2y-15xy)\div(-3xy)$

(4)　$(\sqrt{6}-2)^2+\sqrt{54}$

2　$x=\frac{9}{2}$，$y=\frac{1}{2}$ のとき，$x^2-6xy+9y^2$ の値を求めなさい。求め方も書くこと。

3　２次方程式 $(x+4)(x-3)=7x-8$ を解きなさい。解き方も書くこと。

4　右の図のように，箱の中に，白玉が２個と赤玉が４個入っている。この箱から玉を１個取り出し，それを箱にもどさずに，もう１個取り出す。このとき，取り出した２個の玉の色が異なる確率を求めなさい。

ただし，どの玉が取り出されることも同様に確からしいものとする。

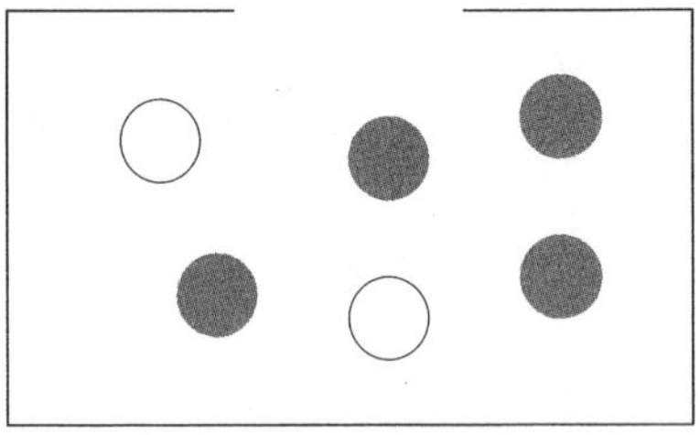

5　下の図において，四角すいＯＡＢＣＤは，AB＝６㎝ の正四角すいである。点Mは辺ＢＣの中点であり，ＯM＝９㎝ である。四角形ＡＢＣＤの２つの対角線ＡＣ，ＢＤの交点をＨとするとき，ＯＨの長さを求めなさい。

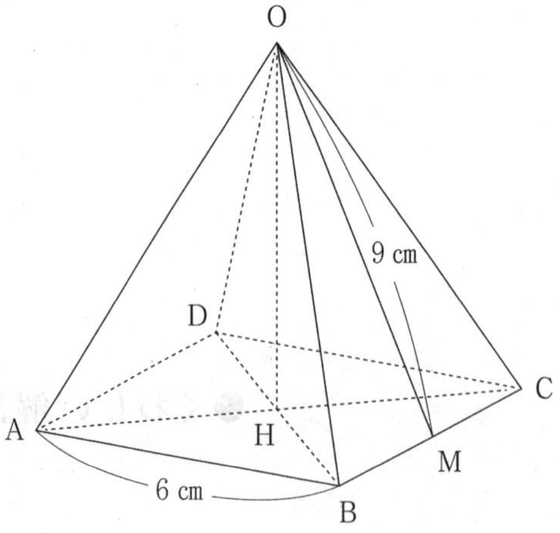

2　次の問いに答えなさい。

1　右の図において，①は関数 $y=\frac{1}{2}x^2$ のグラフ，②は反比例のグラフである。

①と②は点Aで交わっていて，点Aの x 座標は -2 である。また，①のグラフ上に x 座標が4である点Bをとり，Bを通り y 軸に平行な直線と②との交点をCとする。このとき，次の問いに答えなさい。

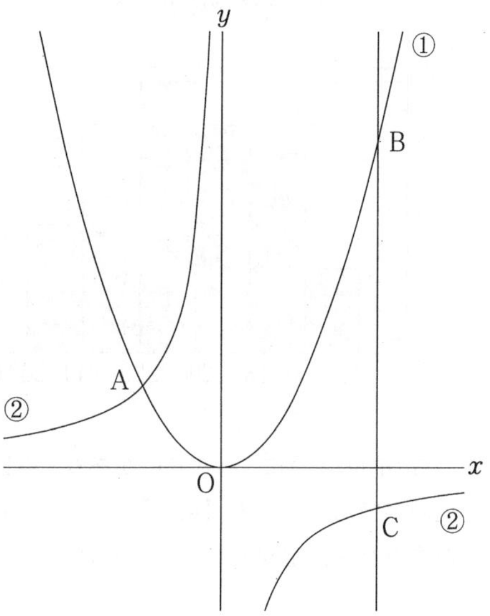

(1)　関数 $y=\frac{1}{2}x^2$ について，x の変域が $-2 \leqq x \leqq 4$ のときの y の変域を求めなさい。

(2)　線分ＢＣ上に点Ｐをとる。△ＡＣＰの面積が△ＡＢＰの面積の２倍になるとき，点Ｐの y 座標として適切なものを，次の**ア**～**エ**から１つ選び，記号で答えなさい。

ア　3　　**イ**　4　　**ウ**　5　　**エ**　6

2　次の問題について，あとの問いに答えなさい。

〔問題〕
ある市には，博物館と美術館があり，３月の入館者は，博物館と美術館を合わせて7200人でした。４月の入館者は，３月と比べて，博物館が10％増え，美術館が２％減り，全体では312人増えました。４月の博物館の入館者は何人ですか。

(1)　この問題を解くのに，方程式を利用することが考えられる。文字で表す数量を，単位をつけて示し，問題にふくまれる数量の関係から，１次方程式または連立方程式のいずれかをつくりなさい。

(2)　４月の博物館の入館者の人数を求めなさい。

3　次のページの図は，Ａ中学校の生徒75人とＢ中学校の生徒50人の立ち幅とびの記録を，それぞれヒストグラムに表したものである。これらのヒストグラムから，たとえば，どちらの中学校も，記録が140㎝以上160㎝未満の階級に入る生徒は６人であることがわかる。

正人さんは，Ａ中学校とＢ中学校で，240㎝以上260㎝未満の階級を比べたとき，Ｂ中学校のほうがＡ中学校よりも遠くへとぶ生徒の割合が大きいと判断した。正人さんがそのように判断した理由を，相対度数を使って説明しなさい。

A中学校の分布

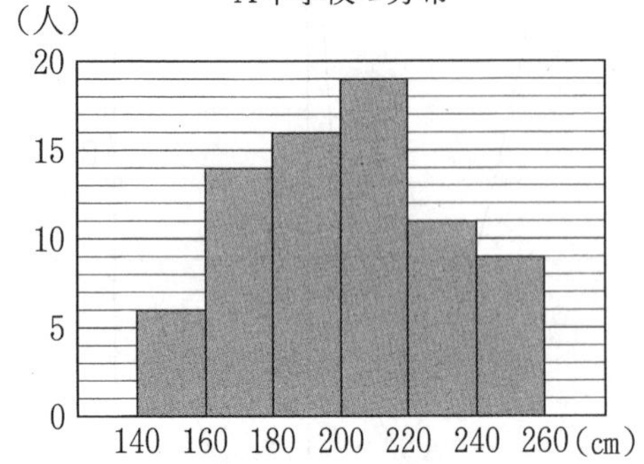

B中学校の分布

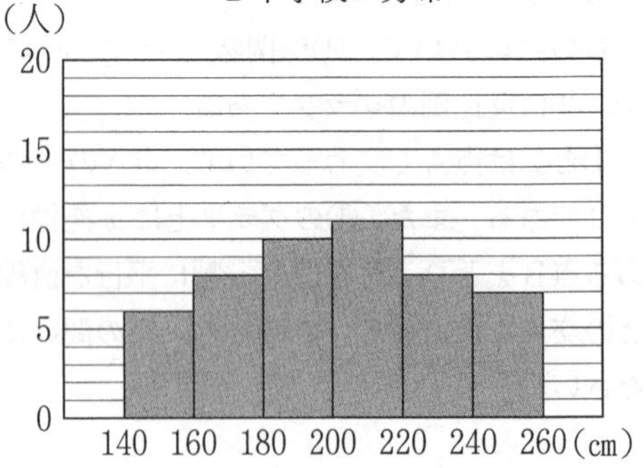

4　右の図のように，△ＡＢＣがあり，点Ｄは辺ＡＢ上の点である。下の【条件】の①，②をともにみたす点Ｐを，定規とコンパスを使って作図しなさい。

ただし，作図に使った線は残しておくこと。

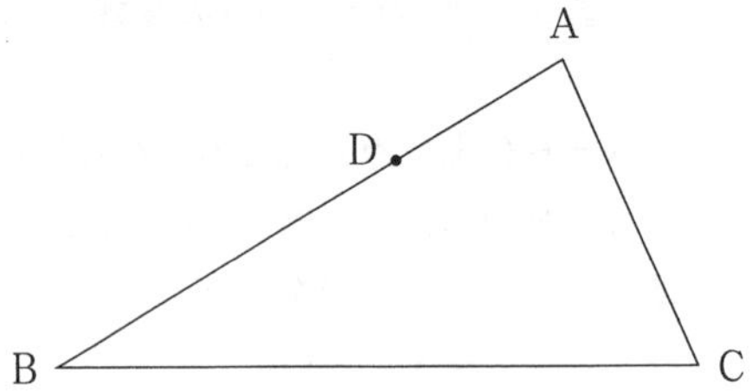

【条件】

①　線分ＡＰの長さは，線分ＡＤの長さと等しい。
②　点Ｐは，直線ＡＢと直線ＢＣから等しい距離にあり，△ＡＢＣの外部の点である。

3　図１のように，ＡＢ＝12cm，ＡＤ＝10cm，ＢＣ＝20cm の直方体がある。図２のように，１辺の長さが20cmの立方体の形をした容器の中に，直方体の辺ＢＣと立方体の辺ＰＱが重なるように固定し，容器に水が入っていない状態から，給水管を開き，容器が満水になるまで水を入れていく。給水を始めてから x 秒後の，容器の底面から水面までの高さを y cmとするとき，それぞれの問いに答えなさい。

ただし，容器は水平に固定されており，容器の厚さは考えないものとする。

図１

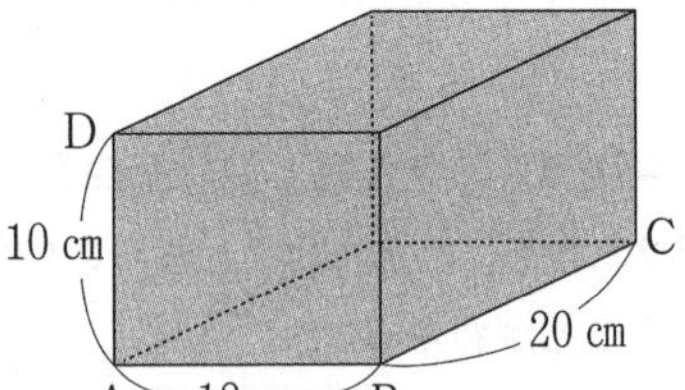

図２

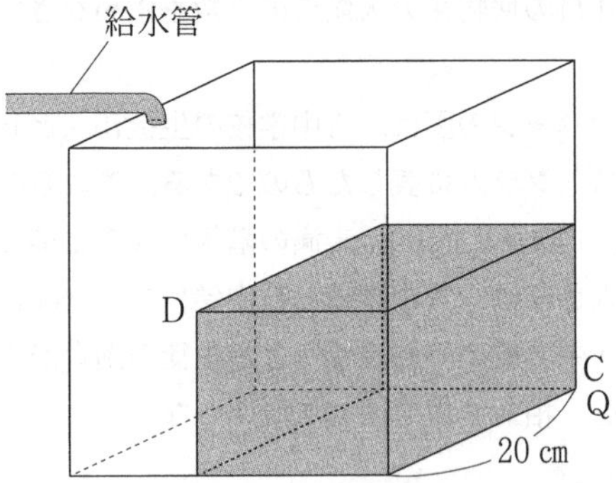

1　毎秒200cm^{3}の割合で給水を始め，水面までの高さが14cmになると同時に，毎秒400cm^{3}の割合にして給水を続けた。給水を始めてから容器が満水になるまでの x と y の関係を表にかきだしたとこ

ろ，表１のようになった。次の問いに答えなさい。

(1)　$x=4$ のときの y の値を求めなさい。

表１

x	0	…	8	…	22
y	0	…	10	…	20

(2)　表２は，給水を始めてから容器が満水になるまでの x と y の関係を式に表したものである。
ア ～ ウ にあてはまる数または式を，それぞれ書きなさい。

また，このときの x と y の関係を表すグラフを，図３にかきなさい。

表２

x の変域	式
$0 \leqq x \leqq 8$	$y=$ イ
$8 \leqq x \leqq$ ア	$y=\frac{1}{2}x+6$
ア $\leqq x \leqq 22$	$y=$ ウ

図３

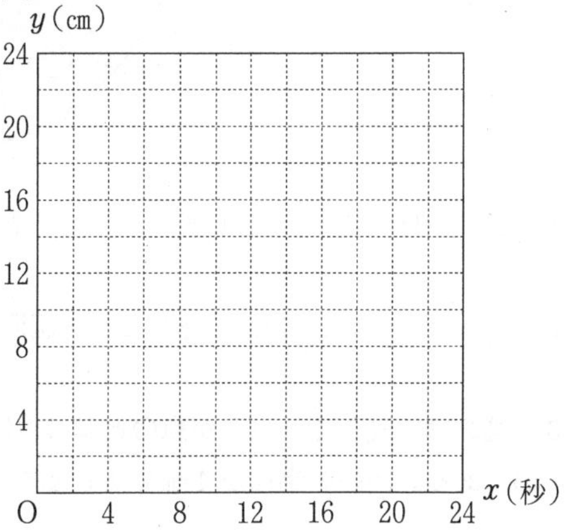

2　容器に水が入っていない状態から，給水管を開き，ある一定の割合で給水したときの，給水を始めてから容器が満水になるまでの x と y の関係をグラフに表したところ，図４のようになった。容器が満水になるのは給水を始めてから何秒後か，求めなさい。

図４

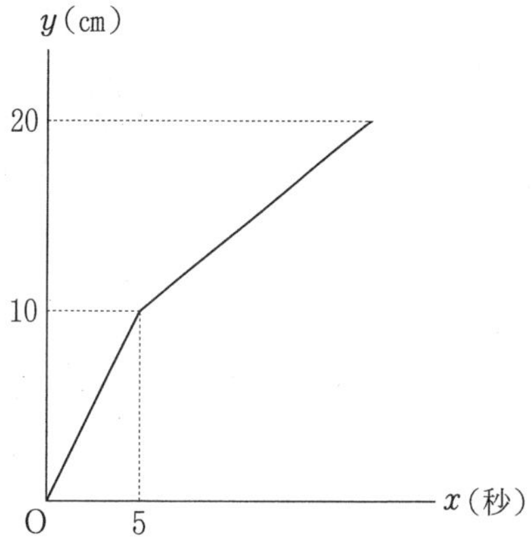

4　次のページの図１のように，点Ｏを中心とする円の周上に，３点Ａ，Ｂ，Ｃがあり，$\overset{\frown}{AB}=\overset{\frown}{BC}$ である。また，∠ＡＢＣの大きさは90°より大きいものとする。点Ｃを通り線分ＡＢに平行な直線と円Ｏとの交点のうち点Ｃとは異なる点をＤとし，線分ＣＤについて点Ａと反対側の円周上に点Ｅをとる。線分ＣＤと線分ＡＥ，ＢＥとの交点をそれぞれＦ，Ｇとし，線分ＡＥと線分ＢＤとの交点をＨとする。このとき，次の問いに答えなさい。

図１

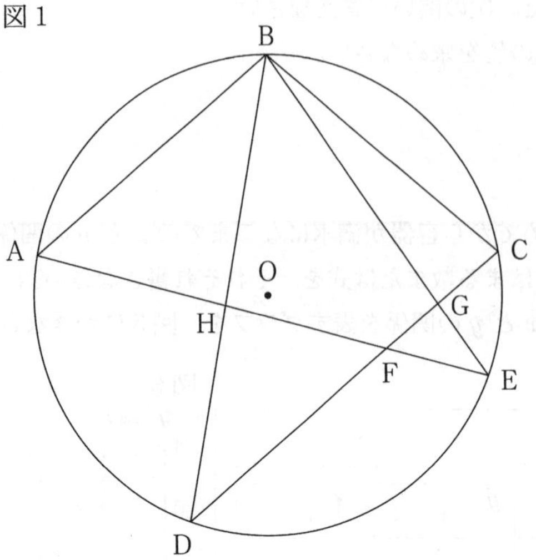

1　∠ＦＤＨ＝40°，∠ＣＦＥ＝55°であるとき，∠ＢＨＥの大きさを求めなさい。

2　△ＡＨＢ∽△ＦＧＥ であることを証明しなさい。

3　図２は，図１で，点Ｇが点Ｏと同じ位置となるように，４点Ａ，Ｂ，Ｃ，Ｅをとったときのものである。円Ｏの半径が４㎝であるとき，四角形ＢＨＦＧの面積を求めなさい。

図２

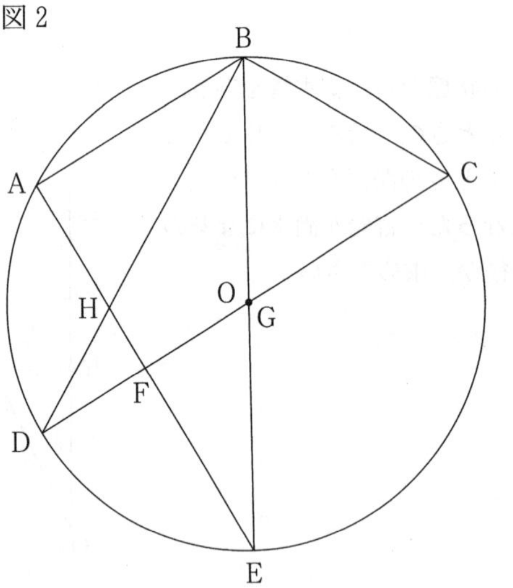

数学解答用紙

受検番号		総得点	

□の欄には何も記入しないこと。

1

1 ／32

			配点
1	(1)		／3
	(2)		／4
	(3)		／4
	(4)		／4
2		答	／4
3		$(x+4)(x-3)=7x-8$ 答	／5
4			／4
5		cm	／4

2

2 ／28

			配点
1	(1)		／4
	(2)		／4
2	(1)		／6
	(2)	人	／4
3			／5
4		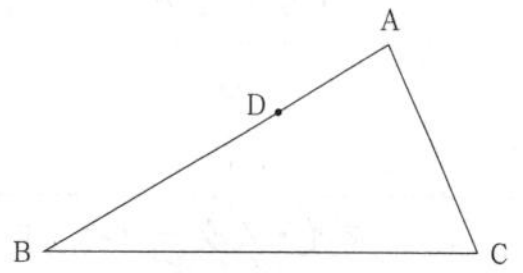	／5

3

3 ／20

			配点
1	(1)		／3
	(2)	ア	／3
		イ	／3
		ウ	／3
		図3 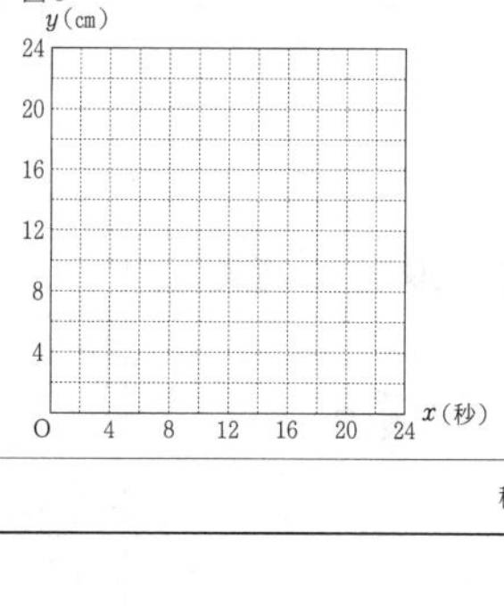	／4
2		秒後	／4

4

4 ／20

		配点
1		／5
2	<証明>	／10
3	cm^2	／5

※この解答用紙は200％に拡大していただきますと，実物大になります。

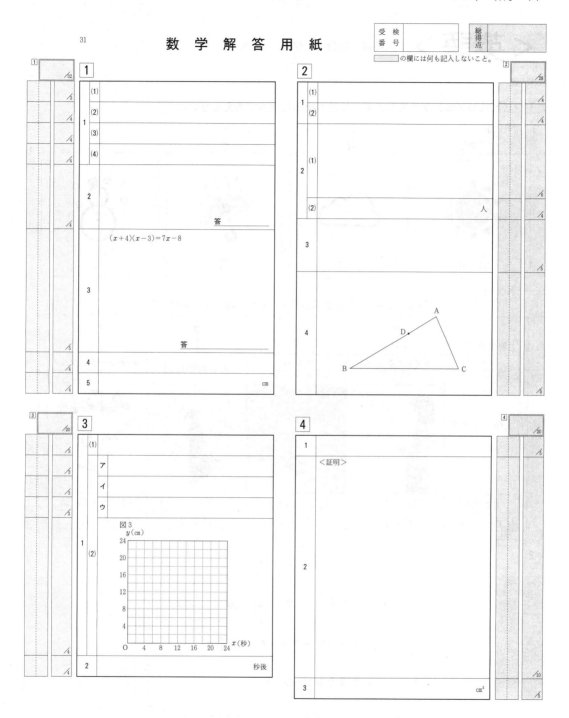

＜英語＞　時間　50分　満点　100点

1　これはリスニングテストです。放送の指示に従って答えなさい。

1　No. 1

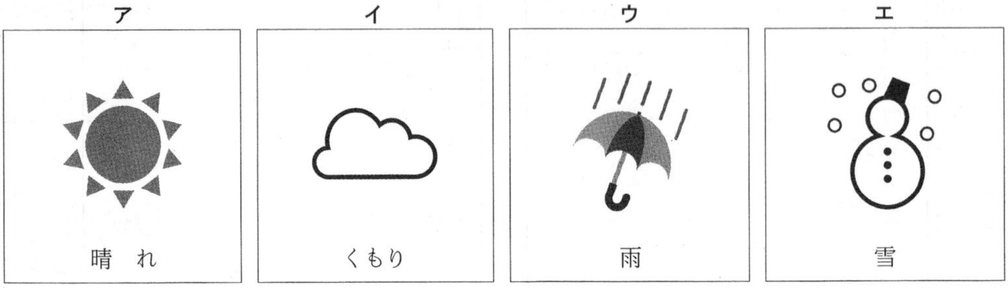

No. 2

Kate さんと Yuji さんが見ている映画館のホームページ

上映スケジュール

	ア	イ	ウ	エ
上映タイトル	マイ・スクール・デイズ	スター・キャプテン	ある侍の日記	ザ・ビューティフル・ホリデー

上映時間	9:15 ～ 11:25	9:30 ～ 11:55	13:30 ～ 16:35	14:50 ～ 17:25
音　声	日本語	英　語	日本語	英　語

2

＜拓也《たくや》さんのメモ＞

・ケーキ屋に（　ア　）時に取りに行く

・途中スーパーで（　イ　）を買う

・正午までに（　ウ　）

3　No. 1　ア　The news about Japanese soccer fans in a foreign country.
イ　The news about a Japanese soccer player staying abroad.
ウ　The news about soccer fans visiting Japan from abroad.
エ　The news about soccer players from foreign countries.

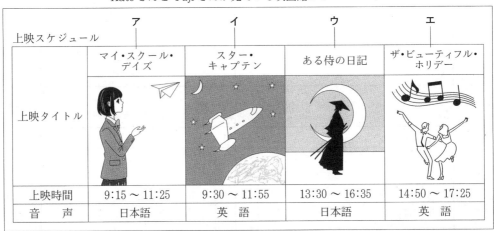

No. 2　ア　Her friend's.　　イ　Her host mother's.

ウ　A student's.　　エ　A soccer player's.

4　答えは，解答用紙に書きなさい。

(メモ用)

(　)のところの英語を聞き取り，書きなさい。

Bill: Do you need help?

Kayo: Oh, thank you.

These books (　　　　　　　　　　　　　　　　　　　　).

2　次の問いに答えなさい。

1　次の対話文の(　)の中に最も適する英語を，それぞれ1語ずつ書きなさい。

(1)　*Alice:* When is your birthday?

Kota: It's May 5.　I was (　　　) on Children's Day.

(2)　*Bill:* How many students does your high school have?

Miyuki: It has one (　　　).　Each class has forty, and there are twenty-five classes.

(3)　*Kenta:* I went to bed at 9:00 last night and got up at 7:00 this morning. I feel fine now.

Judy: So, you slept for ten (　　　).　Were you so tired yesterday?

2　次の対話文の(　)の中に最も適するものを，あとのア～エからそれぞれ一つずつ選び，記号で答えなさい。

(1)　*Boy:* Excuse me.　Can I borrow these books?

Woman: You can borrow them if you live in this town.

Boy: Yes, I live in this town.

Woman: OK.　Please write your name on this card.　(　　　　　　　　)

ア　Then, you can buy them at a bookstore.

イ　Then, you can take them home.

ウ　Then, you can stay in this town.

エ　Then, you can work in this library.

(2)　*Brian:* You know many English songs.　Why do you know so many songs?

Takashi: I enjoyed English songs at elementary school.　I like English.

Brian: That's good.　(　　　　　　　　　　)

Takashi: Right.　So I want to know more English songs.

ア　Do I have to remember more English songs than you?

イ　Did you sing an English song for the first time?

ウ　Japanese songs are more important than English songs.

エ　Singing English songs is a useful way to learn English.

3　次の対話文の下線部について，(　)内の語句を並べかえ，正しい英文を完成させなさい。

(1) *Eriko:* (newspaper / uncle / reads / written in / a / my) English every day.
Roger: Oh, really?　Where does he buy one?

(2) *Mika:* What (when / was / were / dream / you / your) a child?
Sam: Well, I wanted to be a scientist.　What about you?

3 中学生の香織（Kaori）さんは，海外へのボランティアに興味を持ち，国際協力機構（JICA）のボランティアとして活躍する山形県人や，ボランティアが派遣されたいくつかの国の人々の生活について調べ，図（chart）と表（table）にまとめました。次は，図と表を見ている，香織さんと留学生のトム（Tom）さんの対話です。図と表および対話について，あとの問いに答えなさい。

図　山形県からの海外へのボランティア地域別人数および国数

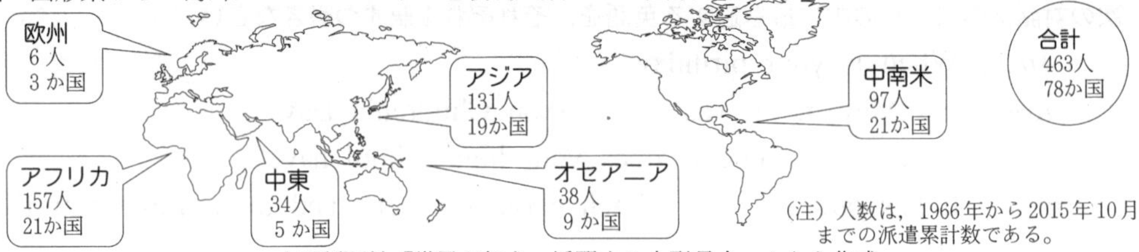

（注）人数は，1966年から2015年10月までの派遣累計数である。

山形新聞社「世界が舞台～活躍する山形県人～」から作成

表　ボランティアが派遣された国と日本における，人口100人あたりの生活環境

国　　名	バングラデシュ	ザンビア	ブラジル	パプアニューギニア	日　本
国が位置する地域	アジア	アフリカ	中南米	オセアニア	アジア
(　X　) 人の数	41	39	9	37	0
(　Y　) 人の数	40	78	0.5	82	0
(　Z　) 人の数	10	17	58	9	91

（注）数値は，2015年のものである。

国際協力機構（JICA）「どうなってるの？世界と日本」から作成

Kaori: One of the teachers in my school told us about her experience in class. She has been abroad as a volunteer before.　There are many volunteers from Yamagata-ken like her.

Tom: I see.　The chart is interesting.　What do the volunteers do in those countries?

Kaori: ①<u>They work for people in many ways.</u>　For example, some of them teach children music or help sick people.　After that, they come back to Yamagata-ken.

Tom: Those volunteers are great.　I have heard that some people in the world can't get enough water, or can't go to school.

Kaori: That's true.　The table shows how different the lives of people in some countries are.

Tom: Oh, no.　The table shows that about forty people in one hundred can't read in three countries.　About eighty people can't use electricity in two countries, either.

Kaori: And in Brazil, forty two people in one hundred can't use the Internet.　In

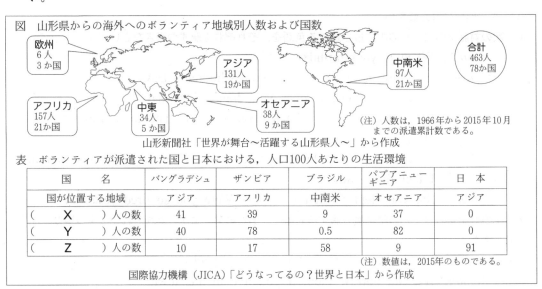

the future, I want to help people in foreign countries as a volunteer like my teacher.

Tom: That's nice. I think the world will be a better place by helping each other. I'll look for something I can do like you, too.

1　下線部①について，香織さんがあげている具体的な例を，対話の内容に即して日本語で書きなさい。

2　表中の（X），（Y），（Z）にあてはまるものを，対話の内容に即して，それぞれ次のア～オから一つずつ選び，記号で答えなさい。

ア　電気を使えない　　イ　学校に行くことができる　　ウ　字を読めない
エ　十分な水を使えない　　オ　インターネットを使える

3　図と表および対話の内容に合うものを，次のア～オから二つ選び，記号で答えなさい。

ア　Kaori says that no teachers in her school have been abroad as a volunteer before.

イ　The chart shows that over half of the volunteers from Yamagata-ken went to Africa.

ウ　The countries in the table are chosen from the four parts of the world shown in the chart.

エ　Kaori wants to be a volunteer and help people in foreign countries in the future.

オ　Kaori tells Tom to find something that he can do for people in foreign countries.

4　中学生の裕太（Yuta）さんは，裕太さんが住んでいる地域の英語スピーチコンテストに参加しました。次の英文は，裕太さんのスピーチの原稿です。これを読んで，あとの問いに答えなさい。

［　　X　　］ Is it to do well in a test, or to win a match in your club activity? To me, it was to get the first prize in everything. But now, it's a little different.

We have our school's *sports day in June every year. The biggest event in the sports day is the *relay of the five classes in the same *grade. All boys and girls in the class run as a team in the relay. This year I was the last runner of our class because I was the leader of the boys in our class. （　A　） I wanted our class to be number one!

The day has come. Now it's time for the relay. The runners of the five classes started on the *signal of a teacher. The first runner of our class was my friend, Ken, the fastest runner of our class. （　B　） He ran faster than the other runners, and passed a *baton to the next runner. But the runners of the other classes came closer to our runner later. The girl who was going to run before me was Aya. She and the four other runners got the baton almost at the same time. (C) She was coming to me as fast as the other runners. "Yuta!" With her voice, the baton touched my hand. I took it and tried to start running very fast.

Suddenly, something happened. (D) Maybe my leg hit the other runner's leg. I lost my *balance, and fell down to the ground. I tried to stand up, but I couldn't because my left *ankle hurt. I felt tears in my eyes and thought, "Stand up. We have practiced very hard for today. Everyone's effort will be a waste because of me."

"Are you all right?" someone asked me. It was Ken. I *wiped my tears and looked at him. He asked me, "Shall I help you to stand up?" I said, "Our class will *be disqualified if you help me." "Hey, that doesn't matter," he said, "Let's go to the goal together." I thought for a while, and said, "OK." He pulled my hand. I put my left *arm on his *shoulders and he supported me. I found my classmates were around us and worried about me. I held the baton in my right hand, and started walking to the goal with Ken's support.

There were no other runners, but just the two of us were on the course. I didn't know which class was the winner. My ankle hurt, but I tried my best to walk with Ken. Aya came near the goal with the other classmates. They were waiting for us and said, "Come on, Yuta!" I will take this baton to the goal for them — that was the only thing in my mind.

When we got to the goal, my classmates gathered around us. "I want to say I'm sorry to everyone in our class," I said to Ken. Aya said, "①<u>You don't have to.</u> You did your best, right?" The others agreed with her and smiled. My ankle still hurt, but I felt happy. To get the first prize was the most important thing, but do I still have the same idea? No, because now I know that there are many other important things.

(注) sports day 運動会　relay リレー競走　grade 学年　signal 合図　baton バトン
balance バランス　ankle 足首　wiped ← wipe 拭く　(be) disqualified 失格になる
arm 腕　shoulder(s) 肩

1 本文中の X に最も適する英文を，次のア～エから一つ選び，記号で答えなさい。

ア What do you want to be in the future?
イ What is your favorite event in your school?
ウ What do you like to talk about with friends?
エ What is the most important thing to you?

2 次の英文を，本文の流れに合うように入れるとすれば，どこに入れるのが最も適切ですか。（A）～（D）から一つ選び，記号で答えなさい。

The students that finished running came by the course and told her, "You can do it!"

3 下線部①について，亜弥（Aya）さんが，しなくてよいと言ったのは，裕太さんが何をすることですか。本文に即して日本語で書きなさい。

4　本文に即して，次の問いに英語で答えなさい。

(1)　When is the sports day of Yuta's school every year?

(2)　Did Yuta know which class was the winner when he was walking to the goal with Ken?

5　次の英文**ア**～**オ**は，それぞれ裕太さんのスピーチの内容の一部です。**ア**～**オ**を，スピーチの流れに合うように並べかえ，記号で答えなさい。

ア　The other students came near the goal to wait for us.

イ　I tried to start running, but fell down to the ground.

ウ　I was happy to see the smiles of my classmates at the goal.

エ　Ken told me to go with him and helped me to stand up.

オ　The first runners of the classes started on the signal.

6　次は，裕太さんのクラスメートの健（Ken）さんと，ALT のエミリー（Emily）さんの対話の一部です。対話の［ Ⅰ ］，［ Ⅱ ］に入る適切な英語を，文脈に合うように，それぞれ**4語以上**で書きなさい。

Emily: I went to the speech contest yesterday. Many students from many schools gave their speeches and I enjoyed them a lot.
Ken: Oh, really? So, ［ Ⅰ ］ Yuta's speech, too?
Emily: Yes, I did. His speech was very nice. It was about the sports day.
Ken: I see. I think he did his best as the leader of the class.
Emily: Yes, I think so, too. Your class didn't ［ Ⅱ ］ in the relay. But, you can say that your class is wonderful.

5　シンガポール（Singapore）に住む友人のチャーリー（Charlie）さんからあなたに，次のような電子メールが届きました。チャーリーさんに電子メールで返事を書くとしたら，どのようなことを書きますか。あとの「あなたの返事」の［　］に入る英文を，まとまりのある内容になるように，**4文以上**で書きなさい。

Hi, ○○○! How are you?
I would like to travel to Japan in the future. I'm interested in Japanese culture. So, where should I go in Japan? And why?
I'm glad if you can give me an idea!

Your friend,
Charlie

あなたの返事

Hi, Charlie!
Thanks for your e-mail.

Best wishes,
○○○

(注)　電子メールの中の，○○○のところにはあなたの名前が入る。

英語解答用紙

受検番号		総得点	

　　　の欄には何も記入しないこと。

1

1	No.1		/3
	No.2		/3
2	ア		/3
	イ		/3
	ウ		/3
3	No.1		/3
	No.2		/3
4	*Bill:* Do you need help? *Kayo:* Oh, thank you. These books (　　　　) .		/5

1 /26

2

1	(1)		/2
	(2)		/2
	(3)		/2
2	(1)		/3
	(2)		/3
3	(1)	(　　　　) English every day.	/3
	(2)	What (　　　　) a child?	/3

2 /18

3

1			/4
2	X		/2
	Y		/2
	Z		/2
3			/3
			/3

3 /16

4

1			/3
2		(　　　　)	/4
3			/4
4	(1)		/3
	(2)		/3
5		→ → → →	/5
6	I	So, (　　　　) Yuta's speech, too?	/4
	II	Your class didn't (　　　　) in the relay.	/4

4 /30

5

5 /10

(1) A B C D　A B C D　/8

(2) A B C　A B C　/2

※この解答用紙は200％に拡大していただきますと，実物大になります。

＜理科＞

時間 50分 満点 100点

[1] 陽子さんは，植物の蒸散について興味をもち，調べた。次の問いに答えなさい。

1 次は，陽子さんが，蒸散と植物のからだにおける水の移動とのかかわりについて調べ，まとめたものである。[a]，[b] にあてはまる語を，それぞれ書きなさい。また，[c] にあてはまる物質名を書きなさい。

> 植物は，葉の [a] の開閉によって蒸散の量を調節している。植物は，蒸散などのはたらきによって，根から水を吸い上げている。吸い上げられた水は，根，茎，葉にある [b] の中の道管を通って，からだ全体に運ばれる。[b] は，シダ植物と種子植物にはあるが，コケ植物にはない。
> 光合成に必要な [c] は，[a] を通して空気中からとり入れられる。[c] と水を材料に，光合成でデンプンなどがつくられる。

2 陽子さんは，葉の部分からの蒸散によって吸い上げられる水の質量を調べるために，次の①～⑤の手順で実験を行った。表は，実験結果である。あとの問いに答えなさい。ただし，ワセリンは水や水蒸気をまったく通さないものとする。

【実験】

① 葉の枚数が同じで，葉の大きさ，枝の太さが同じようなツバキの枝A，Bを用意した。また，枝と同じ太さのガラス棒を用意した。

② 枝Aはすべての葉の表側と裏側にワセリンを塗り，枝Bは何も処理しなかった。

③ 50mLの水が入った三角フラスコを三つ用意し，枝A，B，ガラス棒をそれぞれ入れた。

④ ③の三角フラスコについて，全体の質量をそれぞれ電子てんびんではかった。図は，枝Aを入れた三角フラスコ全体の質量をはかる様子を表した模式図である。

⑤ ③の三角フラスコを日光が当たる場所に並べて置き，1時間後に，再び全体の質量をそれぞれはかった。

図

表

	枝A	枝B	ガラス棒
実験開始時の全体の質量(g)	123.80	123.60	124.05
1時間後の全体の質量(g)	123.35	121.05	123.85

(1) 枝Aを入れた三角フラスコ全体の質量が変化した原因として適切なものを，次の**ア**～**エ**から二つ選び，記号で答えなさい。

ア 水面から水が蒸発したこと。 **イ** 葉の表側から水が蒸散したこと。

ウ 葉の裏側から水が蒸散したこと。 **エ** 葉以外の枝の部分から水が蒸散したこと。

(2) 次は，陽子さんが，表をもとに考えたことをまとめたものである。[d] にあてはまる数値を，小数第２位を四捨五入して，小数第１位まで求めなさい。

実験結果から，葉の部分からの蒸散によって吸い上げられた水の質量は [d] gであると考えられる。

2　優太さんは，いろいろなホニュウ類が見られることに興味をもち，からだのつくりや遺伝子の伝わり方について調べた。次は，優太さんがまとめたものの一部である。あとの問いに答えなさい。

【ホニュウ類のからだのつくりについて】

・　図１は，草食動物のシマウマの頭骨と肉食動物のライオンの頭骨の模式図である。

・　図２は，コウモリ，クジラ，ヒトについて，それぞれの前あしの骨格の模式図である。

・　見かけやはたらきは異なっていても，基本的なつくりは同じで，[a] と考えられる器官を相同器官という。

図１

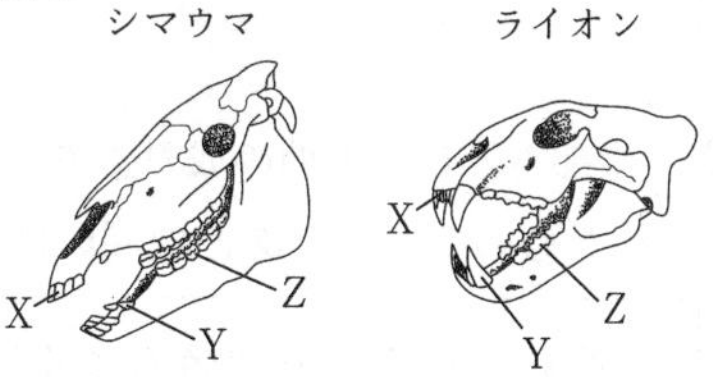

図２

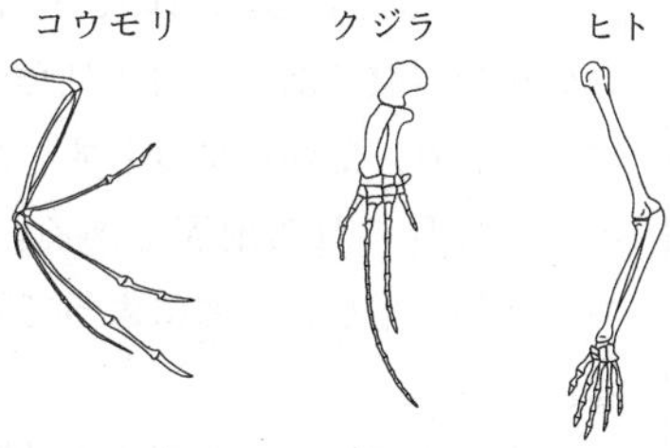

【遺伝子の伝わり方について】

・　一般に，対になっている親の代の遺伝子は，減数分裂によって染色体とともに移動し，それぞれ別の生殖細胞に入る。これを [b] の法則という。

・　次は，遺伝子のモデルを用いて実験を行うときの手順を書いたメモである。

メモ

①　同じ形，同じ大きさの４個のボールを用意し，２個には遺伝子としてAの文字を，残りの２個には遺伝子としてaの文字を記入する。

②　図３のように，中が見えない袋を二つ用意し，それぞれの袋に，Aを記入したボールとaを記入したボールを１個ずつ入れる。

図３

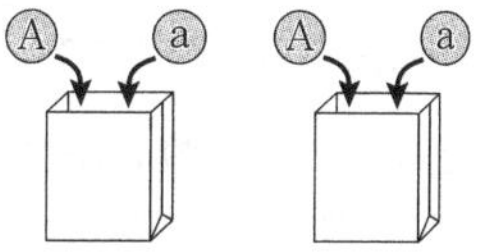

③　袋の中のボールをよく混ぜ，それぞれの袋からボールを１個ずつとり出す。とり出したボールに記入された遺伝子の組み合わせを記録し，もとの袋にボールをもどす。

④　③の手順を500回行い，遺伝子の組み合わせの記録を集計する。

・　一般に，遺伝子は親から子孫に変化せずに伝わる。しかし，まれに遺伝子に変化が起こり，子孫の形質が変わる場合がある。

1　図１のX，Y，Zについて，それぞれの歯の名称の組み合わせとして適切なものを，次の**ア**～**エ**から一つ選び，記号で答えなさい。

ア　X　犬歯　　Y　門歯　　Z　臼歯　　　**イ**　X　門歯　　Y　犬歯　　Z　臼歯

ウ　X　犬歯　　Y　臼歯　　Z　門歯　　　**エ**　X　門歯　　Y　臼歯　　Z　犬歯

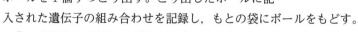

2　[a] にあてはまる言葉を書きなさい。また，[b] にあてはまる語を書きなさい。

3　下線部について，遺伝子の組み合わせの記録を集計すると，遺伝子の組み合わせＡＡとＡａとａａの数の比はどうなると考えられるか，最も簡単な整数の比で書きなさい。

4　次は，調べたことをもとに，優太さんがまとめたものである。[c] にあてはまる語を書きなさい。

> 現在のホニュウ類は，からだのつくりや遺伝子の伝わり方から，過去のホニュウ類が [c] して生じてきたと考えられる。[c] とは，生物の形や性質が，長い年月をかけて，世代を重ねるうちに変化することである。

3　次郎さんは，大地の成り立ちについて興味をもち，調べた。次は，次郎さんが調べたことをまとめたものである。あとの問いに答えなさい。

> 露頭で見られる地層の多くは，傾いたりずれたりというように変形している。それは，[a] の動きによるものと考えられる。[a] とは，地球の表面をおおう厚さ100㎞ほどの板状の岩盤である。日本列島付近には４つの [a] が集まっており，たがいに少しずつ動いている。図１は，山形県の海岸で見られる地層である。私たちが住む山形県の大地も，断層や①しゅう曲によって変形した地下構造になっている。
>
> 山形県内には，②凝灰岩の地層が見られるところがある。また，凝灰岩は，建築用の石として用いられている。

図１

1　[a] にあてはまる語を書きなさい。

2　下線部①について，しゅう曲のできかたを，力《ちから》という語を用いて書きなさい。

3　下線部②について，次は，次郎さんがまとめたものである。[b]，[c] にあてはまる語の組み合わせとして最も適切なものを，あとの**ア**～**カ**から一つ選び，記号で答えなさい。

> 凝灰岩は，[b] などが堆積して固まってできたものである。凝灰岩，石灰岩，チャートそれぞれに塩酸をかけたとき，泡が発生するのは [c] だけである。

ア　b　火山灰　　c　凝灰岩　　　**イ**　b　貝殻やサンゴ　　c　凝灰岩
ウ　b　火山灰　　c　石灰岩　　　**エ**　b　貝殻やサンゴ　　c　石灰岩
オ　b　火山灰　　c　チャート　　**カ**　b　貝殻やサンゴ　　c　チャート

4　平地で露頭がない場合，ボーリング試料をもとに地層の広がりを調べることができる。図２のＡ～Ｆは，山形県内のある場所で調査を行った地点を示しており，図３は，図２のＡ～Ｆにおけるボーリング試料による柱状図である。図２，図３をもとに，この場所における地層の広がりを表す模式図として最も適切なものを，次の**ア**～**ウ**から一つ選び，記号で答えなさい。

（図２，図３は次のページにあります。）

図２

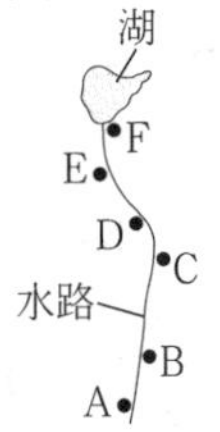

図３

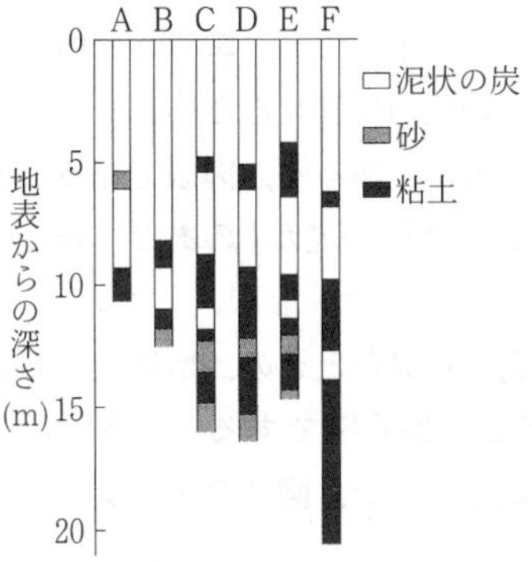

ア

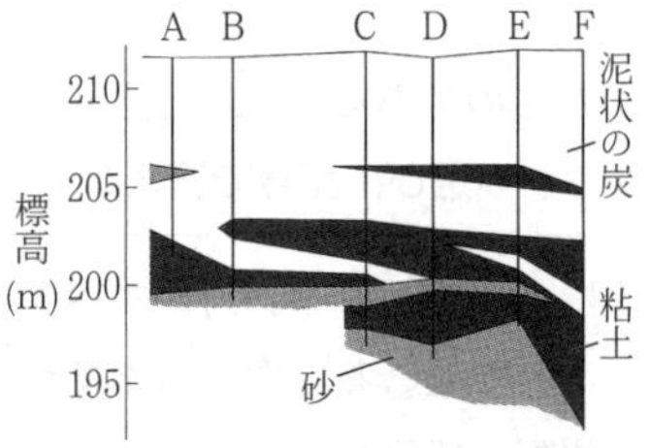

イ

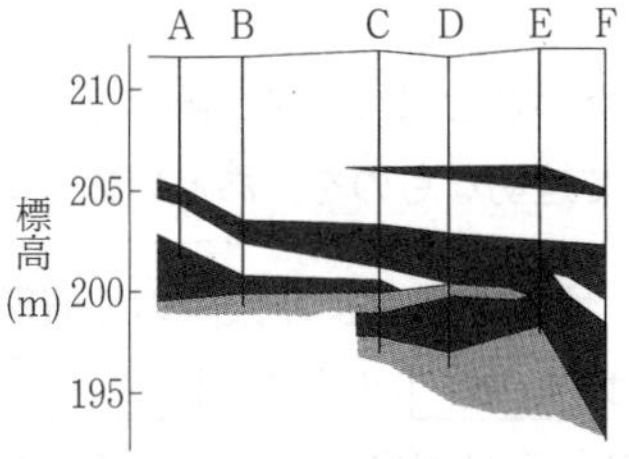

ウ

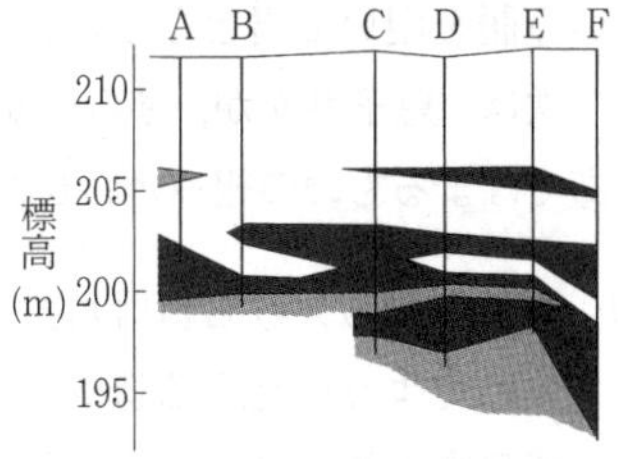

4　山形県内に住む恵子さんは，皆既月食が2018年７月28日に起こると聞いたことから，７月22日から28日まで月の観察を行った。次は，恵子さんがまとめたものの一部である。あとの問いに答えなさい。

【月の観察】

2018年７月22日から28日まで，毎日午後10時に，自宅の窓から月の見え方と位置を観察した。月がよく見える日は，月をデジタルカメラで撮影した。なお，28日は雲がかかり，観察を行うことができなかった。

【観察の結果】

撮影した月の画像を印刷したあと，月の見え方をかき写した。図１は，７月22日，24日，26日それぞれの月の見え方をまとめたものである。

図１

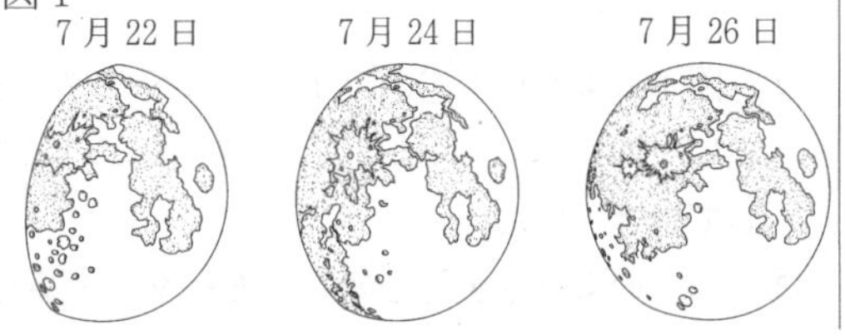

月を毎日同じ時刻に観察すると，月の見え方は変化し，[a] から [b] を通り [c] に月の位置が移っていった。

【さらに知りたいこと】

月の満ち欠けのしくみと皆既月食のしくみの違いは何だろうか。

1　[a] ～ [c] にあてはまる語の組み合わせとして最も適切なものを，次のページのア～エから一つ選び，記号で答えなさい。

ア　a 東　b 北　c 西　　イ　a 東　b 南　c 西
ウ　a 西　b 北　c 東　　エ　a 西　b 南　c 東

2　月の見え方について，次の問いに答えなさい。

(1)　月は自ら光を出さない天体であるが，肉眼で見ることができる。それはなぜか，「太陽の光が」のあとに続けて書きなさい。

(2)　図2は，地球の北極側から見たときの，地球と月および太陽の位置関係を表した模式図である。7月24日の月の位置として最も適切なものを，図2のア～クから一つ選び，記号で答えなさい。

図2

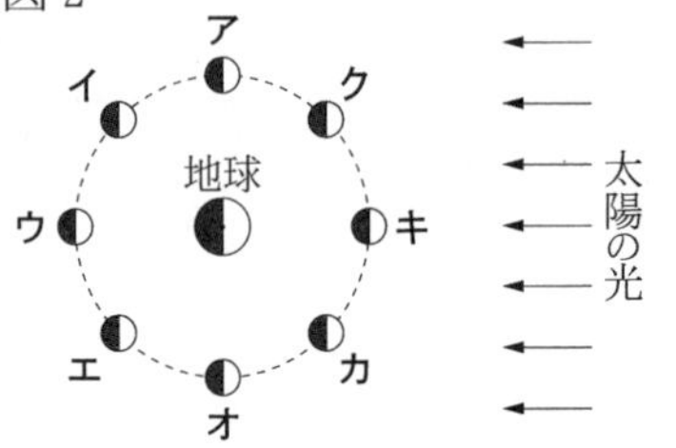

3　下線部について，月を毎日同じ時刻に観察すると，月の位置が移っていくのはなぜか，**公転**という語を用いて書きなさい。

4　次は，恵子さんが，さらに知りたいことについて，調べてまとめたものである。［d］，［e］にあてはまるものの組み合わせとして適切なものを，あとの**ア**～**エ**から一つ選び，記号で答えなさい。

> 月の満ち欠けも皆既月食も，地球と月および太陽の位置関係によって起こる。月がすべて欠けたように見える皆既月食は，［d］のとき，［e］ことで起こる。次に日本で皆既月食が観察できるのは，2021年5月26日である。今度はぜひ観察してみたい。

ア　d 新月　e 月が地球の影の中に入る
イ　d 新月　e 地球が月の影の中に入る
ウ　d 満月　e 月が地球の影の中に入る
エ　d 満月　e 地球が月の影の中に入る

5　里奈さんは，木炭（備長炭《びんちょうたん》）とアルミニウムはくを用いた木炭電池を知り，詳しく調べるために，次の①～④の手順で実験を行った。あとの問いに答えなさい。

【実験】

①　100gの水に20gの食塩をとかして食塩水をつくり，つくった食塩水でティッシュペーパーをしめらせた。

②　図1のように，①のティッシュペーパーを巻きつけた木炭に，アルミニウムはくA，Bを，たがいに触れないようにして巻きつけた。

③　図2のような装置を組み，モーターの導線をアルミニウムはくBと木炭につないだところ，モーターが回り始めた。

④　モーターを1時間回し続けたあと，アルミニウムはくA，Bをはずし，木炭に巻きつけたティッシュペーパーにフェノールフタレイン溶液を数滴たらして，アルミニウムはくA，Bが触れていた部分の色の変化をそれぞれ観察した。また，はずしたアルミニウムはくA，Bの様子をそれぞれ観察した。

図1

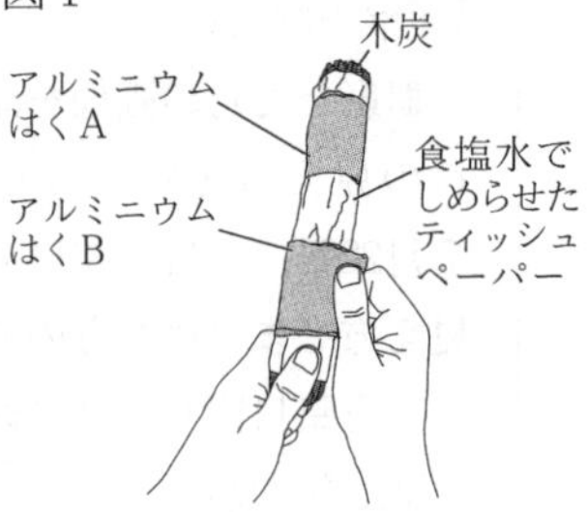

図2

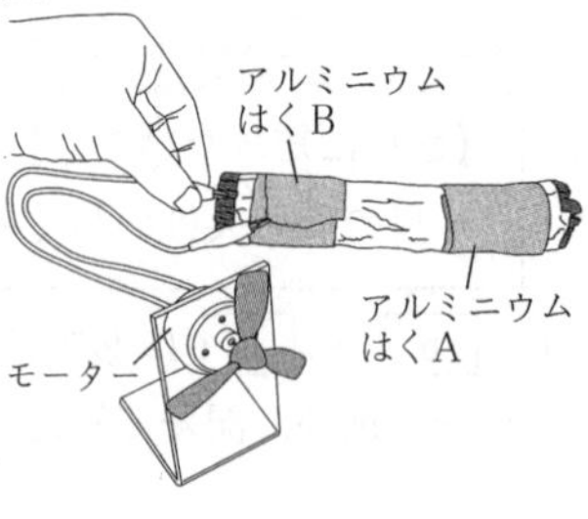

1　下線部について，100 g の水に20 g の食塩をとかした食塩水の質量パーセント濃度は何％か。小数第2位を四捨五入して，小数第1位まで求めなさい。

2　次は，里奈さんが，実験から考えられることや調べたことについてまとめたものであり，表は，実験結果である。あとの問いに答えなさい。

木炭の表面には，無数の小さな穴がある。木炭電池では，この小さな穴に入った酸素分子と水分子が電子を受けとるはたらきをする。

表

	アルミニウムはくA	アルミニウムはくB
ティッシュペーパーの色の変化	変化はなかった。	赤色に変わった。
アルミニウムはくの様子	変化はなかった。	ぼろぼろになった。

実験結果から，アルミニウム原子は1個あたり a 個の電子を放出してAl^{3+}になり，木炭の表面では酸素分子と水分子が電子を受けとってOH^{-}になっていたと考えられる。このとき，アルミニウムがもつ b エネルギーが電気エネルギーに変換されており，＋極は c となっている。

また，木炭電池のように，充電ができない電池は d とよばれる。木炭電池のように，空気中の酸素を利用する電池には他にどのようなものがあるか，さらに調べてみたい。

(1)　a にあてはまる数を書きなさい。また，b にあてはまる語を書きなさい。

(2)　c ，d にあてはまる語の組み合わせとして適切なものを，次の**ア**～**エ**から一つ選び，記号で答えなさい。

ア　c　アルミニウム　　d　一次電池　　**イ**　c　アルミニウム　　d　二次電池

ウ　c　木炭　　d　一次電池　　**エ**　c　木炭　　d　二次電池

3　空気中の酸素を利用する電池には燃料電池があり，燃料電池は環境に対する影響が少ないと考えられている。電気エネルギーを得る際に燃料電池で起こる反応を，化学反応式で書きなさい。

6　反応する物質の質量の関係について調べるために，鉄粉と硫黄を用いて，次の実験を行った。あとの問いに答えなさい。

【実験】　表のように鉄粉と硫黄をはかりとり，それぞれ乳鉢でよく混ぜ合わせた。混ぜ合わせたものを試験管A～Cそれぞれに入れ，ガスバーナーで十分に加熱して反応させた。表は，はかりとった鉄粉の質量と硫黄の質量をまとめたものである。

【結果】　試験管A～Cそれぞれにおいて，鉄粉と硫黄はすべて反応して硫化鉄ができた。

表

試験管	A	B	C
鉄粉の質量 (g)	1.75	3.50	5.25
硫黄の質量 (g)	1.00	2.00	3.00

図

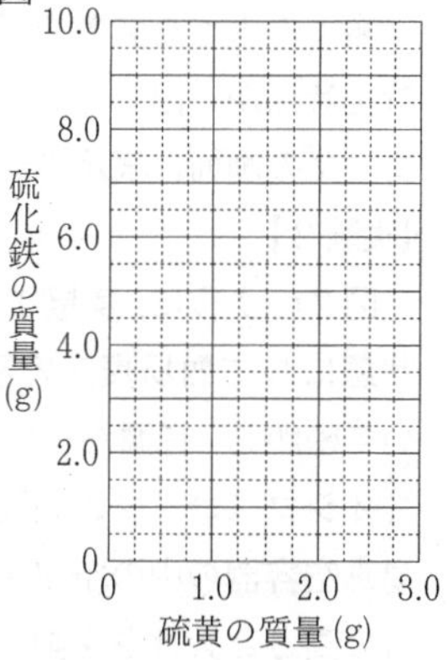

1　下線部について，硫化鉄を化学式で書きなさい。

2　試験管A～Cの結果をもとに，硫黄の質量と生じた硫化鉄の質量の関係を表すグラフを，図にかきなさい。

3　硫黄の質量は変えずに，鉄粉の質量をそれぞれ2倍にして同様の実験を行ったところ，反応後の物質にはいずれも未反応の鉄粉が含まれていた。未反応の鉄粉を含む反応後の物質にうすい塩酸を加えたときに発生する2種類の気体を，それぞれ物質名で書きなさい。

7 力学的エネルギーについて調べるために，図1のようなふりこを用いて，次の実験を行った。あとの問いに答えなさい。ただし，位置エネルギーの基準とする面をC点の高さとし，糸の重さや空気の抵抗は，無視できるものとする。また，糸は伸び縮みしないものとする。

【実験】 C点で静止しているおもりを，糸がたるまないようにしてC点から40cm高いA点まで持ち上げたあと静かにはなし，おもりの運動を観察した。

図1

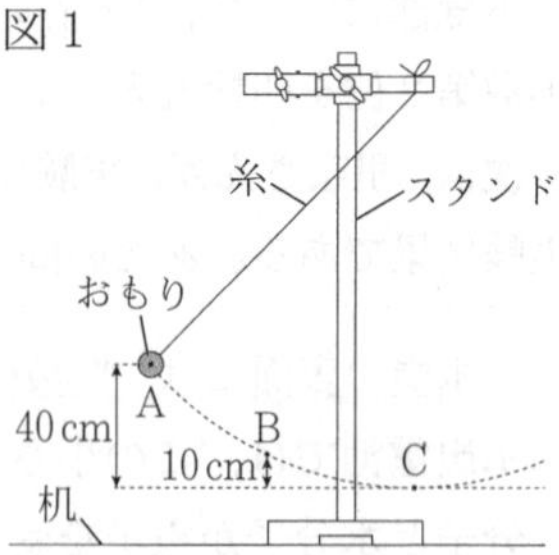

図2

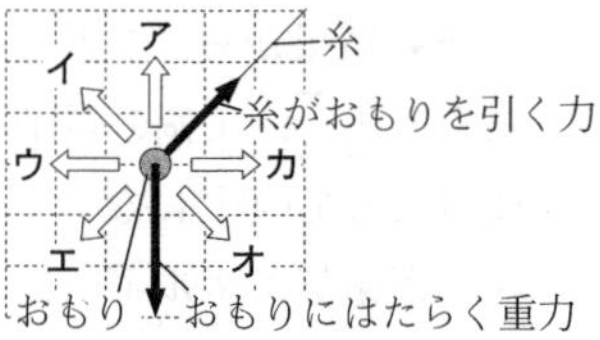

1 図2は，A点でおもりをはなした直後について，糸がおもりを引く力とおもりにはたらく重力をそれぞれ方眼上に ➡ で表したものである。これらの二つの力の合力の向きを ⇨ で表すとき，合力の向きとして最も適切なものを，図2の**ア**～**カ**から一つ選び，記号で答えなさい。

2 おもりは，A点からC点まで少しずつ速くなりながら移動した。次の問いに答えなさい。

(1) おもりをはなしてからの時間に対する，おもりのもつ力学的エネルギーと，おもりのもつ位置エネルギーの関係を模式的に表したグラフとして適切なものを，次の**ア**～**エ**から一つ選び，記号で答えなさい。

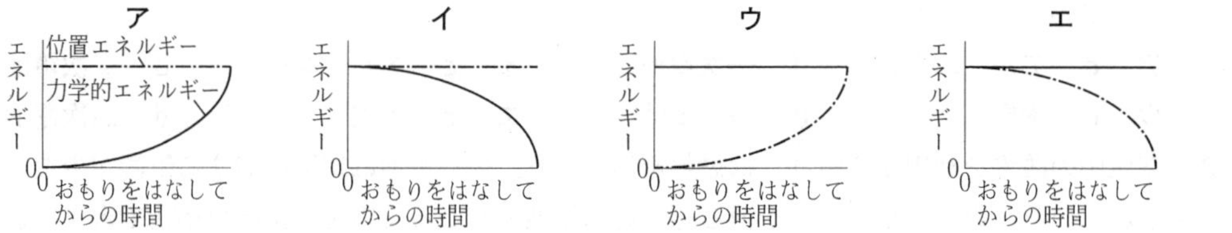

(2) おもりがC点を通過するときのおもりのもつ運動エネルギーは，おもりがB点を通過するときのおもりのもつ運動エネルギーの何倍か。小数第2位を四捨五入して，小数第1位まで求めなさい。

8 一郎さんは，空気がない宇宙空間では音が伝わらないと聞いたことから，音の伝わり方について調べるために，次の実験1，2を行った。あとの問いに答えなさい。

【実験1】

図1のような装置を組み，高さと大きさが一定の音を音源から出し，マイクロホンを通してオシロスコープの画面に表示させ，画面の様子を観察した。

図1

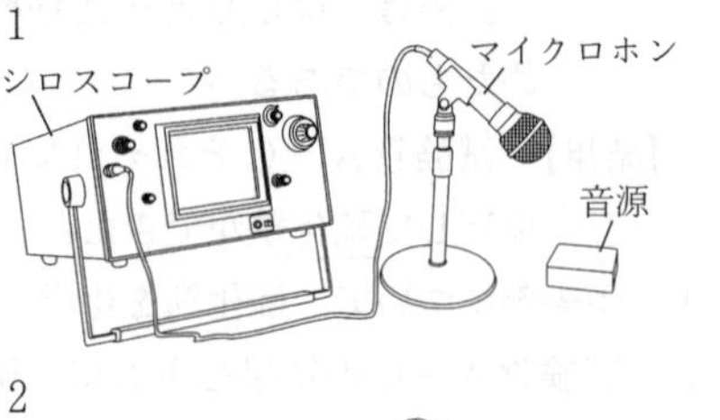

【実験2】

図2のように，実験1で用いた音源を音を出した状態にして簡易真空容器の中のスポンジの上に置いて密閉し，音源から出る音をマイクロホンを通してオシロスコープの画面に表示させた。その後，簡易真空容器の中の空気をぬきながら，音源から出る音の高さと大きさを調べ，オシロスコープの画面の

図2

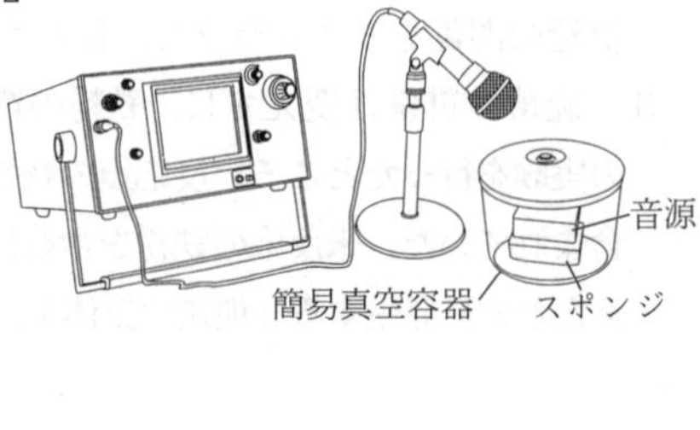

様子を観察した。

1　図3は，実験1におけるオシロスコープの画面を模式的に表したものである。ただし，画面の縦軸は振幅，横軸は時間を表している。次の問いに答えなさい。

図3

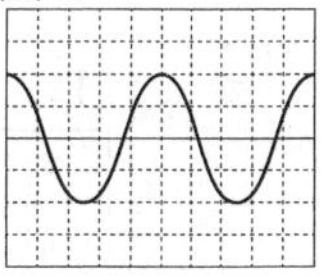

(1)　音源から出る音について，次は，一郎さんがまとめたものである。[a] にあてはまる数を書きなさい。また，[b] にあてはまるものとして適切なものを，あとのア～エから一つ選び，記号で答えなさい。

> 図3において，音源から出る音の振幅は [a] 目盛り分であり，1回の振動にかかる時間は5目盛り分である。横軸の1目盛りは0.001秒を示しているため，振動数は [b] である。

ア　100Hz　　**イ**　200Hz　　**ウ**　500Hz　　**エ**　1000Hz

(2)　実験2において，音源から出る音を聞くと，音の高さは変わらず，音の大きさがだんだん小さくなっていき，やがて聞こえなくなった。実験2におけるオシロスコープの画面の様子の変化を示したものとして最も適切なものを，次の**ア**～**エ**から一つ選び，記号で答えなさい。ただし，**ア**～**エ**のいずれにおいても，画面の縦軸は振幅，横軸は時間を表し，1目盛りの値は，図3と同じであるものとする。

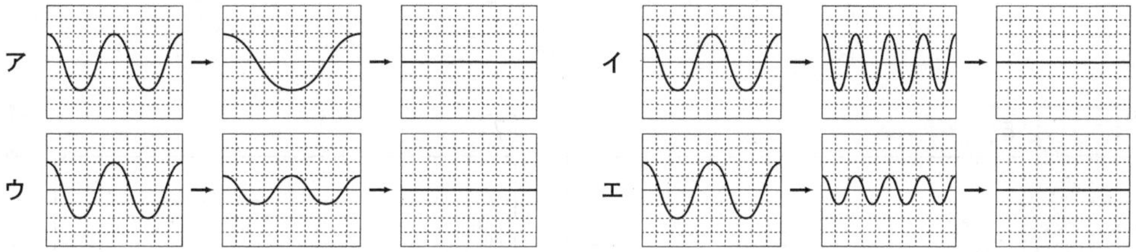

2　次は，実験1，2の結果をもとに，一郎さんが考えたことをまとめたものである。[c] にあてはまる言葉を，**振動**という語を用いて書きなさい。

> 実験1，2より，空気がないところでは音が伝わらないことがわかった。宇宙空間と同じように空気がないところとして水中もあるが，プールで水中にもぐっていても音は聞こえる。それは，[c] からである。

31

理 科 解 答 用 紙

受検番号		総得点	

□の欄には何も記入しないこと。

1 (/12)

			得点
1	a		/2
	b		/2
	c		/2
2	(1)		/3
	(2)		/3

2 (/13)

			得点
1			/2
2	a		/3
	b		/2
3		AA：Aa：aa＝　：　：	/3
4			/3

3 (/12)

		得点
1		/2
2		/4
3		/3
4		/3

4 (/13)

			得点
1			/2
2	(1)	太陽の光が	/3
	(2)		/3
3			/3
4			/2

5 (/12)

				得点
1			%	/3
2	(1)	a		/2
		b		/2
	(2)			/2
3				/3

6 (/13)

		得点
1		/3
2	図 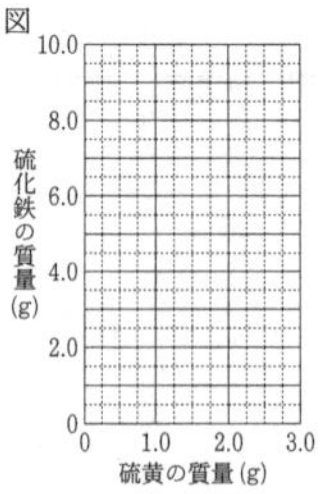	/4
3		/3
		/3

7 (/12)

			得点
1			/4
2	(1)		/4
	(2)	倍	/4

8 (/13)

				得点
1	(1)	a		/3
		b		/3
	(2)			/3
2				/4

※この解答用紙は200％に拡大していただきますと，実物大になります。

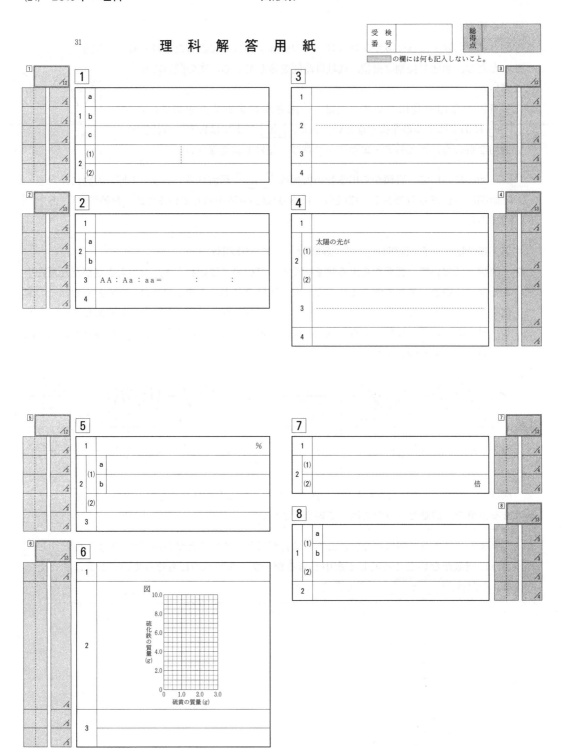

＜社会＞

時間　50分　　満点　100点

[1] 美月さんは，世界の国々を調べる授業で，略地図Ⅰ中のA国～D国と日本に関連することについて調べました。あとの問いに答えなさい。

【略地図Ⅰ】

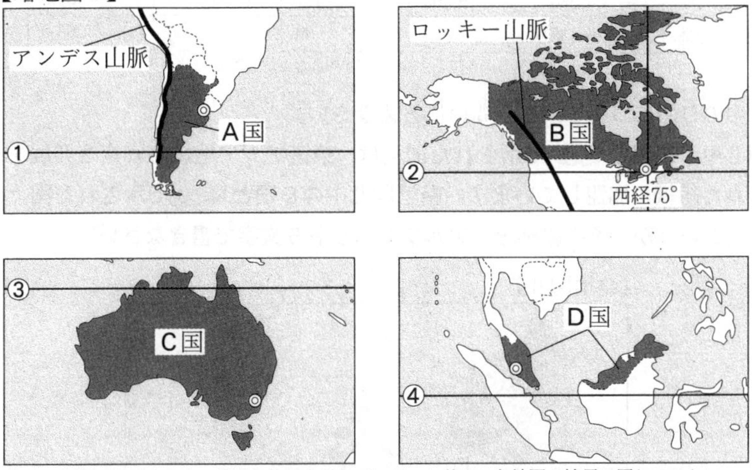

注1：略地図Ⅰ中の◎は，首都の位置を示している。　注2：各地図の縮尺は同じではない。

1　略地図Ⅰ中の①～④の緯線のうち，南緯15度の緯線にあたるものはどれか，①～④から一つ選び，番号で答えなさい。

2　略地図Ⅰ中のA国とB国について，A国の西側にはアンデス山脈があり，B国の西側にはロッキー山脈があります。アンデス山脈やロッキー山脈，日本列島を含む造山帯を何というか，書きなさい。

3　略地図Ⅰ中のA国について，資料Ⅰは，A国の首都の周辺に広がる大平原の様子です。資料Ⅰの大平原を何というか，次のア～エから一つ選び，記号で答えなさい。

【資料Ⅰ】

ア　プレーリー

イ　グレートプレーンズ

ウ　パンパ

エ　セルバ

4　略地図Ⅰ中のB国について，次は，美月さんが，日本とB国の首都との時差についてまとめたものです。適切なまとめになるように，[X] にあてはまる数字を書きなさい。

> 日本は東経135度の経線を標準時の基準としているが，B国の首都は略地図Ⅰ中の西経75度の経線を標準時の基準としているため，日本とB国の首都との時差は [X] 時間である。

5　次のページの資料Ⅱは，A国～D国と日本を比較するために，人口や国土面積などについてまとめたものです。次のページのア～エは，A国～D国のいずれかです。C国にあたるものを，ア～エから一つ選び，記号で答えなさい。

【資料Ⅱ】　（2014年）

	人口（千人）	国土面積（千 km^2）	農地面積（千 km^2）		国土面積に占める森林の割合（%）
			耕地・樹園地	牧場・牧草地	
ア	41,803	2,780	402	1,085	9.9
イ	23,630	7,692	473	3,590	16.1
ウ	30,188	330	76	3	67.1
エ	35,525	9,985	507	146	34.8
日本	126,435	378	39	6	66.0

（『世界国勢図会　2017／18年版』などから作成）

6　略地図Ⅰ中の**D**国について，次の問いに答えなさい。

(1)　略地図Ⅱ中の**D**国とで示された国々は，東南アジア地域の安定と発展を求めて1967年に設立された組織に加盟しています。略地図Ⅱ中の**D**国とで示された国々が加盟するこの組織を何というか，その略称を，**アルファベット5文字**で書きなさい。

【略地図Ⅱ】

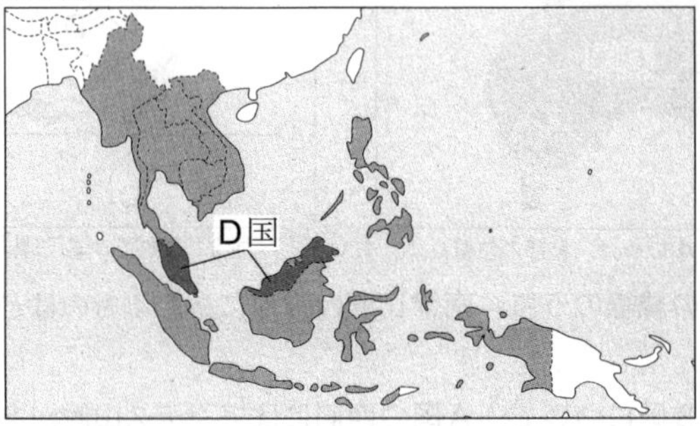

(2)　資料Ⅲは，1980年と2016年における**D**国のおもな輸出品の割合と輸出総額を表しています。次は，美月さんが，資料Ⅲから考えたことをまとめたものです。 Y にあてはまる言葉を，**工業化**という語を用いて書きなさい。

【資料Ⅲ】　D国のおもな輸出品の割合と輸出総額

（1980年）

輸出品	%
原油	23.8
天然ゴム	16.4
木材	14.1
その他	45.7
輸出総額	129億ドル

（2016年）

輸出品	%
機械類	41.4
石油製品	6.6
パーム油	4.8
その他	47.2
輸出総額	1,894億ドル

（『日本国勢図会　2018／19年版』などから作成）

2016年の輸出総額は，1980年の輸出総額に比べて，約15倍になっている。おもな輸出品をみると，1980年の輸出品の上位は，原油や天然ゴムであったが，2016年の輸出品の上位は，［　　Y　　］と考えられる。

2　都道府県を調べる授業で，浩司さんは九州地方について調べました。地図や資料は，そのときまとめたものです。次の問いに答えなさい。

【略地図Ｉ】

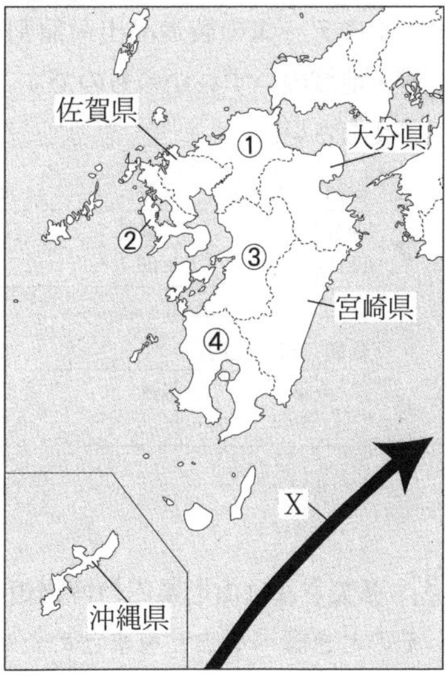

1　略地図Ｉ中のＸの矢印は，赤道付近から北上し九州地方の東を流れる海流を示しています。Ｘで示される海流を何というか，書きなさい。

2　資料は，略地図Ｉ中の①～④の県における，人口や野菜の産出額などについてまとめたものです。**A**～**D**は，①～④の県のいずれかです。**A**にあたる県を，①～④から一つ選び，番号で答えなさい。また，県名も書きなさい。

【資料】　　(2015年)

	人口（千人）	野菜の産出額（億円）	畜産の産出額（億円）	海面漁業漁獲量（t）
A	1,648	557	2,837	77,525
B	5,102	801	421	35,117
C	1,377	520	495	295,998
D	1,786	1,273	1,115	20,345

（『データでみる県勢　2018年版』から作成）

3　略地図Ⅱ中の○は，宮崎県の県庁所在地の位置を示しています。宮崎県の県庁所在地の雨温図を表したグラフとして適切なものを，次の**ア**～**ウ**から一つ選び，記号で答えなさい。また，選んだ理由を書きなさい。

【略地図Ⅱ】

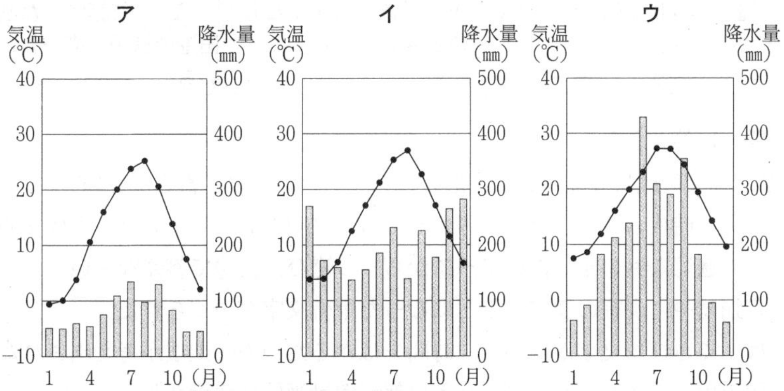

（『理科年表　平成28年』から作成）

4　略地図Ｉ中の大分県の南東部には，もともと山地の谷であった部分に，海水が入りこんでできた，小さな岬と湾がくり返す入り組んだ海岸がみられます。大分県の南東部にみられる，このような海岸のことを何というか，書きなさい。

5　浩司さんは，佐賀県では二毛作がさかんに行われていることを知り，佐賀県内の，ある耕地について調べました。メモは，そのときまとめたものの一部です。二毛作とは農作物をどのように栽培する方法

【メモ】　同じ耕地における１年間の利用状況

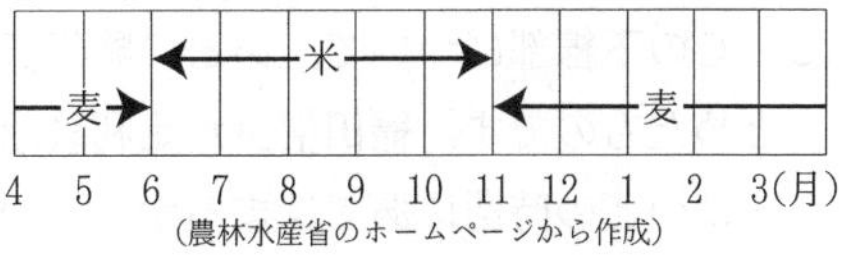

（農林水産省のホームページから作成）

か，メモをふまえて書きなさい。

6 次のア～エの製造品出荷額割合のグラフは，北九州，瀬戸内，阪神，中京の，四つの工業地帯・地域のいずれかのものです。北九州工業地帯にあたるものを，ア～エから一つ選び，記号で答えなさい。

ア 総額 54.6 兆円

金属	機械	化学	食料品	その他
10.1%	66.7	8.0	4.7	10.5

イ 総額 31.0 兆円

金属	機械	化学	食料品	その他
19.0%	33.2	24.8	7.4	15.6

ウ 総額 31.7 兆円

金属	機械	化学	食料品	その他
21.4%	35.6	17.7	10.9	14.4

エ 総額 8.5 兆円

金属	機械	化学	食料品	その他
17.9%	41.1	7.3	16.5	17.2

(『日本国勢図会 2017／18年版』から作成)
注：グラフのデータは2014年のものである。

3 弘美さんは山形県内の博物館などを巡って，山形県の文化財について調べました。次の表は，そのとき調べたことをまとめたものです。表を見て，あとの問いに答えなさい。

【表】	A	B	C	D
まとめ				
	これは，舟形町の西《にし》ノ《の》前《まえ》遺跡から出土した X で，縄文の女神とよばれている。縄文時代中期のものとされている。	これは，寒河江市の慈恩寺《じおんじ》の釈迦如来坐像《しゃかにょらいざぞう》である。鎌倉時代につくられた仏像の一つである。	これは，米沢市の上杉博物館の洛中洛外図《らくちゅうらくがいず》屏風《びょうぶ》である。織田信長が上杉謙信に贈ったものとされている。	これは，酒田市の本間美術館の酒田袖之浦《そでのうら》・小屋之浜之図《こやのはまのず》である。 Y で繁栄した酒田港の様子が描かれている。

1 Aに関連して，次の問いに答えなさい。

(1) X にあてはまる，縄文時代につくられた人形のことを何というか，書きなさい。

(2) 下線部に関連して，縄文時代のころには，世界各地で古代文明がおこりました。古代文明について述べた内容として適切なものを，次のア～エから一つ選び，記号で答えなさい。

ア 中国文明では，青銅器や，現在の漢字のもとになった甲骨文字がつくられた。
イ インダス文明では，くさび形文字が使われ，時間をはかるための60進法が考え出された。
ウ メソポタミア文明では，モヘンジョ・ダロなどの都市が計画的に建設された。
エ エジプト文明では，チグリス川のはんらんの時期を知るために，太陰暦がつくられた。

2 Bの下線部に関連して，鎌倉幕府において，将軍と御家人は，御恩と奉公による主人と家来の主従関係によって結ばれていました。御家人は奉公としてどのようなことを行ったか，具体的に一つ書きなさい。

3 Cの下線部について，あとの略年表は，弘美さんが，織田信長に関連するできごとについてまとめたものです。織田信長が足利義昭を京都から追放し，室町幕府が滅んだのは，略年表中のア～エのどの時期にあてはまるか，一つ選び，記号で答えなさい。

【略年表】

年		できごと
1534		尾張で生まれる
	ア	
1549		日本にキリスト教が伝わる
	イ	
1560		桶狭間の戦いで今川義元を破る
	ウ	
1577		安土の城下町に楽市令を出す
	エ	
1582		本能寺で明智光秀に討たれる

4　Dについて，Y にあてはまる，西まわり航路を行き来し，日本海沿岸の港と大阪を結んで物品を運んだ船は何とよばれるか，書きなさい。

5　次は，弘美さんが，A～Dなどの文化財がどのように保護されているか調べ，まとめたものです。適切なまとめになるように，a にあてはまる言葉を書きなさい。

> 国は有形文化財のうち重要なものを重要文化財に指定し，さらに，縄文の女神や洛中洛外図屏風など，世界的にも特に価値の高いものを a に指定し，保護している。

4　次の略年表は，近現代における，交通を中心としたわが国の動きをまとめたものです。略年表を見て，次の問いに答えなさい。

【略年表】

年		できごと	
1872		新橋と X の間に初めて鉄道が開通する	①
1906		南満州鉄道株式会社が設立される	②
1914		東京駅が開業する	③
1927		日本で初めて地下鉄が開通する	
1956		造船竣工量が世界一となる	
	A		
1973		石油危機がおこる	
1980		自動車生産台数が世界一となる	
	B		
2010		羽田空港に32年ぶりに国際定期便が就航する	

1　略年表中の①について，次の問いに答えなさい。

(1)　X にあてはまる地名を書きなさい。

(2)　略年表中の①より前におこったできごととして適切なものを，次のア～エから一つ選び，記号で答えなさい。

ア　和歌山県沖でノルマントン号事件がおこる

イ　日本の軍艦が砲撃される江華島事件がおこる

ウ　下関砲台が４か国の連合艦隊に占領される

エ　ワシントン会議で列強海軍の軍備が制限される

2　次は，略年表中の②についてまとめたものです。a にあてはまる言葉を書きなさい。

1905年に結ばれたポーツマス条約において，ロシアは，長春と旅順の間の［ a ］ことを認めた。その後，日本は南満州鉄道株式会社を設立した。

3 略年表中の③に関連して，東京駅を建設することは，1896年に帝国議会で決定されました。帝国議会におかれた二院のうち，皇族や華族，天皇が任命する議員などで構成される機関を何というか，書きなさい。

4 略年表中のAの時期の日本における，経済の急速な発展は何とよばれるか，書きなさい。

5 略年表中のBの時期について，次の問いに答えなさい。

⑴ 資料は，1986年から2004年までの日本企業による自動車の国内生産台数と海外生産台数についてまとめたものです。資料にもとづいて，国内生産台数と海外生産台数の変化を示すグラフを完成させなさい。

【資料】 （単位 十万台）

年	国内生産台数	海外生産台数
1986	123	11
1989	130	23
1992	125	38
1995	102	56
1998	100	54
2001	98	67
2004	105	98

（『数字でみる日本の100年』から作成）

⑵ 次は，資料にみられるような生産の変化が，国内の産業に与える影響についてまとめたものです。［ b ］，［ c ］にあてはまる言葉の組み合わせとして適切なものを，あとのア～エから一つ選び，記号で答えなさい。

【グラフ】

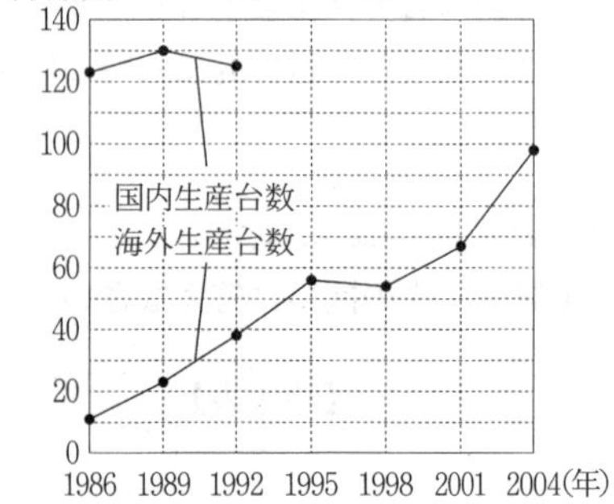

国内の製造業などが海外へ生産拠点を移転させることによって，国内の雇用が［ b ］し，製造業などの生産能力が弱まることは，「産業の［ c ］」とよばれ，国内の産業に与える影響が大きい。

ア b 増加 c 空洞化　　イ b 増加 c 流動化
ウ b 減少 c 流動化　　エ b 減少 c 空洞化

5 雄太さんは，国会，内閣，裁判所と，三権分立のしくみについて調べました。ポスターは，そのとき調べたことをまとめたものの一部です。あとの問いに答えなさい。

【ポスター】

	まとめ
国会	○ 国会は，国の唯一の立法機関である。 ○ 法律案は，内閣または国会議員から提出され，専門の委員会と本会議において審議される。
内閣	○ 行政権は，内閣に属する。 ○ 内閣総理大臣とすべての国務大臣で構成される閣議を開いて，行政の運営について決定する。
裁判所	○ 司法権は，最高裁判所および下級裁判所に属する。 ○ 最高裁判所は，違憲審査権を行使して法律などを最終的に無効にすることができ，［ X ］とよばれる。

三権分立のしくみ

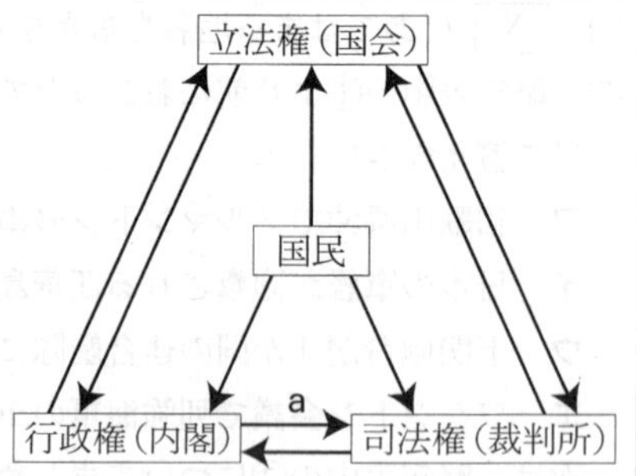

1　国会について，次の問いに答えなさい。

(1)　内閣が必要と認めたとき，または，国会のいずれかの議院の総議員の4分の1以上の要求があった場合に召集される国会の種類を書きなさい。

(2)　下線部について，雄太さんは，法律案が，衆議院で可決され，参議院で否決された場合，どのような経過を経れば成立するのかを，日本国憲法に定められていることをもとに，図のようにまとめました。A にあてはまる言葉を書きなさい。

【図】

衆議院で可決され，参議院で否決された法律案
- →衆議院で，出席議員の A の多数で再び可決されたとき→成立
- →両議院の協議会が開かれ，そこで修正案がつくられ，その案が両議院で可決されたとき→成立

2　内閣は，国会の信任にもとづいて成立し，国会に対して連帯して責任を負います。このような，内閣が国会に対して連帯して責任を負う制度を何というか，書きなさい。

3　ポスター中の X にあてはまる言葉として適切なものを，次のア～エから一つ選び，記号で答えなさい。

ア　国権の最高機関　　イ　弾劾裁判所　　ウ　憲法の番人　　エ　民主主義の学校

4　三権分立のしくみについて，次の問いに答えなさい。

(1)　ポスター中のaの矢印が示す内容として適切なものを，次のア～エから一つ選び，記号で答えなさい。

ア　最高裁判所長官の指名　　イ　内閣総理大臣の指名

ウ　国民審査　　エ　衆議院の解散の決定

(2)　次は，雄太さんが，三権分立についてまとめたものです。Y ，Z にあてはまる言葉を，それぞれ書きなさい。

三権分立とは，立法権，行政権，司法権をそれぞれ別の機関に与えることで，Y を防ぎ，国民の Z という考え方です。

6　敦さんは，「私たちと経済」について学習し，企業についてさまざまな面から調べました。カードA～Cはそのときまとめたものの一部です。あとの問いに答えなさい。

カードA	カードB	カードC
生産活動について	市場経済について	社会的責任について
生産活動をするためには，企業の店舗や工場を建てる土地，①労働力だけでなく，工場や機械，②経営資金などの資本が必要である。	市場経済において，同じような商品を提供する企業どうしが競争している。健全な競争をうながすために，独占禁止法が制定されている。	X 型社会の実現に向けて，3Rを推進することが求められている。また，教育や文化などの分野で社会貢献を行う企業が増えている。

1　カードAについて，次の問いに答えなさい。

(1)　下線部①に関連して，労働三法のうち，労働時間，休日，賃金などの労働条件について定めた法律は何か，書きなさい。

(2)　下線部②に関連して，株式会社は，株式を発行して集められた資金をもとに設立されます。

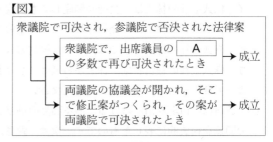

株式会社について述べた内容として適切なものを，次の**ア**～**オ**から**二つ**選び，記号で答えなさい。

ア　株式会社の配当金とは，集められた資金から経営者に支払われるお金のことである。

イ　株式会社の株主は，会社が倒産しても出資した金額までしか負担を負わない。

ウ　株式会社の株式は，発行されたときの値段でしか売ることができない。

エ　株式会社の株主総会では，株主が経営方針について議決することができる。

オ　株式会社の経営者は，株主から選ばれなければならない。

2　カードBについて，次の問いに答えなさい。

(1)　資料は，市場経済における，ある商品の価格と需要量，供給量の関係を模式的に表したものです。次は，敦さんが資料を見てまとめたものです。［ a ］にあてはまる言葉を書きなさい。

【資料】

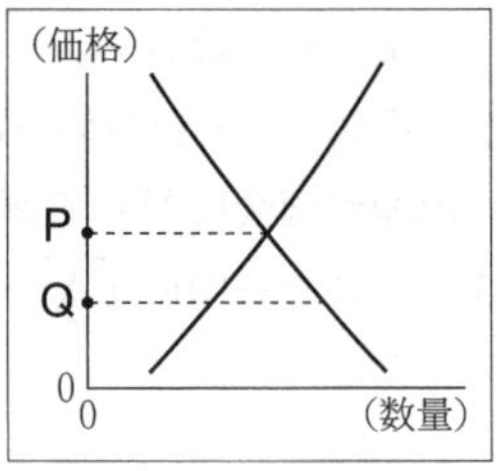

ある商品の価格がQのときには，価格は上昇し，［ a ］する均衡価格のPに徐々に近づいていくと考えられる。

(2)　下線部について，独占禁止法を実際に運用して，市場を監視する機関を何というか，書きなさい。

3　カードCについて，次の問いに答えなさい。

(1)　メモは，山形県で使われているマークについて，敦さんがまとめたものです。カードCとメモの［ X ］にあてはまる言葉を，**漢字2字**で書きなさい。

【メモ】

右のマークは，「山形県リサイクルシステム認証制度」と「山形県リサイクル製品認定制度」の二つの制度で使われている。山形県では，資源が［ X ］する地域社会を目指して，二つの制度を実施している。

(2)　企業の社会的責任について述べた内容として適切なものを，次の**ア**～**エ**から一つ選び，記号で答えなさい。

ア　介護報酬や社会保険診療報酬の金額を決定すること。

イ　働いている人の雇用や消費者の安全を守ること。

ウ　道路や港湾などの社会資本を整備するために公債を発行すること。

エ　顧客の個人情報や経営実績に関する情報をすべて公開すること。

31

社会解答用紙

受検番号		総得点	

の欄には何も記入しないこと。

1

			配点
1			/2
2			/2
3			/2
4			/3
5			/3
6	(1)		/3
	(2)		/3

/18

2

			配点
1			/2
2	番号	県名　　　県	/3
3	記号	理由	/3
4			/3
5			/3
6			/3

/17

3

			配点
1	(1)		/2
	(2)		/3
2			/3
3			/3
4			/3
5			/3

/17

4

			配点
1	(1)		/2
	(2)		/3
2			/3
3			/2
4			/2
5	(1)	【グラフ】	/3
	(2)		/3

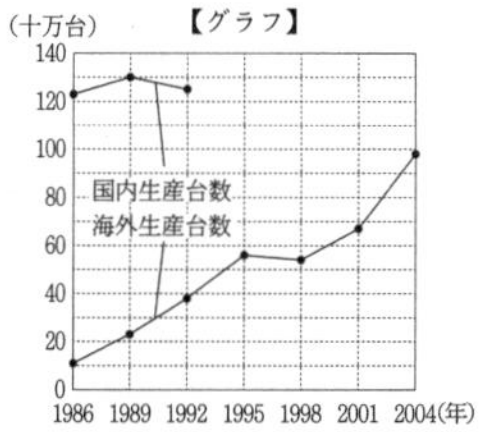

/18

5

			配点
1	(1)		/2
	(2)		/2
2			/2
3			/2
4	(1)		/3
	(2)	Y	/2
		Z	/2

/15

6

			配点
1	(1)		/2
	(2)		/2
			/2
2	(1)		/3
	(2)		/2
3	(1)		/2
	(2)		/2

/15

※この解答用紙は200％に拡大していただきますと，実物大になります。

31

国語解答用紙

受検番号	

総得点	

の欄には何も記入しないこと。

一

問七	問六 II	問六 I	問五	問四	問三	問二	問一 b	問一 a
/5	/4	/2	/4	/4	/2	/2	/2	/2
							さえて	

/27

二

問七	問六	問五 II	問五 I	問四	問三	問二	問一 b	問一 a
/6	/4	/2	/2	/4	/3	/2	/2	/2
							かれる	

/27

三

問五	問四	問三	問二	問一
/3	/4	/4	/2	/2

/15

四

問二	問一 5	問一 4	問一 3	問一 2	問一 1
/3	/2	/2	/2	/2	/2
				く	

/13

五

(3)	(2)	(1)
/3	/6	/9
A B C	A B C D	A B C D
A B C	A B C D	A B C D

/18

240字 200字 100字

※この解答用紙は200％に拡大していただきますと、実物大になります。

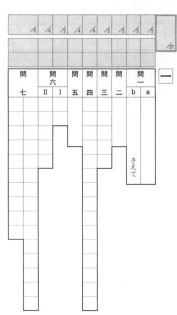

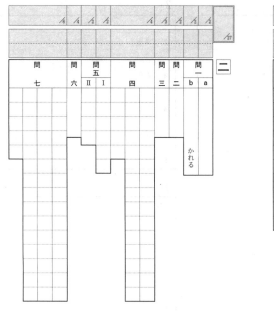

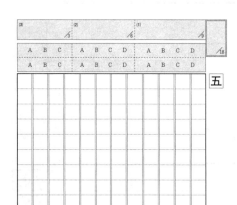

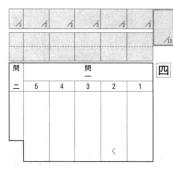

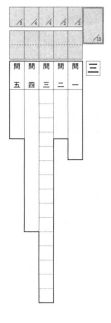

Aさん　いいアイディアだね。

ア「中学生の学習」というテーマで、生徒が授業で学習している様子を

イ「中学校の部活動」というテーマで、生徒が各部で活動する様子を

ウ「中学校の行事」というテーマで、生徒が参加する学校行事の様子を

エ「中学生の一日」というテーマで、生徒が学校で生活する一日の様子を

五　下のグラフA、Bは、全国の十六歳以上の男女を対象にした「国語に関する世論調査」の中の、「あなたは、毎日使っている日本語を大切にしていますか」という質問に対する回答結果を表したものです。

これらのグラフを使って、まとまりのある二段落構成の文章を書きなさい。第一段落には、グラフを見て気づいたことを書きなさい。それをふまえ、第二段落には、あなたがこれからの生活で心がけたいことを、自身の体験や見聞きしたことを含めて書きなさい。

ただし、あとの《注意》に従うこと。

《注意》

◇「題名」は書かないこと。

◇二段落構成とすること。

◇二〇〇字以上、二四〇字以内で書くこと。

◇文字は、正しく、整えて書くこと。

◇グラフの数値を使う場合は、次の例にならって書くこと。

例　四三%　五〇%

グラフA

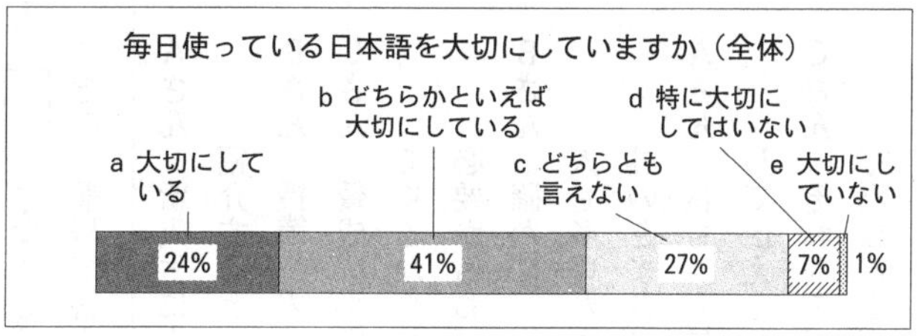

グラフB

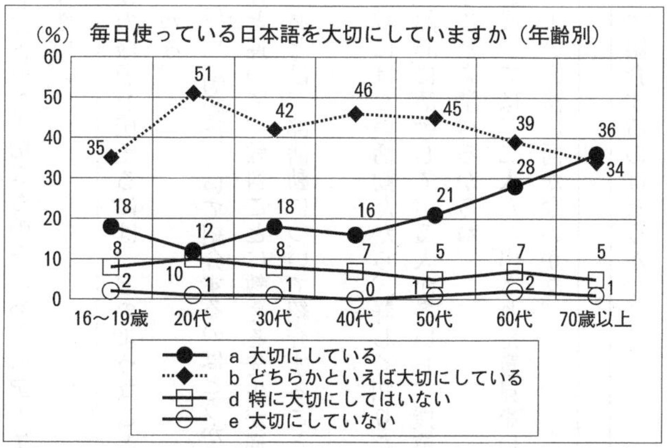

注：年代は回答者の年齢を示す。
グラフBは「c どちらとも言えない」を除いたものである。
（「平成29年度　国語に関する世論調査」から作成）

れけるもおかし。

〈『軽口ひやう金房』による〉

問一 〰〰部「やうやう」を現代かなづかいに直し、すべてひらがなで書きなさい。

問二 ═══部①「ゆきけり」、②「云ひて」の主語の組み合わせとして最も適切なものを、次の**ア**～**エ**から一つ選び、記号で答えなさい。

ア ① 飛脚とかごかき ② かごかき
イ ① 飛脚とかごかき ② 飛脚
ウ ① かごかき ② 飛脚とかごかき
エ ① 飛脚 ② 飛脚とかごかき

問三 ――部1について、飛脚は、どのようなことをしかっていると考えられますか。現代語で十五字以内で書きなさい。

問四 ――部2を、次のような形でまとめたとき、□に入る適切な言葉を、現代語で書きなさい。

とても急いではいるが、□ので、これ以上急ぐことができないということ。

問五 ――部3は、だれの、どのような行為ですか。その説明として最も適切なものを、次の**ア**～**エ**から一つ選び、記号で答えなさい。

ア かごかきの、一刻を争う事態に飛脚を乗せるのを忘れて走った行為。
イ かごかきの、飛脚との話に夢中になりかごを茶屋に置き忘れた行為。
ウ 飛脚の、あせるあまりにかごに乗らずかごかきと一緒に走った行為。
エ 飛脚の、かごかきの命令通りにかごからおりてかごをかついだ行為。

四 次の問いに答えなさい。

問一 次の1～5の═══部のカタカナの部分を、漢字で書きなさい。なお、楷書で丁寧に書くこと。

1 彼の才能にシタを巻く。
2 地元企業の内定通知がトドく。
3 要点をカンケツに述べる。
4 郷土の偉人をソンケイする。
5 よそ行きのフクソウに着替える。

問二 次は、中学校の生徒会役員三人が、新入生に向けて行う学校紹介の内容について話し合っている場面です。話し合いの流れをふまえ、□に入る言葉として最も適切なものを、あとの**ア**～**エ**から一つ選び、記号で答えなさい。

Aさん 新入生に本校の様子を伝えるには、どのようなことを紹介するといいかな。
Bさん 授業やテストなど、勉強について紹介するのはどうかな。
Cさん 賛成。小学校と違って、教科ごとに教える先生が違ってくるからね。あとは、部活動について紹介することも必要かもね。
Bさん 確かに、小学校にはない活動だから、詳しく知りたい人も多いかも。熱心に活動している人が多いし、授業以外のさまざまなことを学べるからね。
Aさん 私も二人に賛成。では、二人から出された意見をいかして伝えられるよい方法は何かないかな。
Cさん それなら、□、写真などを交えて紹介するのはどうかな。

理由を、次のような形で説明したとき、□に入る適切な言葉を、本文に即して十五字以内で書きなさい。

> 桐谷くんに□ようにするため。

問五　――部3から、「さっこちゃん」と「朝子おばさん」はどのような親子関係であると読み取れますか。その説明として最も適切なものを、次の**ア**～**エ**から一つ選び、記号で答えなさい。

ア　娘をとがめる言葉を笑いながら言うような、相手に気がねなく本音を言える関係。

イ　娘をとがめる言葉を遠まわしに言うような、相手に気持ちをうまく伝えられない関係。

ウ　娘をとがめる言葉を面と向かって言うような、相手に不信感を抱いている関係。

エ　娘をとがめる言葉を冗談まじりに言うような、相手に気をつかい遠慮する関係。

問六　――部4について、このような行動を取った「さっこちゃん」の気持ちを、次のような形で説明したとき、［Ⅰ］に入る適切な言葉を、本文中から二字で抜き出して書き、［Ⅱ］に入る適切な言葉を、五字以内で書きなさい。

> 映画館を始めることに、周囲の人々から［Ⅰ］されていたが、初日の上映を成功させることができて、［Ⅱ］気持ち。

問七　「さっこちゃん」が映画館を始めた理由について、国語の授業で次のような話し合いが行われました。□に入る適切な言葉を、二十五字以内で書きなさい。

> **Aさん**　父の「洋史」さんが「ぽかんとした」という表現から、「さっこちゃん」が映画館を始めた理由が、「洋史」さんには理解されていなかったみたいだね。
>
> **Bさん**　そうだね。その前の「さっこちゃん」と「洋史」さんの会話から、「さっこちゃん」が映画館を始めた理由は、□ためだと考えられるよね。

二

※問題に使用された作品の著作権者が二次使用の許可を出していないため、問題を掲載しておりません。

三

次の文章を読んで、あとの問いに答えなさい。

飛脚《ひきゃく》（手紙などをとどける職業）、大津《おほつ》にて京までかごかりけり（人がかつぐ乗り物を走らせた）。随分随分急ひで弐百文《もん》にねをして（二百文の値段をつけて）、いきなしに（一気に）くるはづなれども、さすがかごかいて（そうはいってもかごをかついでいるので）、そのやうにもならず。やうやうやつと茶屋まで①ゆきけり。飛脚云《い》ふやう、「をれは急ぐによつて、弐百文出して、かつて来たが、かやうにおそくてはならん。」と云ひ、1しかりければ、かごかき（かごをかつぐ人）の云ふやうは、「2随分は急ぎますれども、こなた（あなた）がおもいによつて。」と云ふ。「そんなら、からかごなら、走るか。」「なかなか（もちろん）。走りましやう。」と云ふ。「そんならおりよ。」と②云ひて、われも一緒に走りけるとかや。

評にいはく、3急ぎにこころとられ、われがかごにのること、わす

ら、うれしそうに映画について語っている。若い男の人と女の人は、ブックコーナーへ向かっていった。

きのうまで、だれもいなかった「風のシネマ」に、こんなにお客さんがいる。そして、どのお客さんもいい表情をしている。

さっこちゃん……これがやりたかったんだ……。

さっこちゃんとキッチンへもどると、父がコーヒーを淹《い》れ、朝子おばさんがカップを洗っていた。

「お母さん、思ったよりお客さんがいっぱい来て良かったねえ。」

3「何よ、思ったより、って失礼だねえ。」

さっこちゃんが笑って朝子おばさんをにらむ。

「だって、こんな島の、中心からはずれた坂道の途中にある映画館に、こんなに人が来てくれるなんてねえ……。」

朝子おばさんがこそっと私に言った。

「史織、最初はね、みんな反対したんだよ。こんなところで映画館なんてやっても、絶対お客さんが来ないって。」

「ご心配、ありがとうございます。でも、やってみなくちゃ、わからないじゃない。」

さっこちゃんはおどけて言うと4胸を張った。

「老後にお金をとっとけって言ったのにねえ。映画館につぎ込んじゃって。」

朝子おばさんはブツブツ言いながら手早くカップをふく。

「もう、立派な老後ですから。」

さっこちゃんが口をとがらせる。

父が二人のやりとりをさえぎるように言った。

「母さん、今度は新潟の映画館でやってるような、大ヒットしてる＊エンタメ映画も上映したら、どんどんお客さんが来るんじゃないか？」

さっこちゃんは、肩をすくめて首をふった。

「あのねえ、洋史。私は新潟や東京でヒットしてる映画をここで見てもらおうっていう理由で、始めたんじゃないんだよ。」

父が「へっ？」という顔でさっこちゃんを見た。

「ヒットしてなくても、昔の作品でも、私が好きで好きで、みんなに見てほしいって思う映画を上映したいの。」

父は一瞬ぽかんとしたあと、「よっ、母さんかっこいい。」と拍手した。

さっこちゃんはやれやれという感じで笑うと、別のテーブルへ向かった。

〈高田由紀子『君だけのシネマ』による。一部省略がある。〉

〔注〕＊「人生フルーツ」＝映画の題名。

＊エンドロール＝映画の最後に出演者・制作者などの氏名を示す字幕。

＊桐谷くん＝「私」の親戚。記録係として動画を撮影している。

＊藤原さん＝藤原いちか。「私」のクラスメイト。

＊エンタメ映画＝エンターテインメント映画の略。娯楽映画のこと。

問一　══部a、bの漢字の読み方を、ひらがなで書きなさい。

問二　〰〰部における「さりげなく」の意味として最も適切なものを、次のア～エから一つ選び、記号で答えなさい。

ア　鮮明に　　イ　突然に　　ウ　自然に　　エ　的確に

問三　——部1とあるが、本文には、映画館に起こった拍手の様子を、直喩を用いて表している一文があります。その一文を、本文中からさがし、その最初の五字を、抜き出して書きなさい。

問四　——部2について、「藤原さん」が「うつむいたまま」でいた

＜国語＞

時間　五〇分　　満点　一〇〇点

一　次の文章を読んで、あとの問いに答えなさい。

佐渡島に住む中学二年生の「私」（風間史織《かざましおり》）は、父の「洋史《ひろし》」や叔母の「朝子《あさこ》」とともに、祖母の「さっこちゃん」が自宅を改築して始める映画館「風のシネマ」を手伝うことになった。次は、映画館の開館初日の上映が終わる場面である。

本編が終わり、暗くて小さな空間に「＊人生フルーツ」の＊エンドロールが流れ始めた。はずむ足音のようなピアノの調べとともに、映画を作った人たちの名前が浮かび上がる。

席を立つ人はいない。みんな、小さな旅をしてきたa余韻を楽しむように、そしてたくさんの緑とフルーツを目に焼きつけるように、じっとスクリーンを見つめ続けている。すすり泣きが聞こえ、スクリーンから最後の光が消えた時、場内の明かりがさりげなくともった。

池に小さな小石を投げ込んだ波紋のように、パンパン……と小さな拍手が起きたかと思うと、会場中が拍手で包まれた。

あれっ……1映画館で拍手なんて、初めて聞いた……。

ゆっくりと席を立つ人が出て、シネマに音がもどってくる。私が暗幕を静かに開けると、まぶしい光が場内にさし込んできた。

何かの雰囲気に似てる。そうだ、カーフェリーから降りる時の雰囲気だ。

人生のうちではわずかな、でも一日のうちの大切な時間を、同じ船に乗り合わせた人たちが、下船する時の空気。ひととき、一緒に旅をして、またそれぞれの行き先へ歩きだす前の。

さっこちゃんと映画は、お客さんをひととき、小さな旅に連れ出したんだ。

おばさんやおばあちゃんは、ハンカチで目頭をb押さえている人が多い。おじさんやおじいちゃんは伸びをしたり腰をトントンしたり、「おお、来てたのか」って感じで挨拶している人もいる。

＊桐谷《きりたに》くんはカメラを構えると、場内の様子を撮影し始めた。みんなが席を立っても、＊藤原《ふじわら》さんは端っこの席で一人だけ座り続けていた。

ほんと、マイペースだなあ。しかたなく声をかけようとすると、

「おっ、いちかじゃん。」

桐谷くんがカメラを下ろし、いつもの調子で藤原さんに声をかけた。

「来てたんだ。」

2藤原さんはうつむいたまま、首を縦にふった。それにしても、藤原さんは愛想《あいそ》がない。私も近寄ろうとすると、桐谷くんがこっちに向かってきてニッと笑った。

「いちか、もう少しそっとしておこう。」

「なんで？」

「号泣しとる。」

帰宅する人はわずかで、ほとんどの人がカフェコーナーに残った。あわててエプロンのひもをしめ、朝子おばさんと一緒に、父が用意したドリンクを運ぶ。

さっこちゃんは、一人ひとりお客さんに挨拶していた。おばさんたちのグループは、池のある庭を眺めながら満足そうな笑い声をあげている。おじいちゃんたちは、テーブルについてコーヒーを飲みなが

MEMO

大切なことはメモしておこうネ！

2019年度

解　答　と　解　説

《2019年度の配点は解答用紙集に掲載してあります。》

＜数学解答＞

1　1 (1) 6　(2) $\frac{5}{12}$　(3) $-8x+5$

(4) $10-\sqrt{6}$　2 9(求め方は解説参照)

3 $x=3\pm\sqrt{13}$(解き方は解説参照)

4 $\frac{8}{15}$　5 $6\sqrt{2}$ cm

2　1 (1) $0\leqq y\leqq 8$　(2) ウ

2 (1) 解説参照　(2) 4180人

3 解説参照　4 右上図

3　1 (1) 5　(2) ア 16　イ $\frac{5}{4}x$

ウ $x-2$(グラフは右図)　2 $\frac{35}{2}$秒後

4　1 95°　2 解説参照　3 $\frac{10\sqrt{3}}{3}$cm^2

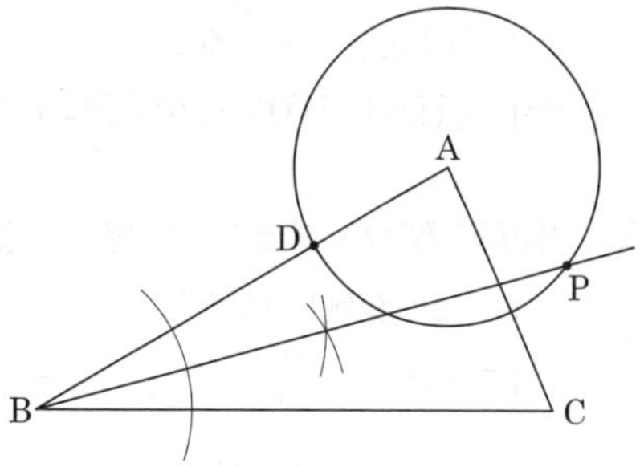

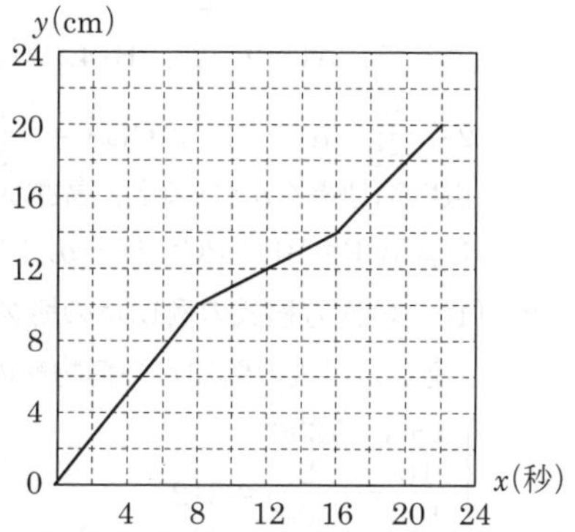

＜数学解説＞

1 (数・式の計算，平方根，式の値，二次方程式，確率，線分の長さ)

1 (1) 正の数・負の数をひくには，符号を変えた数をたせばよい。$-3-(-8)+1=-3+(+8)+1=(-3)+(+8)+(+1)=(-3)+(+9)=+(9-3)=6$

(2) 四則をふくむ式の計算の順序は，乗法・除法→加法・減法 となる。$-\frac{1}{4}+\frac{4}{9}\div\frac{2}{3}=-\frac{1}{4}+\frac{4}{9}\times\frac{3}{2}=-\frac{1}{4}+\frac{2}{3}=\frac{-3+8}{12}=\frac{5}{12}$

(3) $(24x^2y-15xy)\div(-3xy)=(24x^2y-15xy)\times\left(-\frac{1}{3xy}\right)=24x^2y\times\left(-\frac{1}{3xy}\right)-15xy\times\left(-\frac{1}{3xy}\right)=-8x+5$

(4) 乗法公式$(\boldsymbol{a}-\boldsymbol{b})^2=\boldsymbol{a}^2-2\boldsymbol{ab}+\boldsymbol{b}^2$より，$(\sqrt{6}-2)^2+\sqrt{54}=(\sqrt{6})^2-2\times\sqrt{6}\times2+2^2+\sqrt{54}=10-4\sqrt{6}+3\sqrt{6}=10-\sqrt{6}$

2 (求め方)(例)$x^2-6xy+9y^2=(x-3y)^2=\left(\frac{9}{2}-3\times\frac{1}{2}\right)^2=9$

3 (解き方)(例)$x^2+x-12=7x-8$　$x^2-6x-4=0$　$x=\frac{-(-6)\pm\sqrt{(-6)^2-4\times1\times(-4)}}{2\times1}=\frac{6\pm\sqrt{52}}{2}=\frac{6\pm2\sqrt{13}}{2}=3\pm\sqrt{13}$

4 2個の白玉を白$_1$，白$_2$，4個の赤玉を赤$_1$，赤$_2$，赤$_3$，赤$_4$と区別すると，この箱から順番に2個の玉を取り出すときの取り出し方は全部で，右図の30通り。このうち，取り出した2個の玉の色が異なる取り出し方は，○を付けた16通り。よって，求める確率は$\frac{16}{30}=\frac{8}{15}$

1個目の玉＼2個目の玉	白$_1$	白$_2$	赤$_1$	赤$_2$	赤$_3$	赤$_4$
白$_1$			○	○	○	○
白$_2$			○	○	○	○
赤$_1$	○	○				
赤$_2$	○	○				
赤$_3$	○	○				
赤$_4$	○	○				

5　△ABCで，点H，Mはそれぞれ対角線AC，辺BCの中点だから，**中点連結定理**より，$HM=\frac{1}{2}AB=\frac{1}{2}\times6=3$cm　△OHMで**三平方の定理**を用いると，

$OH=\sqrt{OM^2-HM^2}=\sqrt{9^2-3^2}=6\sqrt{2}$ cm

2　(図形と関数・グラフ，方程式の応用，資料の散らばり・代表値，作図)

1　(1)　xの**変域**に0が含まれているから，yの**最小値**は0　$x=-2$のとき，$y=\frac{1}{2}\times(-2)^2=2$　$x=4$のとき，$y=\frac{1}{2}\times4^2=8$　よって，yの**最大値**は8　yの変域は，$0\leqq y\leqq8$

(2)　点A，Bは$y=\frac{1}{2}x^2$上にあるから，そのy座標はそれぞれ　$y=\frac{1}{2}\times(-2)^2=2$　$y=\frac{1}{2}\times4^2=8$　よって，A$(-2,\ 2)$，B$(4,\ 8)$。**反比例**のグラフ②は$y=\frac{a}{x}$と表せる。$y=\frac{a}{x}$は点Aを通るから，$2=\frac{a}{-2}$　$a=-4$　点Cは$y=-\frac{4}{x}$上にあるから，そのy座標は$y=-\frac{4}{4}=-1$　よって，C$(4,-1)$　点Pのy座標をpとすると，**高さが等しい三角形の面積比は，底辺の長さの比に等しい**から，△ABP：△ACP＝BP：PC＝$(8-p):\{p-(-1)\}=1:2$　よって，$2(8-p)=p+1$　より　$p=5$

2　(1)　(1次方程式の例)3月の博物館の入館者の人数をx人とする。$\frac{10}{100}x-\frac{2}{100}(7200-x)=312$

(連立方程式の例)3月の博物館の入館者の人数をx人，3月の美術館の入館者の人数をy人とする。

$$\begin{cases} x+y=7200 \\ \frac{10}{100}x-\frac{2}{100}y=312 \end{cases}$$

(2)　1次方程式　$\frac{10}{100}x-\frac{2}{100}(7200-x)=312$　を解く。両辺に50をかけて　$5x-(7200-x)=15600$　$5x-7200+x=15600$　$x=3800$　よって，4月の博物館の入館者は3月と比べて10％増えたから　$3800\times\left(1+\frac{10}{100}\right)=4180$人

3　(理由)　(例)240cm以上260cm未満の**階級**の**相対度数**は，A中学校が0.12，B中学校が0.14であり，B中学校のほうが大きいから。

4　(着眼点)　【条件】①より，点Pは点Aを中心とする半径ADの円周上にある。また，【条件】②より，点Pは∠ABCの二等分線上にある。　(作図手順)次の①～③の手順で作図する。　①　点Aを中心として，半径ADの円を描く。　②　点Bを中心とした円を描き，辺AB，BC上に交点を作る。　③　②で作ったそれぞれの交点を中心として，交わるように半径の等しい円を描き，その交点と点Bを通る直線(∠ABCの二等分線)を引き，①で描いた円との交点のうち，△ABCの外部にあるほうの点をPとする。

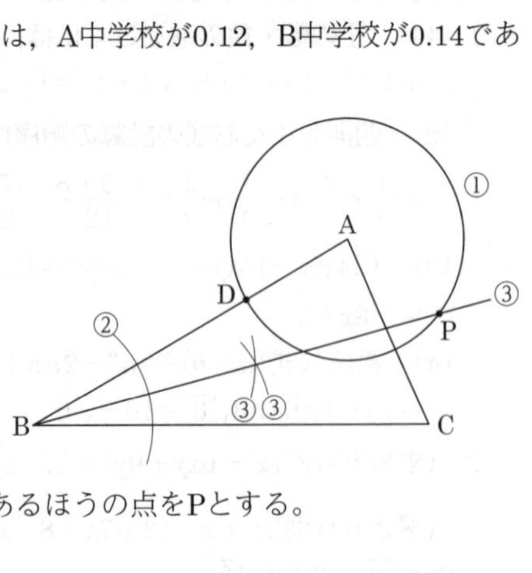

3　(関数とグラフ，グラフの作成)

1　(1)　問題の表1より，$x=4$のとき，水面は点Dより下にあることがわかる。$x=4$のとき，給水

された水の量は　毎秒$200\text{cm}^3\times4$秒$=800\text{cm}^3$　給水されている部分の底面積は　$(20-12)\text{cm}\times20\text{cm}=160\text{cm}^2$　よって，$x=4$のときのyの値は　$y=800\text{cm}^3\div160\text{cm}^2=5$

(2)　水面が点Dより下にあるとき$(0\leqq x\leqq8)$，前問(1)と同様に考えて，$y=200x\text{cm}^3\div160\text{cm}^2=\frac{5}{4}x$…イ　水面までの高さが14cmになるとき，すなわち，$y=14$のときのxの値は,$y=\frac{1}{2}x+6$に$y=14$を代入して　$14=\frac{1}{2}x+6$　$x=16$…ア　$16\leqq x\leqq22$の間に，給水された水の量は毎秒$400\text{cm}^3\times(x-16)$秒$=(400x-6400)\text{cm}^3$…①　また，このとき，給水された部分の容器の容積は　$20\text{cm}\times20\text{cm}\times(y-14)\text{cm}=(400y-5600)\text{cm}^3$…②　①＝②より，$y=x-2$…ウ　グラフは4点(0, 0)，(8, 10)，(16, 14)，(22, 20)を直線で結んだグラフになる。

2　問題図4から，給水は　$\{(20-12)\text{cm}\times20\text{cm}\times10\text{cm}\}\div5$秒＝毎秒$320\text{cm}^3$　であることがわかる。満水になったときの給水された部分の容器の容積は　$(20\text{cm}\times20\text{cm}\times20\text{cm})-(12\text{cm}\times20\text{cm}\times10\text{cm})=5600\text{cm}^3$　だから，容器が満水になるのは給水を始めてから　$5600\text{cm}^3\div$毎秒$320\text{cm}^3=\frac{35}{2}$秒後

4　**(円の性質，角度，相似の証明，面積)**

1　**対頂角は等しい**から　∠DFH＝∠CFE＝55°　△DFHの**内角と外角の関係**から，∠BHE＝∠FDH＋∠DFH＝40°＋55°＝95°

2　＜証明＞　(例)△AHBと△FGEにおいて，AB//DCで，**同位角は等しい**から　∠BAH＝∠EFG…①　**1つの円で，等しい弧に対する円周角は等しい**から　∠FEG＝∠BDC…②　AB//DCで，**錯角**は等しいから　∠ABH＝∠BDC…③　②，③より，∠ABH＝∠FEG…④　①，④より，2組の角がそれぞれ等しいので　△AHB∽△FGE

3　△AHB∽△FGEより　∠ABH＝∠FEG…⑤　AB//DCで，錯角は等しいから　∠ABH＝∠BDC…⑥　△OBDはOB＝ODの二等辺三角形だから　∠BDC＝∠EBH…⑦　⑤，⑥，⑦より，∠ABH＝∠EBH＝∠FEG…⑧　また，**直径に対する円周角は90°**だから，∠BAE＝90°より，∠ABH＋∠EBH＋∠FEG＝180°－∠BAE＝180°－90°＝90°…⑨　⑧，⑨より，∠ABH＝∠EBH＝∠FEG＝$90°\times\frac{1}{3}=30°$　よって，△ABEは**30°，60°，90°の直角三角形で，3辺の比は2：1：$\sqrt{3}$**だから，$\text{AB}=\frac{1}{2}\text{BE}=\frac{1}{2}\times8=4\text{cm}$，$\text{AE}=\sqrt{3}\,\text{AB}=\sqrt{3}\times4=4\sqrt{3}\,\text{cm}$，$\triangle\text{ABE}=\frac{1}{2}\times\text{AB}\times\text{AE}=\frac{1}{2}\times4\times4\sqrt{3}=8\sqrt{3}\,\text{cm}^2$　AB//DCより，△FGE∽△ABEで，**相似比**はEG：EB＝1：2だから，$\triangle\text{FGE}=\frac{1}{2}\times\text{FG}\times\text{FE}=\frac{1}{2}\times\frac{1}{2}\text{AB}\times\frac{1}{2}\text{AE}=\frac{1}{2}\times\frac{1}{2}\times4\times\frac{1}{2}\times4\sqrt{3}=2\sqrt{3}\,\text{cm}^2$　△AHB∽△FGE∽△ABEより，△AHBは30°，60°，90°の直角三角形で，3辺の比は2：1：$\sqrt{3}$だから，$\text{AH}=\frac{\text{AB}}{\sqrt{3}}=\frac{4}{\sqrt{3}}=\frac{4\sqrt{3}}{3}\text{cm}$，$\triangle\text{AHB}=\frac{1}{2}\times\text{AH}\times\text{AB}=\frac{1}{2}\times\frac{4\sqrt{3}}{3}\times4=\frac{8\sqrt{3}}{3}\text{cm}^2$　以上より，(四角形BHFGの面積)＝$\triangle\text{ABE}-\triangle\text{FGE}-\triangle\text{AHB}=8\sqrt{3}-2\sqrt{3}-\frac{8\sqrt{3}}{3}=\frac{10\sqrt{3}}{3}\text{cm}^2$

＜英語解答＞

1　1 No. 1　ウ　No. 2　イ　2　ア　11　イ　飲み物　ウ　戻る　3　No. 1　ア　No. 2　イ　4　(Bill : Do you need help ?／Kayo : Oh, thank you. These books) are too heavy for me to carry(.)

2　1 (1)　born　(2)　thousand　(3)　hours　2 (1)　イ　(2)　エ

3 (1) My uncle reads a newspaper written in(English every day.)
(2) (What)was your dream when you were(a child ?)

3 1 (例)子どもたちに音楽を教えたり、病気の人を助けたりすること。 2 X ウ Y ア Z オ 3 ウ／エ

4 1 エ 2 C 3 (例)クラスのみんなにあやまること。 4 (1) (例)It is in June. (2) (例)No, he didn't. 5 オ→イ→エ→ア→ウ
6 I (So,)(例)did you listen to(Yuta's speech, too ?) Ⅱ (Your class didn't)(例)get the first prize(in the relay.)

5 (例) You should got to Kyoto. There are many shrines and temples in Kyoto. You can learn about Japanese history by visiting them. You can also enjoy good Japanese food in Kyoto.

＜英語解説＞

1 (リスニング)

放送台本の和訳は，48ページに掲載。

2 (会話文問題：語句の補充・選択，語句の並べ換え，受け身，助動詞，接続詞，動名詞，不定詞，比較，分詞の形容詞的用法)

1 (1) アリス：あなたの誕生日はいつですか。／コウタ：5月5日です。僕は子供の日に生まれました。「生まれた」**was[were]born** (2) ビル：あなたの学校には何名の生徒がいますか。／ミユキ：1000人の生徒がいます。各組は40名で，25組あります。40名×25組＝1000名 1000 = thousand **<How many＋複数名詞〜>数を尋ねる表現** (3) ケンタ：僕は昨夜9時に就寝して，今朝7時に起きました。今は爽快です。／ジュディ：では，あなたは10時間眠りました。昨日はそんなに疲れていたのですか。「時間」hour 正解は ten hours と複数形になることに注意。**go to bed**「寝る」 **get up**「起きる」 **be tired**「疲れている」

2 (1) 少年：すみません。これらの本を借りることができますか。／女性：この町にお住まいでしたら，それらを借りることができます。／少年：はい，私はこの町に住んでいます。／女性：わかりました。このカードにあなたの名前を書いて下さい。イそうしたら，それらを家に持っていくことができます。文脈から，図書館で本の貸し出しの場面で，カード記入後，本を借りることができるという意の英文が当てはまることが推測されるので，正解はイ。**take**「持って行く」**can**「できる」能力を表す助動詞。**if**「もし〜ならば」条件を表す接続詞。その他の選択肢は以下のとおり。ア「それで，本屋でそれらを購入できます」 ウ「それで，この町に滞在できます」 エ「それで，あなたはこの図書館で働くことができます」 (2) ブライアン：あなたは多くの英語の歌を知っていますね。なぜそんなに多くの歌を知っているのですか。／タカシ：私は小学校で英語の歌を楽しんだのです。私は英語が好きです。／ブライアン：それは良いですね。エ英語の歌を歌うことは英語を学ぶのに役に立つ方法ですね。／タカシ：その通りです。だから，私はもっと多くの英語の歌を知りたいのです。singing「歌うこと」← **doing 動名詞「〜すること」** a way to learn「学ぶための方法」← **<名詞 ＋ to do>不定詞の形容詞的用法「〜するための[するべき]名詞」** その他の選択肢は次の通り。ア「私はあなたよりもっと多くの歌を覚えなければなりませんか」**more**「もっと多数・多量の，もっと」**<much・many の比較級>** イ「あなたは英語の歌を初めて歌いましたか」for the first time「初めて」

ウ「日本語の歌は英語の歌よりも重要ですか」more important「より重要な」← **長い語の比較級 <more + 原級>**

3 (1) エリコ：私のおじは毎日英語で書かれた新聞を読みます。／ロジャー：えっ，本当ですか？ どこで彼はそれを買うのですか。a newspaper written in「～で書かれた新聞」**<名詞 + 過去分詞 + その他の語句>「～された名詞」過去分詞の形容詞的用法** (2) ミカ：あなたが子供だった頃，あなたの夢は何でしたか。／サム：えーと，私は科学者になりたかったのです。あなたはいかがですか。**接続詞 when「～する時」**What about ～？「～はいかがですか」

3 (会話文問題：表を用いた問題，日本語で答える問題，内容真偽，現在完了，受け身，分詞の形容詞的用法，不定詞，関係代名詞)

カオリ：私の学校の先生の一人が，授業で自身の経験について私たちに語ってくれました。彼女は，ボランティアとして以前，海外に滞在した経験があります。彼女のように，山形県出身の多くのボランティアがいるのです。／トム：なるほど。この図表は興味深いですね。これらの国ではボランテイアは何をしているのでしょうか。／カオリ：①彼らは多くのやり方で人々のために働いています。例えば，彼らの中には，子供たちに音楽を教えたり，病気の人々を助けたりする人たちがいます。その(活動)後に，彼らは山形県に戻ってきています。／トム：これらのボランティアの人々は素晴らしいですね。世界には，十分に水を得ることができなかったり，学校に通うことができなかったりする人々がいる，ということを耳にしたことがあります。／カオリ：その通りです。国によって，いかに人々の生活が異なるかがこの表からわかります。／トム：えっ，何てことだろう。3カ国では，100人におよそ40人の人々が文字を読むことができない，ということを表が示しています。同様に，2カ国では，約80人の人々が電気を利用できないのです。／カオリ：そして，ブラジルでは，100人のうち42人の人々がインターネットを使うことができません。将来，私の先生のように，ボランティアとして外国の人々を手助けしたいと私は考えています。／トム：それは良いですね。お互いに助け合うことで，世界はより良い場所になるであろうと私は考えます。あなたのように私も，自分でできることを何か探そうと思います。

1 下線部①の「多くのやり方で人々のために働いている」の具体例は，次の文の**for example「例えば」**以降に続く箇所をまとめること。

2 「3カ国で100人中約40人が文字を読むことができない」と述べられており，Xの欄には40に近い数値が3カ国で記載されているので，Xには，ウ「字を読めない」が当てはまる。Yには80に近い数値が2箇所で記録されており，「2カ国で約80人の人々が電気を利用できない」という発言に一致するので，Yには，ア「電気を使えない」が当てはまる。「ブラジルでは100人のうち42人の人々がインターネットを使うことができない」とカオリは述べているが，Zのブラジルの欄は58という数値があるので，オ「インターネットを使える」<100－42(インターネット未使用者)＝58(インターネット使用者)>が当てはまる。

3 ア 「彼女の学校の先生で，以前，ボランティアとして海外に行ったことがある先生はいない，とカオリは述べている」(×)カオリの最初のせりふで，彼女の学校の先生の一人が，ボランティアで海外に行ったことが言及されている。has been abroad「海外に行ったことがある」← **<have[has]＋ 過去分詞> 現在完了(完了・経験・結果・継続)** イ 「山形県からのボランティアの半分以上はアフリカへ行ったということを図は表している」(×) 463人中157人がアフリカへ行っており，その割合は約34％であるので，不一致。 ウ 「表の国は，図で示されている世界の4つの地域から選ばれている」(○) 表では，4地域の5か国が扱われており，その4地域は図で示されている6地域にすべて含まれているので，一致している。are chosen「選ばれている」←<be動詞 ＋ 過去分詞>受け身「～されている」the world shown in「～示されている世界」<名詞＋過去分詞＋その他の語句>「～される名詞」過去分詞の形容詞的用法
エ「カオリは将来ボランティアになり，外国の人々を助けたい」(○) カオリの最後のせりふに一致。<to ＋ 原形>不定詞の名詞的用法「～すること」　オ「外国の人々にできることを探すようにカオリはトムに言っている」(×) トムは最後の台詞で,「自分でできることを探すつもりだ」とは述べているが，カオリから指示されたという事実はない。<tell ＋ 人 ＋ to do>「人に～するように言う」something that he can do「彼ができる何か」that は目的格の関係代名詞。

4 **(長文読解問題・物語文：文の挿入・文の並べ換え，日本語で答える問題，英問英答(記述)，語句補充，比較，不定詞，関係代名詞，助動詞，間接疑問文，進行形)**

(全訳)　X あなたにとって最も重要なことは何か。それは，テストで好成績をあげることか，それとも，クラブ活動で試合に勝つことだろうか。私にとっては，すべてにおいて1位を取ることだった。でも今は，少し違う。

毎年6月には，私たちの学校の運動会がある。運動会の最大の呼び物は，同学年における5クラスによるリレーだ。そのリレーでは，クラスのすべての男子と女子が1つのチームとして走るのである。今年は，クラスの男子のリーダーが私だったので，私がクラスの最終走者であった。私は自分たちのクラスが1番になって欲しかった。

その日がやって来た。いよいよ，リレーの番である。5クラスの走者が先生の合図で走り出した。我がクラスの第1走者は，クラスで一番足が速い，私の友人のケンだった。彼は他の走者よりも速く走り，バトンを次の走者に渡した。しかし，のちになり，他のクラスの走者たちが我々の走者に近づいてきた。私の前を走ることになっている女子はアヤだった。彼女と4人の他の走者は，ほぼ同時にバトンを受けた。(C)走り終えた生徒がコースのそばを通ってやって来て，彼女に声をかけた。「上手くいくよ！」彼女は他の走者と同じくらいの速さで私に向かってきた。「裕太！」彼女のかけ声と共に，バトンが私の手に触れた。私はそれを受け取り，非常に速い速度で走り出そうとした。

突然，何かが起きた。多分，私の足が他の走者の足にぶつかったのである。私はバランスを失い，地面へと転倒した。私は立ち上がろうとしたが，左足首が痛くて，無理だった。目に涙が浮かぶのを感じて，次のような考えが心をよぎった。「立ち上がれ。今日のために僕たちは懸命に練習をしてきたのだ。自分のせいで，みんなの努力が無駄になる」

「大丈夫？」誰かが私に尋ねた。ケンだった。私は涙を拭いて，彼のことを見つめた。彼は私に「立ち上がるのを手伝おうか」と尋ねてきた。私は答えた。「もし君が手助けしたら，僕らのクラスは失格になる」「おい，そんなことはどうでもいい。ゴールへ一緒に行こう」と彼は言った。私は少し考えて，答えた。「そうだね」彼は私の手を引っ張った。私は左腕を彼の肩に置き，彼は私を支えてくれた。気づくと，級友たちが周囲を取り囲んでいて，彼らは私のことを心配してくれていた。私は右手にバトンを握りしめて，ケンに支えてもらい，ゴールに向かって歩き始めた。

コース上では，他の走者たちは姿を消しており，ただ私たちが2人だけが残っていた。私にはどのクラスが勝者になったかがわからなかった。足首が痛み，ケンと歩くことに最善を尽くそうとした。アヤが他の級友たちとゴールに近づいてきた。彼女らは私たちを待ち，声援を送ってくれた。「頑張れ，裕太！」私はこのバトンを彼女らのためにゴールまで運ぼう　―　そのことのみが，私の心を占めていたのである。

私たちがゴールに着くと，級友たちが私たちの周囲を囲んだ。「クラスのみんなに謝りたいよ」

と私はケンに言った。アヤは「①その必要はないわ。あなたは全力を尽くしたのでしょう？」他の人たちも彼女に同調して，微笑んだ。私の足首は痛いままであったが，私はうれしくなった。優勝することは，最も重要なことであったが，未だに私は同じ考えなのだろうか。いいや，違う。今や，私は，他に多くの重要なことがあることを知っているから。

1　空所Xに続く文が「それは，テストで上手くやることか，クラブで勝つことか」という選択疑問文になっており，文脈に合う選択肢エ「あなたにとって最も重要なことは何ですか」が正解。the most important は important の最上級。他の選択肢は次の通り。ア「将来あなたは何になりたいですか」　イ「あなたの学校で好きな行事は何ですか」　ウ「友達と何について話したいですか」**不定詞の名詞的用法 ＜to + 原形＞「～すること」**

2　挿入文は「走り終えた生徒がコースのそばを通ってやって来て，彼女に言った。『上手くいくよ！』」の意。「彼女」への声がけの場面が，文脈上当てはまるのは，(C)の箇所のみ。the students that finished「～を終えた生徒」that は主格の関係代名詞。

3　①You don't have to.「する必要がない」の省略箇所＜不定詞：to ＋ 原形＞の内容を考えて答えること。下線部①は，裕太の「クラスのみんなに謝りたい」という発言を受けての応答なので，「しなくてよいこと」とは，「クラスのみんなにあやまること」などと答えれば良い。**＜have [has] + to do＞ = must「～しなければならない」の否定形は「～する必要がない」**。

4　(1)「毎年，裕太の学校の運動会はいつか」第2段落の第1文に We have our school's sports day in June every year. とあり，質問が When is ～？なので，It is June. と答えること。　(2)「ケンとゴールに向かって歩いている時，裕太はどのクラスが勝者であるか知っていたか」第6段落第2文に I didn't know which class was the winner. とあるので，否定で答えること。下線部は**間接疑問文**(疑問文が他の文に挿入される形式)なので，**＜疑問詞 ＋ 主語 ＋ 動詞＞**の語順になっていることに注意。was walking「歩いていた」←**＜be動詞 ＋ doing＞「進行形」「～している」**

5　正しい順番は以下の通り。　オ「合図で，クラスの第1走者らがスタートした」(第3段落)　→　イ「私は走り始めようとしたが，地面に転倒した」(第4段落)　→　エ「ケンは私に一緒に行くように告げて，私が立ち上がるのを手助けした」(第5段落)　→　ア「他の生徒は私たちを待つために，ゴールの近くにやって来た」(第6段落)to wait「待つために」不定詞の副詞的用法(理由)　→　ウ「ゴールで級友の笑顔を見てうれしかった」(第7段落)happy to see「見てうれしかった」不定詞の副詞的用法＜形容詞(感情) ＋ 不定詞＞「～が原因で感情がわきあがる」

6　(和訳)エミリー：私は昨日スピーチコンテストへ行きました。多くの学校からのたくさんの生徒がスピーチをして，私はとても楽しかったです。／健：へえ，本当ですか？　それで，Ⅰ裕太のスピーチも聞いたのですね。／エミリー：ええ，聞きました。彼のスピーチはとても素晴らしかったです。それは運動会に関するものでした。／健：なるほど。彼はクラスのリーダーとして最善を尽くしたと思います。／エミリー：ええ，私もそう思います。Ⅱあなたのクラスはリレーで優勝はしなかった。でも，あなたのクラスは素晴らしいと言えますね。文脈より，下線部の意味を表す英文をそれぞれ完成させれば良いことがわかる。Ⅰ「～を聞いたか」did you listen to ～？　Ⅱ「1等賞を取る」get the first prize

5　(自由英作文・条件英作文)

日本文化に接するにはどこに行くべきかをその理由を添えて，4文以上の英文で答える問題。

(和訳)　こんにちは。〇〇〇！　ご機嫌いかがですか。／私は，将来，日本を旅行したいです。私は日本の文化に興味があります。なので，私は日本のどこに行くべきですか。そして，その理由

は？／ご意見を提案していただければうれしいです。／あなたの友人／チャーリー

こんにちは，チャーリー！／電子メールをありがとう。

(例)あなたは京都へ行くべきです。京都にはたくさんの神社と寺があります。それらを訪れることで，日本の歴史について学ぶことができます。京都では素晴らしい和食を楽しむこともできます。 would like to do「～したい」 be interested in「～に興味がある」 should「～するべきだ」

2019年度英語　リスニングテスト

〔放送台本〕

ただいまから，リスニングテストを行います。問題は1，2，3，4の四つです。聞いている間にメモをとってもかまいません。

それでは1の問題から始めます。問題用紙の1を見てください。

これから，No.1 と No.2，それぞれの場面の対話文を読みます。それぞれの場面の対話文を読んだあと，クエスチョンと言って質問します。その質問の答えとして最もふさわしいものを，ア，イ，ウ，エの中から一つずつ選び，記号で答えなさい。英文は2回読みます。では，始めます。

No. 1 (*Aya*): I visited Okinawa for three days last week.

(*Bob*): That's nice. It's snowy here today, but how was the weather in Okinawa?

(*Aya*): It was rainy on the first day. But on the second day it was cloudy, and on the third day it was sunny at last.

Question: How was the weather when the girl arrived in Okinawa?

No. 2 (*Kate*): Which movie shall we watch next Sunday? I'm interested in this one.

(*Yuji*): *The Beautiful Holiday*? Sorry, I'm busy in the afternoon. How about *My School Days*?

(*Kate*): Oh, I don't understand Japanese. Then, shall we watch this one? We can watch it in the morning.

(*Yuji*): OK.

Question: Which movie are they going to watch?

〔英文の訳〕

No.1 アヤ：私は先週3日間沖縄を訪れました。／ボブ：それは良いですね。今日，ここは雪ですが，沖縄の天候はいかがでしたか？／アヤ：初日は雨でした。しかし，2日目は曇りで，3日目はようやく快晴となりました。 質問：少女が沖縄に到着した時に，天候はどうだったか。 正解は，雨のイラストのウ。

No.2 ケイト：次の日曜日にどの映画を見ましょうか？私はこれに興味があるわ。／ユウジ：「美しい休日」かい？ ごめん，僕は，午後は忙しいんだ。「私の学校の日々」はどうかなあ？／ケイト：えっ，私は日本語だと理解できないわ。それじゃあ，これを見ない？ これなら午前に見ることができるわ。／ユウジ：いいよ。 質問：彼らはどの映画を見ますか。 正解は，英

語で午前中上映されるイの「スター・キャプテン」。

〔放送台本〕

これで，1の問題を終わり，2の問題に移ります。問題用紙の2を見てください。

まず最初に，そこにある「拓也さんのメモ」をよく見てください。

これから，アメリカでホームステイをしている拓也(Takuya)さんと，ホストファミリーのエイミー(Amy)さんの対話文を読みます。これを聞いて，「拓也さんのメモ」の，ア，イ，ウに，それぞれあてはまる数字や日本語を書きなさい。英文は2回読みます。では，始めます。

(*Takuya*): Shall I help you for the party?

(*Amy*): Thank you, Takuya. Can you go to the cake shop and get cakes at eleven?

(*Takuya*): OK. Do you want anything else?

(*Amy*): Yes. Could you buy something to drink at the supermarket on the way? Please come back before noon.

(*Takuya*): All right.

〔英文の訳〕

拓也：パーティーの手伝いをしましょうか？／エイミー：拓也，ありがとう。ケーキ屋に行って，11時にケーキを取って来てくれませんか？／拓也：いいですよ。他に何か欲しいものはありますか？／エイミー：ええ。途中で，スーパーにて，何か飲み物を買ってきてもらえませんか？正午前には戻って来て下さい。／拓也：わかりました。

正解　＜拓也さんのメモ＞　・ケーキ屋に(ア)11 時に取りに行く／・途中スーパーで(イ)飲み物 を買う／・正午までに(ウ)戻る

〔放送台本〕

これで，2の問題を終わり，3の問題に移ります。問題用紙の3を見てください。

これから，日本でホームステイしている留学生のルーシー(Lucy)さんが，短いスピーチをします。スピーチのあと，クエスチョンズと言って二つの質問をします。それぞれの質問の答えとして最もふさわしいものを，ア，イ，ウ，エの中から一つずつ選び，記号で答えなさい。英文は2回読みます。では，始めます。

My host mother often says, “I feel so good after cleaning.” One day I watched the news about Japanese soccer fans on TV. The news said that they cleaned their seats after a soccer match in a foreign country. They eve cleaned the seats they didn’t use. I remembered my host mother’s words when I watched the news.

Questions: No.1 What kind of news did Lucy watch on TV?

No.2 Whose words did Lucy remember when she watched the news?

〔英文の訳〕

私のホストマザーは，「掃除をした後はとても気持ちが良いわ」としばしば言う。ある日，私は，テレビで日本人のサッカーファンに関するニュースを見た。外国でのサッカーの試合の後，彼らは座席を清掃するということを，そのニュースでは告げていた。彼らは自分らが使用していない座席を清掃することさえしていたのだ。そのニュースを見て，私は私のホストマザーの言葉を思い出した。

質問：No.1　ルーシーはどのような種類のニュースをテレビで見たか。

〔選択肢の訳〕

○ア　外国における日本人サッカーファンについてのニュース。

イ　外国に留まる日本人サッカー選手についてのニュース。

ウ　外国から日本を訪れるサッカーファンについてのニュース。

エ　外国からのサッカー選手についてのニュース。

No. 2　ルーシーはそのニュースを見た際，誰の言葉を思い出したか。

ア　彼女の友人の言葉。

○イ　彼女のホストマザーの言葉。

ウ　学生の言葉。

エ　サッカー選手の言葉。

〔放送台本〕

これで，3の問題を終わり，4の問題に移ります。問題用紙の4を見てください。

これから，英語による対話文を2回読みます。(　　)のところの英語を聞き取り，書きなさい。では，始めます。

(*Bill*):　Do you need help?

(*Kayo*):　Oh, thank you. These books are too heavy for me to carry.

〔英文の訳〕

ビル：手助けが必要ですか？／カヨ：ええ，ありがとう。これらの本は私が運ぶには重すぎるわ。

(These books)<u>are too heavy for me to carry</u>(.)　下線部を聞き取り書き出す問題。

<理科解答>

1　1　a　気孔　　b　維管束　　c　二酸化炭素　　2　(1)　ア，エ　　(2)　2.1

2　1　イ　　2　a　(例)もとは同じである(「同じものから変化した」などでもよい。)
b　分離　　3　AA：Aa：aa＝1：2：1　　4　進化

3　1　プレート　　2　(例)地層に押す力がはたらいて曲げられてできる。　3　ウ　　4　ア

4　1　エ　　2　(1)　(例)(太陽の光が)月に当たっているから。
(「(太陽の光が)月の表面で反射しているから。」などでもよい。)
(2)　イ　　3　(例)月が地球のまわりを公転しているから。
4　ウ

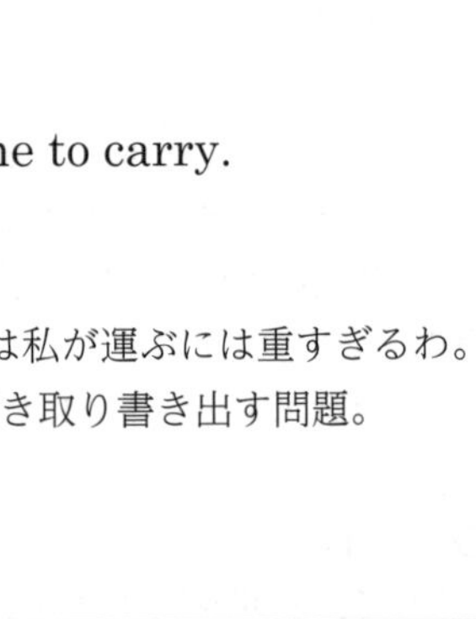

5　1　16.7%　　2　(1)　a 3　　b　化学　　(2)　ウ
3　$2H_2+O_2 \rightarrow 2H_2O$

6　1　FeS　　2　右図　　3　水素・硫化水素

7　1　オ　　2　(1)　エ　　(2)　1.3倍

8　1　(1)　a　2　　b　イ　　(2)　ウ　　2　(例)水が音源の振動を伝える(「水が振動する」などでもよい。)

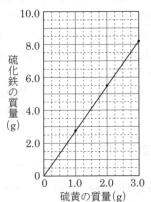

＜理科解説＞

1 (植物の体のつくりとはたらき：蒸散実験・光合成，植物の分類：維管束)

1　葉の表皮には，三日月形の孔辺細胞が2つ向かい合わせに並んでいて，この2つの孔辺細胞に囲まれたすきまを気孔という。気孔は蒸散作用による水蒸気の出口，酸素や二酸化炭素の出入り口としての役割を果たしている。コケ植物には維管束はないが，種子植物とシダ植物には維管束があり，その中の道管を根から吸い上げられた水は通る。光合成は葉緑体で行われ，水と二酸化炭素を材料に，デンプンなどと酸素がつくられる。

2 (1)　枝Aを入れた三角フラスコ全体の質量が減少した原因は，すべての葉の表側と裏側にワセリンを塗ったので，枝にある気孔からの蒸散と水面からの蒸発である。 (2)　枝Aと枝Bは葉の枚数が同じで，葉の大きさ，枝の太さがほぼ同じなので，**葉の部分からの蒸散によって吸い上げられた水の質量＝(枝Bの三角フラスコの質量の減少量：葉と枝からの蒸散量と水面からの蒸発量)−(枝Aの三角フラスコの質量の減少量：枝からの蒸散量と水面からの蒸発量)**＝(123.60g−121.05g)−(123.80g−123.35g)＝2.55g−0.45g＝2.1g，である。

2 (生物の成長と生殖：分離の法則・減数分裂，遺伝の規則性と遺伝子：遺伝の法則のモデル実験，動物の体のつくりとはたらき，動物の分類と生物の進化：進化，)

1　Xの門歯は草を切るのに適していて草食動物が発達している。Yの犬歯は獲物をしとめるのに適していて肉食動物が発達している。Zの臼歯は，草食動物では草をすりつぶすのに適していて，肉食動物では皮膚や肉をさいて骨をくだくのに適している。

2　見かけやはたらきは異なっていても，基本的なつくりは同じで，もとは同じであると考えられる器官を相同器官という。遺伝子の伝わり方については，**生殖細胞がつくられるときは，一般に対になっている親の代の遺伝子は，分離の法則により，減数分裂によって染色体とともに移動し，それぞれ別の細胞に入る。**

3　カードを用いたモデル実験である。AaとAaのかけ合わせなので遺伝子の組み合わせは，AA：Aa：aa＝1：2：1，である。

4　現在のホニュウ類は，からだのつくりや遺伝子の伝わり方から，過去のホニュウ類が進化して生じてきたと考えられる。進化とは，生物の形や性質が，長い年月をかけて，世代を重ねるうちに変化することである。

3 (地層の重なり方と過去の様子：プレート・しゅう曲・堆積岩・柱状図)

1　地球の表面は，プレートとよばれる厚さ100kmほどの岩盤でおおわれている。日本列島付近には4つのプレートが集まっている。これらのプレートは，たがいに少しずつ動いているため，プレートの境界周辺にはさまざまな力が加わっている。そのため，地下の岩盤に力が加わりひずみが生じ，露頭では多くの地層で傾いたりずれたりというような変形が見られる。

2　**しゅう曲は，地層が横方向からの強い圧力を受けたり，下からもち上げられたりすると，地層にしわがより，断面が波うったように見える地層である。**

3　凝灰岩は，火山灰などが堆積して固まってできたものである。凝灰岩，石灰岩，チャートそれぞれに塩酸をかけたとき，泡が発生するのは石灰岩だけである。

4　柱状図と模式図を対照させて調べると，アは，柱状図と模式図とは，すべて合っている。イは，柱状図のEが模式図のEとはちがう。ウは，柱状図のCとDが模式図のCとDとはちがう。

4 (太陽系と恒星：月の動きと見え方)

1　月の自転の向きと公転の向きは，どちらも天の北極のほうから見て左まわり(反時計まわり)である。よって，月を毎日同じ時刻に観察すると，日がたつにつれて，西から南を通り東へと動いて見える。

2　(1)　月は自ら光を出さないが，肉眼で見ることができるのは，太陽の光が月に当たって反射してかがやいているからである。　(2)　図2より，月のかがやいている部分を地球の夜の部分(図の黒の部分)から見るとアは7月22日ごろの上弦の月であり，ウは7月28日の満月であるため，7月24日の月の位置はイである。

3　**同じ時刻に見た月が，日がたつにつれて，西から南を通り東へと1日に約12°ずつ動いて見える。これは月が地球のまわりを約29.5日で公転(1周360°)しているからである。**

4　月の公転によって，太陽，地球，月の順に，一直線に並び，月の全体が地球の影に入る現象を皆既月食という。月食が起こるのは満月のときである。

5 (化学変化と電池：木炭電池・燃料電池，水溶液とイオン，化学変化：化学反応式，水溶液：濃度)

1　食塩水の質量パーセント濃度〔%〕＝20g÷(20g＋100g)×100＝16.777…なので四捨五入すると16.7〔%〕，である。

2　図2木炭電池は，＋極に備長炭，－極にアルミニウムはく，電解液に食塩水を用いた一次電池である。**イオン化傾向が大きいアルミニウムは食塩水にとけて，アルミニウムイオンになる。アルミニウムはくには電子が残る。この電子が導線を通って備長炭に移動すると電流が流れてモーターのプロペラが回転する。**備長炭の表面では，$O_2 + 2H_2O + 4e^- \rightarrow 4OH^-$，により，酸素分子と水分子が電子を受けとって$OH^-$になっていたと考えられる。

(1)　アルミニウム原子がイオンになるときは，$Al \rightarrow Al^{3+} + 3e$，より，3個の電子を放出する。木炭電池は，金属がイオンになってとけ出す性質を利用して，金属がもつ化学エネルギーを電気エネルギーに変換している。

(2)　上記より，＋極は木炭(備長炭)であり，木炭電池は長時間電流を流すと，アルミニウムはくはイオンになってとけ出しボロボロになるので，充電できない一次電池である。

3　燃料電池は，水素と酸素が化学変化を起こすときに発生する電気エネルギーを直接とり出すも，ので，後には水ができる。よって，化学反応式は，$2H_2 + O_2 \rightarrow 2H_2O$，である。

6 (化学変化と物質の質量：鉄と硫黄の化合，化学変化：化学式・化学反応式，気体の発生とその性質)

1　鉄と硫黄の化合を化学反応式で表すと，$Fe + S \rightarrow FeS$，である。よって，硫化鉄の化学式は，FeS，である。

2　硫黄の質量と硫化鉄の質量(1.00, 2.75)，(2.00, 5.50)，(3.00, 8.25)を・で記入し，全ての点・のなるべく近くを通るように原点を通る直線を引く。

3　鉄と硫黄の反応後の物質は**硫化鉄であり，塩酸を加えると，卵の腐ったようなにおいの硫化水素が発生する。**硫黄と反応しなかった鉄は，塩酸を加えると，非常に軽く，空気中で火をつけると音を立てて燃えて水ができる水素が発生する。

7 (力学的エネルギー，力の規則性：力の合成)

1　糸がおもりを引く力の矢印とおもりにはたらく重力の矢印を2辺とする平行四辺形の対角線が，二つの力の合力であるため，その向きはオである。

2 (1) 位置エネルギーと運動エネルギーの和である力学的エネルギーはいつも一定に保たれている。おもりは，A点からC点まで少しずつ速くなりながら移動したので，位置エネルギーは徐々に減少し，運動エネルギーに変換した。よって，エが正しい。 (2) おもりがA 点にあるときのおもりのもつ力学的エネルギーを1とする。**おもりがB点を通過するときのおもりのもつ位置エネルギーは，おもりがA 点にあるときのおもりのもつ位置エネルギーの$\frac{1}{4}$であるため，おもりがB点を通過するときのおもりのもつ運動エネルギーは$\frac{3}{4}$である。**おもりがC点を通過するときのおもりのもつ運動エネルギーは1である。$1 \div \frac{3}{4} = 1.333\cdots$なので四捨五入すると1.3であるため，おもりがC点を通過するときのおもりのもつ運動エネルギーは，おもりがB点を通過するときのおもりのもつ運動エネルギーの1.3倍である。

8 (光と音：音の伝わり方)

1 (1) 振幅はもとの位置からの振れ幅であるため，2目盛り分である。振動数は1秒間に振動する回数であるから，1〔回〕÷(0.001〔秒〕×5〔目盛り〕)＝200〔回/秒〕＝200〔Hz〕である。
(2) 実験2において，音の高さは変わらないので振動数は変わらない。音の大きさがだんだん小さくなっていくのは振幅が小さくなることである。よって，ウが正しい。

2 音は空気などの気体だけでなく，水などの液体や金属などの固体の中も伝わる。**水中でも音が聞こえるのは，水が音源の振動を伝えるからである。**

<社会解答>

1　1 ③　2 環太平洋造山帯　3 ウ　4 14　5 イ　6 (1) ASEAN
(2) (例)機械類や石油製品であり，工業化が進んだ

2　1 黒潮　2 (番号) ④　(県名) 鹿児島(県)　3 (記号) ウ　(理由) (例)冬でも気温が高く，夏の降水量が多いから。　4 リアス海岸　5 (例)1年間に2種類の農作物を同じ耕地で栽培する方法。　6 エ

3　1 (1) 土偶　(2) ア　2 (例)将軍のために戦いに参加すること。　3 ウ
4 北前船　5 国宝

4　1 (1) 横浜　(2) ウ　2 (例)鉄道の利権を日本にゆずる　3 貴族院　4 高度経済成長　5 (1) 右図　(2) エ

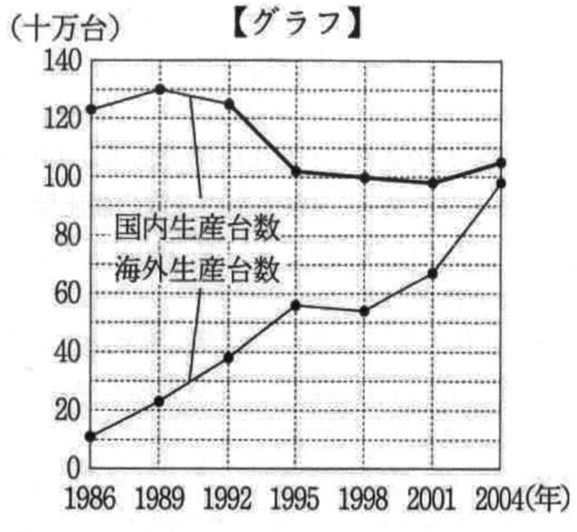

5　1 (1) 臨時会　(2) 3分の2以上
2 議院内閣制　3 ウ　4 (1) ア
(2) Y (例)権力の集中　Z (例)権利を守る

6　1 (1) 労働基準法　(2) イ・エ
2 (1) (例)需要量と供給量が一致
(2) 公正取引委員会　3 (1) 循環　(2) イ

<社会解説>

1　(地理的分野―世界地理－地形・産業・貿易)

1　②は，**北半球**なので該当しない。④は，インドネシアを通っており，**赤道**である。①は，アルゼンチンの首都ブエノスアイレスを通っており，南緯35度前後である。残る③が，南緯15度線である。

2　**環太平洋造山帯**とは，太平洋を環状にとりまく，中生代以後の新しい造山帯である。アンデス山脈・ロッキー山脈・アリューシャン列島・日本列島・フィリピン諸島・ニューギニア島を経て，ニュージーランドの諸島につながる。オーストラリアを含まないことに注意が必要である。なお，アルプス - ヒマラヤ造山帯と合わせて，世界の2大造山帯という。

3　アの，**プレーリー**は，北アメリカ大陸のミシシッピ川流域を中心として，カナダ南部から米国テキサス州に至る大草原の呼称である。イの，**グレートプレーンズ**は，北アメリカ中西部を占める大平原の呼称である。ロッキー山脈の東側で，カナダからメキシコ国境にまで及ぶ。エの，**セルバは**，南アメリカのアマゾン川の中流域に発達する熱帯雨林の呼称である。A国は，アルゼンチンであり，首都のブエノスアイレスの周辺には，ラプラタ川流域に草原地帯が広がっており，パンパと呼ばれる。

4　B国はカナダであり，その首都は，オタワである。地球は24時間で360度自転するので，15度で1時間の時差となる。日本の**標準時子午線**は，**東経135度**であるから，西経75度のオタワとの時差は，14時間となる。

5　A国はアルゼンチン，B国はカナダ，C国はオーストラリア，D国はマレーシアである。この4か国のうち，面積が最大なのはカナダ，次に大きいのはオーストラリアである。したがって，C国に当たるのは，イである。

6　(1)　D国はマレーシアである。1967年にインドネシア・シンガポール・タイ・フィリピン・マレーシアの5か国によって地域協力機構として設立されたのが，**ASEAN＝東南アジア諸国連合**である。その後5か国が加わり，現在の加盟国は10か国である。　(2)　マレーシアの輸出品は，1980年には石油・天然ゴムなどの資源や農産物が中心だった。その後外国企業を受け入れて工業化が進み，2016年の輸出品の上位は，機械類や石油製品となった。

2　**(地理的分野―日本地理－地形・農林水産業・工業)**

1　日本列島の南岸を南西から北東に流れる暖流を**黒潮**という。**日本海流**とも呼ぶ。

2　番号・県名　①は福岡県，②は長崎県，③は熊本県，④は鹿児島県である。4県の中で**人口**が最も多いのは，福岡県であり，Bが福岡県である。4県の中で，**海面漁業漁獲量**が最も多いのは，長崎県であり，Cが長崎県である。4県の中で**野菜産出額**が最も多いのは，熊本県であり，Dが熊本県である。4県の中で**畜産の産出額**が最も多いのは，鹿児島県であり，Aが鹿児島県である。

3　記号・理由　冬でも気温が10度近くあり，降水量が夏に多く冬に少ないことから，ウが宮崎県と判断できる。

4　起伏の多い山地が，海面上昇や地盤沈下によって陸地が海に沈むことにより形成され，海岸線が複雑に入り組んで，多数の島が見られる海岸を**リアス海岸**という。日本では，三陸海岸が有名である。

5　1年間に2種類の農作物を同じ耕地で栽培する方法を，**二毛作**という。なお，1年間で同じ作物を2度栽培する方法は，**二期作**という。

6　アの，機械類が3分の2を占めるのは，**日本最大の自動車メーカー**を地域内に持つ**中京工業地帯**である。イの，化学が4分の1を占めるのは，多くの**石油化学コンビナート**を地域内に持つ**瀬戸内工業地域**である。ウの，多くの製造品が同じくらい出荷されているのは，総合工業地帯とも呼ばれている**阪神工業地帯**である。エが，**北九州工業地帯**である。1901年に，現在の北九州市に官営の**八幡製鉄所**を開業し，筑豊炭田の石炭を利用して鉄鋼業を中心に発達したが，第二次世界大戦後の**エネルギー革命**により，石炭産業の衰退とともにふるわなくなった。北九州工業地帯は，問題の4つの工業地帯・工業地域の中で，最も出荷額の総額が小さい。

3 **(歴史的分野―日本史時代別－旧石器時代から弥生時代・古墳時代から平安時代・鎌倉時代から室町時代・安土桃山時代から江戸時代，―日本史テーマ別－技術史・文化史・政治史・宗教史・経済史，―世界史－文化史)**

1 (1) 粘土を材料として焼きあげた，人の形をした小型の土製品が**土偶**である。日本では，**縄文時代**早期に出現し，弥生時代初頭で消滅した。女性をかたどったものが多い。 (2) イの，くさび形文字が使われ，60進法が考え出されたのは，**メソポタミア文明**である。ウの，**モヘンジョ・ダロ**などの都市が建設されたのは，**インダス文明**である。太陰暦が作られたのは，**メソポタミア文明**である。イ・ウ・エとも説明に誤りがあり，アが正しい。

2 **奉公**とは，日常的には**鎌倉**や**京都**の警護をすることで，戦時には**将軍**のために戦いに参加することである。

3 **織田信長**が**足利義昭**を京都から追放し，**室町幕府**が滅びたのは，1573年のことである。ウの時期に該当する。

4 江戸時代から明治時代にかけて，日本海海運で活躍した，主に買積みの北国廻船を**北前船**という。北海道から北陸を経て瀬戸内海に入り，大阪に至る航路をとった。

5 重要文化財のうち，特に文化史的・学術的価値の高いものとして，文化庁の答申に基づいて**文部科学大臣**が指定した建造物・美術工芸品・古文書などを**国宝**という。

4 **(歴史的分野―日本史時代別－明治時代から現代，―日本史テーマ別－政治史・外交史・文化史・経済史，地理的分野―日本地理－工業)**

1 (1) 日本最初の鉄道は，新橋と当時日本最大の貿易港であった**横浜**の間に敷かれた。

(2) アの，**ノルマントン号事件**が起こったのは，1886年である。イの，**江華島事件**が起こったのは，1875年である。ウの，**下関砲台**が占領されたのは，1864年である。エの**ワシントン会議**で列強海軍の軍縮条約が結ばれたのは，1922年である。1872年よりも前に起こったのは，ウである。

2 1895年の**三国干渉**の後，**ロシア**が鉄道敷設権を獲得して建設した，長春と旅順の間の鉄道があった。その鉄道の権利を日本にゆずることが，**日露戦争**後の**ポーツマス講和条約**で決定された。

3 明治憲法により，**衆議院**とともに帝国議会を構成していた立法機関が，**貴族院**である。二院制の上院に相当する。1890年に創設され，1947年に廃止された。

4 1950年代半ばから，日本の経済は飛躍的な成長を遂げ，1960年代には，経済成長率は年平均10%を超え，**高度経済成長**と言われた。家庭電化製品が普及し，東海道新幹線が開通したのがこの時期である。高度成長でも正解となる。

5 (1) 資料の自動車の国内生産台数を年ごとにグラフに記入して折れ線グラフにすればよい。

(2) **円高**が進むと，日本国内で生産し輸出することが難しくなるため，海外に工場を移転させ，現地で生産・販売をするようになる。そのため，国内の生産や雇用が減少することが起こり，**産業の空洞化**と言われる。

5 **(公民的分野―国の政治の仕組み・三権分立)**

1 (1) 日本国憲法第53条に「内閣は，国会の**臨時会**の召集を決定することができる。いづれかの議院の**総議員の四分の一以上**の要求があれば，内閣は，その召集を決定しなければならない。」と定められている。臨時会は臨時国会ともいう。　(2)　憲法第59条に「**衆議院**で可決し，**参議院**でこれと異なつた議決をした法律案は，衆議院で**出席議員の三分の二**以上の多数で再び可決したときは，法律となる。」と規定されている。

2　国会の信任に基づいて内閣が組織され，内閣は行政権の行使について，国会に対して連帯して責任を負う制度を**議院内閣制**という。議院内閣制の特徴は，**議会の多数派が内閣を形成**し，政権の座につくことにより，立法と行政との間に協力関係が築かれることである。

3　すべての裁判所は**違憲立法審査権**をもっているが，最高裁判所はその最終的な権限をもっていることから，**憲法の番人**と呼ばれている。

4　(1)　日本国憲法第6条第2項に「天皇は，**内閣の指名**に基いて，**最高裁判所の長たる裁判官**を任命する。」と明記されている。

(2)　Y　**三権分立**とは，**立法・行政・司法**の三機関が互いに**抑制**し合い，**均衡**を保つためであり，また権力が一つの機関に集中してらん用されることがないようにする。簡単に「権力のらん用」という解答でもよい。　Z　三権分立とは，**国民の権利や自由**が侵されることがないようにするための制度である。主権を守る・自由を守るなどでもよい。

6　**(公民的分野―経済一般，地理的分野―環境問題)**

1　(1)　労働者のための統一的な保護法として，1947年に制定されたのが，**労働基準法**である。**労働条件の基準**を定め，1日8時間労働制や，1週40時間労働制などを内容としている。労働三法とは，**労働基準法・労働組合法・労働関係調整法**である。　(2)　ア　株式会社の**配当金**とは，生じた利益の中から，**株主**に支払われるお金のことである。　ウ　**株価**は変動し，その時の**相場**で売買される。　オ　**株式会社**の経営者は，株主から選ばれなくてもよい。単に株主から会社の経営を任されているという状態である。ア・ウ・オは，それぞれ誤りがあり，イとエが正しい。

2　(1)　売り手と買い手による自由な競争が十分に行われている市場において，**需要量**と**供給量**とがちょうど一致する価格を「**均衡価格**」という。　(2)　資本主義の市場経済において，健全で公正な競争状態を維持するために，1947年に制定されたのが，独占禁止法である。その運用のために，同年設置されたのが，公正取引委員会である。

3　(1)　環境への負荷を減らすため，自然界から採取する資源をできるだけ少なくし，**リユース・リデュース・リサイクル**などによって，廃棄されるものを最小限に抑える社会を，**循環型社会**という。

(2)　企業は利益の追求だけでなく，従業員・消費者・地域社会・環境などに配慮した企業活動を行うべきとする考え方を，**企業の社会的責任(CSR)**という。正解は，イの，人の雇用や消費者の安全をまもることである。

＜国語解答＞

一　問一　a　よいん　b　お　問二　ウ　問三　池に小さな　問四　(例)泣いている顔を見られない　問五　ア　問六　Ⅰ　反対　Ⅱ　(例)誇らしい　問七　(例)自分が好きで，みんなに見てほしい映画を上映する

二　問一　a　けいさい　b　はぶ　問二　ウ　問三　イ　問四　(例)モノをつくり出すことより,ヴァーチャルなイメージがあふれる時代。　問五　Ⅰ　ひたすら前へ

Ⅱ 長い時間　問六 エ　問七 （例）身体的経験を持ち,新たな想像力を用いて，すでに出来上がった答えとは異なるものを実現しようとする存在。

三　問一 ようよう　問二 イ　問三 （例）かごが進むのが遅いこと。　問四 （例）飛脚が重い　問五 ウ

四　問一 1 舌　2 届　3 簡潔　4 尊敬　5 服装　問二 エ

五　（例） グラフAから,「どちらかといえば」も含めて大切に日本語を使う割合は半数以上だ。また，七〇代を除きどちらかといえば大切に使う割合が特に多いことがBから読み取れる。本当に大切に使っているとはいえないものの，それなりにというあいまいな気持ちがある。

社会で活躍する人々こそ，しっかり「大切に」日本語を使うべきだ。しかし，私も楽しく面白いとつい流行り言葉やきたない言い回しを使ってしまう。しかし，言葉はその人柄を表し，自分の想いを伝える大切な道具だ。このことを心に刻んで大切に扱っていきたい。

＜国語解説＞

一　（小説－情景・心情，内容吟味，文脈把握，脱文・脱語補充，漢字の読み，語句の意味，表現技巧）

問一 a 「余韻」は，鐘を突いた後などに残る響きのこと。又，事が終わった後まで残る良い趣・感じ。　b 入ったり出たりすると困るものを，何らかの方法で覆って食い止めること。

問二 「さりげない」とは，**重要であることや意図的であることを見せずに，人目に立たないような言動をする様子**を表す。これをふまえて選択肢を選ぶ。イの「突然に」も，人目に立つので不適切だ。

問三 傍線1の直前に「池に小さな……会場中が拍手で包まれた。」という，拍手の様子が描かれている。**「池に小さな小石を投げ込んだ波紋のように」の部分が直喩**なので，この一文が解答になる。

問四 傍線2「うつむいたまま」である理由は，桐谷くんの「号泣しとる」という言葉から，泣いているからであることがわかる。この**泣き顔を隠すためにうつむいた**のだ。これを［　］に合うようにまとめればよい。

問五 失礼だねえ」と相手を非難する言葉を笑いながら言い，朝子おばさんも「思ったより……」と本音をもらしているところから，**さっこちゃんと朝子おばさんには信頼関係が結ばれている**と読み取れる。

問六 傍線4の前の会話に「史織，最初はね，みんな反対したんだよ。」とあり，ここから［Ⅰ］は補える。また，［Ⅱ］には，傍線4**「胸を張った」という誇らしい態度を表す表現**から読み取れる，さっこちゃんの誇らしげな気持ちを答えればよい。

問七 文章の最後にあるさっこちゃんの言葉には「ヒットしなくても……私が好きで好きで，みんなに見てほしいって思う映画を上映したいの」とある。これが映画館を始めた理由なので，指定字数でまとめればよい。

二　（論説文－大意・要旨，文脈把握，脱文・脱語補充，漢字の読み，品詞・用法）

問一 a 写真を，新聞や雑誌などに載せること。　b 必要のないものとして触れないで済ますこと。

問二 「あらゆる」は，考えられる限りの・すべて，の意。ここでは「民族」という**名詞を修飾しているので連体詞**だとわかる。

問三　傍線1の直後に「勝ち負けではなく，……そのプロセスが重要なのです。」とあるのをふまえて選択肢を選ぶ。

問四　傍線2以降には，大きな革命など変動期のことが述べられていて，そこに「今では，モノをつくり出すことより情報とかアイディアのようなヴァーチャルなイメージがあふれる時代になりました。」とある。この部分を用いて指定字数でまとめればよい。

問五　傍線3の後に，「長い時間を文化は必要とする」とあるので，**文化は長い時間をかけてつくるものだ**と読み取れ，［Ⅱ］が補える。また，「一方，文明とは，文化を置き去りにしてひたすら前と進むこと」という描写から［Ⅰ］にも指定字数で解答すればよい。

問六　傍線4で始まる段落には，「何通りもの……」以降に人間の描き方が記述されている。描く間にもっと先へもっと奥へという眼差しを持ち，考えが変化していくことで，幅や間や出来事が込められるようになっていく人間の描く行為を説明している。**人工知能との違いを比較して示すことで，こうした人間の充実した行為の特徴を明確**するのである。

問七　三つの言葉は，傍線5以降のまとめに全て含まれていることからも，その部分を用いてまとめればよいのだ。「コンピューターが身体的経験を持たない」というところから，**芸術家は身体的経験を持つものである**こと，また「芸術家とは，すでに出来上がった答えを実現する者ではない」というところから，**芸術家が絶えず新たな想像力によってさらに先へと答えを求めるために営みを続けるものである**ことをまとめる。

三 (古文－内容吟味，文脈把握，脱文・脱語補充，仮名遣い)

【現代語訳】　飛脚は，大津というところで京の都までかごを走らせた。かなりかなり急いで二百文の値段をつけて一気に行くはずだったけれども，そうはいってもかごをかついでいるので，思っているようにはいかない。だんだんと向かいやっと茶屋まで着いた。飛脚が言うには，「おれは急ぐので，二百文出して，かついできたが，このように遅くてはいけない。」と言って叱ったところ，かごをかつぐ人が言うには，「かなり急いでいますが，あなたが重いので。」と言う。「それなら空かごならば(速く)走るのか」(と飛脚が問うと)，「もちろん。走りましょう」と(かごをかつぐ人が)言う。「それなら(かごから降りよう」と(飛脚が)言って，自分もかごと一緒に走ったとかいうことだ。

評されることには，急ぐことに心を奪われて，自分がかごに載ることを忘れてしまったとはおかしなことである。

問一　「アウ(－au)」は，現代仮名遣いでは「オウ(－ou)」となる。「やうやう」の「**yau**」を「**you**」と読めばよい。

問二　①　「ゆきけり」の主語は，飛脚とかごかきである。二百文の値段で飛脚をかごに載せてかごかきが走っているからである。　②「云ひて」の主語は，かごを降りようとする人の言葉なので飛脚だ。

問三　傍線1の前の言葉に「かやうにおそくてはならん」とあるので，これを現代語訳する。

問四　傍線2の後半部が［　］に補える。**「こなたがおもいによって」という理由**をまとめればよい。「こなた」とは，**二人称なので相手である飛脚**を指している。

問五　**重いから速く走れないのだと言うかごかき**の言葉に対して，**急ぎのあまりかごから降りて空かごと一緒に走ることになったのは飛脚**である。これをふまえて選択肢を選ぶ。主語をおさえて読み進めたい。

四 (漢字の書き取り，脱文・脱語補充)

問一　1 「舌を巻く」は，非常に感心する(驚く)こと。　2 「届」は，とだれ＋「由」。「由」を

「田」にしない。　3 「簡潔」は，手短で要点をとらえていること。「簡」には，たけかんむりがつく。　4 その人の言動・業績に非凡さを認め，自他の模範として仰ぎ見ること。　5 「装」は「壮」＋「衣」。

問二　Bさんが「勉強について紹介する」と提案し，Cさんが「部活動について紹介する」ことも付け加えて提案している。これらをふまえると，**授業のことをはじめとして，放課後の活動も紹介することになり，中学校生活の一日の紹介**ということになる。

五 （作文）

二段落構成の条件，その他の指示に従って書くように心がける。第一段落の**グラフの読み取りでは，差の大きいや変化のあるところに着目する**とよい。こうしたところに取り上げるべき課題・問題点があることが多い。次に，第二段落でこれからの自分の生活における心がけをまとめる。体験などを具体例に挙げることが求められているので，**適切な例を簡潔**にまとめたい。限られた字数なので大切なポイントだ。

MEMO

大切なことはメモしておこうネ！

○月×日　△曜日　天気（合格日和）

解答用紙集

◆ご利用のみなさまへ

＊解答用紙の公表を行っていない学校につきましては、弊社の責任において、解答用紙を制作いたしました。

＊編集上の理由により一部縮小掲載した解答用紙がございます。

＊編集上の理由により一部実物と異なる形式の解答用紙がございます。

人間の最も偉大な力とは、その一番の弱点を克服したところから生まれてくるものである。　――カール・ヒルティ――

※データのダウンロードは 2024 年 3 月末日まで。

東京学参株式会社

※ 189%に拡大していただくと，解答欄は実物大になります。

数学解答用紙

受検番号		総得点	

□の欄には何も記入しないこと。

1

			配点
1	(1)		/3
	(2)		/4
	(3)		/4
	(4)		/4
2		$(x-7)(x+2)=-9x-13$ 答	/5
3			/4
4			/4
5			/4

計 /32

2

			配点
1	(1)		/4
	(2)		/4
2		記号 <理由>	/6
3	(1)		/6
	(2)	個	/4
4		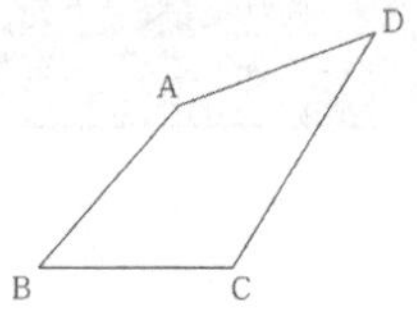	/5

計 /29

3

				配点
1	(1)			/3
		ア	$y=$	/3
		イ		/3
		ウ	$y=$	/3
	(2)		図3 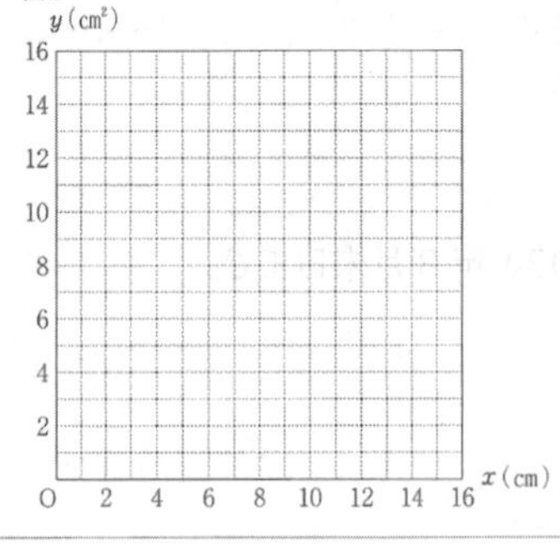	/4
2				/4

計 /20

4

			配点
1		<証明>	/9
2	(1)	cm	/5
	(2)	cm^3	/5

計 /19

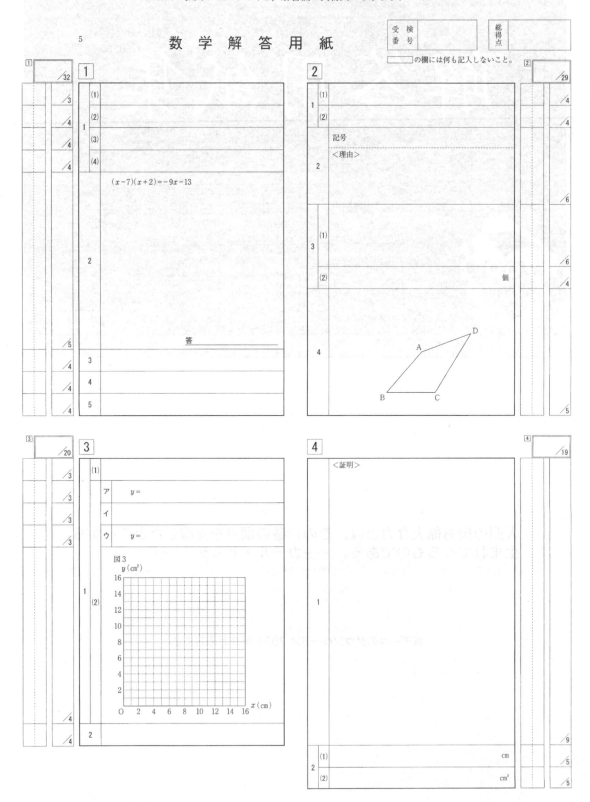

※ 189%に拡大していただくと，解答欄は実物大になります。

5

英 語 解 答 用 紙

受検番号		総得点	

□の欄には何も記入しないこと。

1

1 /26

			得点
1	No.1		/3
	No.2		/3
2	ア		/3
	イ		/3
	ウ		/3
3	No.1		/3
	No.2		/3
4	*Betty:* The park in this photo is beautiful. *Taku:* I think so, too. It is ( ) Japan.		/5

2

2 /18

			得点
1	(1)		/2
	(2)		/2
	(3)		/2
2	(1)		/3
	(2)		/3
3	(1)	X　Y　Z	/3
	(2)	X　Y　Z	/3

3

3 /16

			得点
1	X		/2
	Y		/2
	Z		/2
2			/4
3			/3
			/3

4

4 /30

			得点
1			/3
2		(　　　)	/4
3			/4
4	(1)		/3
	(2)		/3
5		→　→　→　→	/5
6	I	( ) this folk tale in English?	/4
	II	One member of the club said that we could ( ) in the town's folk tales.	/4

5

5 /10

	得点
	(1) A A B B C C D D /8
	(2) A A B B C C /2

※ 189%に拡大していただくと，解答欄は実物大になります。

5

理 科 解 答 用 紙

受検番号		総得点	

□の欄には何も記入しないこと。

1

/12

			配点
1	(1)		/3
	(2)		/3
2	(1)	アジサイの葉が	/3
	(2)		/3

2

/13

			配点
1	(1)		/2
	(2)		/3
2			/2
3	(1)		/3
	(2)		/3

3

/12

		配点
1		/3
2		/3
3		/3
4		/3

4

/13

		配点
1		/2
2		/2
3		/3
4		/3
5		/3

5

/13

			配点
1			/3
2			/3
3	(1)		/2
	(2)		/2
4		g	/3

6

/12

		配点
1		/3
2		/3
3	g	/3
4	g	/3

7

/12

		配点
1	（の法則）	/3
2	N	/3
3		/3
4		/3

8

/13

		配点
1	cm	/3
2		/3
3	図2 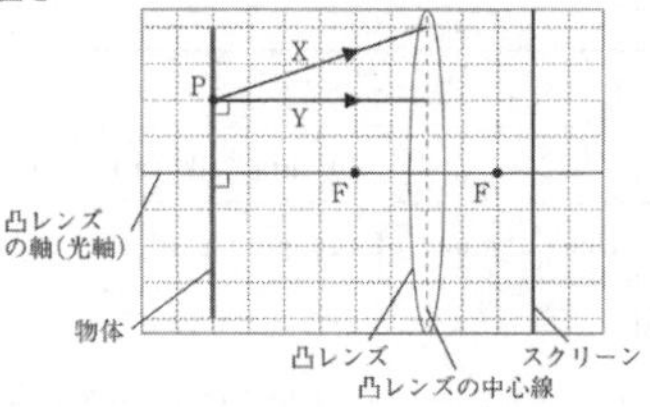	/4
4		/3

※ 189％に拡大していただくと，解答欄は実物大になります。

5

社 会 解 答 用 紙

受検番号		総得点	

□の欄には何も記入しないこと。

1

1 ／18

問		解答欄		得点
1		記号	海洋名	／2
2	(1)			／2
2	(2)	記号　　国	国名	／2
3				／2
4		a	b	／2
5				／3
6	(1)			／2
6	(2)	d		
6	(2)	e		／3

2

2 ／17

問		解答欄		得点
1	(1)			／3
1	(2)			／2
2	(1)	記号	県名　　　県	／3
2	(2)			／3
3	(1)			／3
3	(2)			／3

3

3 ／18

問		解答欄	得点
1	(1)	年から　　年まで	／2
1	(2)		／2
2	(1)		／3
2	(2)		／2
3			／3
4	(1)		／3
4	(2)		／3

4

4 ／17

問	解答欄	得点
1		／2
2		／3
3		／2
4		／3
5		／2
6	→　→　→	／3
7		／2

5

5 ／15

問		解答欄	得点
1	(1)		／2
1	(2)		／2
1	(3)		／3
2	(1)		／2
2	(2)		／3
3			／3

6

6 ／15

問		解答欄	得点
1	(1)		／3
1	(2)		／3
2			／3
3	(1)		／3
3	(2)		／3

※ 192%に拡大していただくと，解答欄は実物大になります。

5

国 語 解 答 用 紙

受検番号		総得点	

□の欄には何も記入しないこと。

一

問一 a	問一 b	問二	問三	問四	問五 Ⅰ	問五 Ⅱ	問六	問七	
／2	／2	／2	／3	／3	／2	／4	／5	／2　／2	／27
	らかく								

二

問一 a	問一 b	問二	問三	問四	問五 Ⅰ	問五 Ⅱ	問六	問七	
／2	／2	／2	／3	／3	／2	／4	／6	／3	／27
み									

三

問一	問二	問三	問四	
／2	／3	／4	／4	／13

四

問一 1	問一 2	問一 3	問一 4	問一 5	問二 (1)	問二 (2)	
／2	／2	／2	／2	／2	／2	／3	／15
	らす					（　）	

五

(1)	(2)	(3)	
／9	／6	／3	／18
A　B　C　D	A　B　C　D	A　B　C	
A　B　C　D	A　B　C　D	A　B　C	

100字　200字　240字

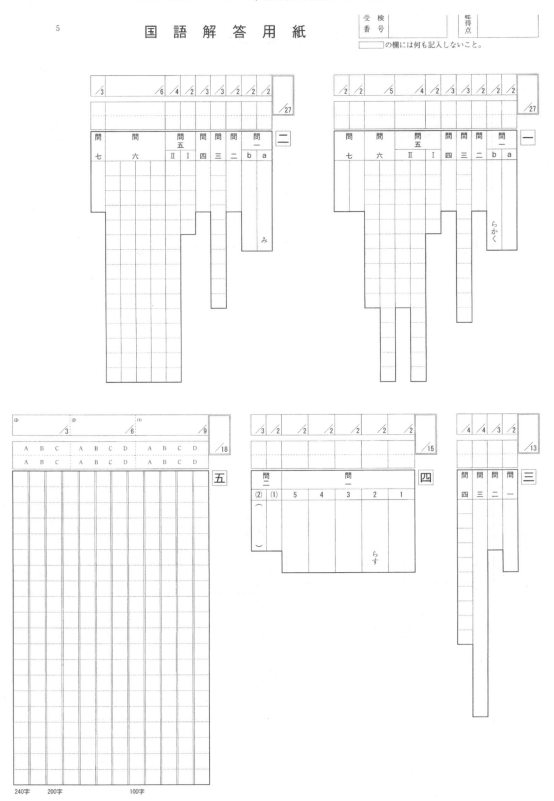

2023年度入試配点表(山形県)

数学	1	2	3	4	計
	1(1)　3点 2　5点 他　各4点×6	2·3(1)　各6点×2 4　5点 他　各4点×3	1(2)グラフ·2 各4点×2 他　各3点×4	1　9点 2　各5点×2	100点

英語	1	2	3	4	5	計
	4　5点 他　各3点×7	1　各2点×3 他　各3点×4	1　各2点×3 2　4点 他　各3点×2	1·4　各3点×3 5　5点 他　各4点×4	10点	100点

理科	1	2	3	4	5	6	7	8	計
	各3点×4	1(1)·2 各2点×2 他　各3点×3	各3点×4 (1完答)	1·2 各2点×2 他　各3点×3	3　各2点×2 他　各3点×3	各3点×4	各3点×4	3　4点 他　各3点×3	100点

社会	1	2	3	4	5	6	計
	5·6(2) 各3点×2 他　各2点×6 (1·2(2)·4·6(2) 各完答)	1(2)　2点 他　各3点×5 (2(1)完答)	1·2(2) 各2点×3 他　各3点×4 (1(1)·2(1)各完答)	2·4·6 各3点×3 他　各2点×4 (6完答)	1(1)·(2)·2(1) 各2点×3 他　各3点×3	各3点×5	100点

国語	一	二	三	四	五	計
	問三·問四　各3点×2 問五Ⅱ　4点 問六　5点 他　各2点×6	問三·問四·問七 各3点×3　問五Ⅱ 4点 問六　6点 他　各2点×4	問一　2点 問二　3点 他　各4点×2	問二(2)　3点 他　各2点×6	18点	100点

※ 189%に拡大していただくと，解答欄は実物大になります。

4

数 学 解 答 用 紙

受検番号		総得点	

□の欄には何も記入しないこと。

1

1 /32

			得点
1	(1)		/3
	(2)		/4
	(3)		/4
	(4)		/4
2		$(3x+1)(x-2)=x-1$ 答	/5
3			/4
4			/4
5			/4

2

2 /28

			得点
1	(1)		/4
	(2)		/4
2		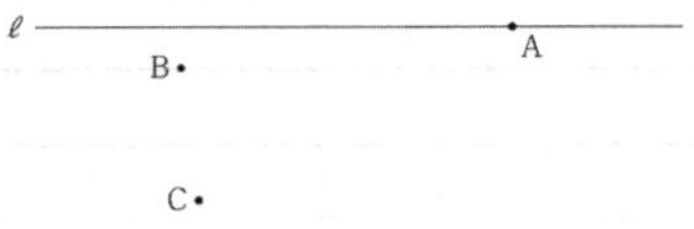	/5
3	(1)		/6
	(2)	km²	/4
4			/5

3

3 /20

				得点
1	(1)			/3
	(2)	ア	$y=$	/3
		イ		/3
		ウ	$y=$	/3
			図3 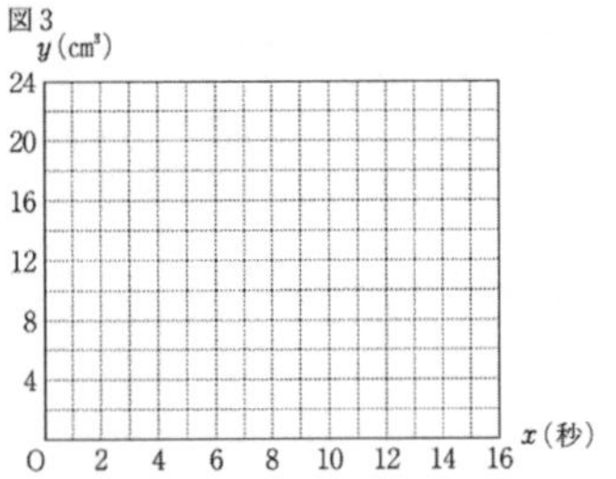	/4
2			秒後	/4

4

4 /20

			得点
1		<証明>	/10
2	(1)	cm	/5
	(2)	cm	/5

※ 189%に拡大していただくと，解答欄は実物大になります。

4

英 語 解 答 用 紙

受検番号		総得点	

□の欄には何も記入しないこと。

1

1 ／26

1	No.1		／3
	No.2		／3
2	ア		／3
	イ		／3
	ウ		／3
3	No.1		／3
	No.2		／3
4	*Greg:* Look at this garden. *Mika:* It's wonderful. I will (　　　　　　　　　　).		／5

2

2 ／18

1	(1)			／2
	(2)			／2
	(3)			／2
2	(1)			／3
	(2)			／3
3	(1)	X	Y	Z	／3
	(2)	X	Y	Z	／3

3

3 ／16

1	X		／2
	Y		／2
	Z		／2
2			／4
3			／3
			／3

4

4 ／30

1			／3
2	(　　　　　　　　　　)		／4
3			／4
4	(1)		／3
	(2)		／3
5	→　→　→　→		／5
6	I	She learned about it when she (　　　　　　　　　　) at a university.	／4
	II	Please come to the contest (　　　　　　　　　　) next year.	／4

5

5 ／10

(1) A A / B B / C C / D D	／8
(2) A A / B B / C C	／2

※ 189%に拡大していただくと，解答欄は実物大になります。

4

理　科　解　答　用　紙

受検番号		総得点	

□の欄には何も記入しないこと。

1 （/13）

1	(1)	a		/2
		b		/3
	(2)			/3
2	(1)			/2
	(2)			/3

2 （/12）

1			秒	/3
2	(1)	a		/3
		b		/3
	(2)			/3

3 （/12）

1				/2
2				/3
3	(1)			/3
	(2)	X	km	/4
		Y	時　分　秒	

4 （/13）

1		/2
2		/2
3		/3
4		/3
5		/3

5 （/13）

1						/2
2						/2
3	(1)	a		b		/3
	(2)					/3
4						/3

6 （/12）

1	（の法則）	/2
2		/3
3	図2 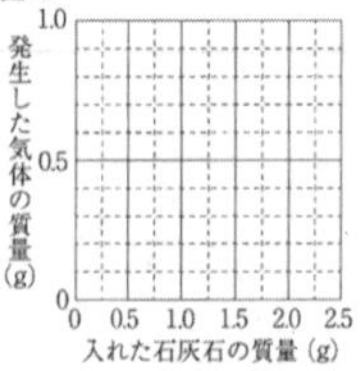	/3
4		/4

7 （/13）

1	（力の）				/3
2	図2 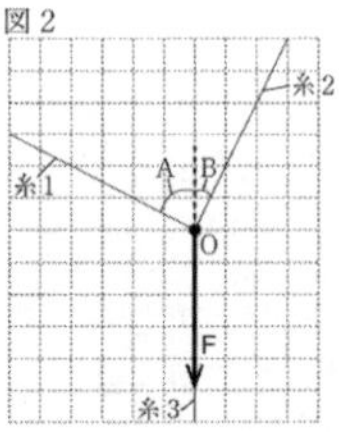				/4
3	a		b		/3
4	N				/3

8 （/12）

1		/3
2	J	/3
3		/3
4		/3

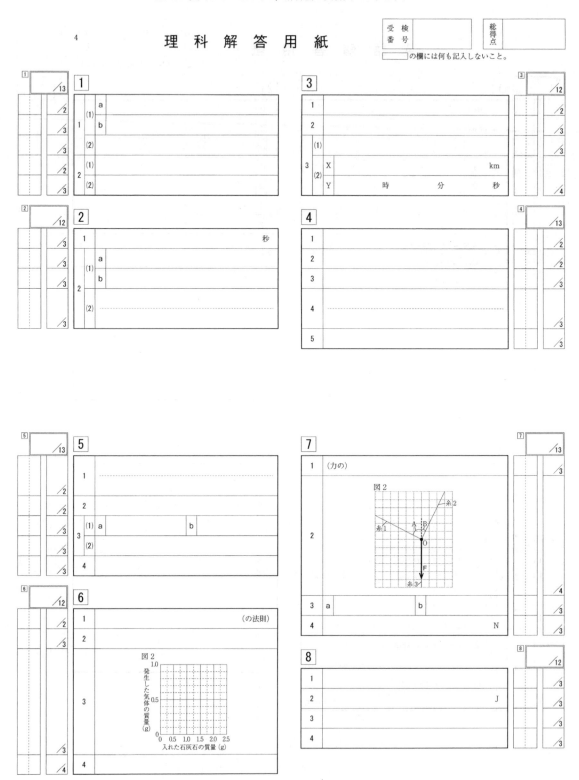

※ 189%に拡大していただくと，解答欄は実物大になります。

4

社 会 解 答 用 紙

受検番号		総得点	

□の欄には何も記入しないこと。

1

/18

問		解答	配点
1		国	/2
2			/2
3	(1)		/3
	(2)	記号　気候帯	/3
4			/2
5			/3
6			/3

2

/17

問		解答	配点
1			/2
2			/2
3			/3
4	(1)		/2
	(2)		/3
5		記号　県名　県	/3
6			/2

3

/18

問		解答	配点
1	(1)		/3
	(2)		/2
2			/3
3	(1)		/2
	(2)		/3
4	(1)		/2
	(2)		/3

4

/17

問		解答	配点
1		→　→　→	/3
2			/3
3			/3
4			/3
5	(1)		/2
	(2)		/3

5

/15

問		解答	配点
1	(1)		/2
	(2)		/3
	(3)		/3
2		人以上	/3
3	(1)		/2
	(2)		/2

6

/15

問			解答	配点
1	(1)	X		/2
		Y		/3
	(2)			/3
2	(1)			/2
	(2)			/2
	(3)			/3

※ 192％に拡大していただくと，解答欄は実物大になります。

4

国語解答用紙

受検番号		総得点	

□の欄には何も記入しないこと。

一

問一 a	問一 b	問二	問三	問四	問五	問六 Ⅰ	問六 Ⅱ	問七	
/2	/2	/2	/5	/3	/4	/2	/4	/3	/27
	てて								

二

問一 a	問一 b	問二	問三	問四 Ⅰ	問四 Ⅱ	問五	問六	問七	
/2	/2	/2	/2	/2	/4	/6	/3	/4	/27
	る								

三

問一	問二	問三	問四	問五	
/2	/2	/3	/4	/4	/15

四

問一 1	問一 2	問一 3	問一 4	問一 5	問二	
/2	/2	/2	/2	/2	/3	/13
	す					

五

(1)	(2)	(3)	
/9	/6	/3	/18
A B C D	A B C D	A B C	
A B C D	A B C D	A B C	

100字　200字　240字

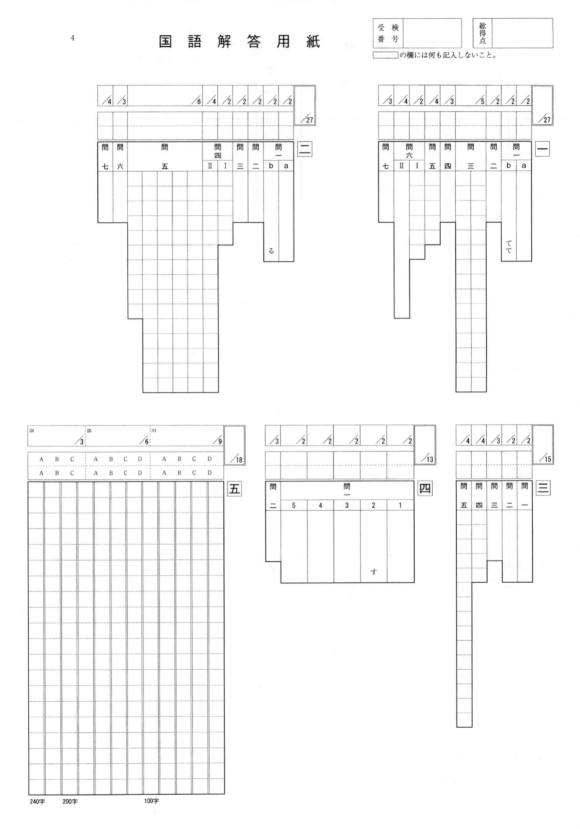

2022年度入試配点表(山形県)

数学	1	2	3	4	計
	1(1)　3点 2　5点 他　各4点×6	2･4　各5点×2 3(1)　6点 他　各4点×3	1(2)グラフ･2 各4点×2 他　各3点×4	1　10点 他　各5点×2	100点

英語	1	2	3	4	5	計
	4　5点 他　各3点×7	1　各2点×3 他　各3点×4 (3(1)･(2)各完答)	1　各2点×3 2　4点 他　各3点×2	1･4　各3点×3 5　5点 他　各4点×4	10点	100点

理科	1	2	3	4	5	6	7	8	計
	1(1)a･2(1) 各2点×2 他　各3点×3	各3点×4	1　2点 3(2)　4点 他　各3点×2 (3(2)完答)	1･2 各2点×2 他　各3点×3	1･2 各2点×2 他　各3点×3 (3(1)完答)	1　2点 4　4点 他　各3点×2	2　4点 他　各3点×3 (3完答)	各3点×4	100点

社会	1	2	3	4	5	6	計
	1･2･4 各2点×3 他　各3点×4 (3(2)完答)	3･4(2)･5 各3点×3 他　各2点×4 (1･5各完答)	1(2)･3(1)･4(1) 各2点×3 他　各3点×4	5(1)　2点 他　各3点×5 (1完答)	1(1)･3(1)･(2) 各2点×3 他　各3点×3	1(1)X･2(1)･(2) 各2点×3 他　各3点×3	100点

国語	一	二	三	四	五	計
	問三　5点 問四･問七　各3点×2 問五･問六(Ⅱ)　各4点×2　他　各2点×4	問四(Ⅱ)･問七　各4点×2　問六　3点 問七　6点 他　各2点×5	問一･問二 各2点×2 問三　3点 他　各4点×2	問二　3点 他　各2点×5	18点	100点

山形県公立高校　2021年度

※ 192％に拡大していただくと，解答欄は実物大になります。

3

数学解答用紙

受検番号	

総得点	

□の欄には何も記入しないこと。

1

1 /32

1	(1)		/3
	(2)		/4
	(3)		/4
	(4)		/4
2		$(x-4)(3x+2)=-8x-5$ 答	/5
3		cm³	/4
4			/4
5			/4

2

2 /28

1	(1)		/4
	(2)		/4
2		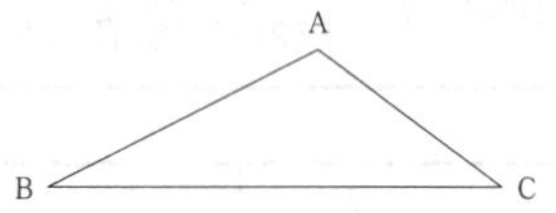	/5
3	(1)		/6
	(2)	個	/4
4			/5

3

3 /21

1	(1)		午前　時　分	/3
	(2)	ア	$y=$	/3
		イ		/3
		ウ	$y=$	/3
			図 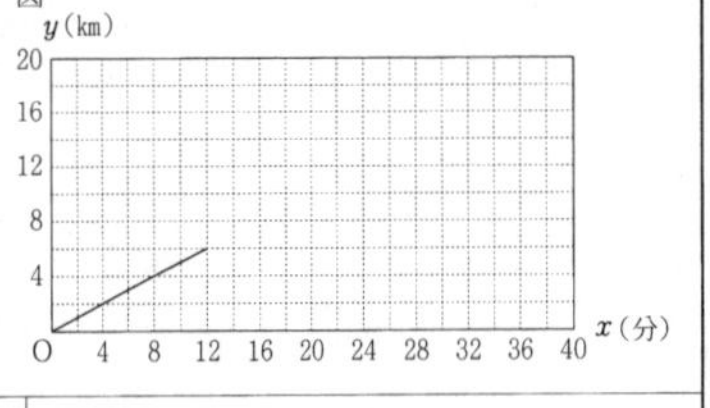	/3
2		エ		/3
		オ		/3

4

4 /19

1		/4
2	＜証明＞	/10
3	cm²	/5

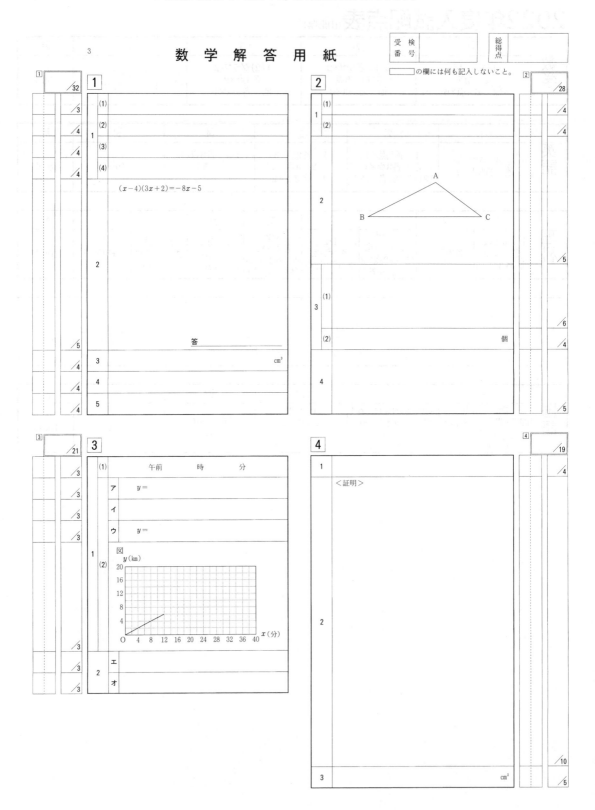

※ 192%に拡大していただくと，解答欄は実物大になります。

3

英　語　解　答　用　紙

受検番号		総得点	

□の欄には何も記入しないこと。

1

1 ／26

1	No.1		／3
	No.2		／3
2	ア		／3
	イ		／3
	ウ		／3
3	No.1		／3
	No.2		／3
4	*Judy:* It's a nice day for fishing. *Keita:* Yes, it is. We will ( ) fish today.		／5

2

2 ／18

1	(1)				／2
	(2)				／2
	(3)				／2
2	(1)				／3
	(2)				／3
3	(1)	X	Y	Z	／3
	(2)	X	Y	Z	／3

3

3 ／16

1	X		／2
	Y		／2
	Z		／2
2			／4
3			／3
			／3

4

4 ／30

1			／4
2		(　　　　)	／4
3			／3
4	(1)		／3
	(2)		／3
5		→　→　→　→	／5
6	Ⅰ	( ) take to write it?	／4
	Ⅱ	He thinks it's important for ( ) nature.	／4

5

5 ／10

	(1) A A / B B / C C / D D	／8
	(2) A A / B B / C C	／2

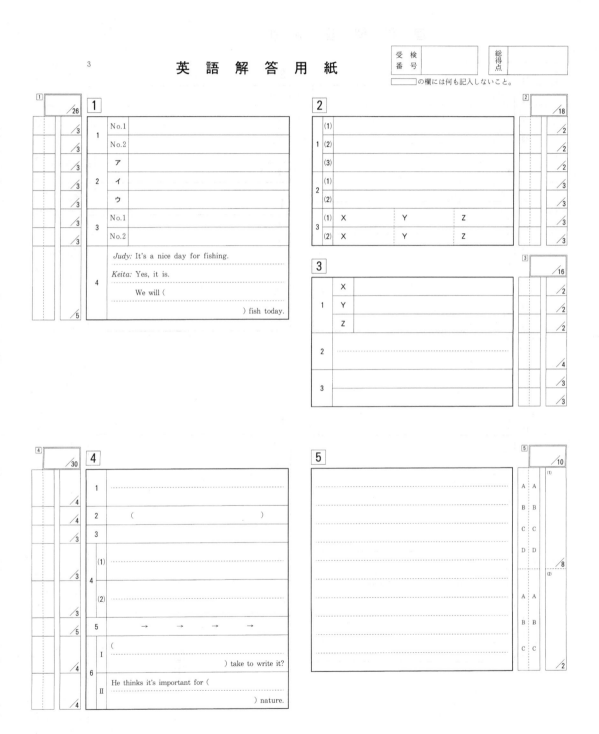

※ 192%に拡大していただくと，解答欄は実物大になります。

3

理　科　解　答　用　紙

受検番号		総得点	

□の欄には何も記入しないこと。

1　（/13）

1	(1)		/2
	(2)		/2
	(3)	→ → →	/3
2	(1)		/3
	(2)	個	/3

2　（/12）

1	(1)		/3
	(2)		/3
2	(1)		/3
	(2)		/3

3　（/12）

1	(1)		/3
	(2)		/3
	(3)		/3
2			/3

4　（/13）

1			/2
2			/3
3	(1)		/2
	(2)	マグマが	/3
4			/3

5　（/13）

1			/3
2	(1)		/2
	(2)		/2
	(3)		/3
3		銅 ： 酸素 ＝ ：	/3

6　（/12）

1	(1)		/3
	(2)		/3
	(3)		/3
2			/3

7　（/12）

1	(1)		/3
	(2)		/3
	(3)	図2 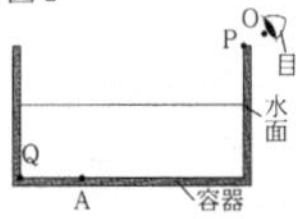	/3
2			/3

8　（/13）

1		図4 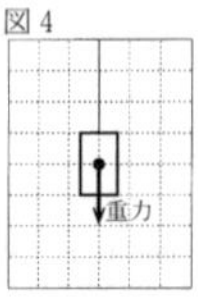	/3
2	(1)		/3
	(2)	cm/s	/4
3			/3

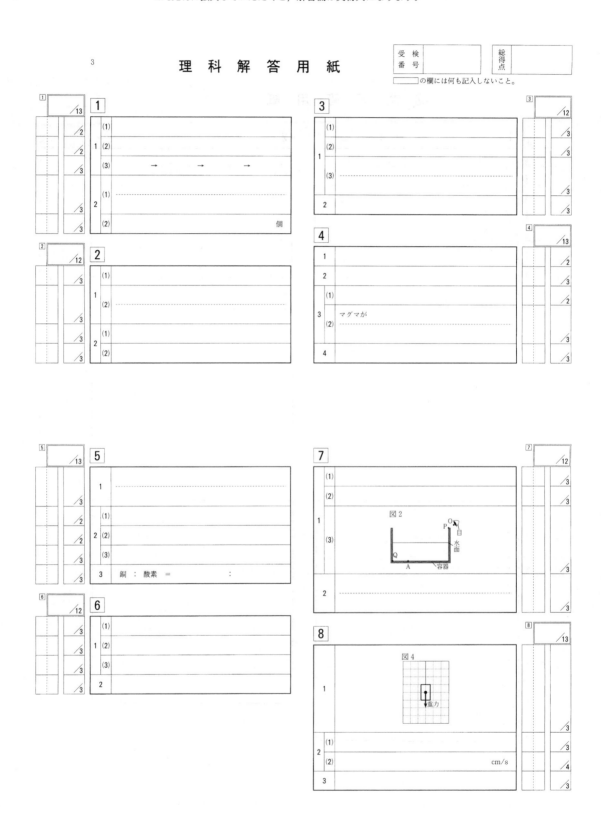

※ 192%に拡大していただくと，解答欄は実物大になります。

3

社　会　解　答　用　紙

受検番号		総得点	

□の欄には何も記入しないこと。

1

1			→ → →	／3
2				／2
3				／2
4				／3
5	(1)			／2
	(2)			／3
6				／3

1　／18

2

1		／2
2		／2
3		／2
4		／3
5		／3
6		／2
7		／3

2　／17

3

1	(1)		／2
	(2)		／3
2			／2
3			／3
4	(1)		／2
	(2)		／3
5			／3

3　／18

4

1		／3
2		／3
3		／2
4		／3
5		／3
6		／3

4　／17

5

1	(1)		／2
	(2)		／3
2	(1)		／2
	(2)		／3
	(3)		／2
3			／3

5　／15

6

1			／2
2			／2
3	(1)		／2
	(2)		／3
4	(1)		／3
	(2)		／3

6　／15

※ 192%に拡大していただくと，解答欄は実物大になります。

3

国語解答用紙

受検番号		総得点	

□の欄には何も記入しないこと。

一

問一 a	問一 b	問二	問三	問四	問五	問六	問七 I	問七 II
/2	/2	/2	/4	/3	/5	/3	/4	/2
	りつぶす							

/27

二

問一 a	問一 b	問二	問三	問四 (1)	問四 (2)	問五	問六	問七
/2	/2	/2	/3	/4	/2	/3	/3	/6

/27

三

問一	問二	問三	問四	問五
/2	/2	/3	/4	/4

/15

四

問一 1	問一 2	問一 3	問一 4	問一 5	問二
/2	/2	/2	/2	/2	/3
	せる				

/13

五

(1)	(2)	(3)
/9	/6	/3
A B C D	A B C D	A B C
A B C D	A B C D	A B C

/18

240字　200字　100字

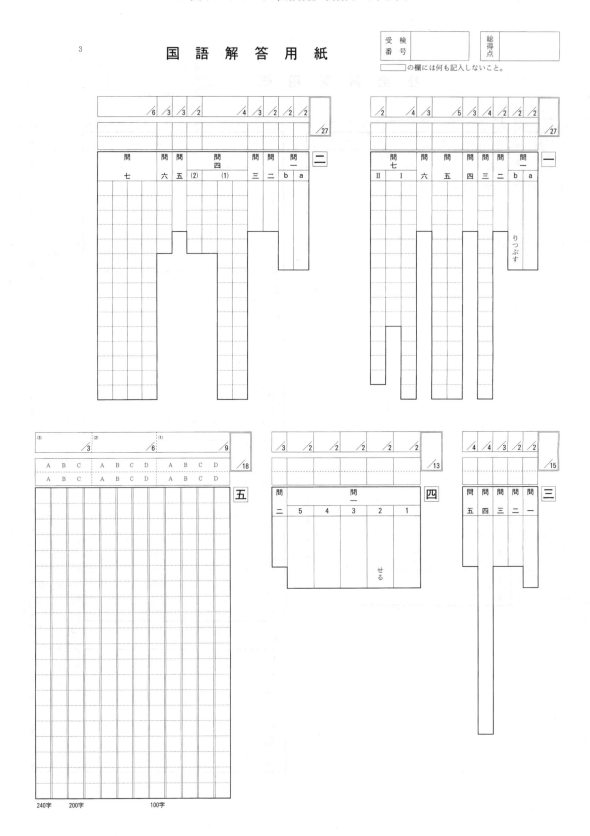

2021年度入試配点表（山形県）

	1	2	3	4	計
数学	1(1)　3点 2　5点 他　各4点×6	2・4　各5点×2 3(1)　6点 他　各4点×3	各3点×7	1　4点 2　10点 3　5点	100点

	1	2	3	4	5	計
英語	4　5点 他　各3点×7	1　各2点×3 他　各3点×4 (3(1)・(2)各完答)	1　各2点×3 2　4点 他　各3点×2	3・4　各3点×3 5　5点(完答) 他　各4点×4	10点	100点

	1	2	3	4	5	6	7	8	計
理科	1(1)・(2) 各2点×2 他　各3点×3	各3点×4	各3点×4	1・3(1) 各2点×2 他　各3点×3	2(1)・(2) 各2点×2 他　各3点×3	各3点×4 (2完答)	各3点×4	2(2)　4点 他　各3点×3	100点

	1	2	3	4	5	6	計
社会	2・3・5(1) 各2点×3 他　各3点×4 (1完答)	4・5・7 各3点×3 他　各2点×4	1(1)・2・4(1) 各2点×3 他　各3点×4	3　2点 他　各3点×5	1(1)・2(1)・(3) 各2点×3 他　各3点×3	1・2・3(1) 各2点×3 他　各3点×3	100点

	一	二	三	四	五	計
国語	問三・問七I 各4点×2 問四・問六　各3点×2 問五　5点 他　各2点×4	問三・問五・問六 各3点×3　問四(1) 4点 問七　6点 他　各2点×4	問一・問二 各2点×2 問三　3点 他　各4点×2	問二　3点 他　各2点×5	18点	100点

数学解答用紙

受検番号	
総得点	

□の欄には何も記入しないこと。

1

1 /32

1	(1)		/3
	(2)		/4
	(3)		/4
	(4)		/4
2		$(2x-1)(x-4)=-4x+2$ 答	/5
3			/4
4			/4
5			/4

2

2 /28

1	(1)		/4
	(2)		/4
2			/5
3	(1)		/6
	(2)	円	/4
4		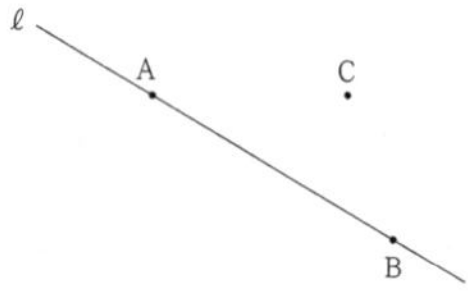	/5

3

3 /20

1	(1)			/3
	(2)	ア		/3
		イ		/3
		ウ		/3
		図3 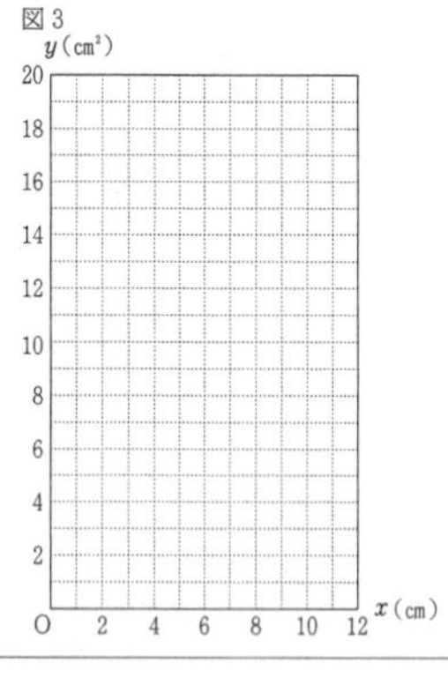		/4
2				/4

4

4 /20

1		<証明>	/10
2	(1)	cm	/5
	(2)	：	/5

※この解答用紙は200％に拡大していただきますと，実物大になります。

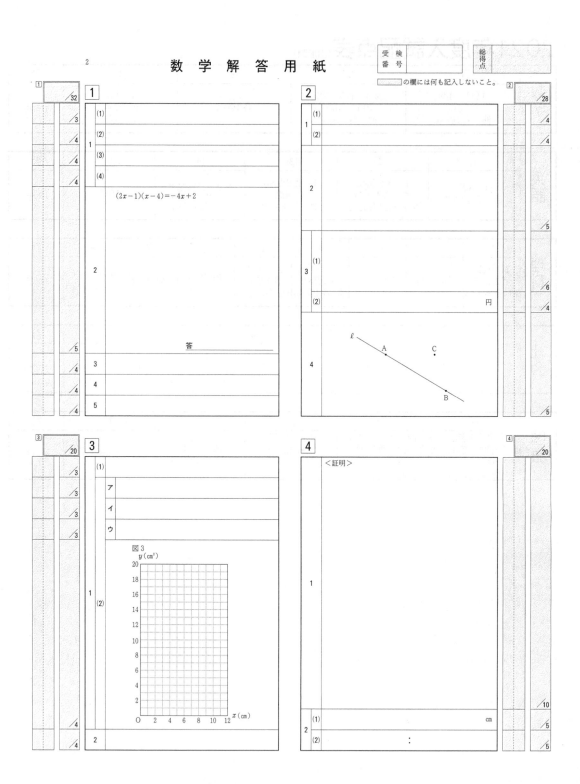

英語解答用紙

受検番号		総得点	

□の欄には何も記入しないこと。

1

1 ／26

1	No.1		／3
	No.2		／3
2	ア		／3
	イ		／3
	ウ		／3
3	No.1		／3
	No.2		／3
4	*Mary:* Thank you for the present. *Seiji:* Did you like it? The ice cream ( ) this city.		／5

2

2 ／18

1	(1)				／2
	(2)				／2
	(3)				／2
2	(1)				／3
	(2)				／3
3	(1)	X	Y	Z	／3
	(2)	X	Y	Z	／3

3

3 ／16

1	X		／2
	Y		／2
	Z		／2
2			／4
3			／3
			／3

4

4 ／30

1			／3
2			／4
3		(　　　　)	／4
4	(1)		／3
	(2)		／3
5		→ → → →	／5
6	I	( ) about?	／4
	II	I ( ) to his town with me.	／4

5

5 ／10

	(1) A A / B B / C C / D D	／8
	(2) A A / B B / C C	／2

※この解答用紙は200％に拡大していただきますと，実物大になります。

理 科 解 答 用 紙

受検番号		総得点	

□の欄には何も記入しないこと。

1　/13

1	a		/2
	b		/2
2			/3
3	(1)		/3
	(2)		/3

2　/12

1	a		/3
	b		/3
2			/3
3			/3

3　/12

1			/3
2	(1)		/3
	(2)		/3
3			/3

4　/13

1		/2
2		/3
3		/2
4		/3
5		/3

5　/13

1			/2
2		(式)　(答え)　g/cm³	/3
3	(1)		/2
	(2)		/3
4			/3

6　/12

1	(1)		/2
	(2)		/3
	(3)		/3
2			/4

7　/13

1		/2
2		/3
3	図 2 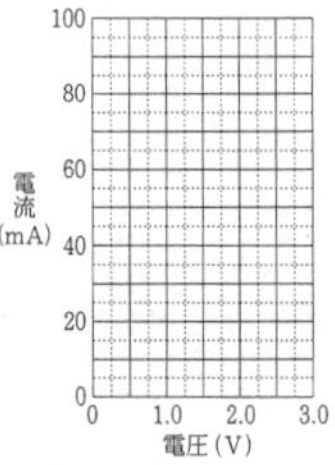	/4
4	W	/4

8　/12

1			/2
2	(1)		/3
	(2)		/3
	(3)	N	/4

社会解答用紙

受検番号		総得点	

□の欄には何も記入しないこと。

1

1 ／18

1		記号	／3
2			／3
3			／2
4			／3
5			／3
6	(1)		／2
	(2)		／2

2

2 ／17

1			／2
2			／2
3	(1)		／2
	(2)		／2
4			／3
5			／3
6			／3

3

3 ／18

1		／2
2		／3
3		／2
4		／3
5		／3
6		／2
7	A　B　C　D	／3

4

4 ／17

1			／2
2			／3
3	(1)		／3
	(2)		／3
4			／3
5		→　→　→	／3

5

5 ／15

1	X		／2
	Y		／3
2			／3
3	(1)		／2
	(2)		／3
4			／2

6

6 ／15

1	(1)		／2
	(2)		／3
2			／2
3	(1)		／3
	(2)		／3
4			／2

※この解答用紙は200％に拡大していただきますと，実物大になります。

国語解答用紙

受検番号

総得点

□の欄には何も記入しないこと。

一

/27

- 問一 a /2
- 問一 b /2 そう
- 問二 /2
- 問三 /3
- 問四 /4
- 問五 /4
- 問六 /3
- 問七 Ⅰ /2
- 問七 Ⅱ /5

二

/27

- 問一 a /2
- 問一 b /2 し
- 問二 /2
- 問三 /3
- 問四 Ⅰ /2
- 問四 Ⅱ /4
- 問五 /3
- 問六 /3
- 問七 /6

三

/15

- 問一 /2
- 問二 /2
- 問三 /3
- 問四 /4
- 問五 /4

四

/13

- 問一 1 /2
- 問一 2 /2 ける
- 問一 3 /2
- 問一 4 /2
- 問一 5 /2
- 問二 /3

五

/18

- (1) /9 A B C D
- (2) /6 A B C D
- (3) /3 A B C

100字　200字　240字

※この解答用紙は192％に拡大していただきますと、実物大になります。

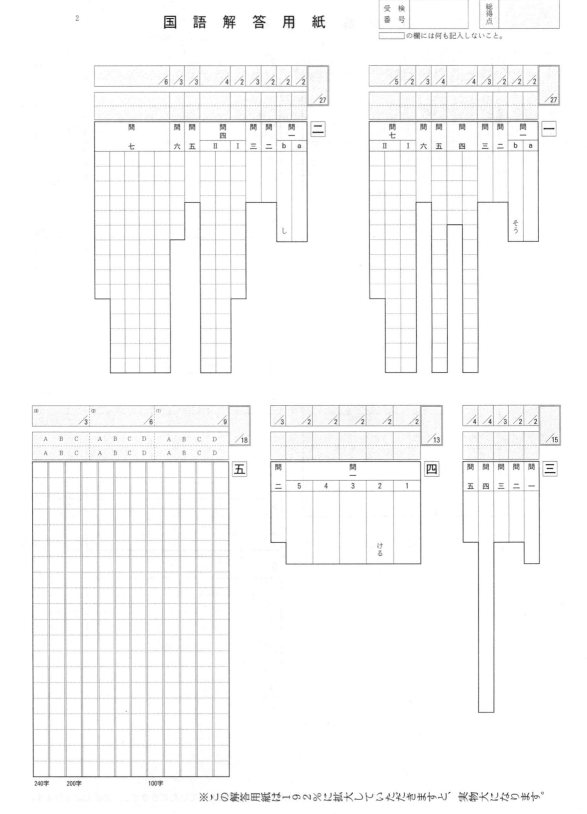

2020年度入試推定配点表(山形県)

数学	1	2	3	4	計
	1(1)　3点 2　5点 他　各4点×6	2·4　各5点×2 3(1)　6点 他　各4点×3	1(1)·(2)ア~ウ 各3点×4 他　各4点×2	1　10点 他　各5点×2	100点

英語	1	2	3	4	5	計
	4　5点 他　各3点×7	2·3　各3点×4 他　各2点×3	1　各2点×3 2　4点 他　各3点×2	1·4　各3点×3 5　5点 他　各4点×4	10点	100点

理科	1	2	3	4	5	6	7	8	計
	1a·b 各2点×2 他　各3点×3 (2完答)	各3点×4	各3点×4	1·3 各2点×2 他　各3点×3	1·3(1) 各2点×2 他　各3点×3	1(1)　2点 4　4点 他　各3点×2	1　2点 2　3点 他　各4点×2	1　2点 2(3)　4点 他　各3点×2	100点

社会	1	2	3	4	5	6	計
	3·6(1)·(2) 各2点×3 他　各3点×4 (1完答)	4~6　各3点×3 他　各2点×4	1·3·6　各2点×3 他　各3点×4 (7完答)	1　2点 他　各3点×5 (5完答)	1X·3(1)·4 各2点×3 他　各3点×3	1(1)·2·4 各2点×3 他　各3点×3	100点

国語	一	二	三	四	五	計
	問三·問六　各3点×2 問四·問五　各4点×2 問七Ⅱ　5点 他　各2点×4	問三·問五·問六 各3点×3　問四Ⅱ　4点 問七　6点 他　各2点×4	問一·問二 各2点×2 問三　3点 他　各4点×2	問二　3点 他　各2点×5	18点	100点

数 学 解 答 用 紙

受検番号		総得点	

□の欄には何も記入しないこと。

1 （/32）

			配点
1	(1)		/3
	(2)		/4
	(3)		/4
	(4)		/4
2		答	/4
3		$(x+4)(x-3)=7x-8$ 答	/5
4			/4
5		cm	/4

2 （/28）

			配点
1	(1)		/4
	(2)		/4
2	(1)		/6
	(2)	人	/4
3			/5
4		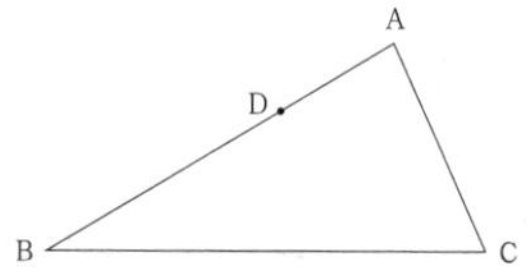	/5

3 （/20）

				配点
1	(1)			/3
	(2)	ア		/3
		イ		/3
		ウ		/3
		図3 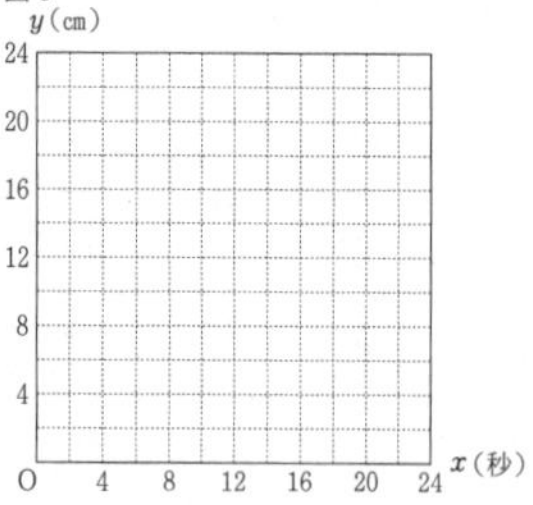		/4
2		秒後		/4

4 （/20）

		配点
1		/5
2	<証明>	/10
3	cm^2	/5

※この解答用紙は200％に拡大していただきますと，実物大になります。

英 語 解 答 用 紙

受検番号		総得点	

□の欄には何も記入しないこと。

1

1 /26

1	No.1		/3
	No.2		/3
2	ア		/3
	イ		/3
	ウ		/3
3	No.1		/3
	No.2		/3
4	*Bill:* Do you need help? *Kayo:* Oh, thank you. These books ( ).		/5

2

2 /18

1	(1)		/2
	(2)		/2
	(3)		/2
2	(1)		/3
	(2)		/3
3	(1)	( ) English every day.	/3
	(2)	What ( ) a child?	/3

3

3 /16

1			/4
2	X		/2
	Y		/2
	Z		/2
3			/3 /3

4

4 /30

1			/3
2		( )	/4
3			/4
4	(1)		/3
	(2)		/3
5		→ → → →	/5
6	I	So, ( ) Yuta's speech, too?	/4
	II	Your class didn't ( ) in the relay.	/4

5

5 /10

(1) A A B B C C D D /8

(2) A A B B C C /2

理科解答用紙

受検番号	

総得点	

□の欄には何も記入しないこと。

1

□1 /12

1	a		/2
	b		/2
	c		/2
2	(1)		/3
	(2)		/3

2

□2 /13

1			/2
2	a		/3
	b		/2
3		AA：Aa：aa＝　：　：	/3
4			/3

3

□3 /12

1		/2
2		/4
3		/3
4		/3

4

□4 /13

1			/2
2	(1)	太陽の光が	/3
	(2)		/3
3			/3
4			/2

5

□5 /12

1			%	/3
2	(1)	a		/2
		b		/2
	(2)			/2
3				/3

6

□6 /13

1		/3
2	図 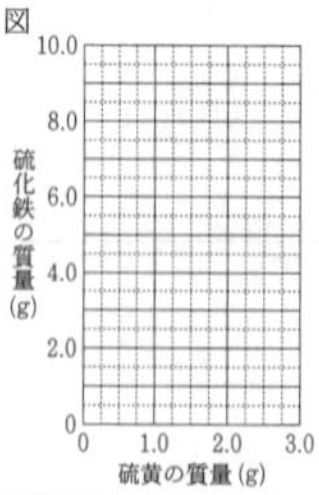	/4
3		/3
		/3

7

□7 /12

1			/4
2	(1)		/4
	(2)	倍	/4

8

□8 /13

1	(1)	a		/3
		b		/3
	(2)			/3
2				/4

※この解答用紙は200%に拡大していただきますと，実物大になります。

社 会 解 答 用 紙

受検番号		総得点	

の欄には何も記入しないこと。

1

/18

			点
1			/2
2			/2
3			/2
4			/3
5			/3
6	(1)		/3
	(2)		/3

2

/17

			点
1			/2
2	番号	県名　　　　県	/3
3	記号	理由	/3
4			/3
5			/3
6			/3

3

/17

			点
1	(1)		/2
	(2)		/3
2			/3
3			/3
4			/3
5			/3

4

/18

			点
1	(1)		/2
	(2)		/3
2			/3
3			/2
4			/2
5	(1)	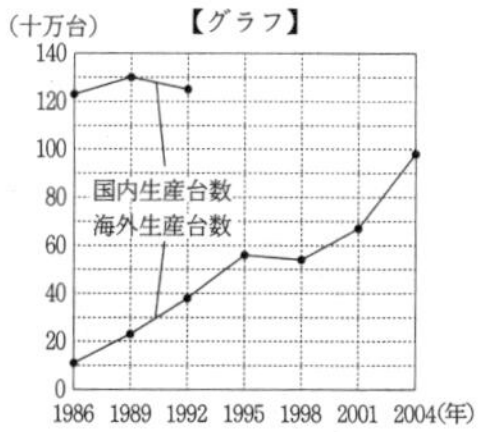	/3
	(2)		/3

5

/15

			点
1	(1)		/2
	(2)		/2
2			/2
3			/2
4	(1)		/3
	(2)	Y	/2
		Z	/2

6

/15

			点
1	(1)		/2
	(2)		/2
2	(1)		/3
	(2)		/2
3	(1)		/2
	(2)		/2

※この解答用紙は200％に拡大していただきますと，実物大になります。

国語解答用紙

受検番号		総得点	

の欄には何も記入しないこと。

一 （/27）

問一 a	問一 b	問二	問三	問四	問五	問六 Ⅰ	問六 Ⅱ	問七
/2	/2	/2	/2	/4	/4	/2	/4	/5
	さえて							

二 （/27）

問一 a	問一 b	問二	問三	問四	問五 Ⅰ	問五 Ⅱ	問六	問七
/2	/2	/2	/3	/4	/2	/2	/4	/6
	かれる							

三 （/15）

問一	問二	問三	問四	問五
/2	/2	/4	/4	/3

四 （/13）

問一 1	問一 2	問一 3	問一 4	問一 5	問二
/2	/2	/2	/2	/2	/3
	く				

五 （/18）

(1)	(2)	(3)
/9	/6	/3
A B C D	A B C D	A B C
A B C D	A B C D	A B C

240字　200字　100字

※この解答用紙は２００％に拡大していただきますと、実物大になります。

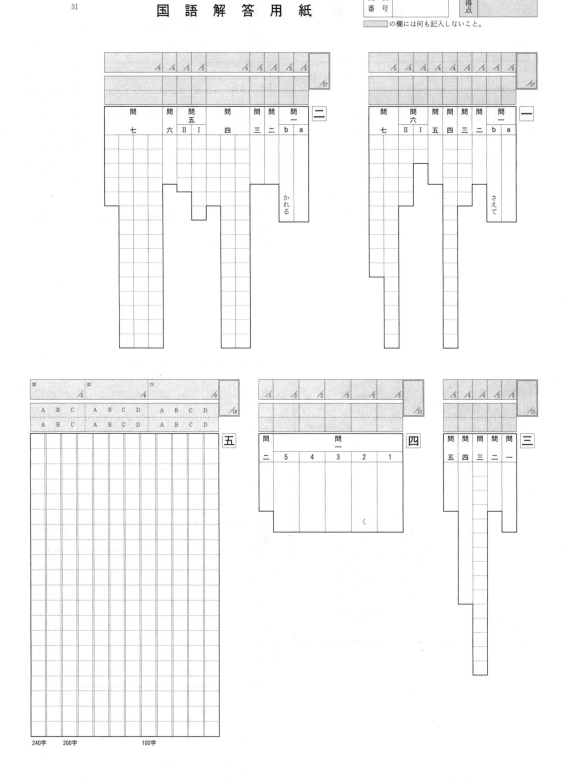

2019年度入試推定配点表(山形県)

数学	1	2	3	4	計
	1(1) 3点 3 5点 他 各4点×6	2(1) 6点 3･4 各5点×2 他 各4点×3	1(1)･(2)ア～ウ 各3点×4 他 各4点×2	2 10点 他 各5点×2	100点

英語	1	2	3	4	5	計
	4 5点 他 各3点×7	2･3 各3点×4 他 各2点×3	1 4点 2 各2点×3 3 各3点×2	1･4 各3点×3 5 5点 他 各4点×4	10点	100点

理科	1	2	3	4	5	6	7	8	計
	2(1)･(2) 各3点×2 他 各2点×3	1･2b 各2点×2 他 各3点×3	1 2点 2 4点 他 各3点×2	1･4 各2点×2 他 各3点×3	1･3 各3点×2 他 各2点×3	2 4点 他 各3点×3	各4点×3	2 4点 他 各3点×3	100点

社会	1	2	3	4	5	6	計
	1･2･3 各2点×3 他 各3点×4	1 2点 他 各3点×5 (2･3各完答)	1(1) 2点 他 各3点×5	1(1)･3･4 各2点×3 他 各3点×4	4(1) 3点 他 各2点×6	2(1) 3点 他 各2点×6	100点

国語	㈠	㈡	㈢	㈣	㈤	計
	問四, 問五,問六(Ⅱ) 各4点×3 問七 5点 他 各2点×5	問三 3点 問四･問六 各4点×2 問七 6点 他 各2点×5	問一･問二 各2点×2 問五 3点 他 各4点×2	問二 3点 他 各2点×5	18点	100点

公立高校入試シリーズ

NEW

長文読解・英作文　公立高校入試対策

実戦問題演習・公立入試の英語　基礎編

- ヒント入りの問題文で「解き方」がわかるように
- 総合読解・英作文問題へのアプローチ手法を出題ジャンル形式別に丁寧に解説
- 全国の公立高校入試から問題を厳選
- 文法・構文・表現の最重要基本事項もしっかりチェック

定価：1,100 円（本体 1,000 円 + 税 10%）／ ISBN：978-4-8141-2123-6　C6300

NEW

旧版『公立入試の英語』をリニューアル！

長文読解・英作文　公立難関・上位校入試対策

実戦問題演習・公立入試の英語　実力錬成編

- 総合読解・英作文問題へのアプローチ手法を出題ジャンル形式別に徹底解説
- 全国の公立高校入試、学校別独自入試から問題を厳選
- 出題形式に合わせた英作文問題の攻略方法で「あと１点」を手にする
- 文法・構文・表現の最重要基本事項もしっかりチェック

定価：1,320 円（本体 1,200 円 + 税 10%）／ ISBN：978-4-8141-2169-4　C6300

脱０点から満点ねらいまでステップアップ構成

目標得点別・公立入試の数学

- 全国の都道府県から選び抜かれた入試問題と詳しくわかりやすい解説
- ステージ問題で実力判定⇒リカバリーコースでテーマごとに復習⇒コースクリア問題で確認⇒ 次のステージへ
- ステージをクリアして確実な得点アップを目指そう
- 実力判定　公立入試対策模擬テスト付き

定価：1,045 円（本体 950 円 + 税 10%）／ ISBN：978-4-8080-6118-0　C6300

解き方がわかる・得点力を上げる分野別トレーニング

実戦問題演習・公立入試の理科

- 全国の公立高校入試過去問からよく出る問題を厳選
- 基本問題から思考・表現を問う問題まで重要項目を実戦学習
- 豊富なヒントで解き方のコツがつかめる
- 弱点補強、総仕上げ……短期間で効果を上げる

定価：1,045 円（本体 950 円 + 税 10%）／ ISBN：978-4-8141-0454-3　C6300

弱点を補強し総合力をつける分野別トレーニング

実戦問題演習・公立入試の社会

- 都道府県公立高校入試から重要問題を精選
- 分野別総合問題、分野複合の融合問題・横断型問題など
- 幅広い出題形式を実戦演習
- 豊富なヒントを手がかりに弱点を確実に補強

定価：1,045 円（本体 950 円 + 税 10%）／ ISBN：978-4-8141-0455-0　C6300

解法＋得点力が身につく出題形式別トレーニング

形式別演習・公立入試の国語

- 全国の都道府県入試から頻出の問題形式を集約
- 基本～標準レベルの問題が中心⇒基礎力の充実により得点力をアップ
- 問題のあとに解法のポイントや考え方を掲載しわかりやすさ、取り組みやすさを重視
- 巻末には総合テスト、基本事項のポイント集を収録

定価：1,045 円（本体 950 円 + 税 10%）／ ISBN：978-4-8141-0453-6　C6300

東京学参の

中学校別入試過去問題シリーズ

＊出版校は一部変更することがあります。一覧にない学校はお問い合わせください。

東京ラインナップ

あ　青山学院中等部(L04)
麻布中学(K01)
桜蔭中学(K02)
お茶の水女子大附属中学(K07)
か　海城中学(K09)
開成中学(M01)
学習院中等科(M03)
慶應義塾中等部(K04)
晃華学園中学(N13)
攻玉社中学(L11)
国学院大久我山中学
（一般・CC）(N22)
（ＳＴ）(N23)
駒場東邦中学(L01)
さ　芝中学(K16)
芝浦工業大附属中学(M06)
城北中学(M05)
女子学院中学(K03)
巣鴨中学(M02)
成蹊中学(N06)
成城中学(K28)
成城学園中学(L05)
青稜中学(K23)
創価中学(N14)★
た　玉川学園中学部(N17)
中央大附属中学(N08)
筑波大附属中学(K06)
筑波大附属駒場中学(L02)
帝京大中学(N16)
東海大菅生高中等部(N27)
東京学芸大附属竹早中学(K08)
東京都市大付属中学(L13)
桐朋中学(N03)
東洋英和女学院中学部(K15)
豊島岡女子学園中学(M12)
な　日本大第一中学(M14)
日本大第三中学(N19)
日本大第二中学(N10)
は　雙葉中学(K05)
法政大学中学(N11)
本郷中学(M08)
ま　武蔵中学(N01)
明治大付属中野中学(N05)
明治大付属中野八王子中学(N07)
明治大付属明治中学(K13)
ら　立教池袋中学(M04)
わ　和光中学(N21)
早稲田中学(K10)
早稲田実業学校中等部(K11)
早稲田大高等学院中等部(N12)

神奈川ラインナップ

あ　浅野中学(O04)
栄光学園中学(O06)
か　神奈川大附属中学(O08)
鎌倉女学院中学(O27)
関東学院六浦中学(O31)
慶應義塾湘南藤沢中等部(O07)
慶應義塾普通部(O01)
さ　相模女子大中学部(O32)
サレジオ学院中学(O17)
逗子開成中学(O22)
聖光学院中学(O11)
清泉女学院中学(O20)
洗足学園中学(O18)
捜真女学校中学部(O29)
た　桐蔭学園中等教育学校(O02)
東海大付属相模高中等部(O24)
桐光学園中学(O16)
な　日本大中学(O09)
は　フェリス女学院中学(O03)
法政大第二中学(O19)
や　山手学院中学(O15)
横浜隼人中学(O26)

千・埼・茨・他ラインナップ

あ　市川中学(P01)
浦和明の星女子中学(Q06)
か　海陽中等教育学校
（入試Ⅰ・Ⅱ）(T01)
（特別給費生選抜）(T02)
久留米大附設中学(Y04)
さ　栄東中学（東大・難関大）(Q09)
栄東中学（東大特待）(Q10)
狭山ヶ丘高校付属中学(Q01)
芝浦工業大柏中学(P14)
渋谷教育学園幕張中学(P09)
城北埼玉中学(Q07)
昭和学院秀英中学(P05)
清真学園中学(S01)
西南学院中学(Y02)
西武学園文理中学(Q03)
西武台新座中学(Q02)
専修大松戸中学(P13)
た　筑紫女学園中学(Y03)
千葉日本大第一中学(P07)
千葉明徳中学(P12)
東海大付属浦安高中等部(P06)
東邦大付属東邦中学(P08)
東洋大附属牛久中学(S02)
獨協埼玉中学(Q08)
な　長崎日本大中学(Y01)
成田高校付属中学(P15)
は　函館ラ・サール中学(X01)
日出学園中学(P03)
福岡大附属大濠中学(Y05)
北嶺中学(X03)
細田学園中学(Q04)
や　八千代松陰中学(P10)
ら　ラ・サール中学(Y07)
立命館慶祥中学(X02)
立教新座中学(Q05)
わ　早稲田佐賀中学(Y06)

公立中高一貫校ラインナップ

北海道　市立札幌開成中等教育学校(J22)
宮　城　宮城県仙台二華・古川黎明中学校(J17)
市立仙台青陵中等教育学校(J33)
山　形　県立東桜学館中学校(J27)
茨　城　茨城県立中学・中等教育学校(J09)
栃　木　県立宇都宮東・佐野・矢板東高校附属中学校(J11)
群　馬　県立中央・市立四ツ葉学園中等教育学校・
市立太田中学校(J10)
埼　玉　市立浦和中学校(J06)
県立伊奈学園中学校(J31)
さいたま市立大宮国際中等教育学校(J32)
川口市立高等学校附属中学校(J35)
千　葉　県立千葉・東葛飾中学校(J07)
市立稲毛国際中等教育学校(J25)
東　京　区立九段中等教育学校(J21)
都立大泉高等学校附属中学校(J28)
都立両国高等学校附属中学校(J01)
都立白鷗高等学校附属中学校(J02)
都立富士高等学校附属中学校(J03)
都立三鷹中等教育学校(J29)
都立南多摩中等教育学校(J30)
都立武蔵高等学校附属中学校(J04)
都立立川国際中等教育学校(J05)
都立小石川中等教育学校(J23)
都立桜修館中等教育学校(J24)
神奈川　川崎市立川崎高等学校附属中学校(J26)
県立平塚・相模原中等教育学校(J08)
横浜市立南高等学校附属中学校(J20)
横浜サイエンスフロンティア高校附属中学校(J34)
広　島　県立広島中学校(J16)
県立三次中学校(J37)
徳　島　県立城ノ内中等教育学校・富岡東・川島中学校(J18)
愛　媛　県立今治東・松山西・宇和島南中等教育学校(J19)
福　岡　福岡県立中学校・中等教育学校(J12)
佐　賀　県立香楠・致遠館・唐津東・武雄青陵中学校(J13)
宮　崎　県立五ヶ瀬中等教育学校(J15)
県立宮崎西・都城泉ヶ丘高校附属中学校(J36)
長　崎　県立長崎東・佐世保北・諫早高校附属中学校(J14)

公立中高一貫校「適性検査対策」問題集シリーズ

総合編　作文問題編　資料問題編　数と図形編　生活と科学編　実力確認テスト編

私立中・高スクールガイド

THE《ザ》私立

私立中学&高校の学校生活がわかる！

〈リスニング問題の音声について〉

本問題集掲載のリスニング問題の音声は、弊社ホームページでデータ配信しております。

現在お聞きいただけるのは「2024年度受験用」に対応した音声で、2024年3月末日までダウンロード可能です。弊社ホームページにアクセスの上、ご利用ください。

※本問題集を中古品として購入された場合など、配信期間の終了によりお聞きいただけない年度がございますのでご了承ください。

山形県公立高校　2024年度

ISBN978-4-8141-2848-8

発行所　東京学参株式会社
〒153-0043　東京都目黒区東山2-6-4
URL　https://www.gakusan.co.jp

編集部　E-mail　hensyu@gakusan.co.jp
※本書の編集責任はすべて弊社にあります。内容に関するお問い合わせ等は、編集部まで、メールにてお願い致します。なお、回答にはしばらくお時間をいただく場合がございます。何卒ご了承くださいませ。

営業部　TEL　03 (3794) 3154
FAX　03 (3794) 3164
E-mail　shoten@gakusan.co.jp
※ご注文・出版予定のお問い合わせ等は営業部までお願い致します。

2023年5月30日　初版